Rupert Hacker

Bibliothekarisches Grundwissen

7., neu bearbeitete Auflage

K·G·Saur München 2000

Die Deutsche Bibliothek – CIP-Einheitsaufnahme

Hacker, Rupert
Bibliothekarisches Grundwissen / Rupert Hacker. – 7., neubearb. Aufl. –
München : Saur, 2000
ISBN 3-598-11394-3

Gedruckt auf säurefreiem Papier

Satz: Textservice Zink, Schwarzach
Druck/Binden: Strauß Offsetdruck, Mörlenbach

ISBN 3-598-11394-3

Vorwort zur 7. Auflage

Auch in der vorliegenden Neubearbeitung hat das „Grundwissen" seine ursprüngliche Zielsetzung beibehalten: es soll eine Einführung geben in grundlegende Begriffe, Fakten und Zusammenhänge des heutigen Bibliothekswesens unter besonderer Berücksichtigung der wichtigsten bibliothekarischen Arbeitsvorgänge. Das „Grundwissen" ist in erster Linie als Lehrbuch für die Studien- und Berufsanfänger in der bibliothekarischen Ausbildung oder Praxis gedacht, die sich die Anfangsgründe des Bibliothekswesens und der Bibliotheksarbeit aneignen wollen. Auf klare und verständliche Darstellung wurde wiederum besonderer Wert gelegt. Überschneidungen und Wiederholungen sind, soweit sinnvoll, nicht vermieden worden. Auf Verweisungen zwischen gleichen oder verwandten Sachverhalten wurde verzichtet; entsprechende Stellen lassen sich über das Register auffinden. Aus stilistischen Gründen wird bei Bezeichnungen von Personen- und Berufsgruppen in der Regel nur die männliche Form angegeben; sie gilt dann stets auch für die weibliche.

Ich hoffe, daß das „Grundwissen" auch in dieser neuen Fassung eine brauchbare Einführung darstellt in die Aufgaben und Arbeitsmethoden von Bibliotheken und Bibliothekaren, die es heute mit zwei „Welten" zu tun haben: mit der Welt der Bücher und der Welt der digitalen Informationen.

Allen, die mir bei der Neubearbeitung mit Hinweisen und Ratschlägen geholfen haben, sei auch an dieser Stelle herzlich gedankt. In besonderem Maß gilt dieser Dank den Kolleginnen und Kollegen der Bayerischen Bibliotheksschule und des Fachbereichs Archiv- und Bibliothekswesen der Bayerischen Beamtenfachhochschule.

München, Juni 2000   *Rupert Hacker*

Inhalt

Erster Teil
Bibliothek und Bibliothekswesen

Zweiter Teil
Der Bibliotheksbestand – Literatur, Bücher, Medien, Daten

Dritter Teil
Bibliothekarische Literatur- und Informationsversorgung

Erster Teil

Bibliothek und Bibliothekswesen

1. Bibliothek: Begriff, Aufgaben, Bedeutung

a) Die Bibliothek als Büchersammlung

Das Wort *Bibliothek* kommt aus dem Griechischen und bedeutet *Büchersammlung*. Da sich in einer funktionierenden Bibliothek die Bücher in einer bestimmten Ordnung befinden und zur Benutzung durch den Leser verfügbar sein müssen, kann man eine Bibliothek definieren als *eine geordnete und benutzbare Sammlung von Büchern*. Unter Büchern sind dabei vor allem gedruckte Werke einschließlich Zeitschriften und Zeitungen zu verstehen. Dass die meisten Bibliotheken daneben auch andere Arten von Materialien, Medien und Informationen sammeln bzw. vermitteln, kann zunächst außer Betracht bleiben.

Neben dem Wort Bibliothek ist im Deutschen auch die Bezeichnung *Bücherei* gebräuchlich. Die beiden Ausdrücke sind an sich gleichbedeutend, doch denkt man bei „Bücherei" eher an eine kleine Büchersammlung, bei „Bibliothek" mehr an eine große Büchersammlung mit vorwiegend fachlichen oder wissenschaftlichen Buchbeständen. Das Wort Bücherei wird heute noch manchmal für die der allgemeinen Information und Bildung dienenden „Öffentlichen Büchereien" verwendet, die aber meist als „Öffentliche Bibliotheken" bezeichnet werden. Büchersammlungen mit vorwiegend wissenschaftlichen Beständen nennt man fast immer „Bibliotheken". Die Bezeichnung *Bibliothek* ist jedenfalls der umfassendere Begriff, der alle Arten von Büchersammlungen einschließt.

Bücher sind das charakteristische und hauptsächliche Sammelgut der Bibliotheken. Dies gilt für Vergangenheit und Gegenwart und wird auch in der absehbaren Zukunft so bleiben. Technische Medien wie Ton- und Bildträger oder elektronische Publikationen auf Datenträgern oder in Datennetzen haben die Bücher keineswegs verdrängt. Die jetzt schon gewaltige Buchproduktion steigt in der ganzen Welt weiter an. *Das Buch ist nach wie vor das wichtigste Medium unserer weitgehend von Texten geprägten Kultur*. In seiner üblichen Form – bedruckte Blätter in einem flexiblen oder festen Einband – ist das Buch allen technischen Medien überlegen, weil es *praktisch* im Gebrauch ist und sich *vielseitig* benutzen lässt. Man kann ein Buch leicht handhaben, darin blättern und nachschlagen, man kann es ohne Gerät oder Apparatur lesen und daher überall und jederzeit zur Hand nehmen, es ist ziemlich robust und haltbar, bequem zu transportieren und aufzubewahren. Dies gilt in ähnlicher Weise für Zeitschrift und Zeitung.

Über die praktischen Funktionen hinaus ist das Buch, in seiner äußeren Erscheinung, ein auch die Sinne ansprechendes Gebilde, das künstlerisch gestaltet sein kann. Die kulturelle Bedeutung des Buches beruht nicht nur auf seinem Inhalt, sondern auch auf Schrift oder Typographie, Illustration und Einband.

Definiert man die Bibliothek als *Büchersammlung*, so bestehen ihre Aufgaben vor allem im *Sammeln, Erschließen und Vermitteln von Büchern*. Die Bibliothek stellt ihren Lesern Bücher zum Zweck zeitweiliger Lektüre und Benutzung zur Verfügung. Darüber hinaus haben große Bibliotheken die Aufgabe, die wertvollen Bücher aller Zeiten zu bewahren, zu pflegen und gegebenenfalls zu restaurieren, um sie als Teil des kulturellen Erbes der Nachwelt zu erhalten. Bibliotheken mit alten, kostbaren und künstlerisch wertvollen Buchbeständen dienen somit auch als Buchmuseen.

Die Begriffsbestimmung der Bibliothek als Büchersammlung reicht allerdings nicht aus, um alle Aspekte der Bibliothek zu erfassen. Weitere Gesichtspunkte müssen hinzukommen.

b) Die Bibliothek als Literatursammlung

Bücher enthalten, pauschal gesagt, überwiegend *Literatur*. Als „Literatur" bezeichnet man in umfassendem Sinn alles Geschriebene, wenn es zum Zweck der Veröffentlichung verfasst wurde. Formal umfasst dieser weite Begriff von Literatur also alle *veröffentlichten (publizierten) Texte* (und solche unveröffentlichten Texte, die zur Veröffentlichung bestimmt sind oder waren). Inhaltlich gehören zur Literatur im weitesten Sinn nicht nur die Werke der Schönen Literatur oder Belletristik (Romane, Erzählungen, Gedichte, Schauspiele), sondern auch die Sachliteratur, d.h. alle sachlich informierenden Werke einschließlich des wissenschaftlichen Schrifttums, sowie die Auskunftsliteratur und die Kinder- und Jugendliteratur.

Dagegen zählen die aus amtlicher oder privater Geschäftsführung entstandenen, nicht zum Zweck der Veröffentlichung verfassten Aufzeichnungen, Geschäftstexte, Akten und Urkunden *nicht* zur Literatur; sie werden, soweit sie erhaltenswert sind, nicht in Bibliotheken, sondern in Archiven aufbewahrt. Literarische Texte in handschriftlicher Form können als veröffentlicht gelten, wenn sie durch Abschreiben verbreitet wurden, was z.B. auf mittelalterliche Handschriften zutrifft.

Bezeichnet man den Inhalt von Büchern als „Literatur", so ist die Bibliothek eine (geordnete und benutzbare) *Literatursammlung*, d.h. eine *Sammlung von veröffentlichten Texten*. Diese Definition charakterisiert am genauesten das Wesen und die Eigenart der Bibliotheken in Geschichte und Gegenwart, auch in Abgrenzung zu den Archiven und anderen Informationseinrichtungen. Aus dieser Begriffsbestimmung ergibt sich auch die besondere kulturelle Bedeutung der Bibliothek. Ohne den Gebrauch veröffentlichter Texte, ohne Beschäftigung mit Literatur ist in Hochkulturen geistiges Leben nicht möglich. Die Bibliotheken tragen die Verantwortung für die Erfüllung der großen Aufgabe, der Mit- und Nachwelt die Literatur aller Lebensbereiche aus Gegenwart und Vergangenheit zu vermitteln und zu überliefern.

Die Begriffsbestimmung der Bibliothek als Literatursammlung hat den Vorteil, dass sie auf den *Inhalt des Bibliotheksguts* abzielt und nicht auf die äußere Form, das Buch. Literatur muss nicht notwendigerweise in Buchform veröffentlicht werden. Im Altertum wurden Literaturwerke auf Tontafeln oder Papyrusrollen geschrieben, in der Gegenwart wird Literatur auch verkleinert auf Mikroformen, als gesprochener Text auf Sprachtonträgern oder in Form von maschinenlesbaren Daten auf Datenträgern gespeichert und veröffentlicht. Bezogen auf den Bestand der Bibliothek lässt sich folglich definieren: Die Bibliothek ist eine Sammlung von *Textträgern*, die veröffentlichte Texte, also *Literatur*, enthalten.

Fasst man die Bibliothek als Literatursammlung auf, so bestehen die Hauptaufgaben der Bibliothek im Sammeln, Erschließen und Vermitteln von *Literatur und von Literaturinformationen*. Zusammen mit dem Buchhandel (und anderen Publikationseinrichtungen) sichern die Bibliotheken die *Literaturversorgung der Bevölkerung*. Während Verlage und Buchhandlungen die kommerzielle Literaturversorgung durch Herstellung und Verkauf von Literatur als Gewerbe betreiben, erfüllen die öffentlich oder privatrechtlich getragenen Bibliotheken die Aufgaben der (bibliothekarischen) Literaturversorgung als staatliche, kommunale oder private Dienstleistung, indem sie Literatur in gedruckter oder elektronischer Form zur Verfügung stellen sowie, wenn sie Archivfunktionen haben, die archivierte Literatur auf Dauer bewahren und erhalten.

c) Die Bibliothek als Mediensammlung

Von *Medien* (Mitteln oder Vermittlern) spricht man, wenn man den Vermittlungsprozess meint, der sich bei der Weitergabe und Verbreitung von Informationen, bei der Wiedergabe von Texten, Bildern oder Tönen abspielt. Als *Massenmedien* wenden sich Presse, Radio, Film und Fernsehen an die breite Öffentlichkeit. Das *Buch* ist das wichtigste Medium im geistigen und kulturellen Leben. Mit Zeitschriften und Zeitungen gehören Bücher zu den gedruckten Medien oder *Printmedien*, die auch im Zeitalter der digitalen Information ihre Bedeutung nicht verloren haben.

Im Bestand der Bibliotheken überwiegen deshalb nach wie vor die Druckmedien. Daneben werden aber auch andere, durch technische Verfahren hergestellte Medien in Bibliotheken gesammelt und bereitgestellt. Zu diesen *technischen Medien* gehören vor allem

- *Mikroformen* wie Mikrofilm und Mikrofiche,
- *Audiovisuelle Medien* (AV-Medien), d.h. technische Bild- und Tonträger wie Dias, Schallplatten, Audio-CDs, Musik- und Sprachkassetten oder Videokassetten,
- *Elektronische Medien* (ungenau als *Neue Medien* bezeichnet), d.h. Medien, die auf der elektronischen Datenverarbeitung mit Computern beruhen und Informationen in digitaler Form enthalten, z.b. Datenträger wie Disketten und CD-ROMs. Zu den elektronischen Medien zählen auch die Kommunikationsnetze für die Online-Datenübertragung, vor allem das Internet.

Kennzeichnend für die technischen Medien ist der Umstand, dass sie nur *mithilfe von technischen Geräten* benutzt werden können. Dies bedeutet einen Nachteil im Vergleich mit den gedruckten Medien, die man ohne Apparate lesen kann. Bibliotheken bzw. Benutzer müssen also bei der Verwendung technischer Medien über entsprechende Lesegeräte, Projektionsgeräte, Abspielgeräte, Terminals oder Computer verfügen.

Definiert man die Bibliothek als Literatursammlung und ihre Hauptaufgabe als Literaturversorgung, so müssen die Bibliotheken alle Medien und Verfahren zur Vermittlung von *Literatur* in ihre Arbeit einbeziehen.

Nicht nur gedruckte Medien, sondern auch Mikroformen, Sprachtonträger und Datenträger gehören als *Literaturmedien, als Speicherformen von veröffentlichten Texten* per Definition zum Sammelgut der Bibliotheken. Die Erschließung und Vermittlung der in ihnen enthaltenen Texte (auch die Vermittlung von elektronisch gespeicherten Texten aus externen Datenbeständen über Datennetze) ist ein Teil der Hauptaufgabe der Bibliothek als Einrichtung der Literaturversorgung.

Auch die *Audiovisuellen Medien* als technische Träger von Musik, Bildern und Filmen haben in den letzten Jahrzehnten in den meisten Bibliotheken einen festen Platz im Bestand gewonnen. Sie sind überall dort von Bedeutung, wo es auf akustische Darbietung oder visuelle Veranschaulichung ankommt. AV-Medien sind heute unentbehrlich in Aus- und Fortbildung, an Schulen und Universitäten. Einen hohen Stellenwert haben Musikmedien und Filme bei der Pflege allgemeiner Bildungs- und Kulturinteressen, für Unterhaltung und Freizeit.

Es gibt besondere Bild- und Filmstellen, Medienzentralen sowie Bild-, Musik- und Filmarchive, in denen (nur) AV-Medien gesammelt und vermittelt werden (vor allem für berufliche und wissenschaftliche Zwecke).

Der Bedarf der Öffentlichkeit an AV-Medien könnte jedoch ohne die Bereitstellung solcher Medien in Bibliotheken nicht gedeckt werden. Musik-, Film- und Bildträger sind heute für die meisten Bibliotheken eine wichtige *Ergänzung des Literaturbestandes.* Dies gilt besonders für die Öffentlichen Bibliotheken sowie für Schul- und Hochschulbibliotheken, aber auch für National- und Regionalbibliotheken, die AV-Medien in ihrem Bestand für die Zukunft archivieren.

Die Einbeziehung von digitalen Datenträgern und Datennetzen in die Informationsversorgung hat das Medienspektrum der Bibliotheken zusätzlich erweitert. Die neuen technischen Möglichkeiten erstrecken sich auch auf die Vermittlung von *Multimedia-Publikationen* mit der Integration von Text, Ton, Bild und Video. Der meistbenutzte Datenträger ist hier die interaktive Multimedia-CD-ROM.

Im Hinblick auf die im Bibliotheksbestand enthaltenen unterschiedlichen Medien kann eine Bibliothek also auch als (geordnete und benutzbare) *Mediensammlung* definiert werden.

d) Die Bibliothek als spezielle Informationseinrichtung

Informationen – also Nachrichten, Mitteilungen, Auskünfte, Erkenntnisse, Daten – sind die Bausteine des Wissens und der Rohstoff für Innovationen. Der rasche Zugriff auf relevante und aktuelle Informationen ist lebensnotwendig für Forschung, Wissenschaft, Technik und Wirtschaft, er ist aber auch unentbehrlich für die Bildung und Ausbildung, die Berufstätigkeit und die Alltagsbewältigung des einzelnen Menschen.

Indem Bibliotheken Bücher und Medien sammeln, erschließen und bereitstellen, vermitteln sie darin Informationen. Außerdem machen Bibliotheken Informationen zugänglich, indem sie ihren Benutzern den Zugriff auf elektronische Publikationen ermöglichen, auch auf externe Informationsbestände in digitalen Datennetzen. *Bibliotheken erfüllen die Aufgaben der Auswahl, Erschließung und Vermittlung von veröffentlichten Informationen.* Damit leisten sie einen wichtigen Beitrag zur *Informationsversorgung* der Allgemeinheit und der Wissenschaft.

Bibliotheken sind nicht die einzigen Einrichtungen, die Informationsdienstleistungen für die Öffentlichkeit erbringen. Neben ihnen gibt es andere *Institutionen des öffentlichen Informationswesens.* (Zum nichtöffentlichen Informationswesen rechnet man interne Informationseinrichtungen z.B. in Betrieben, Firmen, Forschungsinstituten und Behörden.) Zum öffentlichen Informationswesen gehören auch die Archive, die Einrichtungen des Fachinformationswesens, die Informationseinrichtungen der öffentlichen Verwaltung und die Museen. Diese (meist von öffentlichen Trägern unterhaltenen oder geförderten) Einrichtungen stehen in engem wechselseitigen Zusammenhang mit den Bereichen, die an der Erzeugung und Nutzung von Informationen beteiligt sind, d.h. mit den Massenmedien Presse, Rundfunk und Fernsehen, mit Verlagswesen und Buchhandel, mit den Institutionen von Forschung und Wissenschaft sowie mit den Bereichen Bildung, Ausbildung und Studium (vgl. Abb. 1).

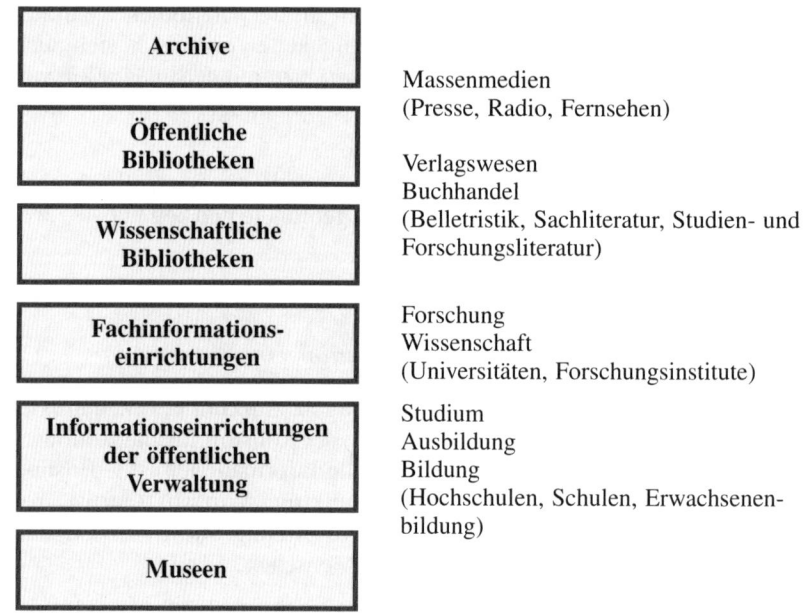

Abb. 1: Institutionen des öffentlichen Informationswesens
(vor dem Hintergrund der Bereiche Publikationswesen, Wissenschaft und Bildung)

Die Einrichtungen des öffentlichen Informationswesens weisen charakteristische Unterschiede auf. Die Bestände der öffentlichen (staatlichen und kommunalen) *Archive* bestehen überwiegend aus Akten und Urkunden, also aus Originalschriftstücken, die als Ergebnis schriftlicher Geschäftsführung bei Regierungsstellen, Behörden und Gerichten entstanden, d.h. organisch „gewachsen" sind und erst später an die Archive abgegeben und der Öffentlichkeit zugänglich gemacht werden. Demgegenüber handelt es sich bei den Beständen der *Bibliotheken* überwiegend um Literatur (im weitesten Sinn), d.h. um veröffentlichte Texte in Büchern und anderen Medien, die durch planmäßiges Sammeln zum Zweck der Vermittlung erworben werden.

Verwandt mit den Bibliotheken sind die Einrichtungen des *Fachinformationswesens*, d.h. des Bereichs der wissenschaftlichen und technischen Information. Zu den Fachinformationseinrichtungen im engeren Sinn gehören vor allem die Fachinformationszentren und fachlichen Informationsvermittlungsstellen. Sie betreiben jeweils für ein Fachgebiet oder eine Fächergruppe das *Sammeln, Erschließen, Speichern und Vermitteln von wissenschaftlichen Informationen*, überwiegend von Literaturnachweisen und Fakteninformationen. Die Speicherung der Informationen erfolgt heute durchwegs in elektronischer Form, d.h. in online zugänglichen Datenbanken (Literatur-, Fakten-, Volltextdatenbanken). Auch wenn eine Fachinformationseinrichtung Literaturdaten oder Texte erfasst, speichert und vermittelt, hat sie im Gegensatz zur Bibliothek normalerweise keinen eigenen *Literaturbestand*. Viele Fachinformationsstellen sind aber mit einer (Spezial-)Bibliothek verbunden oder arbeiten mit ihr zusammen.

Die *Informationseinrichtungen der öffentlichen Verwaltung* vermitteln mündlich, schriftlich oder elektronisch aktuelle Informationen für die breite Öffentlichkeit. Das Spektrum dieser Einrichtungen reicht von städtischen oder staatlichen Bürgerinformationszentren und Beratungsstellen mit Informationsdiensten für bestimmte Zielgruppen (z.B. Jugendliche, Mieter, Rentner, Arbeitslose, Ausländer) über die Auskunftsstellen für Verkehrs- und Umweltinformationen bis zu den Presse- und Informationsstellen von Regierungen und Behörden und den Ämtern für Statistik.

Eine Besonderheit stellen die *Museen* dar. Sie sammeln, erschließen und präsentieren Gegenstände aus Kultur und Natur, z.B. Kunstwerke, Möbel, Maschinen, Mineralien oder Tierfossilien, und vermitteln auf diese Weise Informationen für das interessierte Publikum sowie für Wissenschaft und Forschung.

Im Rahmen des öffentlichen Informationswesens leisten die Wissenschaftlichen und die Öffentlichen Bibliotheken ihren besonderen und charakteristischen Beitrag für die Informationsversorgung der Bevölkerung, indem sie veröffentlichte Informationen, vor allem Literaturtexte, in Büchern und anderen Medien verfügbar bzw. über Datennetze zugänglich machen. Sie garantieren den freien und unbeschränkten Zugang zu den veröffentlichten Texten und Informationen, ob gedruckt oder elektronisch, und sichern so für jedermann das Grundrecht auf Informationsfreiheit. Sie leisten Hilfestellung bei der Ermittlung von Informationen und vermitteln den Benutzern die nötige Medien- und Informationskompetenz. Sie ermöglichen die langfristige bzw. dauernde Aufbewahrung der Publikationen und sichern damit den Fortbestand des geistig-kulturellen Erbes. Bibliotheken können deshalb als *spezielle Informationseinrichtungen* aufgefasst werden.

e) Die Bibliothek als Dienstleistungsbetrieb für die Literatur- und Informationsversorgung

Im System einer Volkswirtschaft unterscheidet man die drei Wirtschaftsbereiche Landwirtschaft (primärer Sektor), Industrie und Handwerk (sekundärer Sektor) und Dienstleistungen (tertiärer Sektor). Zusammen mit der öffentlichen (staatlichen und kommunalen) Verwaltung und mit vielen anderen Tätigkeits- und Berufsfeldern gehört das Bibliothekswesen zum Dienstleistungsbereich. Dienstleistungen bestehen nicht in der Erzeugung von Sachgütern, sondern in persönlichen Leistungen. Sie werden beispielsweise erbracht von Ärzten und Krankenschwestern, Gastwirten und Taxifahrern, Lehrern und Professoren, Polizisten und Verwaltungsbeamten, Programmierern und Softwareentwicklern, Buchhändlern und Bibliothekaren.

Der Bereich der Dienstleistungen ist in den letzten zwei Jahrhunderten vom kleinsten zum größten Wirtschaftssektor herangewachsen. In Deutschland sind heute rund 67 Prozent aller Beschäftigten im Dienstleistungsbereich tätig (in der Landwirtschaft 3%, in Handwerk und Industrie 30%).

Die Leistungen der Bibliotheken sind *Dienstleistungen für die Literatur- und Informationsversorgung* der Öffentlichkeit bzw. der Institution, der die jeweilige Bibliothek zugeordnet ist. Im Dienst ihrer Leser und Benutzer erfüllen die Bibliotheken die Aufgaben des Sammelns, Erschließens und Verfügbarmachens von Büchern, Medien und Informationen. Bibliotheken sind deshalb wichtige Infrastruktureinrichtungen für die Bürger einer Stadt oder Gemeinde und für die Bereiche von Bildung, Wissenschaft und Wirtschaft.

Staatliche und kommunale Bibliotheken erbringen ihre Dienstleistungen als Einrichtungen der öffentlichen „Leistungsverwaltung", die aus Steuermitteln finanziert werden und zu denen beispielsweise auch Schulen und Universitäten gehören. Die Bibliotheken in öffentlicher Trägerschaft haben den Auftrag, die Texte und Informationen bereitzustellen bzw. zu vermitteln, deren Beschaffung sich der Einzelne finanziell nicht leisten kann. Sie sind dem Gemeinwohl verpflichtet und verfolgen demgemäß keine kommerziellen Absichten, d.h. sie sind nicht (wie z.B. der Buchhandel) auf Gewinnerzielung oder Kostendeckung ausgerichtet, sondern sie bieten ihre Leistungen kostenfrei oder, wenn sie Gebühren erheben, kostengünstig an.

Sie sind deshalb als *Dienstleistungsbetriebe für die öffentliche Literatur- und Informationsversorgung* zu bezeichnen.

Der Aspekt der Bibliothek als Dienstleistungsbetrieb wird heute mit Recht stark betont. Angesichts der in unserer Zeit gewaltig gestiegenen Literatur- und Informationsbedürfnisse verstehen sich die Bibliotheken mehr denn je als Service-Einrichtungen, die ihre Aufgaben der Literatur-, Medien- und Informationsvermittlung im Dienst der Leser und Benutzer erfüllen.

f) Die Bedeutung der Bibliotheken

In unserer Zeit brauchen die Menschen Bücher, Medien und Informationen für viele Zwecke: für Schule und Ausbildung, für Fortbildung und Studium, für berufliche Arbeit und wissenschaftliche Forschung, für politische Meinungsbildung und zur Befriedigung geistiger Interessen, für Lebensgestaltung, Freizeit und Unterhaltung. Das Bedürfnis nach Informationen ist heute viel größer als früher. Das hat verschiedene Gründe. Die modernen Lebensverhältnisse sind komplizierter geworden, in Schule, Studium und Beruf werden höhere Anforderungen gestellt, Wissenschaft und Technik befinden sich in einer stürmischen Weiterentwicklung, die Demokratie erfordert die politische Bildung und kritische Urteilsfähigkeit aller Staatsbürger. Zur Bewältigung dieser Aufgaben ist Literatur, sind Bücher und andere Informationsmittel unentbehrlich. Daneben benötigt der Mensch auch Bücher und Medien zur Entspannung und Erholung, zur Persönlichkeitsbildung und zur Gestaltung der länger gewordenen Freizeit.

Niemand kann alle Literaturtexte, Bücher und Medien, die er im Lauf des Lebens braucht, selbst erwerben oder sich alle benötigten Informationen selbstständig beschaffen. Zu diesem Zweck gibt es öffentlich zugängliche Bibliotheken. Als Literatur-, Bücher- und Mediensammlungen, als spezielle Informationseinrichtungen im Dienstleistungsbereich erfüllen die Bibliotheken die Aufgaben der (öffentlichen) Literatur- und Informationsversorgung. Dabei ermöglichen die Bibliotheken den freien und unbeschränkten, kostenlosen bzw. kostengünstigen Zugang zur Literatur aller Zeiten und Völker, zu den Erkenntnissen der Wissenschaft in Vergangenheit und Gegenwart, zu den aktuellen gedruckten und elektronischen Informationen. Sie garantieren diesen Zugang im Interesse der Allgemeinheit für alle sozialen Gruppen und Schichten und stützen so das im Grundgesetz verankerte Recht auf Meinungs- und Informationsfreiheit. Die Bibliotheken leisten damit einen wichtigen Beitrag für die Entwicklung des Einzelnen und der Gemeinschaft, für Wissenschaft, Bildung und Kultur, für das ganze geistig-kulturelle, gesellschaftliche und wirtschaftliche Leben.

2. Öffentliche und Wissenschaftliche Bibliotheken

Man unterscheidet in Deutschland zwei große Hauptgruppen oder „Sparten" von Bibliotheken:

– *Öffentliche Bibliotheken* oder Öffentliche Büchereien und
– *Wissenschaftliche Bibliotheken.*

Zur Gruppe der *Öffentlichen Bibliotheken* gehören alle Bibliotheken, die in erster Linie der allgemeinen Information, der allgemeinen, politischen und beruflichen Bildung sowie der Unterhaltung dienen und ihre Bücher der gesamten Öffentlichkeit ohne Einschränkung zur Verfügung stellen. Sie wurden früher „Volksbüchereien" genannt und führen heute, da sie von den Städten oder Gemeinden oder Landkreisen unterhalten werden, meist die Bezeichnung „Stadtbibliothek" oder „Gemeindebibliothek" oder „Kreisbibliothek". Zur Gruppe der *Wissenschaftlichen Bibliotheken* rechnet man jene Büchersammlungen, die vor allem dem wissenschaftlichen Studium und der Forschung dienen. Ihre Benutzer sind vorwiegend wissenschaftlich arbeitende Personen, also Studenten, Dozenten, Professoren, Forscher, aber auch Praktiker (z.B. Ärzte, Lehrer, Rechtsanwälte, Journalisten), die wissenschaftliche Literatur benötigen. Die Wissenschaftlichen Bibliotheken sind teils *Universalbibliotheken*, also Bibliotheken, die alle Wissensgebiete pflegen (z.B. Universitätsbibliotheken, Staats- und Landesbibliotheken), teils *Spezialbibliotheken* (Fachbibliotheken), die nur Bücher über ein bestimmtes Fachgebiet sammeln.

Die für die beiden Bibliotheksgruppen üblichen Bezeichnungen „Öffentliche Bibliotheken" oder „Öffentliche Büchereien" bzw. „Wissenschaftliche Bibliotheken" dürfen nicht missverstanden werden. Die Eigenschaften *öffentlich* bzw. *wissenschaftlich* treffen mehr oder minder für beide Bibliothekssparten zu. Auch die Wissenschaftlichen Bibliotheken sind „öffentlich": sie werden von öffentlichen Unterhaltsträgern (Bund, Land, Stadt) finanziert und stellen ihre Bestände der Öffentlichkeit zur Verfügung, wenn auch (im Gegensatz zu Öffentlichen Bibliotheken) mit gewissen Einschränkungen. Andererseits haben heute auch viele Öffentliche Bibliotheken unter ihren Buchbeständen wissenschaftliches Schrifttum, manchmal sogar spezielle Studien- und Forschungsliteratur, wenn auch (im Gegensatz zu den Wissenschaftlichen Bibliotheken) nicht überwiegend. Der Unterschied lässt sich folgendermaßen formulieren: Für die Öffentlichen Bibliotheken ist ein alle Gruppen der Gesellschaft ansprechender Buchbestand sowie die uneingeschränkte öffentliche Zugänglichkeit charakteristisch, für die Wissenschaftliche Bibliotheken das Überwiegen der wissenschaftlichen Literatur und der Benutzung zu wissenschaftlichen Zwecken.

Zwischen den Öffentlichen Bibliotheken und den Wissenschaftlichen Bibliotheken besteht keine scharfe Grenze. Beide Gruppen von Bibliotheken bilden erst zusammen das einheitliche Bibliothekswesen, das für die Literatur- und Informationsversorgung der Bevölkerung nötig ist. Beide Bibliothekssparten sind deshalb auf eine enge *Zusammenarbeit* angewiesen. Überdies gibt es zwischen beiden Gruppen fließende Übergänge, d.h. es gibt Bibliotheken, die sich nicht eindeutig der einen oder der anderen Sparte zuordnen lassen, weil sie Merkmale von beiden Gruppen aufweisen. Das gilt vor allem für Großstadtbibliotheken mit sowohl allgemeinen als auch wissenschaftlichen Buchbeständen.

Bei den Öffentlichen wie bei den Wissenschaftlichen Bibliotheken steht die *Gebrauchsfunktion* im Vordergrund, d.h. ihre Buchbestände dienen der gegenwärtigen Benutzung. Bei einigen Öffentlichen und vielen Wissenschaftlichen Bibliotheken kommt zur Gebrauchsfunktion eine *Archivfunktion* hinzu, d.h. sie bewahren alle oder bestimmte Bestände nicht nur für begrenzte Zeit, sondern dauernd auf, um sie für die Zukunft zu erhalten. Besonders ausgeprägt ist die Archivfunktion bei Nationalbibliotheken, die das nationale (d.h. inländische) Schrifttum sammeln und dauernd aufbewahren, und bei Regionalbibliotheken, die entsprechend mit der regionalen Literatur verfahren. Natürlich gehören Handschriften und alte Drucke zu den besonders sorgfältig bewahrten Archivbeständen.

3. Träger von Bibliotheken

Für jede Bibliothek ist ein *Träger* zuständig, in dessen Eigentum sich die Bibliothek befindet und der die nötigen Geldmittel für den Unterhalt der Bibliothek aufbringt. Dabei sind Bibliotheken in öffentlicher Trägerschaft (z.B. des Bundes, eines Landes oder einer Gemeinde) zu unterscheiden von Bibliotheken nichtöffentlicher Träger (z.B. von Firmen, Vereinen oder Privatpersonen).

a) Öffentliche Träger von Bibliotheken

In Deutschland sind der Bund, die Länder, Landkreise, Städte und Gemeinden öffentliche Träger von Bibliotheken.

In Trägerschaft des *Bundes* steht „Die Deutsche Bibliothek", bestehend aus der Deutschen Bücherei in Leipzig und der Deutschen Bibliothek in Frankfurt a.M. mit dem Deutschen Musikarchiv in Berlin. Ferner ist der Bund Träger der Bibliothek des Deutschen Bundestages, der Bibliotheken von Bundesbehörden (wie dem Deutschen Patentamt in München), der Bibliotheken von Bundesforschungsanstalten sowie der Bibliotheken der Bundeswehr.

Die *Länder* unterhalten zahlreiche staatliche Bibliotheken in ihrem Gebiet, vor allem die Landes- und Staatsbibliotheken, die Bibliotheken der Universitäten und Hochschulen und die Bibliotheken der Landtage, der Landesbehörden und Landesforschungsanstalten. Die Länder fördern auch das Öffentliche Bibliothekswesen ihres Landes durch die Einrichtung von Fachstellen (Beratungsstellen) und durch die Gewährung von Zuschüssen. Zuständige Zentralbehörde für die landeseigenen Bibliotheken ist das jeweilige Kultus- oder Wissenschaftsministerium des Landes.

Einige (in rechtlicher Trägerschaft der Länder befindliche) Bibliotheken mit überregionalen Aufgaben werden von Bund und Ländern gemeinsam finanziert, so z.b. die Zentralen Fachbibliotheken für Technik (Hannover), Medizin (Köln), Wirtschaft (Kiel) und Landwirtschaft (Bonn). Eigentümer (Rechtsträger) und Geldgeber (Unterhaltsträger) sind hier also nicht identisch. Eine ähnliche Mischfinanzierung kommt auch bei Forschungsinstituten (mit Spezialbibliotheken) vor, z.b. bei den Instituten der Max-Planck-Gesellschaft.

Kommunale Träger von Bibliotheken sind Landkreise und Gemeinden (Kommunen). Die *Landkreise* sind Träger von zentralen Kreisbibliotheken und/oder von kreiseigenen Fahrbibliotheken (Omnibusbibliotheken), die kleinere Gemeinden des Kreises mit Literatur versorgen. Allerdings haben längst nicht alle Landkreise eigene Bibliotheken eingerichtet (was bei gut ausgebauten Stadt- und Gemeindebibliotheken im Landkreis auch nicht immer nötig ist). Einige Landkreise gewähren Zuschüsse an einzelne Gemeindebibliotheken.

Die *Gemeinden*, d.h. Städte und kleinere Gemeinden, sind wichtig als Träger der Stadt- und Gemeindebibliotheken, die die Hauptmasse aller Öffentlichen Bibliotheken darstellen. Daneben unterhalten größere Städte manchmal auch eigenständige Wissenschaftliche Stadtbibliotheken.

b) Öffentlich-rechtliche Körperschaften und Stiftungen als Träger von Bibliotheken

Träger von Bibliotheken können auch *Körperschaften des öffentlichen Rechts*, z.B. Industrie- und Handelskammern, und *Stiftungen des öffentlichen Rechts* sein, z.B. die Stiftung Preußischer Kulturbesitz in Berlin, Trägerin der Staatsbibliothek zu Berlin (ihre Finanzierung erfolgt gemeinsam durch Bund und Länder).

Die *Kirchen*, Körperschaften des öffentlichen Rechts mit einem Sonderstatus, unterhalten zahlreiche Bibliotheken unterschiedlichen Typs. Neben kirchlichen Wissenschaftlichen Bibliotheken, z.b. von Landeskirchen, Diözesen, kirchlichen Hochschulen oder großen Klöstern, gibt es Büchereien der Pfarreien und Kirchengemeinden, die in ihrer Zielsetzung den kommunalen Öffentlichen Bibliotheken ähneln.

c) Nichtöffentliche (private) Träger von Bibliotheken

Bibliotheken in nichtöffentlicher Trägerschaft sind entweder Bibliotheken von privatrechtlichen Körperschaften oder Stiftungen oder von Privatpersonen. *Vereine* oder *Verbände* (z.b. Vereine für kulturelle Zwecke, Berufsverbände, Gewerkschaften) und (privatrechtliche) *Stiftungen* sind meist Träger von wissenschaftlichen Fachbibliotheken. Große *Wirtschaftsunternehmen* und *Industriebetriebe* unterhalten neben den Werk- oder Betriebsbibliotheken, die der Information und Unterhaltung aller Werksangehörigen dienen, oft auch wissenschaftliche Spezialbibliotheken für Forschungs- und Entwicklungszwecke.

Auch im Eigentum von *Privatpersonen* (z.b. von bibliophilen Büchersammlern oder von Gelehrten) gibt es bedeutende Bibliotheken, die gelegentlich auch für Außenstehende zugänglich sind.

4. Die verschiedenen Bibliothekstypen

Innerhalb der beiden Hauptgruppen der Öffentlichen und der Wissenschaftlichen Bibliotheken gibt es, je nach Aufgaben und Zweckbestimmung, verschiedene Arten oder Typen von Bibliotheken.

Die *Wissenschaftlichen Bibliotheken* kann man nach ihrer jeweiligen Hauptaufgabe in vier Gruppen einteilen, je nachdem ob sie (a) nationale (= überregionale) Aufgaben der Literaturversorgung erfüllen oder ob sie (b) eine Region (Land, Bezirk, Stadt) oder (c) eine Universität oder Hochschule mit Literatur versorgen oder ob sie (d) Literatur eines bestimmten Faches oder Spezialgebiets bereitstellen (meist für eine bestimmte, fachlich spezialisierte Institution). Demgemäß unterscheidet man

– Bibliotheken von nationaler (überregionaler) Bedeutung
– Landesbibliotheken und andere Regionalbibliotheken
– Universitäts- und Hochschulbibliotheken
– Spezialbibliotheken (Fachbibliotheken).

Die *Öffentlichen Bibliotheken* sind normalerweise für eine Gemeinde, einen Stadtteil, eine Stadt oder einen Landkreis zuständig. Es gibt also Gemeinde-, Stadtteil-, Stadt- und Kreisbibliotheken. In größeren Städten existiert meist ein städtisches Bibliothekssystem mit einer Zentralbibliothek und mehreren Zweigstellen (Stadtteilbibliotheken) und Fahrbibliotheken. Ähnliche Bibliothekssysteme bestehen in Landkreisen, wo eine zentrale Kreisbibliothek mit Bücherbussen die kleineren Gemeinden versorgt. Daneben gibt es im Öffentlichen Bibliothekswesen Sonderformen für bestimmte Aufgaben, z.b. Jugend-, Musik-, Krankenhaus- und Blindenbibliotheken.

Die *Bestandsgröße* und die *Personalstärke* der Bibliotheken sind außerordentlich verschieden. Die Skala reicht von „Ein-Personen-Bibliotheken" mit 5000 oder 10 000 Büchern bis zu Großbibliotheken mit Millionen Bänden und Hunderten oder gar Tausenden von Beschäftigten.

a) Bibliotheken von nationaler Bedeutung

Viele Staaten der Welt haben eine große *Nationalbibliothek*, die nicht nur das gesamte inländische (nationale) Schrifttum sammelt und bibliographisch verzeichnet, sondern auch die wichtigen ausländischen Publikationen erwirbt und auf Grund ihrer langen Geschichte einen großen Altbestand an in- und ausländischer Literatur besitzt. Beispiele sind die Österreichische Nationalbibliothek in Wien, die Bibliothèque National de France in Paris, die British Library in London und die Library of Congress in Washington.

Eine solche umfassende Nationalbibliothek gibt es in Deutschland nicht. Da Deutschland immer ein föderativ organisierter Staat war und die Hauptstädte seiner Teilstaaten, der Länder, kulturelle Mittelpunkte bildeten, entstanden hier Hofbibliotheken und daraus Landes- oder Regionalbibliotheken, wogegen eine deutsche Nationalbibliothek auch im 19. und 20. Jahrhundert nicht zustandekam. Aus diesem Grund nehmen in Deutschland *mehrere große Bibliotheken von nationaler Bedeutung* gemeinsam die Funktionen einer umfassenden Nationalbibliothek wahr.

(1) Universalbibliotheken von nationaler Bedeutung

Die Deutsche Bibliothek (DDB)

In Deutschland erfüllt „Die Deutsche Bibliothek" die eine Teilaufgabe einer Nationalbibliothek, nämlich die Sammlung und Verzeichnung des nationalen Schrifttums. *Die Deutsche Bibliothek* ist die zentrale Archivbibliothek und das nationalbibliographische Informationszentrum der Bundesrepublik Deutschland. Als rechtsfähige bundesunmittelbare Anstalt des öffentlichen Rechts wird sie vom Bund getragen und finanziert.

Folgende Einrichtungen an drei Standorten bilden seit 1990 die Gesamtinstitution *Die Deutsche Bibliothek*:

- die *Deutsche Bücherei* in Leipzig und
- die *Deutsche Bibliothek* in Frankfurt a.M., zu der als Abteilung
- das *Deutsche Musikarchiv* in Berlin gehört.

Die *Deutsche Bücherei* in Leipzig wurde 1912 vom Börsenverein der Deutschen Buchhändler gegründet mit dem Auftrag, das gesamte ab 1913 in Deutschland erscheinende Schrifttum und das deutschsprachige Schrifttum des Auslandes zu sammeln. Später kamen hinzu die im Ausland erscheinenden Übersetzungen deutschsprachiger Werke sowie ausländische fremdsprachige Werke über Deutschland. Die Deutsche Bücherei verzeichnete das deutsche Schrifttum in den verschiedenen Reihen der Deutschen Nationalbibliographie. In der Zeit der deutschen Teilung sammelte sie nicht nur die Publikationen aus der DDR (durch Pflichtablieferung), sondern auch die Veröffentlichungen westdeutscher Verlage und die deutschsprachigen Neuerscheinungen aus dem Ausland, die sie durch freiwillige Ablieferung erhielt.

Die *Deutsche Bibliothek* in Frankfurt a.M. wurde 1946 gegründet und entwickelte sich zur Zeit der Teilung Deutschlands zum westlichen Gegenstück der Deutschen Bücherei. Sie erhielt den Auftrag, das gesamte ab 1945 in Deutschland (Bundesrepublik und DDR) erscheinende Schrifttum und die deutschsprachige Literatur des Auslandes zu sammeln und in den verschiedenen Reihen der Deutschen Bibliographie zu verzeichnen. Der Sammelauftrag umfasste auch die im Ausland erscheinenden Übersetzungen deutschsprachiger Werke sowie ausländische fremdsprachige Werke über Deutschland. Seit 1969 war die Deutsche Bibliothek eine Einrichtung des Bundes mit dem Recht auf Pflichtablieferung aller in der Bundesrepublik veröffentlichten Druckschriften. Die in der DDR erscheinende Literatur und die deutschsprachigen Veröffentlichungen des Auslandes erhielt sie durch freiwillige Ablieferung.

Das *Deutsche Musikarchiv* in Berlin wurde 1970 als Abteilung der Deutschen Bibliothek in Frankfurt a.M. gegründet mit der Aufgabe, die in Deutschland erscheinenden Musikalien und Musiktonträger zu sammeln und bibliographisch zu verzeichnen.

Mit Herstellung der deutschen Einheit durch den Beitritt der östlichen Länder (ehemals DDR) zur Bundesrepublik Deutschland (1990) wurden die Deutsche Bücherei, die Deutsche Bibliothek und das Deutsche Musikarchiv zur bundesunmittelbaren öffentlich-rechtlichen Anstalt *Die Deutsche Bibliothek* vereinigt. Die deutschen Verleger sind nunmehr verpflichtet, von jedem veröffentlichten Druckwerk zwei Exemplare an Die Deutsche Bibliothek abzuliefern, wovon je eines in Leipzig und in Frankfurt archiviert wird. Die im Ausland erscheinenden deutschsprachigen Werke werden nach wie vor durch freiwillige Ablieferung durch die Verlage, ersatzweise durch Kauf erworben, ebenfalls in zwei Exemplaren. Durch diese „doppelte Sammlung" in Leipzig und Frankfurt entsteht an beiden Standorten ein (ab 1913 bzw. 1945) vollständiges Archiv der deutschen und deutschsprachigen Literatur. Die im Ausland erscheinenden Übersetzungen deutschsprachiger Werke und die ausländischen fremdsprachigen Veröffentlichungen über Deutschland (Germanica) werden nur in Leipzig gesammelt. Die Sammlung der in Deutschland erscheinenden Musikalien und Musiktonträger erfolgt durch Pflichtablieferung der Neuerscheinungen in zwei Exemplaren an das Deutsche Musikarchiv in Berlin; das Zweitexemplar wird in der Deutschen Bücherei Leipzig archiviert.

Gesammelt und verzeichnet werden auch AV-Medien und Datenträger. Die Sammlung und Erschließung von Netzpublikationen ist vorgesehen und wird derzeit erprobt.

Auf der Grundlage des Neuzugangs erfüllt Die Deutsche Bibliothek ihre Aufgabe als nationalbibliographisches Zentrum. Die bibliographische Verzeichnung erfolgt seit 1.1.1990 in der Deutschen Nationalbibliographie (DNB) mit verschiedenen Reihen und Kumulationsstufen in gedruckter und elektronischer Form.

Die Deutsche Bibliothek ist an ihren drei Standorten eine öffentlich zugängliche Präsenzbibliothek. Am Auswärtigen Leihverkehr nimmt sie nur teil, wenn das gesuchte Werk nicht anderweitig zu erhalten ist. Neben ihren Hauptbeständen verfügt sie über mehrere Sondersammlungen, z.B. über die Sammlung der deutschen Exilliteratur, d.h. der von 1933 bis 1945 von deutschsprachigen Emigranten verfassten Werke. Herstellung und Vertrieb der nationalbibliographischen Dienstleistungen erfolgen in Frankfurt a.M. auf Grund der in Frankfurt bzw. Leipzig erfassten Daten. In Leipzig befindet sich als Abteilung der Deutschen Bücherei das Deutsche Buch- und Schriftmuseum mit der Funktion eines Informationszentrums für Buchkultur.

Die andere Teilaufgabe der großen Nationalbibliotheken, nämlich die Erwerbung eines umfangreichen Bestandes von wichtigen ausländischen Neuerscheinungen aller Wissensgebiete und die Bereitstellung eines großen Altbestandes an in- und ausländischer Literatur, wird in Deutschland von mehreren Bibliotheken wahrgenommen. Zunächst sind als Universalbibliotheken von nationaler Bedeutung die Staatsbibliothek zu Berlin und die Bayerische Staatsbibliothek in München zu nennen, anschließend die Zentralen Fachbibliotheken.

Staatsbibliothek zu Berlin (SBB) und Bayerische Staatsbibliothek (BSB)

Die *Staatsbibliothek zu Berlin – Preußischer Kulturbesitz* ist die Nachfolgerin der früheren Preußischen Staatsbibliothek. Diese bestand als Hofbibliothek der brandenburgischen Kurfürsten und preußischen Könige und als Staatsbibliothek von 1661 bis 1947, d.h. bis zur Auflösung Preußens nach dem Zweiten Weltkrieg. Seit etwa 1900 war die Berliner Staatsbibliothek die größte und leistungsfähigste Bibliothek in Deutschland und übernahm wichtige überregionale Aufgaben. Durch den Zweiten Weltkrieg und die Spaltung Deutschlands wurde sie in zwei Teile getrennt. Die im Westen befindlichen Buchbestände wurden in der *Staatsbibliothek Preußischer Kulturbesitz* in Berlin-West vereinigt (die Stiftung Preußischer Kulturbesitz war als Träger für die kulturellen Einrichtungen des früheren preußischen Staates gegründet worden). Die im Osten befindlichen Buchbestände bildeten die *Deutsche Staatsbibliothek* in Berlin-Ost, die zentrale Funktionen im Bibliothekswesen der DDR ausübte.

Nach der Vereinigung der beiden deutschen Staaten wurden die zwei Staatsbibliotheken 1992 zur „Staatsbibliothek zu Berlin – Preußischer Kulturbesitz" zusammengeschlossen und bilden seitdem *eine* Bibliothek in *zwei* Häusern. Haus 1 ist das 1914 bezogene Gebäude der ehemaligen Preußischen bzw. Deutschen Staatsbibliothek an der Straße Unter den Linden, Haus 2 ist der 1979 fertig gestellte Neubau an der Potsdamer Straße im früheren Westberlin.

Träger der Staatsbibliothek zu Berlin ist die Stiftung Preußischer Kulturbesitz, die von Bund und Ländern gemeinsam finanziert wird.

Die *Bayerische Staatsbibliothek* in München entstand aus der 1558 gegründeten Hofbibliothek der bayerischen Herzöge, Kurfürsten und Könige. Als süddeutsches Gegenstück zur Preußischen Staatsbibliothek war sie von etwa 1900 bis 1945 die zweitgrößte, anschließend (bis zur Vereinigung der Berliner Staatsbibliotheken) die größte Bibliothek im deutschsprachigen Raum und übernahm stets auch überregionale Aufgaben. Sie hat eine Doppelfunktion als zentrale bayerische Landesbibliothek und als Bibliothek von nationaler Bedeutung.

Die Staatsbibliotheken in Berlin und München sind „Großbibliotheken" mit umfassenden Literaturbeständen, die am Ort und im Auswärtigen Leihverkehr stark beansprucht werden. Ihre nationale und internationale Bedeutung beruht (1) auf ihrem großen und wertvollen Altbestand, (2) auf ihren reichhaltigen Beständen an aktueller Literatur des In- und Auslandes aller Fächer (mit bestimmten Schwerpunkten), (3) auf den Beständen ihrer Sonderabteilungen für Orientalistik, Slawistik, Musik, Handschriften, Inkunabeln und Karten. Die Staatsbibliotheken betreiben als überregionale Aufgaben auch die Erarbeitung spezieller bibliographischer Verzeichnisse und überregional wichtiger Bibliothekskataloge und Normdateien.

Die Staatsbibliothek zu Berlin besaß im Jahr 2000 in beiden Häusern insgesamt 10 Millionen Bände, die Bayerische Staatsbibliothek rund 8 Millionen Bände (jeweils ohne Handschriften, Mikroformen, Audiovisuelle Medien und Sondermaterialien).

(2) Fachbibliotheken von nationaler Bedeutung
    (Zentrale Fachbibliotheken)

Der steigende Bedarf von Forschung, Wirtschaft und Industrie an schnellen und zuverlässigen Informationen aus praxisnahen Wissenschaften führte zur Errichtung von *Zentralen Fachbibliotheken*. Sie wurden aus schon länger bestehenden Bibliotheken entwickelt bzw. ihnen angegliedert und bilden überregionale Mittelpunkte für die Literatur- und Informationsversorgung auf ihren Fachgebieten. Es gibt vier Zentrale Fachbibliotheken:

– die *Technische Informationsbibliothek (TIB)* in Hannover, verbunden mit der Bibliothek der Universität Hannover, als Zentrale Fachbibliothek für Technik und ihre Grundlagenwissenschaften (Chemie, Physik, Informatik, Mathematik),
– die *Deutsche Zentralbibliothek für Medizin* in Köln, entwickelt aus der Medizinischen Abteilung der Stadt- und Universitätsbibliothek Köln, als Zentrale Fachbibliothek für Medizin und ihre Grundlagenwissenschaften,
– die *Deutsche Zentralbibliothek für Wirtschaftswissenschaften*, identisch mit der Bibliothek des Instituts für Weltwirtschaft an der Universität Kiel, als Zentrale Fachbibliothek für Wirtschaftswissenschaften (Volks- und Weltwirtschaft),
– die *Deutsche Zentralbibliothek für Landbauwissenschaften* in Bonn, entstanden aus der Landwirtschaftlichen Abteilung der Universitätsbibliothek Bonn, als Zentrale Fachbibliothek für Landwirtschaft und verwandte Gebiete.

Die Zentralen Fachbibliotheken sammeln die in- und ausländische Literatur ihrer Fächer in größtmöglicher Vollständigkeit (auch hochspezialisierte, nicht-konventionelle und schwer beschaffbare Literatur sowie Publikationen in entlegenen Fremdsprachen), erschließen sie durch spezielle Informationsdienste und vermitteln sie im Auswärtigen Leihverkehr, vor allem aber im Direktversand, rasch an alle Interessenten. Gerade die überaus starke Beanspruchung durch auswärtige Benutzer in ganz Deutschland (und im Ausland) ist typisch für die Zentralen Fachbibliotheken. Als Fachbibliotheken von nationaler Bedeutung ergänzen sie damit die Funktionen der Universalbibliotheken von nationaler Bedeutung.

Nationale *Funktionen* in der Literaturversorgung haben in Deutschland auch diejenigen Bibliotheken übernommen, die in das von der Deutschen Forschungsgemeinschaft geförderte System der überregionalen Literaturversorgung einbezogen sind (Überregionale Schwerpunktbibliotheken), auch wenn sie nach ihrer Hauptaufgabe nicht als *Bibliotheken* von nationaler Bedeutung bezeichnet werden können. Das gleiche gilt von den fünf an der „Sammlung deutscher Drucke 1450-1912" beteiligten Bibliotheken, die alte Druckwerke jeweils für eine bestimmte Epoche sammeln und damit ein nationales Reservoir der älteren deutschen Literatur aufbauen.

b) *Landesbibliotheken und andere Regionalbibliotheken*

Eine für Deutschland mit seiner Gliederung in Länder und Landesteile typische Bibliotheksart sind die *Regionalbibliotheken*, d.h. die Bibliotheken mit vorwiegend regionalen Aufgaben. Eine *Region* kann sein

– ein Bundesland,
– ein größerer Teil eines Landes,
– ein Regierungsbezirk,
– eine Stadt und ihr Umland.

Beipiele für entsprechende Regionalbibliotheken sind

– die Niedersächsische Landesbibliothek in Hannover und die LB Mecklenburg-Vorpommern in Schwerin,
– die Badische Landesbibliothek in Karlsruhe, Regionalbibliothek für den Landesteil Baden des Landes Baden-Württemberg,
– die Staatsbibliothek Bamberg, Regionalbibliothek für den Regierungsbezirk Oberfranken, und die Rheinische Landesbibliothek Koblenz, Regionalbibliothek für den Regierungsbezirk Koblenz,
– die (Wissenschaftlichen) Stadtbibliotheken Braunschweig und Ingolstadt, zuständig für ihre jeweiligen Stadtregionen.

Landesbibliotheken

Die für ein Land, einen größeren Landesteil oder einen Bezirk zuständigen Regionalbibliotheken führen häufig die Bezeichnung *Landesbibliothek*, teilweise auch *Staatsbibliothek oder Staatliche Bibliothek*. Sie sind meist aus früheren fürstlichen Hofbibliotheken entstanden, die zum großen Teil schon im 16., 17. oder 18. Jahrhundert gegründet wurden. Einige Landesbibliotheken sind zuständig für Regionen, die früher selbstständige Länder waren (z.b. Oldenburg, Detmold, Wiesbaden, Karlsruhe, Coburg). Als Universalbibliotheken mit umfangreichen Literaturbeständen, meist auch mit wertvollen Beständen von Handschriften, Inkunabeln und alten Drucken, bilden die Landesbibliotheken Mittelpunkte für die Literaturversorgung ihrer Region. Dabei lassen sich zwei landesbibliothekarische Hauptaufgaben unterscheiden:

– Versorgung der Region mit wissenschaftlicher Literatur

Hier geht es um die Deckung des Bedarfs an wissenschaftlicher Literatur, der außerhalb der Universitäten und Hochschulen auftritt und einerseits nicht von den Stadtbibliotheken befriedigt werden kann, andererseits sich nicht auf hochspezialisierte Forschungsliteratur bezieht, sodass nicht auf überregional wichtige Bibliotheken zurückgegriffen werden muss. Für die Literaturversorgung der Region stellen die Regionalbibliotheken ihre Bestände zur Ausleihe am Ort oder im Auswärtigen Leihverkehr zur Verfügung und vermitteln durch den Leihverkehr die Bestände anderer Bibliotheken.

– Sammlung, Erschließung und Bereitstellung der Regionalliteratur

Mit dem Begriff *Regionalliteratur* bezeichnet man (a) die Literatur aus der Region, d.h. die *in* der Region veröffentlicht wurde (diese Literatur kommt in der Regel durch regionale Pflichtablieferung in die Landesbibliothek), (b) die Literatur *über* die Region, d.h. die landeskundliche Literatur unabhängig vom Erscheinungsort. Die Sammlung der landeskundlichen Literatur ist meist verbunden mit ihrer Verzeichnung in einem eigenen Katalog und/oder mit ihrer Erschließung durch eine *Regionalbibliographie*, d.h. ein Verzeichnis der landeskundlichen Literatur. So wird z.B. die „Niedersächsische Bibliographie" durch die Niedersächsische Landesbibliothek in Hannover bearbeitet und herausgegeben.

Die Regionalliteratur wird in den Landesbibliotheken „archiviert", d.h. für unbegrenzte Zeit aufbewahrt. Die Landesbibliotheken haben also neben der Gebrauchsfunktion auch eine *Archivfunktion*. Die durchschnittliche Bestandsgröße der Landesbibliotheken und Staatlichen Bibliotheken liegt ungefähr zwischen 100 000 und 3 Millionen Bänden.

Die Regionalbibliotheken sammeln auch Nachlässe von für die Region wichtigen Persönlichkeiten und leisten durch Veranstaltungen und Ausstellungen einen Beitrag zum kulturellen Leben der Region.

Landesbibliothekarische Aufgaben können mit denen einer Universitätsbibliothek kombiniert sein. Solche Bibliotheken mit einer Doppelfunktion heißen meist „Universitäts- und Landesbibliothek" oder „Staats- und Universitätsbibliothek". Beispiele sind die Thüringer UuLB Jena oder die SuUB Hamburg. Einige dieser Bibliotheken haben Regionalfunktionen nur für einen Landesteil oder Bezirk, so die UuLB Münster für Westfalen oder die UB Würzburg für Unterfranken.

Wissenschaftliche Stadtbibliotheken

Die Wissenschaftlichen Stadtbibliotheken, die ebenfalls zu den Regionalbibliotheken gerechnet werden, sind im Gegensatz zu den Landesbibliotheken *kommunale* Einrichtungen. Im Unterschied zu den Stadtbibliotheken der Sparte Öffentliche Bibliotheken besitzen sie überwiegend wissenschaftliche Literatur mit oft wertvollen Altbeständen. Manche sind schon vor mehreren Jahrhunderten gegründet worden. Einige sind mit dem örtlichen Stadtarchiv verbunden.

Die Hauptaufgaben der Wissenschaftlichen Stadtbibliotheken entsprechen, nur im kleineren Rahmen und auf das Stadtgebiet bezogen, den soeben geschilderten Aufgaben der Landesbibliotheken. Die Wissenschaftlichen Stadtbibliotheken versorgen die Einwohner der Stadt und ihres Umlandes mit (nichtspezialisierter) wissenschaftlicher Literatur und sammeln (nicht durch Pflichtablieferung, sondern durch Kauf oder Schenkung) das über ihre Stadt erschienene Schrifttum, das oft in Sonderkatalogen oder in einer Bibliographie erschlossen wird.

Auch die Wissenschaftlichen Stadtbibliotheken haben neben der Gebrauchsfunktion eine Archivfunktion für die über die Stadt erschienene Literatur. Die durchschnittliche Bestandsgröße liegt bei rund 100 000 bis 600 000 Bänden.

Einige Stadtbibliotheken erfüllen zusätzlich regionale Aufgaben für den umliegenden Bezirk oder das Land, z.B. die Staats- und Stadtbibliothek Augsburg für den Regierungsbezirk Schwaben, die Stadtbibliothek Trier für den Regierungsbezirk Trier, die Stadt- und Landesbibliothek Potsdam für Brandenburg.

Wissenschaftliche Stadtbibliotheken in reiner Form gibt es heute nur noch wenige. Manche früheren Stadtbibliotheken sind mit einer Universitätsbibliothek vereinigt worden, z.B. die Universitäts- und Stadtbibliothek Köln. Andere früher selbstständige Wissenschaftliche Stadtbibliotheken, z.B. die Stadtbibliotheken Leipzig, Nürnberg und Lübeck, sind in das System der Öffentlichen Bibliotheken der Stadt integriert worden. In anderen Großstädten, wo nie eine alte Wissenschaftliche Stadtbibliothek existiert hat, werden ihre Aufgaben von großen Stadtbibliotheken der ÖB-Sparte erfüllt, besonders in den Großstädten Nordrhein-Westfalens.

Mischtypen und Sonderformen

Von Bibliotheken mit einer Doppelfunktion als Universitäts- und Landesbibliothek oder Staats- und Universitätsbibliothek war bereits die Rede. Einige Landesbibliotheken haben für bestimmte Fächer die Literaturversorgung der örtlichen Universität als zusätzliche Aufgabe übernommen, so die Niedersächsische Landesbibliothek in Hannover für die geistes- und sozialwissenschaftlichen Fachbereiche der Universität.

Die Staatsbibliotheken in Berlin und München werden wegen ihrer Größe und Bedeutung nicht zu den regional, sondern zu den national wichtigen Bibliotheken gerechnet, wobei die Staatsbibliothek in München eine Doppelfunktion als bayerische Landesbibliothek und als Bibliothek von nationaler Bedeutung besitzt.

Einige frühere Landesbibliotheken mit wertvollen historischen Buchbeständen sind zu Forschungsbibliotheken mit speziellen Schwerpunkten weiterentwickelt worden, so vor allem die Herzog-August-Bibliothek in Wolfenbüttel (Forschungs- und Studienstätte zur europäischen Kulturgeschichte) und die Herzogin-Anna-Amalia-Bibliothek in Weimar (Forschungsbibliothek für deutsche Literatur- und Kulturgeschichte, besonders für die Zeit der deutschen Klassik von 1750-1850).

c) Universitäts- und Hochschulbibliotheken

Zu den Universitäts- und Hochschulbibliotheken gehören die Bibliotheken der Universitäten, Technischen Universitäten, der sonstigen wissenschaftlichen Hochschulen und der Fachhochschulen. Ihre Hauptaufgabe besteht darin, ihre Universität oder Hochschule mit Literatur zu versorgen, d.h. den *Universitäts- oder Hochschulangehörigen* (also Professoren, Dozenten, Assistenten, Studenten) die für sie nötige Literatur nachzuweisen und zur Verfügung zu stellen. Sie dienen dabei sowohl der Lehre wie der Forschung. Gesammelt wird in breitem Umfang das Schrifttum aller an der Hochschule oder Universität vertretenen Fachgebiete. Demgemäß sind die Bibliotheken der meisten Universitäten Universalbibliotheken, die Bibliotheken der Fachhochschulen und anderer, einer bestimmten Fachrichtung angehörenden Hochschulen Spezialbibliotheken. Die Größe der Bestände ist sehr unterschiedlich, sie schwankt ungefähr zwischen 100 000 und mehreren Millionen Bänden.

Alle Universitätsbibliotheken können auch von Nicht-Universitätsangehörigen für wissenschaftliche Zwecke benutzt werden. Dadurch tragen die meisten Universitätsbibliotheken auch zur lokalen und regionalen Literaturversorgung bei, d.h. ihre Wirkung geht über den Bereich der Universität hinaus und erstreckt sich auf die Stadt, die umliegende Region oder das Land. Eine ausdrückliche Doppelaufgabe für Universität und Land bzw. Stadt erfüllen die Universitäts- und Landesbibliotheken (Staats- und Universitätsbibliotheken) bzw. Stadt- und Universitätsbibliotheken.

Duale (zweischichtige) Literaturversorgung in Universitäten

An den traditionellen Universitäten war die Literaturversorgung früher so organisiert, dass eine zentrale Bibliothek (die eigentliche *Universitätsbibliothek*) und einer große Zahl von selbstständigen fachlichen *Institutsbibliotheken* (auch: Seminar-, Klinik-, Lehrstuhlbibliotheken) unverbunden nebeneinander bestanden. Dabei war der Buchbestand der zentralen Universitätsbibliothek im geschlossenen Magazin untergebracht, während die Bücher der Institutsbibliotheken meist als Freihandbestände aufgestellt waren. Die Universitätsbibliothek fungierte vorwiegend als Ausleihbibliothek, die Institutsbibliotheken waren in der Regel Präsenzbibliotheken.

Das entscheidende Merkmal dieser dualen Literaturversorgung war die *Unabhängigkeit der Institutsbibliotheken* von der zentralen Universitätsbibliothek (UB). Die Institutsbibliotheken wurden vom Vorstand des Instituts, einem Professor oder mehreren Professoren, geleitet und verwaltet, nicht vom Direktor der UB. Die Zuteilung der Bucherwerbungsmittel für die Institute erfolgte direkt an die Institute, nicht an die UB. Das Personal der Institutsbibliothek unterstand dem Institutsvorstand, nicht dem Direktor der UB.

Der *Vorteil* dieser „dualen", „zweigleisigen" oder „zweischichtigen" Literaturversorgung bestand darin, dass sich zentrale UB und Institutsbibliotheken im Sinne eines umfassenden Buchangebots *ergänzten*, d.h. dass in den Bibliotheken der Institute, also der für Forschung und Lehre zuständigen Einrichtungen, die aktuelle Fachliteratur durch Professoren und Assistenten kompetent ausgewählt wurde, auf unkomplizierte Weise (d.h. rasch) beschafft wurde und dann sofort bequem verfügbar war, während in der zentralen UB die fächerübergreifende und die ältere (zum Teil auch die neuere) Fachliteratur sowie die Lehrbuchliteratur als Ausleihbestand vorhanden war und außerdem Dienstleistungen wie Fernleihe, Auskunfts- und Bibliographierdienst erbracht wurden.

Der *Nachteil* der dualen oder zweischichtigen Literaturversorgung lag darin, dass Universitätsbibliothek und Institutsbibliotheken meist *bezie-*

hungslos nebeneinander standen, dass also keine Abstimmung bei der Erwerbung der Bücher erfolgte und daher viele unnötige (und damit teure) Doppel- oder Mehrfachanschaffungen vorkamen, dass ein Gesamtkatalog aller in den Instituten vorhandenen Bücher fehlte und folglich keine Übersicht über die Buchbestände der Universität möglich war, dass die Bücher der Institute oft unsachgemäß (z.B. durch Hilfskräfte) verwaltet wurden und dass zu den Institutsbibliotheken oft nur die Institutsangehörigen als Benutzer zugelassen waren.

Integrierte (einschichtige) Bibliothekssysteme in Universitäten

Bei den Universitäts-Neugründungen in der alten Bundesrepublik seit Mitte der 1960er-Jahre hat man deshalb neue Wege beschritten. Entsprechende Neuerungen wurden in den Universitäten der früheren DDR vorgenommen. Das ganze Bibliothekswesen der Universität wurde als *Einheit* organisiert. Die Universitätsbibliothek umfasst alle Bücherbestände der

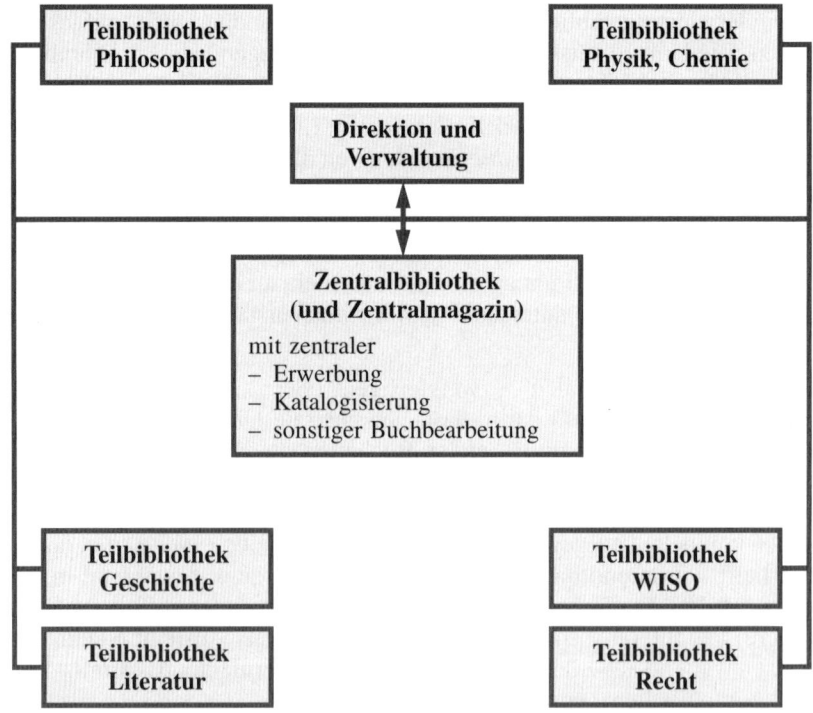

Abb. 2: Struktur eines integrierten Universitätsbibliothekssystems
(vereinfachtes Modell)

Universität und gliedert sich in eine *Zentralbibliothek* bzw. eine *Bibliothekszentrale* und mehrere fachliche *Teilbibliotheken, Zweigbibliotheken, Bereichsbibliotheken* oder *Fachbibliotheken* (meist Fachbereichs- oder Fakultätsbibliotheken).

Alle Bestandteile und alle Mitarbeiter dieses integrierten, einheitlichen oder „einschichtigen" Bibliothekssystems stehen unter der Leitung des Bibliotheksdirektors. Selbstständige Institutsbibliotheken gibt es nicht. Die gesamten Erwerbungsmittel werden pauschal der Universitätsbibliothek (nicht den Teilbibliotheken) zugewiesen und erst dann aufgeteilt. Die Teilbibliotheken dieser Universitäten sind in der Regel größer als die Institutsbibliotheken der alten Universitäten, da ein Fachbereich fast immer mehrere Fächer umfasst und manchmal mehrere Fachbereiche eine gemeinsame Teilbibliothek besitzen. Das Gebäude der Zentralbibliothek befindet sich meist im Zentrum des Universitätsgeländes, die Teilbibliotheken sind oft räumlich dezentral, d.h. bei den einzelnen Fachbereichen, untergebracht.

In einem einheitlichen universitären Bibliothekssystem sind die bibliothekarischen *Tätigkeiten* zwischen der Zentralbibliothek (bzw. der Bibliothekszentrale) und den Teilbibliotheken *aufgeteilt* und aufeinander *abgestimmt*, um mit den vorhandenen Personal- und Geldmitteln die bestmögliche Literaturversorgung der Studenten und Professoren zu erreichen. Die Buchauswahl geschieht in Zusammenarbeit zwischen den Fachreferenten der Bibliothek und den Professoren der Universität; sie wird gegebenenfalls durch die Zentralbibliothek koordiniert (ergänzt oder modifiziert), um einen ausgewogenen Bestandsaufbau und eine sparsame Mittelverwendung zu erzielen. Die Arbeiten am Buch, die besser zentral ausgeführt werden, also Buchbeschaffung, Zugangs- und Rechnungsbearbeitung, Katalogisierung und sonstige Buchbearbeitung, werden in der Zentralbibliothek vorgenommen. Aufstellung und Benutzung der Bücher sowie Auskunftserteilung und Beratung erfolgen in den Teilbibliotheken, in deren Lesesälen die Bücher als Freihandbestände offen aufgestellt sind, beziehungsweise in der Zentralbibliothek (Lesesaal, Lehrbuchsammlung, Zentralmagazin). In den Katalogen wird der gesamte Buchbestand der Universität nachgewiesen. Alle Teile des Bibliothekssystems besitzen ein einheitliches Aufstellungs- und Signaturenschema und sind für jeden Universitätsangehörigen zugänglich und benutzbar.

Es lassen sich zwei Grundformen des integrierten Bibliothekssystems einer Universität unterscheiden, je nachdem ob eine Zentralbibliothek (mit eigenen umfangreichen Buchbeständen in einem Zentralmagazin) oder lediglich eine Bibliothekszentrale vorhanden ist. Im ersten Fall besitzt die *Zentralbibliothek* einen eigenen Lesesaal, allgemeine Informationsbestände (Nachschlagewerke, Allgemeinbibliographien, fächerübergreifende Literatur), eine Lehrbuchsammlung sowie einen großen Magazinbestand mit wenig gebrauchter (d.h. älterer) allgemeiner bzw. fachlicher Literatur. Die Bestände der Zentralbibliothek sind überwiegend ausleihbar, während die Teilbibliotheken als Präsenzbibliotheken für die neuere und aktuelle Fachliteratur dienen (Ausleihe nur eingeschränkt möglich, z.b. über Nacht und über das Wochenende). Die in den Teilbibliotheken entbehrlich gewordene Literatur wird ausgesondert und in das Zentralmagazin verbracht. Im zweiten (selteneren) Fall existiert keine Zentralbibliothek, sondern nur eine *Bibliothekszentrale* als Informations-, Verwaltungs- und Dienstleistungszentrum (für die zentralen bibliothekarischen Arbeiten). Der gesamte Buchbestand ist (fast) vollständig auf die Bereichsbibliotheken aufgeteilt, deren Bestände dann vorwiegend oder teilweise ausleihbar sind.

Außer an Universitäten sind integrierte Bibliothekssysteme auch an sonstigen Hochschulen und Fachhochschulen eingerichtet worden, jeweils mit zentraler Buchbeschaffung und -bearbeitung und mit teils dezentraler, teils zentraler Buchaufstellung und Benutzung in mehreren Teilbibliotheken bzw. in der Zentralbibliothek.

Vom dualen zum kooperativen Bibliothekssystem

Mit Blick auf die einheitlichen Universitätsbibliothekssysteme sind auch an den traditionellen Universitäten in Westdeutschland Bestrebungen in Gang gekommen, das unverbundene Nebeneinander von Universitätsbibliothek und Institutsbibliotheken zu überwinden. Diese Bestrebungen werden durch die Hochschulgesetze der Bundesländer unterstützt, die davon ausgehen, dass die Universitätsbibliothek eine zentrale Einrichtung der Universität darstellt, die unter *einer* Leitung neben der zentralen Bibliothek auch die dezentralen (Teil-)Bibliotheken umfasst. Allerdings können echte integrierte Bibliothekssysteme an den traditionellen westdeutschen Universitäten allenfalls in langen Zeiträumen verwirklicht werden, weil viele Institutsvorstände nur ungern auf die Unabhängigkeit ihrer Bibliotheken verzichten. Jedoch ist in den meisten Fällen aus einem dualen Bibliothekssystem ein *kooperatives* oder *koordiniertes Bibliothekssystem* entstanden, in dem Universitätsbibliothek und Institutsbibliotheken durch eine mehr oder minder intensive *Zusammenarbeit* verbunden sind.

Merkmale eines kooperativen Bibliothekssystems sind vor allem der gemeinsame Aufbau eines Gesamtkatalogs aller Buchbestände der Universität (oder wenigstens eines Gesamtzeitschriftenverzeichnisses), die Übertragung bibliothekarischer Aufgaben von den Institutsbibliotheken auf die Universitätsbibliothek (z.B. die Katalogisierung von Instituts-Neuerwerbungen durch Fachkräfte der UB) sowie die Abstimmung der Erwerbung zwischen Universitätsbibliothek und Institutsbibliotheken, zumindest bei Zeitschriften und teuren Werken, um die vorhandenen Geldmittel wirtschaftlicher einzusetzen. Selten benutzte Bücher werden aus den Institutsbibliotheken ausgesondert und in das Magazin der Universitätsbibliothek überführt. Soweit räumlich und organisatorisch möglich, werden Institutsbibliotheken zu größeren Teilbibliotheken zusammengefasst. In fortgeschrittenen kooperativen Bibliothekssystemen hat der UB-Direktor die Fachaufsicht über die dezentralen Bibliotheken, eventuell auch die Dienstaufsicht über das in den Instituten tätige Bibliothekspersonal. In jedem Fall ist das Ziel solcher Maßnahmen stets die Verbesserung der Literaturversorgung der gesamten Hochschule.

d) Spezialbibliotheken (Fachbibliotheken)

Während Universalbibliotheken Literatur aus allen Wissensgebieten sammeln, beschränken sich die Spezialbibliotheken oder Fachbibliotheken auf ein bestimmtes *Fachgebiet*. Sie verdanken ihre Entstehung der stetig zunehmenden Spezialisierung der Wissenschaften und der immer mehr anschwellenden Flut von wissenschaftlichen Publikationen. Zu ihnen gehören vor allem die Institutsbibliotheken an den Universitäten, die Bibliotheken wissenschaftlicher Forschungsanstalten, von Archiven und Museen, die Forschungsbibliotheken großer Industriefirmen und Wirtschaftsunternehmen, die Militärbibliotheken, die Bibliotheken von Gesellschaften, Vereinen und Verbänden sowie die Bibliotheken der Behörden und Parlamente. Auch die Bibliotheken von fachlich spezialisierten Fachhochschulen sind den Spezialbibliotheken zuzurechnen, während die Büchersammlungen der meisten Technischen Universitäten dem Grenzbereich zwischen Spezialbibliotheken und Universalbibliotheken zuzuordnen sind. Zahlreich sind besonders die naturwissenschaftlichen, technischen und medizinischen Fachbibliotheken. Die durchschnittliche Bestandsgröße der Spezialbibliotheken liegt etwa bei 50 000 bis 500 000 Bänden, gelegentlich wesentlich darüber.

Der Zweck und die Aufgabe einer Spezialbibliothek wird in der Regel durch die fachlich spezialisierte *Institution* (Forschungsinstitut, Verein, Industriefirma, Behörde usw.) bestimmt, der die Bibliothek als Teil angehört. Die meisten Fachbibliotheken sind also nicht selbstständig, sondern in einen größeren Organismus eingefügt, dem sie vorwiegend zu dienen haben. Die möglichst optimale Unterstützung der Angehörigen dieser Institution bei ihren Literatur- und Informationsproblemen ist die wichtigste Aufgabe einer jeden Spezialbibliothek. Charakteristisch für die Spezialbibliotheken ist, dass sie besonders die aktuelle Literatur berücksichtigen, ihre Bestände intensiv erschließen (meist auch die unselbstständige Literatur) und vielfach auch spezielle, nicht im Buchhandel erhältliche „Graue Literatur" erwerben, z.b. Geschäftsberichte, Statistiken, Gutachten, Forschungsberichte von amtlichen Forschungsstellen oder Firmen („Reports") und Patentschriften. Mindestens so wichtig wie die Erschließung und Bereitstellung des eigenen Bestandes ist die Vermittlung von Literatur und Informationen aus externen Beständen, vor allem durch Fernleihe, Dokumentlieferung und Informationsbeschaffung über Datennetze.

One-Person Libraries

Die meisten kleineren Spezialbibliotheken werden von einer einzigen bibliothekarischen Fachkraft geleitet und verwaltet, die allenfalls durch weiteres nichtfachliches Personal unterstützt wird. Die Bibliothekare solcher *Ein-Personen-Bibliotheken* (One-Person Libraries, OPL) müssen als „Einzelkämpfer" besondere Schwierigkeiten bewältigen. Als größte Gefahr gilt die berufliche Isolation, die durch Kontakte zu Kollegen anderer Bibliotheken und zu Berufsorganisationen, durch Teilnahme an Fortbildungsveranstaltungen und Fachkongressen überwunden werden kann. Für den Bibliothekar einer OPL sind wichtig eine effektive Selbstorganisation, der Aufbau guter Beziehungen zur Leitung und zu den Mitarbeitern der Trägereinrichtung, d.h. den Nutzern der Bibliothek, sowie der Einsatz moderner Informations- und Kommunikationsmittel (Internet). In den letzten Jahren sind Kommissionen, Arbeitsgruppen und Netzwerke von OPL-Bibliothekaren entstanden, die die Arbeit von OPLs unterstützen und den Erfahrungsaustausch fördern.

Von den *Zentralen Fachbibliotheken* mit überregionalen Aufgaben war bereits die Rede. Sie gehören zu keiner Institution, sondern dienen der Literaturversorgung auf nationaler Ebene.

e) Öffentliche Bibliotheken

Die Öffentliche Bibliothek bietet Bücher, Medien und Informationen für jedermann. Sie hat die Aufgabe, Literatur für alle Gruppen und Schichten der Bevölkerung, also für die *gesamte Öffentlichkeit* zur Verfügung zu stellen und so der allgemeinen Information, der allgemeinen, politischen und beruflichen Bildung sowie der Unterhaltung und den Freizeitinteressen der Bevölkerung zu dienen. In ihrem Bestand führen die Öffentlichen Bibliotheken Sachbücher aus allen Bereichen des Wissens, Fachbücher zur beruflichen Aus- und Fortbildung, einen kleineren oder größeren Bestand an Informationsschrifttum (Nachschlagewerke, Lexika, Bibliographien) und an

Zeitungen und Zeitschriften sowie Werke der Schönen Literatur (Belletristik, d.h. Romane, Erzählungen, Lyrik, Dramen) einschließlich der Unterhaltungsliteratur. Der Bestand an Sachbüchern überwiegt heute fast immer den Bestand an Schöner Literatur. Viele Öffentliche Bibliotheken besitzen auch Bestände an wissenschaftlichen Werken. In den meisten Öffentlichen Bibliotheken ist eine eigene Abteilung für Kinder- und Jugendbücher eingerichtet.

In zunehmendem Maß bieten die Öffentlichen Bibliotheken nicht nur Bücher, sondern auch andere Materialien an, vor allem audiovisuelle Medien wie Musik-CDs, Tonkassetten, Dia-Reihen und Videofilme. Man ersetzt deshalb zuweilen die Bezeichnung „Bibliothek" durch *„Mediothek"*, vor allem bei Schulbibliotheken, da hier audiovisuelle Medien als Unterrichts- und Lernhilfen besonders wichtig sind. Auch Spiele werden in vielen Öffentlichen Bibliotheken ausgeliehen („Ludothek"), zuweilen auch Werke der zeitgenössischen Graphik und Malerei („Graphothek", „Artothek", „Bilderausleihdienst"). Für ausländische Benutzer werden Bücher in Fremdsprachen bereitgehalten (auch fremdsprachige Kinder- und Jugendbücher). Digitale Medien (Datenträger) und die Literatur- und Informationsvermittlung über Datennetze spielen eine zunehmend wichtige Rolle.

Die Öffentlichen Bibliotheken haben überwiegend (abgesehen von großen Stadtbibliotheken) *keine Archivaufgabe*, d.h. inhaltlich überholte oder zerlesene Literatur wird laufend ausgesondert, dadurch können die Bestände aktuell und die Kataloge überschaubar gehalten werden. Charakteristisch für die Öffentlichen Bibliotheken ist die Darbietung der Bücher und Medien in *Freihandaufstellung* und das Bemühen, mit Öffentlichkeitsarbeit Leser zu gewinnen (durch Schaufenstergestaltung, Plakate, Veranstaltungen usw.).

Die *Bestandsgröße* der Öffentlichen Bibliotheken ist sehr unterschiedlich. Sie reicht von etwa 10 000 Bänden in kleinen Gemeinde- und Stadtteilbüchereien bis zu Hunderttausenden von Bänden in großstädtischen Zentralbibliotheken. Als Richtschnur gilt, dass in jedem Ort sich die Zahl der Medieneinheiten zur Einwohnerzahl wie 2 : 1 verhält, d.h. dass doppelt so viele Medien verfügbar sein sollen wie die Gemeinde Einwohner hat.

Öffentliche Bibliotheken leisten einen eigenständigen Beitrag zur Kulturarbeit der Kommunen oder sonstigen Träger. Sie betreiben *Kulturmanagement*, indem sie kulturelle Veranstaltungen und Projekte in eigener Regie durchführen, mit den Kultur-, Bildungs- und Sozialinstitutionen im Einzugsbereich zusammenarbeiten und sich an deren Projekten und Veranstaltungen beteiligen. In kleinen Gemeinden ist die Bibliothek nicht selten die einzige kommunale Kultureinrichtung. In Städten und Großstädten beteiligt sich die Bibliothek durch ihre Dienstleistungen, Veranstaltungen und Ausstellungen am kulturellen Leben der Stadt und ihres Umfelds.

Die Öffentlichen Bibliotheken werden nicht vom Staat, sondern von den *Kommunen (Städten, Gemeinden* und *Landkreisen)* unterhalten. Die Länder fördern aber das kommunale Öffentliche Bibliothekswesen, indem sie finanzielle *Zuschüsse* gewähren und *Staatliche Büchereistellen* (Fachstellen, Beratungsstellen) einrichten, die bei der Gründung, dem Bau und dem Betrieb von Gemeindebibliotheken beratend mitwirken und die vom Staat gewährten Zuschüsse verteilen. In der Regel sind die Staatlichen Fachstellen nur für die kommunalen Bibliotheken *kleinerer und mittlerer Orte* zuständig, d.h. nicht für die kreisfreien Städte bzw. die Großstädte mit mehr als 100 000 Einwohnern.

Städtische und ländliche Bibliothekssysteme

Die Öffentlichen Bibliotheken größerer Städte bilden heute zumeist *Bibliothekssysteme* mit einer *Zentralbibliothek* (Zentralbücherei, Hauptbücherei) und mehreren *Zweigbibliotheken* (Zweigbüchereien, Stadtteilbüchereien) unter einheitlicher Leitung. Gegebenenfalls sind zwischen Zentralbibliothek und Zweigbibliothek auf der Ebene der Stadtbezirke *Bezirksbibliotheken* eingeschaltet, die für die ihnen zugeordneten Zweigbibliotheken Leitungsfunktionen ausüben. Innerhalb eines solchen großstädti-

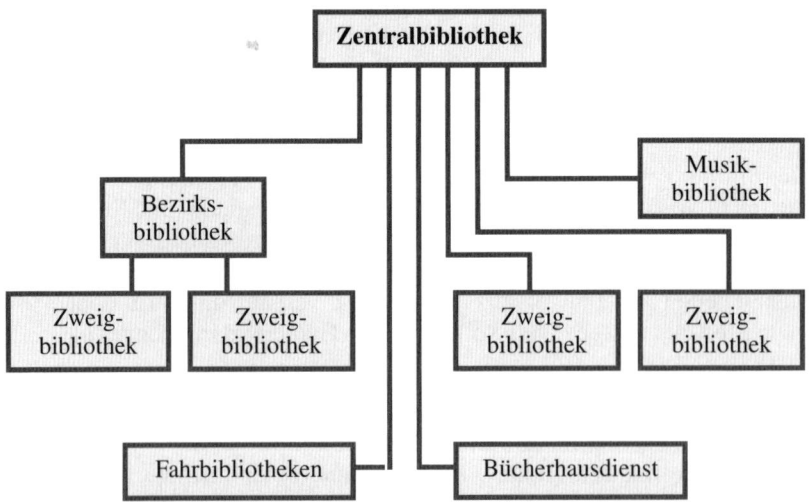

Abb. 3: Organisation eines städtischen Bibliothekssystems
(vereinfachtes Modell)

schen Bibliothekssystems übernimmt die Zentralbibliothek die Bucher-
werbung, die Inventarisierung, die Katalogisierung und die sonstige Buchbearbeitung, sodass die neuerworbenen Bücher bereits ausleihfertig in die
einzelnen Zweigbibliotheken gelangen. Über die Zentralbibliothek wird in
der Regel auch der Leihverkehr für das ganze System zentral vermittelt.
Vielfach werden in den Städten *Fahrbibliotheken* (Omnibusbibliotheken)
eingerichtet, die der Buchversorgung von dünner besiedelten Randbezir-
ken innerhalb des Stadtgebietes dienen und meist darüber hinaus auch
Schulen, Altenheime und Betriebe gezielt mit Literatur versorgen.

Die Entwicklung ähnlicher Bibliothekssysteme *auf dem Land*, wo die bestehenden Büchereien oft von nebenamtlichen Kräften geleitet werden, ist
in Deutschland noch nicht abgeschlossen. Jedoch gibt es eine erhebliche
Zahl von Bibliothekssystemen für die Buchversorgung einzelner Landesteile oder Landkreise. Ebenso wie bei den großstädtischen Bibliothekssystemen, so liegt auch bei den *ländlichen oder regionalen Bibliothekssystemen* der Vorteil darin, dass eine Reihe von Arbeiten (Buchbeschaffung,
Katalogisierung, sonstige Buchbearbeitung) in einer zentralen Stelle, z.B.
in einer *Kreisbibliothek*, vorgenommen werden können, sodass die Bücher
bereits bearbeitet und ausleihfertig in die einzelnen Gemeindebibliotheken
gelangen. In manchen Regierungsbezirken werden diese zentralen Arbeiten durch einen *Regionalen Bibliotheksverband* durchgeführt, der von den
Landkreisen, Städten und Gemeinden des Bezirks getragen wird. Außerdem kann nur durch einen von einer zentralen Stelle vermittelten Leihverkehr die Buchversorgung der ländlichen Orte sichergestellt werden. Eine
wichtige Rolle im ländlichen Bibliothekswesen spielen die *Fahrbibliotheken*, die meist von Landkreisen betrieben werden und die jeweils zahlreiche Gemeinden versorgen, in denen sich keine ortsfeste Bücherei befindet.

Neben den Öffentlichen Bibliotheken der Kommunen hat sich in Deutschland auch das *kirchliche Bibliothekswesen* stark entwickelt. Die Gemeinde-
und Pfarrbüchereien der evangelischen und katholischen Kirche sind in
kleinen Gemeinden oft die einzige Bibliothek am Ort und übernehmen in
diesen Fällen auch Aufgaben der Öffentlichen Bibliotheken.

f) Sonderformen des Öffentlichen Bibliothekswesens

Innerhalb des Öffentlichen Bibliothekswesens gibt es spezielle Arbeitsbereiche, die sich meist der Buchversorgung bestimmter Benutzergruppen
widmen.

Kinder- und Jugendbibliotheken

Von besonderer Bedeutung sind die *Kinder- und Jugendbibliotheken*, die in der Regel innerhalb einer Öffentlichen Bibliothek als eigene Abteilung für Kinder und Jugendliche neben der Erwachsenenbücherei eingerichtet sind, gelegentlich aber auch als räumlich und organisatorisch selbstständige Bibliotheken vorkommen. Die Bibliotheksarbeit mit Kindern und Jugendlichen erfordert Fachkräfte mit speziellen Kenntnissen. Die Entwicklungsstufen im Kindes- und Jugendalter, die Leseinteressen und Lesebedürfnisse der Jugendlichen, die Anforderungen der verschiedenen Schulformen, die Qualitätsunterschiede in der Jugendliteratur müssen bei der Buchauswahl berücksichtigt werden. Eine große Rolle spielen hier auch altersgerechte Beratung, Information und Anleitung zur Benutzung, ferner die Durchführung von speziellen Veranstaltungen für die jugendlichen Leser (Puppenspiele, Vorlesestunden, Malwettbewerbe, Bücherquiz, Spiel- und Diskussionsnachmittage u.a.).

Schulbibliotheken

Die *Schulbibliotheken* haben in den letzten Jahrzehnten in Deutschland einen beachtlichen Aufschwung genommen. Da die früheren Schüler- und Lehrerbüchereien den modernen Ansprüchen meist nicht genügten, wurden in vielen Schulen und Schulzentren einheitliche, teilweise von Fachkräften betreute Schulbibliotheken errichtet, deren frei zugängliche Bestände (vor allem Sach- und Fachbücher, Lexika, Belletristik, Kinder- und Jugendliteratur, Zeitungen und Zeitschriften, audiovisuelle Materialien) von Lehrern und Schülern gemeinsam genutzt werden und sowohl im Unterricht wie für selbstständige Beschäftigung oder Gruppenarbeit außerhalb des Unterrichts verwendet werden können. Die bibliothekarische Arbeit muss sich in Schulbibliotheken vor allem an den pädagogischen Erfordernissen (wichtig: enge Zusammenarbeit zwischen Bibliothekar und Lehrern!) und am Informations- und Lesebedürfnis der Schüler orientieren.

Eine enge Kooperation von Schulbibliotheken und Öffentlichen Bibliotheken ist wünschenswert und wird vielfach schon praktiziert. Verschiedentlich wurden die Schulbibliotheken einer Stadt in das System der Öffentlichen Bibliotheken einbezogen. Hilfe beim Auf- und Ausbau von Schulbibliotheken leisten die *Schulbibliothekarischen Arbeitsstellen*, die an manchen Stadtbibliotheken und an Staatlichen Büchereistellen eingerichtet wurden.

Musikbibliotheken

Kommunale *Musikbibliotheken* wenden sich in erster Linie an Musikausübende und Musikinteressierte, sie dienen also nicht so sehr wissenschaftlichen Bedürfnissen als vielmehr der Musikpraxis. Musikbibliotheken bieten neben musikalischer Fachliteratur vor allem Musikalien (Noten) und Tonträger (Audio-CDs, Tonbänder, Tonkassetten) an. Der Umfang und die Art der Bestände richten sich nach den örtlichen Voraussetzungen, wobei in Gemeinden mit Musikschulen, Orchestern, Musikvereinen usw. die Benutzungsansprüche steigen.

Werkbibliotheken

Werkbibliotheken sind Büchereien, die zum Zweck der Information, Bildung und Unterhaltung der Arbeiter und Angestellten in Betrieben (vor allem Industriebetrieben) von der Werkleitung eingerichtet werden. Sie sind nicht identisch mit den wissenschaftlichen Spezialbibliotheken, die in großen Industriefirmen für Forschungs- und Entwicklungszwecke betrieben werden, sondern erfüllen die Aufgaben einer Öffentlichen Bibliothek für das Personal des Werks.

Soziale Bibliotheksarbeit

In vielen Städten bildet die *Soziale Bibliotheksarbeit* einen wichtigen Bestandteil bibliothekarischer Dienstleistungen. Darunter versteht man die bibliothekarische Betreuung von Menschen in besonderen Lebenssituationen und von sozialen Gruppen, die besonderer Hilfe bedürfen. So gibt es *Bibliotheken für alte Menschen* in Altenheimen, *Krankenhausbibliotheken* für die Patienten in Krankenhäusern, *Gefängnisbibliotheken* in Strafanstalten sowie *Blindenbibliotheken*, die Bücher in Blindenschrift und Buchtexte in Tonkassetten („Hörbücher") verleihen. In Städten mit vielen ausländischen Mitbürgern werden entsprechende fremdsprachige Buchbestände bereitgestellt. Für alte, kranke und gehbehinderte Menschen, die nicht mehr selbst in die Bibliothek kommen können, wurde vielerorts ein *Bücherhausdienst* geschaffen, der die Bücher in die Wohnung bringt („aufsuchende Bibliotheksarbeit", „Bibliotheksdienst für hausgebundene Leser").

g) Gliederung des Bibliothekswesens nach Funktionsstufen

In Weiterentwicklung einer im „Bibliotheksplan 1973" enthaltenen Gliederung des Bibliothekswesens wurde im Positions- und Planungspapier „Bibliotheken '93", herausgegeben von der Bundesvereinigung Deutscher

Bibliotheksverbände, ein Schema von bibliothekarischen Funktionsstufen aufgestellt, denen jeweils unterschiedliche Aufgabenbereiche zugeordnet sind. Demnach ist in Deutschland der differenzierte Literatur-, Medien- und Informationsbedarf durch Bibliotheken auf vier arbeitsteilig abgestimmten Funktionsstufen zu decken. Die Bibliotheken der vier Funktionsstufen sollen so zusammenarbeiten, dass jeweils die höhere Ebene zur Ergänzung der Leistungen der unteren Stufe eintritt.

Funktionsstufen gemäß Literaturbedarf	Bibliotheken
1. Stufe Grundbedarf	Kleine und mittlere Öffentliche Bibliotheken, Zweigstellen der Großstadtbibliotheken, Mittelpunktbibliotheken
2. Stufe gehobener Bedarf	Zentralbibliotheken großstädtischer Bibliothekssysteme
3. Stufe spezialisierter Bedarf	Landesbibliotheken Hochschulbibliotheken Spezialbibliotheken Großstadtbibliotheken (> 400 000 Einw.)
4. Stufe hochspezialisierter Bedarf	Die Deutsche Bibliothek Staatsbibliotheken in Berlin und München Zentrale Fachbibliotheken Universitäts- und Staatsbibliotheken mit Sondersammelgebieten einige Spezialbibliotheken und Spezialsammlungen

(1) Die Bibliotheken der *Funktionsstufe 1* dienen der Befriedigung des *Grundbedarfs*. Sie sollen die Literatur- und Informationsbedürfnisse der ganzen Bevölkerung erfüllen. Sie bieten Bücher, Medien und Informationen für die allgemeine und politische Bildung, für Schule, Ausbildung und Beruf, für Alltag, Freizeit und Unterhaltung. Die Bibliotheken der ersten Funktionsstufe sollen ein flächendeckendes Netz von Öffentlichen Bibliotheken bilden (als Gemeinde- oder Stadtbibliotheken bzw. als Zweigstellen von Großstadtbibliotheken); gegebenenfalls sind Fahrbibliotheken einzurichten.

Der *erweiterte Grundbedarf* in Mittelzentren soll durch Mittelpunktbibliotheken gedeckt werden, das sind Bibliotheken der ersten Funktionsstufe mit Teilfunktionen der Zweiten.

(2) Die Bibliotheken der *Funktionsstufe 2*, d.h. die Zentralbibliotheken großstädtischer oder regionaler Bibliothekssysteme, sind für die Deckung des *gehobenen Bedarfs* zuständig. Über die Befriedigung des Grundbedarfs hinaus handelt es sich dabei um die Deckung der Literatur-, Medien- und Informationsbedürfnisse von differenzierten Bevölkerungsgruppen und qualifizierten Benutzerschichten, z.B. aus Bildungs- und Kulturberufen, Sozialeinrichtungen und Wirtschaftsbetrieben, höheren Schulen und Ausbildungsstätten, wobei auch wissenschaftlich orientierte Benutzung zu berücksichtigen ist. Angemessen ausgebaute (auch fremdsprachige) Bestände und umfassende Informationsmöglichkeiten sind vorzusehen. Für das jeweilige Bibliothekssystem erbringen die Zentralbibliotheken die betriebsbezogenen Dienste (Erwerbung, Erschließung und Bearbeitung) und sonstige zentrale Dienstleistungen.

(3) Der *spezialisierte Bedarf* an Literatur und Informationen entsteht vor allem im Zusammenhang mit Studium, Lehre und Forschung sowie mit wissenschaftlich fundierter Berufs- und Wirtschaftstätigkeit. Dieser Bedarf wird auf der *Funktionsstufe 3* gedeckt durch Wissenschaftliche Bibliotheken mit entsprechenden Beständen und Informationsdienstleistungen für Regionen, Hochschulen und Institutionen. Im einzelnen sind dies die Landes- und anderen Regionalbibliotheken, die Universitäts- und Hochschulbibliotheken und die Wissenschaftlichen Spezialbibliotheken. Die Landes- und Regionalbibliotheken erbringen zusätzlich bestimmte bibliothekarische Leistungen für ihre Region, vor allem die Sammlung und Erschließung des regionalen Schrifttums.

(4) Die überregionale Literatur- und Informationsversorgung für den *hochspezialisierten Bedarf* von Wissenschaft und Forschung und die Wahrnehmung nationalbibliothekarischer Aufgaben erfolgt durch die Bibliotheken der *Funktionsstufe 4*. Sie stellen sicher, dass in Deutschland auch die sehr speziellen forschungsrelevanten Veröffentlichungen aller Wissenschaftsfächer aus dem In- und Ausland in mindestens einem Exemplar vorhanden und zugänglich sind. Die Aufgaben der vierten Funktionsstufe werden erfüllt durch Die Deutsche Bibliothek, die die deutschen bzw. deutschsprachigen Neuerscheinungen vollständig sammelt und bibliographisch verzeichnet, durch die Staatsbibliotheken in Berlin und München, die Zentralen Fachbibliotheken sowie die (von der DFG geförderten) Sondersammelgebietsbibliotheken bzw. Spezialbibliotheken und -sammlungen von überregionaler Bedeutung. Auch die von fünf großen Bibliotheken arbeitsteilig nach Zeitepochen aufgebaute „Sammlung deutscher Drucke 1450-1912" gehört zu dieser Funktionsstufe.

5. Bibliothekare: Beruf, Berufsgruppen, Ausbildung

a) Aufgaben und Tätigkeiten von Bibliothekaren

Die beruflichen Aufgaben und Tätigkeiten der Bibliothekare ergeben sich aus den Aufgaben der Bibliotheken. Bibliothekare sind Fachleute für alle Aspekte der Literatur- und Informationsversorgung. Sie sind zuständig für Literaturerwerbung, Literaturerschließung, Literaturnachweis und Literaturvermittlung. Sie wählen Bücher und andere Medien aus, beschaffen, bearbeiten und katalogisieren sie und stellen sie zur Benutzung inner- und außerhalb der Bibliothek zur Verfügung. Bibliothekare erteilen Informationen über den Bestand der eigenen Bibliothek und über die überhaupt existierende Literatur, die sie bei Bedarf aus anderen Bibliotheken besorgen. Sie vermitteln Literaturnachweise, Texte und Fakten aus Büchern, Medien, Datenbanken und über Datennetze.

Zum Beruf des Bibliothekars gehört der Kontakt zur Literatur, zu Büchern, Medien und Informationsquellen, aber auch der Kontakt zu den Lesern und Benutzern, die Literatur, Bücher, Medien und Informationen benötigen. Der Bibliothekar muss die Welt der Bücher und Informationen kennen, aber auch die Wünsche und Bedürfnisse der Leser und Benutzer. Seine Kompetenz soll erreichen, dass Buch und Leser zusammenkommen, dass der Informationssuchende die benötigten Informationen erhält. Die sich daraus ergebende *Vermittlerrolle* macht den spezifischen Reiz des bibliothekarischen Berufs aus. Bei aller Spezialisierung der Arbeit in den Bibliotheken steht diese Vermittlungsfunktion immer im Zentrum der bibliothekarischen Aufgaben.

Im einzelnen können die Tätigkeiten von Bibliothekaren mehr benutzerorientiert oder mehr bestandsorientiert sein. Zu den mehr *benutzerorientierten* Tätigkeiten gehören Auskunft, Beratung, Benutzerschulung, Online-Informationsvermittlung, die Bestandsvermittlung in Lesesälen, durch Ausleihe und Fernleihe, die Organisation von Veranstaltungen. Die mehr *bestandsorientierten* Tätigkeiten umfassen die Auswahl, Erwerbung, Bearbeitung, Erschließung, Aufbewahrung und Pflege von Literatur, Büchern und Medien. Sowohl benutzer- wie bestandsorientierte Tätigkeiten können sich entweder mehr auf die *formalen* oder mehr auf die *inhaltlichen* Aspekte von Literatur und Medien beziehen. Eine große Rolle spielen komplexe Verfahren zur (formalen und sachlichen) Ordnung, Verzeichnung und Erschließung von Literatur und Informationen sowie entsprechende Such- und Rückgewinnungsmethoden. Außerdem sind in Bibliotheken auf verschiedenen Ebenen Organisations- und Leitungsaufgaben zu erfüllen.

b) Status von Bibliotheksbediensteten

Wie allgemein im Öffentlichen Dienst in Deutschland, können auch an staatlichen und kommunalen Bibliotheken die Beschäftigten einen unterschiedlichen dienst- bzw. arbeitsrechtlichen Status haben, d.h. sie sind entweder als Beamte oder Angestellte oder Arbeiter tätig. Beamte stehen zu ihrem Dienstherrn (Bund, Land, Kommune) in einem öffentlich-rechtlichen Dienst- und Treueverhältnis auf Grund einer Ernennung. Angestellte und Arbeiter stehen zum öffentlichen Arbeitgeber (Bund, Land, Kommune) in einem privatrechtlichen Arbeitsverhältnis auf Grund eines Arbeitsvertrags. Die Besoldung der Beamten wird durch den Bundesgesetzgeber geregelt, die Gehälter und Löhne von Angestellten und Arbeitern im Öffentlichen Dienst werden in Tarifverhandlungen zwischen Gewerkschaften und öffentlichen Arbeitgebern vereinbart.

Bei *Beamten* gibt es, je nach Vor- und Ausbildung, vier Laufbahngruppen: den einfachen, mittleren, gehobenen und höheren Dienst. Den Laufbahngruppen sind (in der Besoldungsordnung A) die Besoldungsgruppen A 1 bis A 16 zugeordnet (z.B. gehobener Dienst: A 9 bis A 13). Für *Angestellte* im Öffentlichen Dienst gelten die Vergütungsgruppen des Bundesangestelltentarifs (BAT X bis I). Sie bestimmen sich nach Vorbildung, Ausbildung und Tätigkeitsmerkmalen der Angestellten und können ungefähr mit den Besoldungsgruppen bei Beamten in Beziehung gesetzt werden. Zum Beispiel entspricht VergGr BAT V b der BesGr A 9 (im Bibliotheksdienst: Diplombibliothekar/Bibliotheksinspektor). *Arbeiter* im Öffentlichen Dienst erhalten Lohn nach den Lohngruppen der Manteltarifverträge des Bundes bzw. der Länder.

Als Bibliothekare sind in den westdeutschen Bundesländern an den Kommunalen Öffentlichen Bibliotheken überwiegend Angestellte, an den (staatlichen) Wissenschaftlichen Bibliotheken überwiegend Beamte tätig. In den ostdeutschen Bundesländern sind die Bibliothekare beider Sparten durchwegs im Angestelltenverhältnis beschäftigt.

c) Tätigkeitsbereiche, Berufsgruppen, Ausbildung

Sowohl in Öffentlichen wie in Wissenschaftlichen Bibliotheken lassen sich, in Entsprechung zu den vier Laufbahngruppen der Beamten, jedoch unabhängig vom dienst- bzw. arbeitsrechtlichen Status, vier *Tätigkeitsbereiche* auf vier *Qualifikationsebenen* unterscheiden, denen gemäß der jeweiligen Vor- und Ausbildung entsprechende *Berufsgruppen* zuzuordnen sind:

1. Ebene – Bereich der Anlerntätigkeiten
2. Ebene – Tätigkeitsbereich nach Berufsausbildung

3. Ebene – Tätigkeitsbereich nach Fachhochschulstudium
4. Ebene – Tätigkeitsbereich nach Universitätsstudium und bibliothekarischer Ausbildung.

Bereich der Anlerntätigkeiten

Die Bibliotheksbediensteten dieser Ebene haben keine bibliothekarische Fachausbildung, sondern werden für ihre jeweilige Tätigkeit angelernt. Sie sind z.b. mit dem Einordnen und Ausheben von Büchern und Medien, der Überprüfung der Regalordnung, der Abwicklung der Ausleihe, mit Buchpflegearbeiten oder mit Aufsichtführung und Postversand beschäftigt. In Wissenschaftlichen Bibliotheken werden solche Tätigkeiten zum Teil von Beamten des einfachen Dienstes ausgeführt.

Tätigkeitsbereich nach Berufsausbildung

Eine bibliothekarische Berufsausbildung in Form einer Lehre für Auszubildende (Lehrlinge) gab es von 1975 bis 1998 als Ausbildung zum *Assistenten an Bibliotheken*. Die Ausbildungsverordnung galt für beide Bibliothekssparten (ÖB und WB), jedoch wurden die meisten Assistenten in Öffentlichen Bibliotheken ausgebildet. Die zweijährige Ausbildung hatte den Hauptschulabschluss zur Voraussetzung und war als duale (praktische und theoretische) Berufsausbildung in Bibliothek und Berufsschule bzw. Bibliotheksschule organisiert.

Der Ausbildungsberuf Assistent an Bibliotheken wurde 1998 abgelöst durch den Ausbildungsberuf *Fachangestellter für Medien- und Informationsdienste*. Er gliedert sich in die fünf Fachrichtungen Archiv, Bibliothek, Information und Dokumentation, Medizinische Dokumentation, Bildagentur. Wie bei der Assistentenausbildung handelt es sich um eine duale Berufsausbildung in Betrieb und Berufs- bzw. Bibliotheksschule für Auszubildende. Gemäß der Ausbildungsverordnung besteht die dreijährige Ausbildung (Voraussetzung: Hauptschulabschluss) aus einer gemeinsamen Grundausbildung und einer fachrichtungsbezogenen Spezialisierung. Fachangestellte für Medien- und Informationsdienste der *Fachrichtung Bibliothek* sollen in Öffentlichen und Wissenschaftlichen Bibliotheken, in Staatlichen Fachstellen für Öffentliche Bibliotheken oder in Spezialbibliotheken arbeiten.

In einigen Bundesländern werden Ausbildungsgänge für den *mittleren Bibliotheksdienst* an Wissenschaftlichen Bibliotheken (zum Teil integriert auch für Öffentliche Bibliotheken) durchgeführt. Wie für den gehobenen und höheren Bibliotheksdienst findet diese Ausbildung im Rahmen eines beamtenrechtlichen Vorbereitungsdienstes für Anwärter, d.h. für Beamte auf Widerruf, als „verwaltungsinterne" Ausbildung statt. Voraussetzung ist in der Regel Realschulabschluss oder qualifizierender Hauptschulabschluss. Die Ausbildung dauert zwei Jahre (davon meist ein halbes Jahr Theorie, sonst Praktikum), die Absolventen führen die Eingangsbezeichnung *Bibliotheksassistent* bzw. *Bibliothekssekretär.*

Alle Ausbildungsgänge dieser Berufsebene zielen darauf ab, die Auszubildenden bzw. Anwärter zu befähigen, *bibliothekarische Tätigkeiten eines mittleren Schwierigkeitsgrades* auszuführen. Dazu gehören z.b. Vorakzession und Inventarisierung, Buch- und Medienbearbeitung, Formalkatalogisierung, Auskunftsdienst, einfachere bibliographische Ermittlungen und Online-Auskünfte, Ausleihe und Fernleihe, Einführung von Benutzern, Leitung kleinerer Bibliotheken in städtischen oder ländlichen Bibliothekssystemen.

Tätigkeitsbereich nach Fachhochschulstudium

Die Bibliothekare dieser Qualifikationsebene, die *Diplombibliothekare*, haben als Voraussetzung Abitur oder Fachhochschulreife zu erbringen und durchlaufen ein drei- bis vierjähriges Fachhochschulstudium mit einem halb- bis ganzjährigen Praktikum. Das Studium findet überwiegend an öffentlichen Fachhochschulen statt, meist mit Spezialisierung für die Sparte ÖB oder WB, teilweise an Verwaltungsfachhochschulen, in diesem Fall im Rahmen des Vorbereitungsdienstes für den gehobenen Bibliotheksdienst an Wissenschaftlichen Bibliotheken.

Diplombibliothekare übernehmen *schwierige bibliothekarische Tätigkeiten* sowie *Leitungsaufgaben* in Öffentlichen bzw. Wissenschaftlichen Bibliotheken. Dazu gehören vor allem Bestandsaufbau und Beschaffung, die Formalkatalogisierung spezieller und schwieriger Literatur, die (nicht fachwissenschaftliche) Sacherschließung, komplexe bibliographische Ermittlungen, das Erstellen von Bibliographien und Informationsmaterialien, die Online-Informationsvermittlung aus Datenbanken und über Datennetze, die Schulung der Benutzer im Umgang mit neuen Medien, ferner EDV-Tätigkeiten wie Datenbankerstellung und Netzwerkverwaltung. Organisatorische Aufgaben sind im WB-Bereich die Leitung von Arbeitsgruppen und Dienststellen in großen Bibliotheken sowie die Leitung von kleineren und mittleren Bibliotheken (z.B. Spezial- und Fachhochschulbibliotheken), im ÖB-Bereich die Leitung von Zweigbibliotheken in Großstädten und von Bibliotheken in Gemeinden, Klein- und Mittelstädten.

Tätigkeitsbereich nach Universitätsstudium und bibliothekarischer Ausbildung

Die Bibliothekare dieser Tätigkeitsebene (*Wissenschaftliche Bibliothekare*) haben ein Universitätsstudium eines oder mehrerer Wissenschaftsfächer absolviert und zusätzlich eine bibliothekarische Ausbildung abgeschlossen. Letztere fand früher ausschließlich als Referendarausbildung in Form eines zweijährigen beamtenrechtlichen Vorbereitungsdienstes statt (1 Jahr Praktikum, 1 Jahr Theorie). Die Ausbildung als Bibliotheksreferendar ist die Voraussetzung für den Zugang zur Beamtenlaufbahn des höheren Bibliotheksdienstes. Eine analoge Ausbildung ist heute auch außerhalb des Vorbereitungsdienstes, also „verwaltungsextern", möglich (ohne Berechtigung für die Beamtenlaufbahn). Eine solche Ausbildung vermittelt das zweijährige postgraduale Zusatzstudium der Bibliothekswissenschaft, das an der Humboldt-Universität in Berlin angeboten wird (bisher als Fernstudium, künftig auch als Direktstudium), ebenso ein geplantes Zusatzstudium in Köln. Nur in Berlin gibt es auch ein bibliothekswissenschaftliches Vollstudium mit Magisterabschluss (in Kombination mit einem weiteren Universitätsfach) im Direkt- und Fernstudium.

Die in Bibliotheken auf dieser Berufsebene zu erfüllenden Aufgaben sind teils wissenschaftlicher, teils organisatorischer Natur. Zu den *wissenschaftlichen Aufgaben* zählen die typischen Tätigkeiten von *Fachreferenten*, nämlich die Auswahl von Forschungs- und Spezialliteratur bestimmter Fächer und ihre inhaltliche Erschließung, die fachwissenschaftliche Auskunftserteilung und die Online-Informationsvermittlung aus Fachdatenbanken. Spezielle Aufgaben ergeben sich bei der wissenschaftlichen Betreuung von Sonderbeständen wie Handschriften, Inkunabeln, alten Drucken und Karten. Ferner sind *Planungs- und Entwicklungsaufgaben* zu erfüllen, etwa die Erstellung von Konzepten für Bestandsaufbau und -abbau, die Entwicklung von Regelwerken und Klassifikationen für Formal- und Sacherschließung, die Planung und Gestaltung von Benutzungs- und Informationsdienstleistungen und bibliothekarischen EDV-Systemen. *Organisations- und Managementaufgaben* sind auszuführen bei der Leitung großer Bibliotheksabteilungen und der Gesamtleitung großer Wissenschaftlicher und Öffentlicher Bibliotheken und Bibliothekssysteme.

Ausbildungsstätten

Die Ausbildung für einen bibliothekarischen Beruf erfolgt in Deutschland an einer der rund 12 bibliothekarischen Ausbildungsstätten in Berlin, Bonn, Frankfurt a.M., Hamburg, Hannover, Köln, Leipzig, München, Potsdam, Sondershausen (Thüringen) und Stuttgart. Die Ausbildungsstätten sind entweder

- *Bibliotheksschulen*, in denen für den mittleren bzw. höheren Bibliotheksdienst oder für den Beruf des Fachangestellten der Fachrichtung Bibliothek ausgebildet wird, oder sie sind

- *Fachbereiche für Bibliotheks- und Informationswesen* an öffentlichen oder verwaltungsinternen Fachhochschulen, oder es handelt sich um eigenständige

- *Fachhochschulen für Bibliotheks- und Informationswesen*, an denen (wie an den genannten Fachbereichen) das Studium der künftigen Diplombibliothekare stattfindet.

Universitäre Studiengänge der Bibliothekswissenschaft gibt es nur an der *Humboldt-Universität in Berlin*.

In der bibliothekarischen Ausbildung in Deutschland besteht seit längerem eine Tendenz zur *Zusammenfassung früher getrennter Ausbildungsgänge*. Für die Diplomstudiengänge der Sparten ÖB und WB an Fachhochschulen gibt es heute meist ein gemeinsames Grundstudium mit anschließender Spezialisierung. Außerdem bewirkt die wachsende Bedeutung der modernen Informationstechnik eine Annäherung der Informationsberufe, d.h. der Berufsfelder Bibliothek, Information und Dokumentation, Archiv. Neuere Ausbildungsgänge tragen dieser Entwicklung Rechnung, in der Regel mit einer gemeinsamen Grundausbildung für Bibliothekare und Dokumentare (Informationswirte, Informationsmanager), gegebenenfalls auch für Archivare, mit darauf folgender Spezialisierung.

Berufsbild

Beschreibungen von Ausbildung, Tätigkeiten, Einsatzbereichen und Aufstiegsmöglichkeiten eines Berufs werden in einem *Berufsbild* zusammengefasst. Solche Berufsbilder für Bibliotheksberufe wurden meist für einzelne Berufsgruppen, getrennt nach Sparten und Laufbahnen, von den bibliothekarischen Personalvereinen veröffentlicht. Erstmals 1998 ist ein gemeinsames Berufsbild für Bibliothekare aller Berufsgruppen publiziert worden in der Broschüre „Berufsbild 2000: Bibliotheken und Bibliothekare im Wandel" (herausgegeben von der Bundesvereinigung Deutscher Bibliotheksverbände).

6. Organisationen und Institutionen des Bibliothekswesens

a) Bibliothekarische Vereine und Verbände

Personalvereine

Die bibliothekarischen Berufsgruppen in Deutschland waren in vier Personalvereinen organisiert, von denen sich drei neuerdings vereinigt haben. Die Wissenschaftlichen Bibliothekare des höheren Dienstes sind im *Verein Deutscher Bibliothekare* (VDB) zusammengeschlossen. Der frühere *Verein der Bibliothekare an Öffentlichen Bibliotheken* (VBB) und der frühere *Bundesverein der Bibliotheksassistenten/innen und anderer Mitarbeiter/ innen an Bibliotheken* (BBA) fusionierten 1997 zum *Verein der Bibliothekare und Assistenten* (VBA). Im Zuge von Bestrebungen, einen einheitlichen Personalverein der deutschen Bibliothekare aller Berufsebenen und Sparten zu gründen, haben sich der VBA und der frühere *Verein der Diplombibliothekare an Wissenschaftlichen Bibliotheken* (VdDB) im Jahr 2000 zum *Berufsverband Information Bibliothek* (BIB) vereinigt.

Ziele der bibliothekarischen Personalvereine sind die Vertretung der berufsständischen Interessen ihrer Mitglieder und ihre berufliche Förderung durch die Erörterung von Fachproblemen und durch Fortbildung.

Bibliotheksverbände

Neben den Personalvereinen gibt es bibliothekarische Vereinigungen in Form von Zusammenschlüssen von *Bibliotheken*. Der wichtigste dieser Institutionenverbände ist der *Deutsche Bibliotheksverband* (DBV), in dem Bibliotheken aller Sparten (also ÖB und WB) und Typen vereinigt sind.

Der Deutsche Bibliotheksverband gliedert sich regional in *Landesverbände* sowie – nach Bibliothekstypen – in folgende acht *Sektionen*:

Sektion 1: Öffentliche Bibliothekssysteme und Bibliotheken für Versorgungsbereiche von über 400 000 Einwohnern

Sektion 2: Öffentliche Bibliothekssysteme und Bibliotheken für Versorgungsbereiche von 100 000–400 000 Einwohnern

Sektion 3: Öffentliche Bibliothekssysteme und Bibliotheken für Versorgungsbereiche von bis zu 100 000 Einwohnern und Landkreise mit bibliothekarischen Einrichtungen

Sektion 4: Wissenschaftliche Universalbibliotheken

Sektion 5: Wissenschaftliche Spezialbibliotheken

Sektion 6: Überregionale und regionale Institutionen des Bibliothekswesens und Landkreise ohne bibliothekarische Einrichtungen

Sektion 7: Konferenz der informationswissenschaftlichen und bibliothekarischen Ausbildungseinrichtungen

Sektion 8: Werkbibliotheken, Patientenbibliotheken und Gefangenenbüchereien

Ziele des DBV sind die Förderung des Bibliothekswesens und die Erörterung und Klärung bibliothekarischer Sachfragen.

Weitere wichtige Bibliotheksverbände sind der *Verband der Bibliotheken des Landes Nordrhein-Westfalen* (VBNW), der sowohl Öffentliche wie Wissenschaftliche Bibliotheken umfasst, sowie die *Arbeitsgemeinschaft der Spezialbibliotheken* (identisch mit der Sektion 5 des DBV).

Die bibliothekarischen Vereine und Verbände veranstalten in regelmäßiger Folge *Tagungen*, die der Diskussion fachlicher Probleme, der Information über neue Entwicklungen im Bibliothekswesen und der Fortbildung dienen. Am bekanntesten sind der Deutsche Bibliothekartag und die Jahrestagungen des DBV.

Für die kirchliche Büchereiarbeit zuständige Verbände sind der *Borromäusverein* (Bonn) als Fachverband für die katholischen Büchereien (in Bayern ist zuständig der *St. Michaelsbund*, München) und der *Deutsche Verband Evangelischer Büchereien* (Göttingen) als Fachverband für die evangelische Büchereiarbeit.

Bundesvereinigung Deutscher Bibliotheksverbände (BDB)

Die 1989 gegründete „Bundesvereinigung Deutscher Bibliotheksverbände" (BDB) ist ein spartenübergreifender Zusammenschluss des Deutschen Bibliotheksverbandes (DBV) mit den bibliothekarischen Personalvereinen. Sie bildet den gemeinsamen Dachverband der bibliothekarischen Verbände und Vereine in der Bundesrepublik Deutschland. Die BDB berät Fragen von allgemeinem bibliothekarischem und bibliothekspolitischem Interesse und koordiniert die Maßnahmen angeschlossener Verbände. Darüber hinaus vertritt sie die bibliothekarischen Interessen vor der Öffentlichkeit. Sitz der BDB-Geschäftsstelle ist Berlin.

Internationaler Verband der Bibliothekarischen Vereine (IFLA)

Die nationalen bibliothekarischen Vereine und Verbände sind zusammengeschlossen im *Internationalen Verband der Bibliothekarischen Vereine*, nach der englischen Bezeichnung „International Federation of Library Associations and Institutions" meist kurz *IFLA* genannt. Der Verband hat die

Aufgabe, die internationale Zusammenarbeit auf dem Gebiet des Bibliothekswesens zu fördern.

b) Verbundsysteme und Verbundzentralen

Wichtige Einrichtungen für die Bibliotheken einer Region, d.h. eines Bun-
deslandes oder mehrerer Bundesländer, sind die *regionalen Bibliotheksverbundsysteme* mit ihren *Verbundzentralen*. Sie sind meist im Zusammenhang mit der Entstehung eines regionalen, auf kooperativer Katalogisierung der angeschlossenen Bibliotheken basierenden EDV-Katalog-Verbun-
des aufgebaut worden. Die Verbundzentralen erfüllen Planungs- und
Entwicklungsaufgaben für die bibliothekarische Datenverarbeitung ihres
Gebietes, betreiben die Datenbank des regionalen Online-Verbundkatalogs
und koordinieren die Verbundarbeit der Mitgliedsbibliotheken.

Seit einigen Jahren entwickeln sich die bibliothekarischen Verbünde von
Katalogverbünden zu *Dienstleistungsverbünden* für die angeschlossenen
Bibliotheken. Die Verbundzentralen erhalten so die Funktion von bibliothekarischen *Servicezentren*. Sie steuern (unter Einbeziehung der regionalen Zentralkataloge) den Auswärtigen Leihverkehr und haben Online-Be-
stell- und Liefersysteme für Fernleihe und Dokumentlieferung eingerichtet. Besonders umfassende Dienstleistungen (u.a. Bücherautodienst, Spei-
chermagazin, Regionalbibliographie, bibliothekarische Fortbildung)

Abb. 4: Homepage des Bibliotheksservice-Zentrums Baden-Württemberg

54

werden vom Hochschulbibliothekszentrum (HBZ) des Landes Nordrhein-Westfalen in Köln erbracht.

Zur Zeit gibt es in Deutschland folgende regionale Verbundsysteme und Verbundzentralen:

(1) *Bibliotheksverbund Bayern (BVB):* die Verbundzentrale ist Bestandteil der Bayerischen Staatsbibliothek in München,

(2) *Kooperativer Bibliotheksverbund Berlin-Brandenburg (KOBV),* gebildet durch Vernetzung der Online-Kataloge der beteiligten Bibliotheken, aber ohne zentralen Verbundkatalog,

(3) *Gemeinsamer Bibliotheksverbund (GBV)* der Länder Bremen, Hamburg, Mecklenburg-Vorpommern, Niedersachsen, Sachsen-Anhalt, Schleswig-Holstein und Thüringen sowie der Staatsbibliothek zu Berlin; die Verbundzentrale befindet sich in der Niedersächsischen Staats- und Universitätsbibliothek Göttingen,

(4) *Hessisches Bibliotheksinformationssystem (HEBIS)*: der Verbund umfasst außer Hessen den nördlichen Teil des Regierungsbezirks Rheinhessen-Pfalz des Landes Rheinland-Pfalz; die Verbundzentrale besteht beim Hessischen Zentralkatalog in der Stadt- und Universitätsbibliothek Frankfurt a.M.,

(5) *Nordrhein-Westfälischer Bibliotheksverbund,* zuständig auch für die Regierungsbezirke Trier und Koblenz des Landes Rheinland-Pfalz; Verbundzentrale ist das Hochschulbibliothekszentrum (HBZ) des Landes Nordrhein-Westfalen in Köln,

(6) *Südwestdeutscher Bibliotheksverbund (SWB),* der sich auf die Regionen Baden-Württemberg und Saarland, den südlichen Teil des Regierungsbezirks Rheinhessen-Pfalz des Landes Rheinland-Pfalz und auf Sachsen erstreckt; Verbundzentrale ist das Bibliotheksservice-Zentrum Baden-Württemberg (BSZ) an der Universität Konstanz.

c) Deutsches Bibliotheksinstitut (DBI) 1978-1999

Das 1978 gegründete *Deutsche Bibliotheksinstitut (DBI)* mit Sitz in Berlin war eine überregionale bibliothekarische Einrichtung für Sachaufgaben und Dienstleistungen aus dem gesamten Bereich des Bibliothekswesens. Das DBI führte Untersuchungen und Projekte aus zahlreichen Einzelgebieten des Bibliothekswesens durch mit dem Ziel, neue bibliothekarische Methoden, Techniken und Systeme zu erforschen, zu entwickeln, zu veröffentlichen und den Bibliotheken verfügbar zu machen. Kommissionen und Expertengruppen des DBI befassten sich u.a. mit der Erarbeitung von Regel-

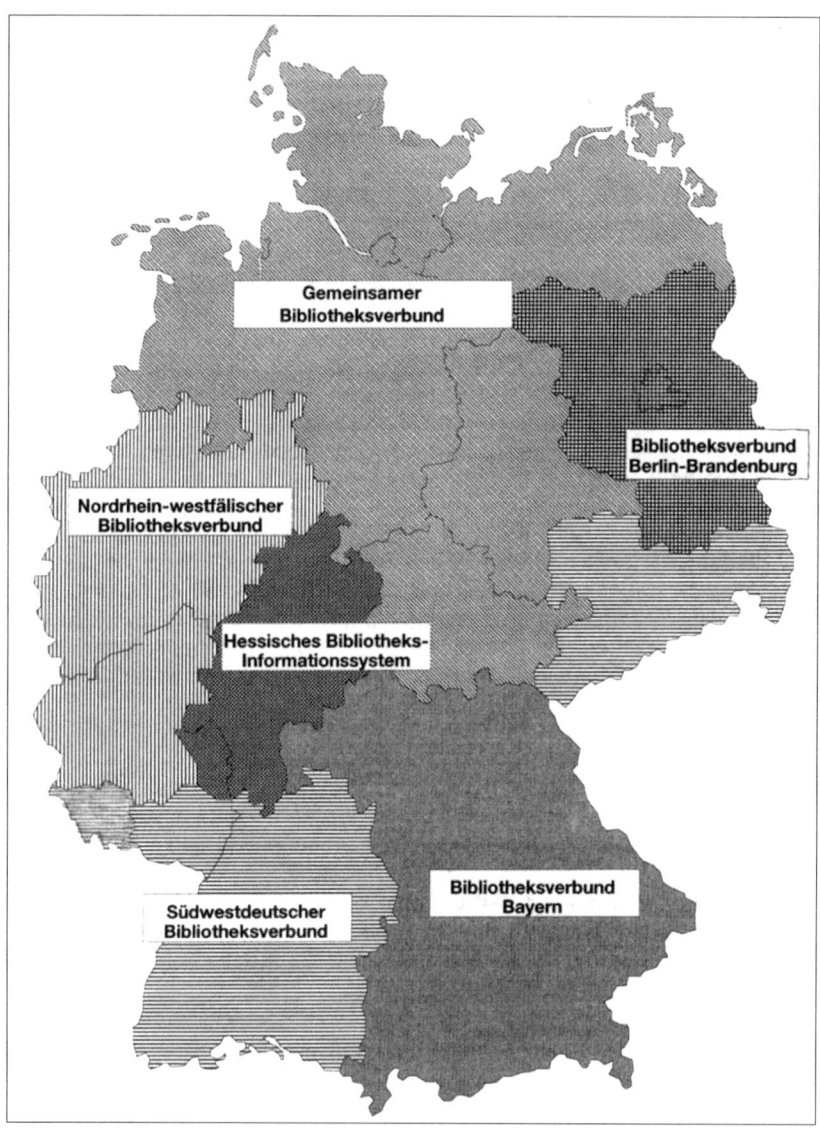

Abb. 5: Regionale Bibliotheksverbundsysteme in Deutschland

werken. Die Arbeitsergebnisse wurden in zahlreichen Publikationen bekannt gemacht. Beratungsdienste bestanden für bestimmte Bereiche des Bibliothekswesens. Am DBI wurden wichtige überregionale Literaturnachweisinstrumente geführt und weiterentwickelt, nämlich die *Zeitschriftendatenbank* (ZDB) und der *Verbundkatalog maschinenlesbarer Daten deutscher Bibliotheken* (DBI-VK).

Nach einer umstrittenen Begutachtung durch den Wissenschaftsrat haben Bund und Länder, die Träger des DBI, Ende 1999 das DBI aufgelöst. Aktivitäten und Dienstleistungen sind teilweise eingestellt, teilweise von anderen Institutionen übernommen worden, andere sollen von einem bei der Stiftung Preußischer Kulturbesitz neu zu gründenden „Institut für Bibliotheksinnovation und -entwicklung" wahrgenommen werden.

d) ekz.bibliotheksservice GmbH

Eine wichtige zentrale Dienstleistungseinrichtung für Bibliotheken ist die frühere *Einkaufszentrale für Bibliotheken* (EKZ) in Reutlingen, die heutige *ekz.bibliotheksservice GmbH*. Ihre Eigentümer sind Bundesländer, Städte und Landkreise. Die ekz unterstützt die Bibliotheksarbeit durch die Bereitstellung von Produkten und Dienstleistungen für Bestandsaufbau, Bestandserschließung, Bestandserhaltung sowie Bibliotheksverwaltung und -einrichtung. Sie gibt mit ihren (auf der überregionalen *Lektoratskooperation* beruhenden) Besprechungsdiensten den Bibliotheken Unterlagen und Hilfsmittel für die Buchauswahl an die Hand, vermittelt zentral erstellte Katalogdaten in konventioneller und maschinenlesbarer Form und bietet ein reichhaltiges, bibliothekarisch geprüftes Sortiment geeigneter Bücher in bibliotheksgemäßer Spezialbindung an. Neben Büchern umfasst das Angebot der ekz auch AV-Medien und CD-ROMs. Mit den *Standing-Order*-Angeboten von Büchern und Medien übernimmt die ekz die Auswahl von Neuerscheinungen nach bestimmten, mit dem Kunden vereinbarten Kriterien. Ferner liefert sie Bibliotheksmöbel (Regale, Katalogmöbel, Bücherwagen, Sitzmöbel und Tische) sowie alle für die Büchereiarbeit wichtigen Materialien, z.B. Kartei- und Verbuchungsmaterial, Vordrucke, Material zur Buch- und Möbelpflege, Werbemittel. Angeboten werden auch Beratung und Fortbildung.

e) Deutsche Forschungsgemeinschaft (DFG)

Die *Deutsche Forschungsgemeinschaft (DFG)* mit Sitz in Bonn-Bad Godesberg ist die wichtigste Förderungsinstitution für Wissenschaft und Forschung in der Bundesrepublik Deutschland. Sie erfüllt ihre Aufgaben durch Beratung, Planung und finanzielle Zuwendungen an Forscher und Forschungseinrichtungen. Ihre Mittel erhält sie von Bund und Ländern. Da die Bibliotheken eine große Bedeutung für Wissenschaft und Forschung haben, fördert die DFG auch das *Wissenschaftliche Bibliothekswesen*. Geldmittel der DFG werden jedoch nicht für den laufenden Betrieb einzelner Bibliotheken bereitgestellt, sondern nur für Gemeinschaftsunternehmungen der Wissenschaftlichen Bibliotheken, zentrale Einrichtungen, Modellversuche und Starthilfen für neue Entwicklungen. Insbesondere organisiert und unterstützt die DFG das System der überregionalen Literaturversorgung in Deutschland.

Durch ihre finanzielle Förderung, durch Vorschläge und Empfehlungen übt die DFG einen großen Einfluss auf Planung und Weiterentwicklung des Wissenschaftlichen Bibliothekswesens in Deutschland aus. Vorbereitet und gesteuert wird die Bibliotheksarbeit der DFG durch den *Bibliotheksausschuss*, der aus Vertretern der Wissenschaft und des Bibliothekswesens besteht, und die *Fachgruppe Wissenschaftliches Bibliothekswesen* der Geschäftsstelle der DFG in Bonn-Bad Godesberg.

7. Bibliothekarische Zusammenarbeit und zentrale Dienstleistungen für Bibliotheken

Das Bibliothekswesen der Bundesrepublik Deutschland, verstanden als die Gesamtheit der Bibliotheken in öffentlicher Trägerschaft, wird nicht von einer Stelle zentral gelenkt, sondern ist weitgehend durch *Dezentralisation* geprägt. Dies ist eine Folge der geschichtlichen Entwicklung und der föderativen Struktur unseres Staates, besonders der Kulturhoheit der Länder, sowie der Selbstverwaltung der Gemeinden. Typisch für das deutsche Bibliothekswesen ist daher die *Vielfalt selbstständiger Bibliotheken* in Trägerschaft der Kommunen, der Länder und des Bundes. Da aber keine Bibliothek, auf sich allein gestellt, ihre Aufgaben in vollem Umfang erfüllen kann, sind seit langem Formen der *Kooperation* zwischen den Bibliotheken entwickelt worden. Außerdem werden von zentralen bibliothekarischen Einrichtungen *zentrale Dienstleistungen* erbracht, deren Nutzung den Bibliotheken aufwändige Eigenarbeit erspart und gleichzeitig die Leistungen der Bibliotheken qualitativ verbessert.

Im folgenden werden einige wichtige *Beispiele* bibliothekarischer Zusammenarbeit und zentraler Dienstleistungen genannt, über die in späteren Abschnitten dieses Buches ausführlicher berichtet wird.

a) Bibliothekarische Kooperation

Die Zusammenarbeit der Bibliotheken findet auf örtlicher, regionaler und nationaler Ebene statt und erstreckt sich auf alle Bereich der bibliothekarischen Tätigkeit. Auf dem Gebiet der kooperativen *Literaturerwerbung* ist als wichtigstes Beispiel das System der überregionalen Literaturversorgung zu nennen, das von der Deutschen Forschungsgemeinschaft (DFG) unterstützt wird und auf dem Prinzip der abgestimmten (koordinierten) Erwerbung einer Vielzahl von wissenschaftlichen Universal- und Spezialbibliotheken beruht.

Eine wichtige Hilfe für den Bestandsaufbau der Öffentlichen Bibliotheken bietet die bundesweit organisierte *Lektoratskooperation*, bei der durch die Zusammenarbeit vieler Bibliothekare Begutachtungen von Büchern und anderen Medien entstehen, die in den Besprechungsdiensten der ekz.bibliotheksservice GmbH den Bibliotheken zugänglich gemacht werden.

Die Zusammenarbeit bei der *Literaturerschließung* (Katalogisierung) stützt sich auf die in Gemeinschaftsarbeit der deutschen Bibliothekare erarbeiteten Katalog-Regelwerke (RAK und RSWK) und Normdateien (SWD, PND, GKD) und hat vor allem zur Entstehung regionaler Katalogverbundsysteme in den Ländern geführt, aber auch zu überregionalen Bestandsnachweisinstrumenten wie der Zeitschriftendatenbank (ZDB).

Die wichtigste kooperative Einrichtung auf dem Gebiet der *Literaturvermittlung* oder Bibliotheksbenutzung ist der Auswärtige Leihverkehr und die Dokumentlieferung, mit denen dem Benutzer auch diejenigen Bücher und Aufsätze zugänglich gemacht werden, die nicht in der eigenen örtlichen Bibliothek, aber in auswärtigen Bibliotheken vorhanden sind.

Die heutige Informationstechnik erfordert neue Arten der Kooperation, vor allem bei der Sichtung und Erschließung der Informationsressourcen in Datennetzen.

Bibliotheken des gleichen Typs oder der gleichen Fachrichtung haben sich vielfach zu *Arbeitsgemeinschaften* zusammengeschlossen, um gemeinsame Probleme zu besprechen und zu lösen. So gibt es z.B. Arbeitsgemeinschaften der Hochschulbibliotheken, der Spezialbibliotheken, der Parlaments- und Behördenbibliotheken, der Kunstbibliotheken, der Osteuropa-Bibliotheken, der medizinischen und der juristischen Bibliotheken.

Wichtig für die bibliothekarische Kooperation sind die Aktivitäten des *Deutschen Bibliotheksverbandes* und seiner Sektionen. Impulse für die Zusammenarbeit der Bibliotheken gehen auch von den bibliothekarischen *Personalvereinen* aus.

b) Zentrale Dienstleistungen für Bibliotheken

Dem Angebot von zentralen Dienstleistungen für Bibliotheken liegt der Gedanke zu Grunde, dass es sinnvoll ist, bestimmte bibliothekarische Arbeitsvorgänge in einer Zentrale nur einmal kompetent zu erledigen und die Ergebnisse dann in beliebig vielen Bibliotheken zu verwenden. Es gibt heute eine Vielfalt von bibliothekarischen Dienstleistungen, die von zentralen Stellen erbracht und den Bibliotheken angeboten werden. Durch die Nutzung solcher zentraler Dienstleistungen kann die einzelne Bibliothek Eigenleistungen einsparen, ihre Arbeit rationalisieren und die Kosten senken. Darüber hinaus führt die Nutzung zentraler Dienstleistungen meist zu einer Verbesserung der Leistungen der einzelnen Bibliothek und damit zu Vorteilen für den Benutzer.

Zentrale Dienstleistungen für Bibliotheken erbringen in Deutschland vor allem die folgenden zentralen Stellen:

- Die Deutsche Bibliothek (DDB)
- ekz.bibliotheksservice GmbH
- Verbundzentralen der regionalen Bibliotheksverbünde
- Staatliche Fachstellen für Öffentliche Bibliotheken.

Im einzelnen lassen sich die wichtigsten zentralen Dienstleistungen für Bibliotheken etwa folgendermaßen bezeichnen:

Nationalbibliographische Dienste

Die deutschen Neuerscheinungen werden von Der Deutschen Bibliothek in den verschiedenen Reihen der Deutschen Nationalbibliographie (DNB) angezeigt. Die in gedruckter Form, auf maschinenlesbaren Datenträgern und online verfügbaren Titeldaten können für die Buchauswahl, für die Bestellung und zur Katalogisierung genutzt werden.

Besprechungsdienste (Lektoratsdienste)

Die durch die *Lektoratskooperation* erarbeiteten Besprechungsdienste der ekz (gedruckt auf Zetteln oder in Heften oder in maschinenlesbarer Form erhältlich) sollen vor allem als Hilfe für den Bestandsaufbau in Öffentlichen Bibliotheken dienen, können aber auch für Bestellung und Katalogisierung verwendet werden. Für die Buchauswahl gibt es auch Empfehlungslisten von Staatlichen Büchereistellen oder Bibliotheken mit zentralen Funktionen sowie Buchbesprechungen in bibliothekarischen Fachzeitschriften.

Liefer- und Bearbeitungsdienste

Die ekz liefert aus ihrem Lagerbestand bibliothekarisch geprüfte und emp-
fohlene Bücher und Medien, die bereits ausleihfertig bearbeitet, d.h. mit einem bibliotheksgerechten Spezialeinband ausgestattet und mit Katalog-
und Verbuchungsmaterial versehen sind. Ähnliche Dienste werden auch
von Regionalen Büchereiverbänden, von Bibliotheken mit zentralen Funktionen und von manchen Staatlichen Fachstellen für Öffentliche Bibliotheken ausgeführt.

Katalogisierungsdienste (Titeldienste)

Durch zentrale Katalogisierung werden komplette Titelaufnahmen hergestellt (auf Titelkarten, Mikrofiches, Datenträgern oder in Online-Datenbanken), die von den beziehenden Bibliotheken als Fremdleistungen in ihre eigenen Kataloge übernommen werden können. Solche Katalogisierungs-
dienstleistungen werden u.a. erbracht von Der Deutschen Bibliothek, der
ekz und den regionalen Katalogverbünden.

Standortnachweis durch Zentral- und Verbundkataloge

Die Nutzung von Zentral- und Verbundkatalogen ermöglicht die Ermittlung von Standorten für Literatur, die im Fernleihverkehr beschafft werden
soll. Zu diesen Bestandsnachweisinstrumenten, die heute in der Regel als
Online-Datenbanken auch über Datennetze verfügbar sind, gehören

- die regionalen Online-Verbundkataloge,
- die (zum Teil noch konventionellen) regionalen Zentralkataloge,
- die überregionale „Zeitschriftendatenbank" (ZDB),
- der vom DBI aufgebaute „Verbundkatalog maschinenlesbarer Katalogdaten deutscher Bibliotheken" (VK).

Beratungsdienste

Überregionale bzw. regionale Beratungsdienste werden angeboten von der
ekz, von den Staatlichen Fachstellen (Beratungsstellen) für Öffentliche Bibliotheken und von Bibliotheken mit zentralen Funktionen, z.B. von Kreisbibliotheken für die Gemeindebüchereien des Umlandes. Die Beratungsdienste sind vor allem gedacht für kleinere und mittlere Bibliotheken und
können sich z.B. beziehen auf die Probleme bei Gründung und Einrichtung
Öffentlicher Bibliotheken, auf Fragen des EDV-Einsatzes, auf die Arbeit
von Spezial-, Schul-, Kinder- und Jugendbibliotheken, auf Probleme des
Bibliotheksbetriebs und der Bibliothekstechnik.

8. Betrieb, Organisation, Gebäude

a) Die Bibliothek als Betrieb

Bibliotheken sind Dienstleistungsbetriebe. Sie dienen der Literatur- und Informationsversorgung ihrer Leser und Benutzer und erbringen zu diesem Zweck entsprechende Dienstleistungen. Sie sind *Betriebe*, da sie zur Erfüllung ihrer Aufgaben Personal und Sachmittel im Rahmen einer geeigneten Organisation einsetzen und ihre Dienstleistungen an den Bedürfnissen eines „Marktes", d.h. ihrer tatsächlichen bzw. potenziellen Benutzer oder Kunden ausrichten.

Die *Benutzerorientierung* ist ein wichtiges Merkmal der Leistung einer Bibliothek. Die differenzierten Literatur- und Informationsbedürfnisse und die Arbeitsgewohnheiten der Benutzer und Benutzergruppen im Umfeld der Bibliothek müssen maßgebend sein für Art und Inhalt des Bestandes und der Informationsangebote der Bibliothek. Durch Methoden des *Marketing*, d.h. der Bedarfsermittlung, der Umfeldanalyse, der Werbung und Öffentlichkeitsarbeit wird versucht, Bedürfnisse und Erwartungen der Benutzerschaft (auch der „Nicht-Benutzer") festzustellen, im Leistungsangebot der Bibliothek zu berücksichtigen und dieses durch geeignete Maßnahmen bekanntzumachen. Es geht also vor allem um ein nachfrageorientiertes Medienangebot, um zielgruppenorientierte Literatur- und Informationsversorgung. Allerdings darf (besonders in Öffentlichen Bibliotheken) durch die Erfüllung aktueller oder spezieller Benutzerwünsche die Qualität und Ausgewogenheit des Bestandes nicht beeinträchtigt werden.

Das Streben nach optimalen Dienstleistungen für die Benutzer steht in einem Spannungsverhältnis zur Forderung nach *Wirtschaftlichkeit* und *Sparsamkeit* im Bibliotheksbetrieb. Alle Bibliotheken sind verpflichtet, ihre Arbeiten möglichst rationell und effektiv zu organisieren und die zugewiesenen Haushaltmittel verantwortungsbewusst einzusetzen. Dies gilt besonders in den gegenwärtigen Zeiten knapper Kassen bei den Unterhaltsträgern, die zu Mittelkürzungen und Personalabbau führen.

Um mit weniger Geld und weniger Personal dennoch bestmögliche Leistungen zu erbringen, werden in Bibliotheken neue *Methoden der Betriebssteuerung* angewendet. Dazu gehören z.B. die genaue Überprüfung der Arbeitsvorgänge in Bibliotheken und der erzielten Leistungen, ihre Bewertung nach Effektivität und Qualität und die Analyse von Kosten und Nutzen, auch im Betriebsvergleich mehrerer Bibliotheken. Als Konsequenz sollen dann entsprechende betriebliche Änderungen erfolgen, um die Leistung zu verbessern und Kosten zu senken. Möglicherweise muss das Leistungsspektrum der Bibliothek eingeschränkt werden, indem sich die Bibliothek auf die unverzichtbaren Dienstleistungen konzentriert, andere Leistungen aufgibt oder durch Fremdleistungen ersetzt (z.b. durch Übertragung bestimmter Arbeitsvorgänge von der Bibliothek auf externe Firmen). Durch Verfahren der Zielfestlegung und Zielüberprüfung kann im Zusammenwirken von Bibliotheksleitung und Mitarbeitern die Bibliotheksarbeit konsequent auf die Ziele der Bibliothek ausgerichtet und dadurch rationeller gestaltet werden. Die dezentrale und flexible Bewirtschaftung der Haushaltsmittel soll Handlungsspielräume vergrößern und Einspareffekte ermöglichen.

Für kostenintensive Sonderleistungen muss die Bibliothek *Gebühren* und Entgelte von den Benutzern verlangen; die bibliothekarische Grundversorgung der Leser (Nutzung der Bestände und Arbeitsplätze, Beratung und Information) sollte jedoch stets kostenfrei angeboten werden. Besondere Projekte der Bibliothek können möglicherweise durch das Einwerben von Geldmitteln bei Förderern der Bibliothek (Sponsoren) finanziell unterstützt werden.

Öffentlichkeitsarbeit und Werbung

Unter *Öffentlichkeitsarbeit* der Bibliotheken versteht man alle Tätigkeiten, die darauf gerichtet sind, die Öffentlichkeit über die Arbeit der Bibliothek zu informieren und Leser für die Bibliothek zu gewinnen. Die Öffentlichkeitsarbeit soll das Interesse für die Bibliothek wecken, ihr Leistungsangebot bekannt machen und für ihre Benutzung werben. Für die Verwirklichung der Öffentlichkeitsarbeit stehen zahlreiche Möglichkeiten offen. So betreiben viele Öffentliche Bibliotheken eine ständige *Werbung* durch *Schaufenster, Schaukästen, Plakate, Handzettel, Tragetaschen* oder *Zeitungsanzeigen*. Für die grafische Gestaltung dieser und anderer Werbemittel hat das Deutsche Bibliotheksinstitut ein einheitliches Konzept entwikkelt (u.a. mit einem Signet, das ein geöffnetes Buch symbolisiert). Herstellung und Vertrieb entsprechender Materialien erfolgen durch die ekz in Reutlingen.

Besondere Maßnahmen der Öffentlichkeitsarbeit sind (1) Ausstellungen, (2) Veranstaltungen, (3) Zusammenarbeit mit Presse, Rundfunk und Fernsehen, (4) die Einrichtung einer Homepage im Internet.

Ausstellungen der Bibliothek sollen das Interesse der Benutzer und der Öffentlichkeit auf bestimmte Bücher oder Buchgruppen und auf die Bibliothek überhaupt lenken. Man veranstaltet Ausstellungen zu bestimmten Themen oder Ereignissen, Ausstellungen von Werken einzelner Schriftsteller und Ausstellungen bestimmter Bucharten (Handschriften, Inkunabeln, illustrierte Werke, Kinderbücher usw.). Neben großen wissenschaftlichen Ausstellungen, zu denen oft ausführliche Kataloge erscheinen, gibt es kleinere Ausstellungen in einigen Schaukästen oder Regalen, die dennoch sehr wirkungsvoll sein können.

Veranstaltungen der Bibliothek sollen Nichtbenutzer auf die Bibliothek aufmerksam machen und die Benutzer in ein engeres Verhältnis zur Bibliothek bringen. Oft kann in oder nach der Veranstaltung auf die Möglichkeiten der Bibliothek hingewiesen werden. Vor allem die *Öffentlichem Bibliotheken* pflegen den Veranstaltungsdienst als Mittel der Öffentlichkeitsarbeit. Zum Beispiel werden für Kinder Vorlesestunden, Bastelstunden, Spielnachmittage und Puppentheateraufführungen organisiert, für Jugendliche Schallplattenabende und Diskussionen, für Erwachsene Autorenlesungen, Vorträge, Lichtbild- und Filmvorführungen, für die ganze Bevölkerung Gemeinde- oder Stadtteilfeste. Durch diesen Veranstaltungsdienst kann die Öffentliche Bibliothek zu einem aktiven *kulturellen Zentrum* innerhalb ihrer Stadt, ihres Stadtteils oder ihrer Gemeinde werden.

Die *Zusammenarbeit mit Presse, Rundfunk und Fernsehen* dient der Unterrichtung der breiten Öffentlichkeit über die Arbeit und die Leistungen der Bibliothek. In Betracht kommen hier die Anfertigung und Weiterleitung von Pressenotizen, die Abhaltung von Pressekonferenzen oder -führungen zu besonderen Anlässen, die Vereinbarung von Reportagen oder Interviews, die Veröffentlichung eigener Artikel in Zeitungen oder Zeitschriften.

Zur Öffentlichkeitsarbeit gehört heute auch die Selbstdarstellung der Bibliothek durch eine eigene *Homepage* im World Wide Web. Auf ihren Web-Seiten kann die Bibliothek über ihre Angebote informieren, z.B. über Neuerwerbungen, Dienstleistungen und Veranstaltungen. Besonders attraktiv für die Benutzer ist der über die Homepage zugängliche OPAC, auf den vom häuslichen PC aus jederzeit zugegriffen werden kann. Eigene WWW-Seiten sind heute die elektronische „Visitenkarte" einer Bibliothek.

Einen Sonderbereich der Öffentlichkeitsarbeit (mit vielen Bezügen zum Auskunfts- und Beratungsdienst) stellt die *Arbeit mit Gruppen und Institutionen* dar, die manchmal als „Kontaktarbeit" bezeichnet und vor allem von den Öffentlichen Bibliotheken geleistet wird. Dabei geht es um Verbindungen der Bibliothek zu Schulen, Volkshochschulen, Jugendheimen, Kulturinstituten, Vereinen und Gesellschaften, Bürgerinitiativen, Selbsthilfegruppen, Betrieben, Altersheimen und Krankenhäusern. Die Bibliothek nimmt Kontakt mit diesen Gruppen und Institutionen auf, weist auf die allgemeinen und fachlichen Möglichkeiten der Bibliothek hin und pflegt eine enge bibliothekarische Zusammenarbeit mit dem Partner. Im einzelnen kommen u.a. folgende Mittel der Kontaktarbeit in Betracht: Führungen, Vorträge,

Einführung in die Bibliotheksbenutzung, Ausstellungen und Veranstaltungen in der Bibliothek oder beim Partner, Bücherzusammenstellungen für besondere Zwecke, Gruppenausleihe, Zusammenstellung spezieller Neuerwerbungs- und Auswahlverzeichnisse.

b) Aufbauorganisation

Gliederung nach Funktionen: Bestandsaufbau, -erschließung und -vermittlung

Die wichtigsten Funktionen einer Bibliothek bestehen im *Sammeln, Erschließen und Vermitteln* von Büchern und anderen Medien. Demgemäß gibt es drei große bibliothekarische Arbeitsgebiete:

- Erwerbung (Bestandsaufbau)
- Katalogisierung (Bestandserschließung, d.h. Formal- und Sachkatalogisierung)
- Benutzung (Bestandsvermittlung)

Den drei bibliothekarischen Arbeitsgebieten entsprechend gliedert sich eine große Bibliothek nach ihrem *Aufbau* traditionell in *drei Hauptabteilungen*:

- Erwerbungsabteilung
- Katalogabteilung
- Benutzungsabteilung

Jede dieser Abteilungen ist wiederum in eine Reihe von *Dienststellen* oder *Arbeitsgruppen* gemäß den jeweiligen Arbeitsbereichen aufgeteilt, so z.B. die Erwerbungsabteilung in Bestellabteilung, Monographienakzession, Zeitschriftenakzession sowie in die Zugangsstellen für Tausch, Geschenke und (evtl.) Pflichtexemplare; die Katalogabteilung in die Formalerschließung und die Sachkatalogisierung; die Benutzungsabteilung in Ortsleihe, Fernleihe/Dokumentlieferung, Informationsvermittlung, Lesesäle, Auskunftsdienst und Magazindienst.

Sofern entsprechende Bestände vorhanden sind, gibt es Abteilungen für Handschriften und alte Drucke oder Karten. Manche großen Bibliotheken haben eine eigene Abteilung für Bestandserhaltung.

Die technischen Arbeitsbereiche (Hausdruckerei, Fotostelle, Kopierdienst, Einbandstelle, Hausbuchbinderei) können einer eigenen *Technischen Abteilung* unterstellt sein. Größere Bibliotheken verfügen über eine *Verwaltungsstelle*, in der die Angelegenheiten der Personal- und Hausverwaltung sowie des Haushalts-, Kassen- und Rechnungswesens erledigt werden.

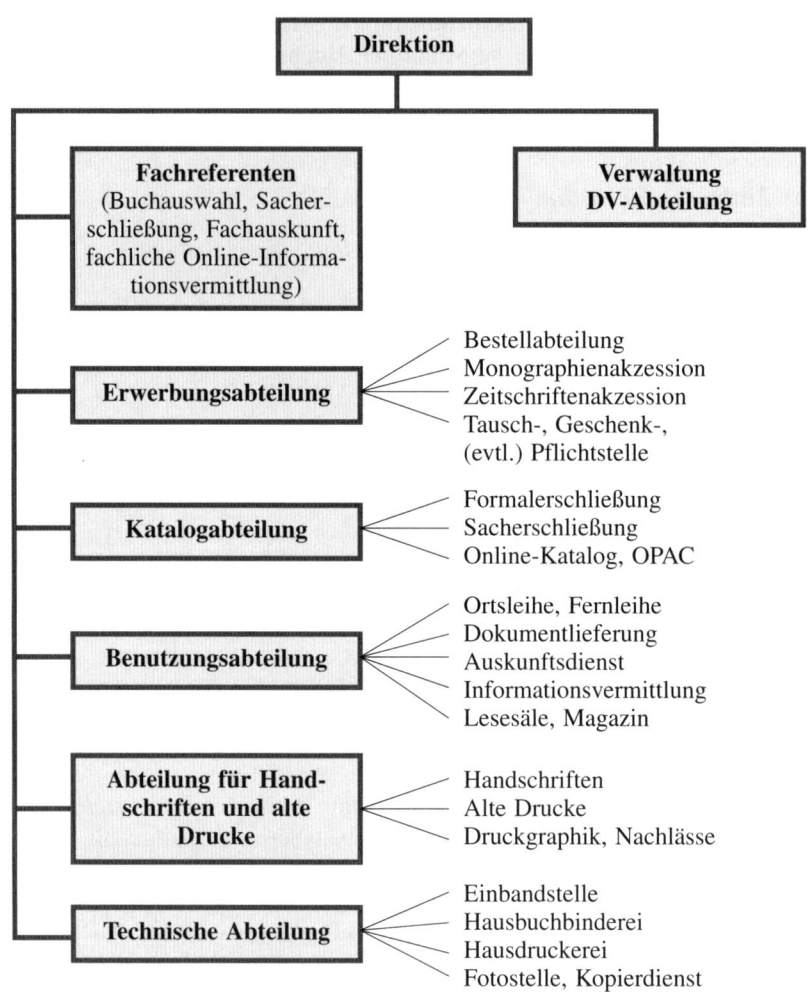

Abb. 6: Organisationsschema einer Wissenschaftlichen Bibliothek
(vereinfachtes Modell)

Gliederung in Fachabteilungen oder fachliche Teilbibliotheken

Die Inhalte der in Bibliotheken gesammelten Literatur beziehen sich auf Wissensgebiete oder *Fächer*. Im Zusammenhang mit der Erwerbung, Erschließung und Vermittlung von Fach- und Speziallliteratur braucht man in Wissenschaftlichen Bibliotheken für Buchauswahl, Sachkatalogisierung, fachliche Auskunftserteilung und Online-Informationsvermittlung entsprechend vorgebildete bibliothekarische Fachleute aus den verschiedenen Wissensgebieten. Man bezeichnet sie als *Fachreferenten*. Jeder von ihnen ist für ein Wissenschaftsfach (oder für mehrere Fächer) zuständig.

Eine organisatorische Gliederung der Bibliothek nach fachlichen Gesichtspunkten ist meist *nicht* üblich in (Wissenschaftlichen) Stadt-, Landes- und Staatsbibliotheken. In Einzelfällen sind *Sonderabteilungen* für einige Spezialgebiete eingerichtet, etwa für Orientalistik, Slawistik und Musik. Im wesentlichen aber folgt die Aufbauorganisation dieser Bibliotheken der oben geschilderten Gliederung nach Funktionen.

In den meisten *Universitätsbibliotheken* tritt jedoch die *Gliederung nach Fachgebieten* neben die Gliederung nach Funktionen. Dies gilt für die Bibliotheken der Universitäten, die in den alten Bundesländern seit den 1960er-Jahren gegründet wurden, sowie für die Universitätsbibliotheken der neuen Bundesländer. An diesen Universitäten existieren integrierte Bibliothekssysteme, wobei es in der Regel neben der Zentralbibliothek (oder Bibliothekszentrale) mehrere *fachliche Teilbibliotheken* gibt, die häufig auch räumlich dezentral, d.h. bei den jeweiligen Fachbereichen oder Fakultäten, untergebracht sind. Zwar geschehen Buchbeschaffung, Inventarisierung, Katalogisierung und sonstige Buchbearbeitung zentral für das ganze Bibliothekssystem in der Zentralbibliothek bzw. Bibliothekszentrale, jedoch erfolgen die meisten mit der (fachlichen) Benutzung zusammenhängenden Arbeiten in den Teilbibliotheken. Die Leiter der Teilbibliotheken sind zugleich Fachreferenten, die für die Buchauswahl (zusammen mit dem Lehrpersonal des Fachbereichs), für die Sachkatalogisierung und die fachliche Beratung und Auskunftserteilung sorgen.

Auch an großen Öffentlichen Bibliotheken findet man (neben einer funktionalen Gliederung) eine Gliederung in *Fachabteilungen*. Beispielsweise können, neben einer allgemeinen Abteilung mit Sachbüchern und Belletristik sowie einer Kinder- und einer Jugendbücherei, Fachabteilungen für die Gebiete Geisteswissenschaften, Naturwissenschaften, Technik und Sozialwissenschaften, Musik und Kunst eingerichtet werden, denen entsprechende *Lektoren* oder Fachreferenten zugeordnet sind. Eine solche Organisation nach Fachabteilungen haben vor allem manche Zentralbibliotheken in Großstädten.

c) Ablauforganisation

Während die Aufbauorganisation die statische Organisationsstruktur der Bibliothek wiedergibt, wird in der *Ablauforganisation* der dynamische Aspekt des Bibliotheksbetriebs deutlich, nämlich die Aufeinanderfolge der Arbeitsabläufe. Von besonderer Bedeutung sind dabei die Arbeitsvorgänge und Tätigkeiten, die bei der Bearbeitung der Bücher und Medien in der Erwerbungs- und der Katalogabteilung nötig sind. Wenn ein neuerworbenes Buch in der Bibliothek eintrifft, beginnt es eine „Wanderung" durch die verschiedenen Bearbeitungsstellen, bis es schließlich an seinem Standort eingestellt werden kann. Diesen *Lauf des Buches*, der in einer genau festgelegten Abfolge geschieht, bezeichnet man an großen Bibliotheken als *Geschäftsgang*. Oft rechnet man auch diejenigen Arbeiten dazu, die *vor* dem Eintreffen des Buches in der Bibliothek erfolgen, also die Buchauswahl, die Vorakzession und die Bestellung. Es gehört zu den Aufgaben großer Bibliotheken und Bibliothekssysteme, den Ablauf dieser Arbeiten – von der Buchauswahl bis zum Einstellen des Buches am Standort – möglichst rationell und zweckmäßig (und damit zeitsparend) zu organisieren. Ein Hauptproblem ist dabei, die Durchlaufzeit während der Bearbeitungsvorgänge möglichst kurz zu halten, um Neuwerbungen so bald als möglich den Lesern zur Verfügung stellen zu können.

Es handelt sich also beim Geschäftsgang um die bei der *Erwerbung* und *Katalogisierung* erforderlichen Tätigkeiten sowie um die *sonstige Buchbearbeitung*. Je nach der Organisationsstruktur der Bibliothek kann die Abfolge der einzelnen Bearbeitungsstationen unterschiedlich gestaltet sein. Für bestimmte Publikationsformen (z.B. Dissertationen, Periodika) und Nicht-Buch-Materialien werden meist *Sondergeschäftsgänge* eingerichtet.

Integrierter Geschäftsgang

In vielen Bibliotheken wurden in den letzten Jahren Erwerbungs- und Katalogabteilung zu einer *Buchbearbeitungsabteilung* oder *Medienbearbeitungsabteilung* zusammengefasst. Die Arbeitsvorgänge bei Erwerbung und Katalogisierung werden hier vereinigt oder „integriert", d.h. für eine bestimmte Neuerwerbung jeweils von *einem* Bibliothekar oder jedenfalls *einer* Arbeitsgruppe erledigt. Dabei kann eine organisatorische Gliederung in Arbeitsgruppen oder Teams nach *Publikationsarten* (Monographien, Serien, Zeitschriften) oder nach *Fächern* (Geschichte, Recht, Literaturwissenschaft, Naturwissenschaften usw.) erfolgen.

Für den einzelnen Mitarbeiter sind hier die Tätigkeiten vielseitiger (Erwerbungs- *und* Katalogisierungsarbeiten in einer Hand) und zugleich buch- und fachorientierter (auf eine Publikationsart oder ein Wissenschaftsfach ausgerichtet).

Bei den Arbeitsabläufen in der *Benutzungsabteilung* geht es vor allem um die zweckmäßige Organisation der bei der Ausleihe und Fernleihe bzw.

Dokumentlieferung anfallenden Tätigkeiten, also vom Eingang der Bestellung bis zur Versendung der Textkopien bzw. zur Rückbuchung des ausgeliehenen Werks.

d) *Gebäude, Räume, Einrichtung*

Bibliotheken sollten ihren *Standort* in verkehrsgünstiger Lage haben, sodass sie von den Benutzern, für die sie Literatur bereitstellen, ohne lange Wege erreicht werden können. Für Öffentliche Bibliotheken und Regionalbibliotheken ist ein zentrales Gebäude in der Stadtmitte oder der Mitte eines Stadtteils besonders günstig. Bei Bibliothekssystemen in Universitäten liegt die Zentralbibliothek am besten im Zentrum, die Gebäude oder Räume der Teilbibliotheken sind den betreffenden Fachbereichen oder Instituten zugeordnet, die auf dem Universitätsgelände oft weit verstreut sind. Ähnlich kommt es bei Spezialbibliotheken darauf an, dass die Angehörigen der zuständigen Institution oder Teilinstitution die Bibliothek auf möglichst kurzem Weg erreichen können.

Größere Bibliotheken besitzen ein eigenes *Gebäude*, kleinere Bibliotheken verfügen über *Räume* in einem Gebäude, in dem noch andere Einrichtungen untergebracht sind.

Wissenschaftliche Bibliotheken

In großen *Wissenschaftlichen Bibliotheken* wurde das Bibliotheksgebäude lange Zeit in drei Teile gegliedert, nämlich in die *Magazinräume* mit der Hauptmasse der Bücher, die *Benutzerräume* (Lesesaal, Ausleihräume, Benutzerkataloge) und die *Verwaltungsräume* (vor allem für Erwerbung und Katalogisierung). Den Büchern, den Benutzern und den Bibliothekaren wurden somit jeweils eigene, von den anderen getrennte Räume zugewiesen. Diese traditionelle *Dreiteilung des Bibliotheksgebäudes* findet sich heute noch in älteren Wissenschaftlichen Bibliotheken.

In den letzten Jahrzehnten haben sich aber neue Bauideen entwickelt, die auf eine Abkehr von diesem Prinzip hinauslaufen. Vor allem die Grenzen zwischen Büchern und Lesern sind offener geworden. Der früher übliche, große allgemeine *Lesesaal* wird häufig aufgeteilt in mehrere getrennte Fachlesesäle oder in einen nach Fachabteilungen gegliederten Lesesaalbereich, jeweils mit umfassenden Freihandbeständen. Den *Fachlesesälen* werden zuweilen Teile des Magazinbestandes als Freihandmagazine zugeordnet. Allerdings bleibt bei großen wissenschaftlichen Universalbibliotheken in der Mehrzahl der Fälle das Büchermagazin ein geschlossener

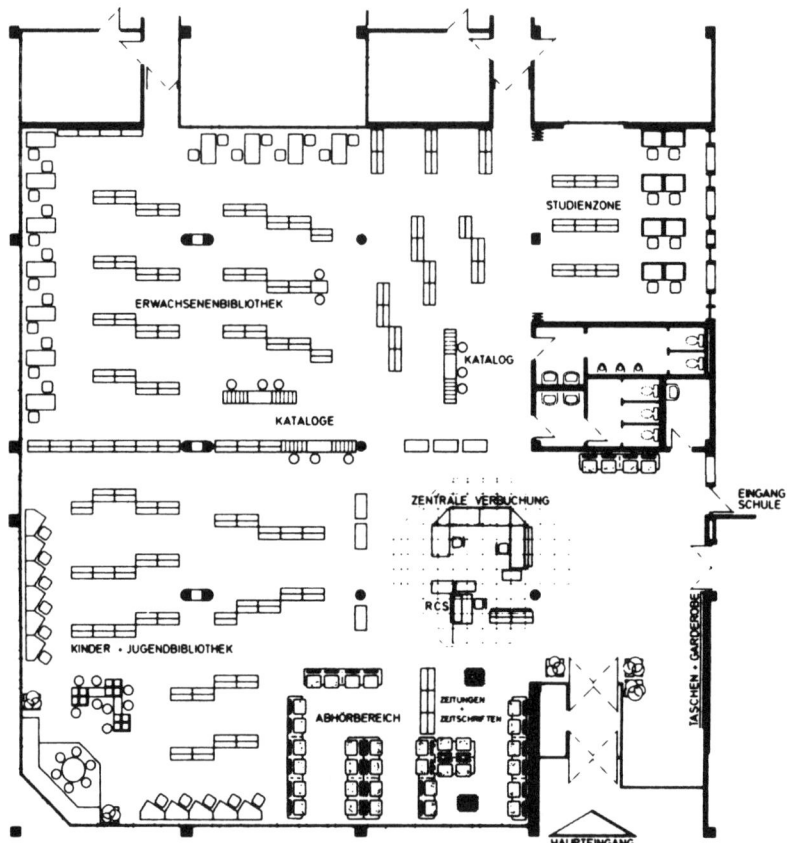

Abb. 7: Grundriss einer Öffentlichen Bibliothek
(Kreis- und Autobibliothek Kronach)

Baukörper. Jedoch wird in vielen Universitäten und Hochschulen, wie erwähnt, ein Großteil des Bestandes in fachlichen Teilbibliotheken frei zugänglich in offener Aufstellung dargeboten.

Die Inneneinrichtung moderner Wissenschaftlicher Bibliotheken ist vor allem funktionsbezogen, ohne auf ansprechende Gestaltung zu verzichten. Von besonderer Wichtigkeit ist heute die Bereitstellung von ergonomisch gestalteten Bildschirm- und Medienarbeitsplätzen mit entsprechender technischer Ausstattung, vor allem von PC-Arbeitsplätzen mit Anschluss an die Datennetze. Die Orientierung im Bibliotheksgebäude soll dem Benutzer durch Schilder, Übersichtspläne und andere Hinweise erleichtert werden (möglichst mit einem einheitlichen Leit- und Orientierungssystem).

In den meisten Wissenschaftlichen Bibliotheken finden sich Sitzungs- und Besprechungszimmer, Säle für Vorträge oder andere Veranstaltungen sowie Raumflächen für Ausstellungen.

Öffentliche Bibliotheken

Die Öffentlichen Bibliotheken sind Freihandbibliotheken, die es den Benutzern ermöglichen, die Bücher selbst an den Regalen auszuwählen. Die Bücherbereiche mit den Regalen bilden folglich den zentralen Teil der Bibliothek. Nahe beim Buchbestand werden die Kataloge bzw. die Datenstationen zur Suche im Online-Katalog aufgestellt. Ruhige Lesezonen mit Arbeitsplätzen neben oder hinter den Regalen bieten einen Anreiz für Lektüre und Studium in der Bücherei. An großen Öffentlichen Bibliotheken gibt es eigene Lesesäle sowie Leseräume für Zeitschriften und Zeitungen. Medien- und PC-Arbeitsplätze mit Netzanschluss ermöglichen den Zugriff auf AV-Medien, CD-ROMs und das Internet. Am Eingang zum Bücherbereich befindet sich die Ausleihtheke, an der sich die Ausleihe und die Rückgabe der Bücher abspielt.

Dem Bibliothekspersonal in Öffentlichen Bibliotheken stehen meist eigene Räume für die Verwaltungstätigkeiten und die Buchbearbeitung zur Verfügung. Fast alle Öffentlichen Bibliotheken besitzen auch Räume für Magazinbestände. Größere Öffentliche Bibliotheken verfügen über besondere Gruppen- und Veranstaltungsräume. Für kleine Ausstellungen sind häufig Glasvitrinen im Vorraum oder in den Bücher- und Leseräumen aufgestellt. Alle Räume, Regale, Kataloge usw. müssen deutlich durch Beschilderung und Beschriftung gekennzeichnet sein.

Für jede Bibliothek gilt, dass Räume und Einrichtung in erster Linie zweckmäßig und funktionsgerecht sein sollen. Daneben sollen sie auch ästhetischen Ansprüchen genügen und auf die Leser attraktiv wirken.

9. Informationstechnik und Bibliothekswesen

Informationstechnik (IT) oder Informations- und Kommunikationstechnik (IuK) sind Begriffe für einen technologischen Bereich, der vor allem durch das Zusammenwachsen von Computertechnik (EDV) und Telekommunikation entstanden ist. Zu diesem Bereich gehören alle Geräte, Einrichtungen und Verfahren zur digitalen Erfassung, Speicherung, Verarbeitung und Übermittlung von Texten, Tönen, Bildern und Programmen.

Grundlage der IT ist die Digitalisierung von Informationen, d.h. ihre binäre (zweiwertige) Verschlüsselung in Folgen von Bits und Bytes und ihre Umwandlung in entsprechende physikalische Zustände, die maschinenlesbar sind, d.h. in Computern verarbeitet werden können. Schriftzeichen, Tonsignale und Bildpunkte können digitalisiert und nach Verarbeitung wieder in Zeichen, Töne und Bilder zurückverwandelt werden. Durch das Zusammenspiel von leistungsfähiger Computer-Hardware und Programmsoftware ist es möglich, riesige Mengen digitaler Daten auf kleinstem Raum zu speichern sowie in unvorstellbarem Tempo und mit absoluter Genauigkeit für bestimmte Anwendungen zu verarbeiten. Netzwerktechnik und Datenkommunikation erlauben die sekundenschnelle Übermittlung von digitalen Daten über beliebige Entfernungen und haben das Internet als universales und weltweites Online-Kommunikationsmedium möglich gemacht.

Durch die revolutionären Neuerungen der Informationstechnologie sind die bibliothekarischen Arbeitsmethoden in den letzten Jahrzehnten tiefgreifend verändert worden. Informationstechnische Verfahrensweisen haben eine erhebliche Rationalisierung, Qualitätsverbesserung und Leistungssteigerung der bibliothekarischen Literatur- und Informationsversorgung bewirkt. Wichtige Schritte bei der Anwendung der IT im Bibliothekswesen waren

– die *Automatisierung der Arbeitsvorgänge in den Bibliotheken*, vor allem der Funktionen von Erwerbung, Katalogisierung, Katalogführung, Ausleihverbuchung und Statistik, heute meist in Form von integrierten elektronischen Bibliotheksverwaltungssystemen,

– die *Errichtung von regionalen Bibliotheksverbünden* mit Online-Verbundkatalogen für die kooperative Katalogisierung, heute erweitert zu *Dienstleistungsverbünden* mit zusätzlichen Aufgaben,

– die *Online-Informationsvermittlung* aus bibliographischen Online-Datenbanken, zuerst überwiegend aus fachlichen Literaturdatenbanken, später auch aus Online-Bibliothekskatalogen und anderen Nachweisinstrumenten,

– die Bereitstellung und Vermittlung von *elektronischen Publikationen* auf Datenträgern oder als Netzpublikationen, z.B. von elektronischen Zeitschriften oder digitalisierten älteren Bibliotheksbeständen,

– die Einrichtung *elektronischer Bestell- und Liefersysteme* für Fernleihe und Dokumentlieferung,

– die *Nutzung des Internet* und seiner Informationsressourcen für die Ermittlung und Vermittlung von Informationen und Volltexten,

- die Produktion eigener elektronischer *Informationsangebote* und die Erstellung von *Informationsdienstleistungen durch die Bibliotheken*, z.b. von Erschließungs- und Zugangssystemen für Netzdokumente.

Über die einzelnen Aspekte und Anwendungsbereiche der Informationstechnologie in Bibliotheken wird in den entsprechenden Teilen dieses Buches jeweils ausführlich berichtet.

Zweiter Teil

Der Bibliotheksbestand –
Literatur, Bücher, Medien, Daten

I. Literatur

Betrachtet man den Bibliotheksbestand im Hinblick auf die *äußere Form* der in Bibliotheken aufbewahrten Materialien, so ergibt sich eine Einteilung in

- *Bücher* einschließlich Zeitschriften und Zeitungen und
- *Nicht-Buch-Materialien.*

Zu den letzteren gehören vor allem die technischen Medien, d.h. Mikroformen, audiovisuelle Medien (Tonträger, Bildträger, Videokassetten), elektronische Medien (Datenträger, z.b. CD-ROMs) sowie einige sonstige gedruckte oder ungedruckte Materialien (Musiknoten, Druckgrafik, Fotos, Karten und Pläne, Originalschriftstücke).

Versucht man die *Inhalte* des Bibliotheksbestandes auf ihre Grundbegriffe zu bringen, so ergibt sich eine Gliederung in

- *Literatur*, das sind veröffentlichte Texte, und
- *„Nicht-Literatur"*, d.h. in *Musik, Bilder* und *Filme.*

Überwiegend zur Literatur sind die unveröffentlichten Texte zu rechnen, die als literarische oder sonstige Aufzeichnungen in Originalschriftstücken vorliegen, z.b. als Manuskripte in Schriftsteller- und Gelehrten-Nachlässen. (Vgl. die Übersicht „Der Bibliotheksbestand und seine Inhalte" auf der folgenden Seite.)

1. Literaturarten

Der Begriff „Literatur" (von lat. litera = Buchstabe) umfasst, formal gesehen, im weitesten Sinn *alle sprachlichen Texte, die veröffentlicht sind* oder zur Veröffentlichung bestimmt sind bzw. waren. Inhaltlich gehören zur Literatur im weitesten Sinn nicht nur die *„Schöne Literatur"*, sondern auch die *Sachliteratur*, die *Auskunftsliteratur* (Nachschlagewerke) und die *Kinder- und Jugendliteratur*. Im engeren Sinn wird Literatur mit der Schönen Literatur, der Belletristik, gleichgesetzt.

a) Schöne Literatur

Zur Schönen Literatur oder *Belletristik* (vom französ. belles lettres = „schöne Wissenschaften"; man gebraucht auch den Ausdruck „schöngeistige Literatur") rechnet man alle nicht sachbezogene Literatur, also *Dichtung* im weitesten Sinn (engl. fiction). Dazu gehören vor allem die drei gro-

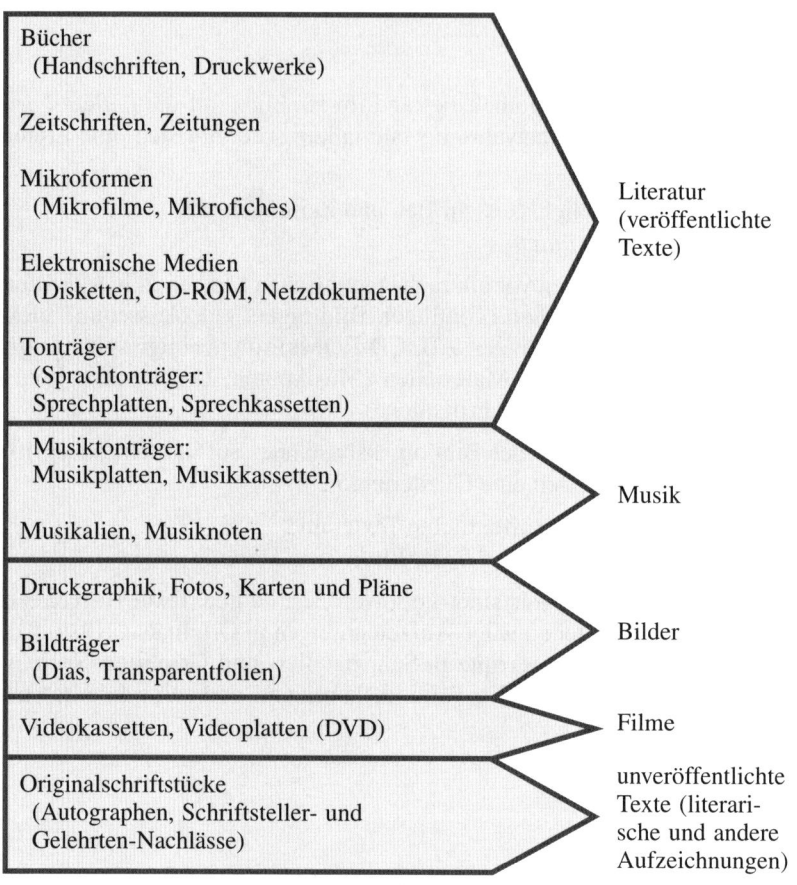

Bücher
(Handschriften, Druckwerke)

Zeitschriften, Zeitungen

Mikroformen
(Mikrofilme, Mikrofiches)

Elektronische Medien
(Disketten, CD-ROM, Netzdokumente)

Tonträger
(Sprachtonträger:
Sprechplatten, Sprechkassetten)

Musiktonträger:
Musikplatten, Musikkassetten)

Musikalien, Musiknoten

Druckgraphik, Fotos, Karten und Pläne

Bildträger
(Dias, Transparentfolien)

Videokassetten, Videoplatten (DVD)

Originalschriftstücke
(Autographen, Schriftsteller- und
Gelehrten-Nachlässe)

Literatur
(veröffentlichte
Texte)

Musik

Bilder

Filme

unveröffentlichte
Texte (literari-
sche und andere
Aufzeichnungen)

Abb. 8: Der Bibliotheksbestand und seine Inhalte

ßen literarischen Gattungen: *Epik* (Epen, Romane, Novellen, Erzählungen, Märchen, sonstige künstlerische Prosa), *Lyrik* (Gedichte) und *Dramen* (Schauspiele). Mengenmäßig ist der Anteil der Romane an der Schönen Literatur am größten. Sonderformen des Romans sind der historische Roman, der Abenteuerroman, der Kriminalroman, der utopische Roman (science fiction) und der Trivialroman. Zur Belletristik zählt man meist auch Biographien, Tagebücher, Briefausgaben, Essays und Aphorismen.

78

b) Sachliteratur

Als Sachliteratur bezeichnet man im Gegensatz zur Belletristik alle *sachlich informierenden Werke* (engl. non-fiction). Dazu gehören Sachbücher, Fachbücher und wissenschaftliche Literatur; auch die Auskunftsliteratur ist Sachliteratur, wird hier aber als eigene Gruppe behandelt.

Als *Sachbuch* bezeichnet man ein Buch über ein Sachthema (etwa über ein Wissensgebiet, ein Ereignis, eine Person, ein Land usw.), das in allgemein verständlicher Form für einen größeren Leserkreis geschrieben wurde. Früher war hierfür vielfach der Ausdruck „populärwissenschaftliches Buch" üblich. Ziele des Sachbuches sind Information, Belehrung und Bildung. Auch Kunst- und Bildbände gehören zu den Sachbüchern. Demgegenüber dienen *Fachbücher* der beruflichen Aus- oder Weiterbildung. Das Fachbuch vermittelt in Lehrbuchform das für einen bestimmten Beruf erforderliche Fachwissen. Fachbücher sind vorwiegend Bücher für den in der beruflichen Praxis Tätigen.

Wissenschaftliche Literatur dient dem Studium und der Forschung. Entsprechend kann man Studienliteratur und Forschungsliteratur unterscheiden. Die erstere ist für den Studenten und Examenskandidaten gedacht, die letzere für den ausgebildeten Wissenschaftler und Spezialisten. Natürlich benötigt auch der Student während seines Studiums Forschungsliteratur. Wissenschaftliche Literatur bringt die Ergebnisse der Wissenschaft in streng objektiver und methodisch nachprüfbarer Darstellung. Im übrigen sind die Formen der wissenschaftlichen Literatur sehr mannigfaltig; sie werden daher unten in einem eigenen Abschnitt behandelt.

c) Auskunftsliteratur (Nachschlagewerke)

Zur Auskunftsliteratur gehören erstens alle *Literaturverzeichnisse*, also Bibliographien und gedruckte Bibliothekskataloge, zweitens alle *sachlichen Nachschlagewerke* allgemeiner oder spezieller Art wie Enzyklopädien, Lexika, Sachlexika (Reallexika), Wörterbücher, Orts- und Namensverzeichnisse, Tabellenwerke, Statistiken. Die Auskunftsliteratur ist gerade für die Bibliotheksarbeit besonders wichtig, da sie zur Ermittlung von Literaturangaben oder von Sachinformationen unentbehrlich ist.

d) Kinder- und Jugendliteratur

Kinder- und Jugendbücher sind speziell für Kinder und Jugendliche (bis etwa zum 16. Lebensjahr) geschrieben und den Entwicklungsstufen vom

Kleinkind bis zum Jugendlichen angepasst. Einen Sonderfall bilden die Schulbücher, die im Schulunterricht verwendet werden.

2. Formen wissenschaftlicher Literatur

a) Quellenwerke

Als Quellenwerke bezeichnet man vor allem in der Geschichts- und in der Literaturwissenschaft *Ausgaben von Quellentexten*, welche die Grundlage für die eigentliche Forschungsarbeit bilden. In der Geschichtswissenschaft sind dies Ausgaben von Chroniken und Annalen, von Urkunden und Regesten, von Akten, Verträgen, Gesetzen, Augenzeugenberichten, Memoiren und Briefen. In der Literaturwissenschaft handelt es sich vor allem um die Werke der Dichtung, der Schönen Literatur. Man bezeichnet sie als *Primärliteratur*, während man die wissenschaftliche Literatur, die *über* die Werke der Dichtung geschrieben wird, *Sekundärliteratur* nennt. Goethes „Faust" ist also Primärliteratur, während eine wissenschaftliche Abhandlung über Goethes „Faust" zur Sekundärliteratur gehört. Das gleiche Verhältnis besteht in der Geschichtswissenschaft zwischen Quelle und (geschichtswissenschaftlicher) Literatur sowie in der Rechtswissenschaft zwischen Gesetzestext und Kommentar.

Die Herausgabe historischer oder literarischer Quellentexte erfordert oft (vor allem bei antiken und mittelalterlichen Texten) eine genaue Untersuchung der überlieferten Textfassungen und ihrer Unterschiede, um die bestmögliche Textfassung herzustellen. Solche Ausgaben, die den nach wissenschaftlichen Methoden ermittelten besten Text wiedergeben und einen „kritischen Apparat" mit abweichenden Lesarten und Erläuterungen sowie eine ausführliche Einleitung bieten, heißen „kritische Ausgabe" oder „historisch-kritische Ausgabe". Im Gegensatz dazu versteht man unter „Textausgabe" lediglich die Ausgabe eines Textes ohne längere Einleitung, Erläuterungen und kritischen Apparat. Auch bei Gesetzen spricht man von Textausgaben im Gegensatz zu kommentierten Ausgaben.

Die einzelnen Werke bedeutender Schriftsteller und Dichter werden oft in Gesamtausgaben zusammengefasst. Von „Gesamtausgabe" spricht man, wenn sie das Gesamtwerk, also alle Schriften eines Verfassers, enthält. Dagegen werden in „Gesammelten Werken" meist einige weniger bedeutsame Texte des betreffenden Autors weggelassen. „Ausgewählte Werke" bringen nur eine Auswahl der wichtigsten Werke des Verfassers.

b) Wissenschaftliche Einzelarbeiten

Wissenschaftliche Einzelarbeiten, in denen Forschungsergebnisse publiziert werden, erscheinen entweder als *Monographien* in Form von selbstständigen Veröffentlichungen oder als *Bände einer Serie* oder aber unselbstständig als *Aufsätze* in Zeitschriften und Sammelwerken. Dabei sind vor allem die Zeitschriftenaufsätze wichtig für Forschung und Praxis, da sich in ihnen der weitaus größte Teil der neuen Erkenntnisse niederschlägt, besonders auf naturwissenschaftlich-medizinisch-technischem Gebiet. Wissenschaftliche Zeitschriften sind das aktuellste Spiegelbild der Fortschritte von Wissenschaft und Forschung.

Viele wissenschaftliche Arbeiten werden als *Hochschulschriften* (Diplomarbeiten, Dissertationen und Habilitationsschriften) verfasst und dann als selbstständige oder unselbstständige Publikationen gedruckt. Eine wichtige Rolle spielen auch die *Kongressschriften* (Kongressberichte), in denen die auf wissenschaftlichen Kongressen und Tagungen gehaltenen Vorträge veröffentlicht werden. Der Text von Vorträgen, die auf Kongressen gehalten oder eingereicht wurden, wird häufig (gekürzt oder vollständig) als „Paper", „Working paper" (Arbeitspapier) oder „Preprint" (Vorabdruck) noch vor Kongressbeginn kopiert oder abgedruckt oder als elektronische Netzpublikation verfügbar gemacht. Diese Texte enthalten natürlich besonders aktuelle wissenschaftliche Informationen.

Eine große Bedeutung innerhalb der naturwissenschaftlich-technischen Forschung hat die *Reportliteratur* gewonnen. *Reports*, d.h. *Forschungsberichte*, entstehen im Zusammenhang mit der sog. Auftragsforschung, d.h. mit Forschungsvorhaben, die von staatlichen (oft militärischen) Stellen an staatliche oder private Forschungsinstitute oder Industriefirmen vergeben werden. In den Reports berichten diese Institute oder Firmen ihren Auftraggebern über die vorgenommenen Forschungs- und Entwicklungsarbeiten. Da Reports entweder unmittelbar nach Abschluss des betreffenden Forschungsvorhabens herausgegeben werden bzw. als „Pre-reports" oder „Progress Reports" (Zwischenberichte) noch während einer laufenden Forschungs- oder Entwicklungsarbeit erscheinen, sind sie Informationsquellen von größtem Neuigkeitswert. Sie wenden sich meist an einen bestimmten, begrenzten Kreis von Fachleuten und sind daher in der Regel nicht im Buchhandel erhältlich, sondern werden durch eine zentrale staatliche Verteilungsstelle bibliographisch erfasst und an Interessenten verschickt oder elektronisch über Netz verbreitet. Teilweise werden sie sogar als Geheimsachen für die Öffentlichkeit gesperrt (nur für einen befristeten Zeitraum).

c) Sonderformen technischer Literatur

Zu den Sonderformen technischer Literatur, die eine erhebliche Bedeutung als aktuelle Informationsquellen haben, gehören vor allem Firmenschriften, Patentschriften und Normblätter. Zu den *Firmenschriften*, also von Industrie- und Wirtschaftsfirmen herausgegebenen Schriften, gehören Werbeschriften, Kataloge von Erzeugnissen der Firma, Prospekte, Pläne und Betriebsanweisungen. *Patentschriften* enthalten Beschreibungen von zum Patent angemeldeten oder bereits patentierten technischen Erfindungen. *Normblätter* verzeichnen Normen (Standards), d.h. Vorschriften für die genormte (einheitliche) Ausführung von Industrieerzeugnissen. In der Bundesrepublik Deutschland gelten die DIN-Normen des Deutschen Normenausschusses.

d) Zusammenfassende Darstellungen

Während eine wissenschaftliche Einzelarbeit die Ergebnisse einer mehr oder minder eng begrenzten Untersuchung enthält, gibt es daneben Darstellungen, die eine Vielzahl von Einzelergebnissen zusammenfassen und ein Sachgebiet nach dem neuesten Stand der Forschung schildern. Zu nennen sind hier vor allem Fortschrittsberichte, Handbücher und Lehrbücher.

Die so genannten *Fortschrittsberichte* oder *Übersichtsberichte* geben einen zusammenfassenden Überblick über die Forschungsergebnisse, die zu einem bestimmten Thema oder Sachgebiet in jüngster Zeit veröffentlicht wurden. Fortschrittsberichte erscheinen meist jährlich oder in Abständen von einigen Jahren, teils in Fachzeitschriften, teils in eigenen Publikationsorganen mit Titeln wie „Fortschritte auf dem Gebiet …", „Advances in …" oder „Progress in …".

Handbücher sind Gemeinschaftsarbeiten mehrerer Autoren, die den Stoff einer Wissenschaft oder eines größeren Sachgebietes unter Heranziehung der gesamten einschlägigen Literatur ausführlich und zusammenhängend darstellen (oft in mehreren Bänden).

Lehrbücher sind vor allem für Studierende und Personen in Schul- oder Berufsausbildung bestimmt. Sie unterrichten über den gesicherten Erkenntnisstand eines Faches oder Teilgebietes in knapper, leicht verständlicher Darstellung. Besonders in den Naturwissenschaften, der Medizin und der Technik ist der Typ des Lehrbuchs in charakteristischer Form entwickelt worden. Den Lehrbüchern ähnlich sind kurz gefasste, einführende Darstellungen eines Wissensgebietes, deren Titel oft „Grundriß", „Abriß", „Leitfaden" oder „Einführung" heißen.

3. Graue Literatur

Die meisten Bücher werden von Verlagen herausgebracht und durch Buchhandlungen vertrieben. Daneben gibt es aber Publikationen, die *außerhalb des Buchhandels* erscheinen. Für diese Veröffentlichungen hat sich die Bezeichnung „Graue Literatur" eingebürgert.

Erscheinungen außerhalb des Buchhandels werden meist von Institutionen oder Organisationen veröffentlicht. Dabei handelt es sich vor allem um

- *Regierungsstellen, Behörden, Internationale Organisationen* (Amtliche Druckschriften, z.b. Haushaltspläne, Jahresberichte, Untersuchungsergebnisse, Statistiken, Normen, Patente),
- *Forschungseinrichtungen* (Reports = Forschungsberichte, Kongress- und Tagungsberichte, wissenschaftliche Abhandlungen, Preprints = Vorveröffentlichungen von noch ungedruckten wissenschaftlichen Aufsätzen),
- *Hochschulen* (Dissertationen, Vorlesungsverzeichnisse, Lehrmaterialien),
- *Schulen, Museen, Bibliotheken* (Jahresberichte, Bestands- und Ausstellungskataloge),
- *Firmen, Banken, Verbände, Vereine, Parteien, Gewerkschaften* (Geschäftsberichte, Produktinformationen, Wirtschaftspläne, Bilanzen, Statuten, Mitgliederverzeichnisse, Mitteilungsblätter, Sitzungsprotokolle, Parteiprogramme, politisches Tagesschrifttum).

Solche Veröffentlichungen gelangen in der Regel im „Direktvertrieb" vom Hersteller an den Nutzer, da sie sich an einen begrenzten Personenkreis richten, dem sie oft kostenlos oder gegen geringe Gebühr überlassen werden. Sie enthalten wichtige Informationen für Wissenschaftler und Praktiker, weshalb Graue Literatur auch von Bibliotheken, besonders von Spezialbibliotheken erworben wird.

Texte, die der Grauen Literatur zuzurechnen sind, werden heute in zunehmendem Maß auch als elektronische Dokumente im Internet angeboten.

II. Bücher

1. Bucharten in Geschichte und Gegenwart

a) Handschriften

Bis zur Erfindung des Buchdrucks (um 1450) wurden alle Bücher *mit der Hand geschrieben*. Im Altertum waren (abgesehen von den im alten Mesopotamien gebräuchlichen Keilschrift-Tontafeln) *Buchrollen aus Papyrus* üblich (bis zu 7-8 m lang und 20-40 cm hoch), auf denen man den Text in senkrechten Spalten nebeneinander anordnete. Der Beschreibstoff Papyrus wurde in Ägypten aus dem in Streifen geschnittenen Mark der Papyruspflanze hergestellt. Gegen Ende des Altertums setzte sich der *Codex* durch. So bezeichnet man die im Mittelalter und auch heute noch übliche Buchform, bei der mehrere Lagen aus ineinander gelegten Blättern geheftet und durch einen Einband zusammengehalten werden. Der Codex (Mehrzahl: Codices) war handlicher und übersichtlicher als die Rolle, und man konnte darin blättern. Als Beschreibstoff verwendete man im Mittelalter meist *Pergament*, d.h. besonders bearbeitete Kalbs-, Schaf- oder Ziegenhäute, die wesentlich haltbarer waren als der brüchige Papyrus. Im Spätmittelalter wurde das Pergament von dem billigeren *Papier* verdrängt.

Im Früh- und Hochmittelalter wurden die meisten Handschriften in der Schreibwerkstatt eines Klosters oder einer Bischofskirche von schreibkundigen Mönchen oder Geistlichen angefertigt. Viele Handschriften erhielten eine reiche *Ausschmückung*, besonders durch kunstvoll gestaltete große Anfangsbuchstaben (Initialen) und farbige Illustrationen (Miniaturen). Auch der *Einband*, der meist aus zwei mit Leder überzogenen Holzdeckeln bestand, wurde häufig verziert, indem man Ornamente und Figuren mit Metallstempeln in das Leder einpresste. Manche mittelalterlichen Codices haben Prachteinbände, die mit Goldblecharbeiten oder mit Edelsteinen geschmückt sind. Im Spätmittelalter ging die Buchherstellung auf Laienwerkstätten über, wo einfacher ausgestattete Gebrauchshandschriften in größeren Auflagen gewerbsmäßig angefertigt wurden.

b) Holzschnittbücher

Vorläufer der gedruckten Bücher waren die *Holzschnittbücher* oder *Blockbücher*. Beim Holzschnitt wird das Bild auf einer Holztafel seitenverkehrt aufgezeichnet. Dann werden mit einem Messer die Holzteile herausgeschnitten, die nicht drucken sollen. Die übrig bleibenden Umrisslinien des Bildes werden eingefärbt und auf Papier abgerieben und abgedruckt. Auf

diese Weise kann man auch Texte vervielfältigen, indem man die seitenver-
kehrte Schrift aus einer Holztafel so herausarbeitet, dass die Buchstaben
erhöht stehen bleiben und beim Abdrucken das seitenrichtige Schriftbild
ergeben. Die solchermaßen hergestellten Holzschnittbücher oder Blockbücher waren im 15. Jahrhundert verbreitet. Jedoch war das Holzschnittver-
fahren mühsam, und die Holzplatten nützten sich schnell ab.

c) Inkunabeln

Die Buchdruckerkunst, genauer der Buchdruck mit beweglichen Lettern,
wurde um 1450 von *Johannes Gutenberg* aus Mainz erfunden. Das Neue
an Gutenbergs Erfindung war, dass der Druck nun mit beweglichen Einzelbuchstaben (Lettern oder Typen) aus Metall vorgenommen wurde, die beliebig oft zusammengesetzt und wieder auseinandergenommen werden
konnten.

Die seit der Erfindung des Buchdrucks bis zum Jahr 1500 einschließlich
gedruckten Bücher nennt man *Inkunabeln* oder *Wiegendrucke* (lat. incuna-
bula = Windel, Wiege), weil damals der Buchdruck gleichsam noch in der
Wiege lag. Die erste Druckerwerkstätte, die Gutenberg in Mainz eingerichtet hatte, wurde von Johann Fust und Peter Schöffer weiterbetrieben. Von
Mainz aus verbreitete sich der Buchdruck rasch in andere deutsche Städte
(Straßburg, Bamberg, Köln, Augsburg, Nürnberg) und in die übrigen europäischen Länder (zunächst Italien und Frankreich). Unter den Druckwerken des 15. Jahrhunderts waren viele religiöse und literarische Werke des
Spätmittelalters, aber auch Ausgaben lateinischer und griechischer Klassiker und Schriften der Humanisten.

Das berühmteste Druckwerk der Inkunabelzeit ist die von Gutenberg um
1455 in Mainz gedruckte *42-zeilige Bibel* (jede Seite hat zwei Spalten mit
je 42 Zeilen), deren Satzbild von unübertroffener Schönheit ist. Etwas später begann man, viele Inkunabeln mit Holzschnitten zu schmücken. Ein ei-
gentliches Titelblatt fehlt in dieser Zeit noch. Angaben über Verfasser, Titel, Drucker, Druckort und -jahr finden sich in der Schlussschrift am Ende
des Buches. Die Drucker bringen häufig ihr Druckerzeichen (Druckersig-
net) in den Büchern an. Erst nach 1500 bürgert sich dann das Titelblatt in
der noch heute üblichen Form ein.

d) Bücher in der frühen Neuzeit

Zur frühen Neuzeit rechnet man die Zeit von etwa 1500 bis 1800, also das
16., 17. und 18. Jahrhundert, d.h. die Epoche unmittelbar vor dem Indus-
triezeitalter. Die Drucke aus der Zeit von 1501 bis 1530 (oder auch von

1501 bis 1550) werden häufig *Frühdrucke* genannt. Gelegentlich wird dieser Begriff auch auf die Inkunabelzeit ausgedehnt, indem man alle gedruckten Bücher seit der Erfindung der Druckkunst bis 1530 (oder 1550) als Frühdrucke bezeichnet.

Im *16. Jahrhundert* erlebte der Buchdruck durch die geistigen Auseinandersetzungen im Gefolge der Reformation einen starken Aufschwung. Zahlreiche religiöse, wissenschaftliche und populäre Werke wurden im Druck veröffentlicht, z.b. Bibelausgaben, Gesangbücher, Flugschriften, Bücher zur Medizin, Naturwissenschaft und Geschichte, antike Klassiker. Oft waren diese Werke mit *Holzschnitten* geschmückt, die zum Teil von berühmten Künstlern entworfen wurden (z.b. Dürer, Holbein, Cranach). Als wichtigste im Druck verwendete Schriftarten entstanden *Antiqua* und *Antiquakursive* (aus der lateinischen Schreibschrift entwickelt) und *Fraktur* (aus der gotischen Schrift entwickelt und für deutschsprachige Texte verwendet).

In der *Barockzeit* (ca. 1600-1750) bevorzugte man großformatige Werke mit pompösen Titelblättern, die oft prächtige *Kupferstiche* auf Tafeln enthielten. Beliebt waren illustrierte Länderbeschreibungen, Tier- und Pflanzenbücher und Kartenwerke (Atlanten). Im 17. Jahrhundert entstanden die ersten Zeitungen und Zeitschriften. Im Lauf des 18. Jahrhunderts wurden mehr Bücher in kleinen Formaten hergestellt, oft mit Kupferstichillustrationen und -verzierungen.

e) Bücher im Industriezeitalter

Seit dem Beginn der Industrialisierung um 1800, der starken Zunahme der Bevölkerung und der Ausbreitung der Lesefähigkeit wurde das Buch allmählich zur *Massenware*. Die Erfindung von Setz- und Druckmaschinen ermöglichte es, die Auflagen zu steigern und die Buchpreise zu senken. Populär waren illustrierte Bücher und Zeitschriften, Bilderbogen, Konversationslexika, billige Buchreihen (z.B. Reclams Universalbibliothek). Illustrationsformen waren Holzstich, Stahlstich und Lithographie, später Reproduktionen von Fotos.

Seit dem Ende des 19. Jahrhunderts versuchte man die *künstlerische Gestaltung des Buches* neu zu beleben, u.a. durch *Pressendrucke* (auf Handpressen hergestellt) und *bibliophile Ausgaben* (Bibliophilie = die Liebe zum schönen, alten und wertvollen Buch). Bedeutende Kunstwerke sind viele der von namhaften Künstlern (z.B. Picasso, Chagall, Miró) hergestellten *Malerbücher*, meist mit Holzschnitten, Radierungen oder Lithographien und mit künstlerisch gestalteter Typographie. Typisch für die zweite

Hochverdiente
und aus bewährten Urkunden wohlbeglaubte
Ehren-Rettung

Johann Guttenbergs,

eingebohrnen Bürgers in Maynß,
aus dem alten Rheinländischen Adelichen Geschlechte
derer

von Sorgenloch, genannt Gänsefleisch,

wegen der erſten Erfindung

der nie gnug gepriesenen Buchdrucker-Kunſt

in der Stadt Maynß,
Zu unvergänglichen Ehren der Teutschen Nation,
und insonderheit

der löblichen uralten Stadt Maynß

mit gänßlicher und unwiederſprechlicher Entſcheidung
des darüber entſtandenen dreyhundertjährigen
Streits,
getreulich und mit allem Fleiß ausgefertiget
von

Johann David Köhler,

Hiſt. P. P. O. zu Göttingen.

Leipzig,
Bey Caspar Fritschen, 1741.

Abb. 9: Titelblatt einer Abhandlung aus der Barockzeit

Hälfte des 20. Jahrhunderts sind *Bildbände* (Fotobände) sowie die preiswerten, in hohen Auflagen hergestellten *Taschenbücher* (kleinformatig) und *Paperbacks* (größeres Format).

2. Publikationsformen

Wenn man von „Publikationen" (Veröffentlichungen) spricht, meint man die Tatsache, dass Druckwerke zu einem bestimmten Zeitpunkt und in einer bestimmten Form „publiziert", d.h. der Öffentlichkeit zugänglich gemacht werden.

Bei der Einteilung von Druckwerken nach Publikationsformen kann man von verschiedenen Gesichtspunkten ausgehen. Bei der folgenden Einteilung wurden vor allem formale oder äußere Merkmale berücksichtigt.

a) Einbändige und mehrbändige Werke

Ein Druckwerk kann aus nur *einem Band* oder aus *mehreren Bänden* bestehen. Bei mehrbändigen Werken können die Bände gleichzeitig oder aber nacheinander in zeitlichen Abständen erscheinen. Im letzteren Fall spricht man von einem *Fortsetzungswerk.*

b) Einzelwerke und Sammlungen

Als *Einzelwerk* bezeichnet man eine in sich abgeschlossene geistige Schöpfung, die zur zusammenhängenden Veröffentlichung vorgesehen war und in einem oder mehreren Teilen erschienen ist.

Als *Sammlung* wird eine Veröffentlichung bezeichnet, in der zwei oder mehr Einzelwerke *desselben Verfassers* vereinigt sind.

c) Sammelwerke

Unter *Sammelwerk* versteht man ein Buch mit mindestens zwei Einzelwerken von *zwei oder mehr Verfassern.* Beispiele für Sammelwerke sind u.a. Handbücher, Enzyklopädien, Festschriften und Kongressschriften.

Das Sammelwerk ist nicht zu verwechseln mit dem *Sammelband.* Dieser enthält mehrere selbstständig und getrennt erschienene Publikationen, die lediglich vom Buchbinder zu einem Band vereinigt wurden.

Zu den Sammelwerken gehören auch die Anthologien. Eine *Anthologie* (griech. = Blütenlese) ist eine von einem Herausgeber zusammengestellte

Anzahl von Texten aus Werken verschiedener Autoren. Am bekanntesten sind Lyrik-Anthologien (Gedicht-Anthologien), doch gibt es auch Zusammenstellungen von Prosastücken, Erzählungen, Novellen usw. Ein Sammelwerk, das fachliche oder wissenschaftliche Texte zum Zweck des Studiums und zur Einführung in ein Sachgebiet enthält, heißt heute oft *Reader*.

Sammelwerke können begrenzt oder fortlaufend sein. Bei begrenzten Sammelwerken ist die Anzahl der Bände oder Teile von vornherein festgelegt, z.B. bei Lexika und Handbüchern. *Fortlaufende Sammelwerke* (engl. serials) nennt man Sammelwerke, deren Bände oder Teile keinen von vornherein geplanten Abschluss haben. Dazu gehören Zeitungen, Zeitschriften, zeitschriftenartige Reihen und Schriftenreihen (Serien).

d) Verfasserwerke

Als Verfasserwerk bezeichnet man ein Werk, das von *einem* Verfasser oder auch von *zwei bis drei Verfassern* geschrieben wurde. Auch ein anonym (d.h. ohne Verfasserangabe) erschienenes Buch gilt als Verfasserwerk, wenn der Autor ermittelt werden konnte.

e) Anonyme Werke

Anonyme Werke oder Anonyma sind Werke, deren Verfasser unbekannt sind. Wie Anonyma behandelt man auch gemeinschaftliche Werke (also ohne unterscheidbare Anteile der Verfasser) von mehr als drei Verfassern. Ebenso rechnet man zu den Anonyma die fortlaufenden Sammelwerke (Zeitungen, Zeitschriften, zeitschriftenartige Reihen und Schriftenreihen).

f) Monographien

Eine Monographie ist eine Schrift, in der ein *einzelnes, begrenztes Thema* umfassend behandelt wird. Monographien sind beispielsweise Bücher über den Kriegsausbruch 1914 oder über die Ammoniak-Synthese oder über das Leben Napoleons. Man spricht von „Monographie" in der Regel nur bei Einzelschriften, d.h. bei selbstständigen Veröffentlichungen, nicht bei Serienbänden oder Aufsätzen in Zeitschriften und Sammelwerken. In Bibliotheken wird der Begriff „Monographie" vielfach noch in einem anderen Sinn gebraucht, nämlich für ein einbändiges Werk im Gegensatz zu mehrbändigen Fortsetzungswerken sowie zu fortlaufenden Sammelwerken.

g) Fortsetzungswerke

Fortsetzungswerk nennt man eine mehrbändige Publikation, bei der die einzelnen *Bände* oder *Teile* nacheinander *in zeitlichen Abständen* erscheinen. Der Unterschied zur Serie liegt darin, dass Fortsetzungswerke nach einer bestimmten Anzahl von Bänden oder Teilen *abgeschlossen* sind, während Serien nicht auf einen bestimmten Abschluss hin angelegt sind, sondern fortlaufend weitergeführt werden. Bei Fortsetzungswerken ist also die Bandzahl *begrenzt*, während Serien unbegrenzt weiterlaufen. Beispiele für Fortsetzungswerke sind die zwischen 1948 und 1954 erschienene Gedenkausgabe der Werke Goethes in 14 Bänden (Artemis Verlag Zürich) oder die „Propyläen-Weltgeschichte", die von 1960 bis 1964 in 10 Bänden erschien. Gelegentlich erscheinen bei Fortsetzungswerken nach Abschluss des Hauptwerkes noch Supplementbände (Ergänzungsbände).

Zu den Fortsetzungswerken gehört auch das *Lieferungswerk*. Bei einem Lieferungswerk erscheinen nicht ganze Bände, sondern unvollständige, broschierte *Lieferungen*, die aus meist 3 bis 4 Druckbogen bestehen. Erst wenn alle Lieferungen eines Bandes erschienen sind, werden die dazugehörigen Titelseiten und das Inhaltsverzeichnis nachgeliefert. Erst dann kann der Band gebunden werden. Als Lieferungswerke erscheinen z.B. umfängliche Fachlexika und Fachbibliographien, die nach und nach über einen längeren Zeitraum hinweg veröffentlicht werden.

Einen Sonderfall stellen die *Loseblattausgaben* oder Loseblattsammlungen dar. Darunter versteht man eine Veröffentlichung in Form von losen, durch eine Klemmvorrichtung zusammengehaltenen Blättern, bei der es möglich ist, zur Erhaltung der Aktualität des Inhalts an jeder beliebigen Stelle neue Blätter einzulegen bzw. gegen veraltete Blätter auszutauschen. Die Loseblattform wird bevorzugt für Werke, deren einzelne Abschnitte rasch veralten oder ergänzt werden müssen, wie z.B. bei juristischen Gesetzessammlungen.

h) Fortlaufende Sammelwerke

Wenn in mehreren Teilen erscheinende Sammelwerke keinen von vornherein geplanten Abschluss haben, sondern (im Gegensatz zu begrenzten Fortsetzungswerken) ohne eine Begrenzung der Band- oder Heftzahl erscheinen, nennt man sie *fortlaufende Sammelwerke*. Dazu gehören Periodika (Zeitungen, Zeitschriften, zeitschriftenartige Reihen) und Schriftenreihen (Serien).

Schriftenreihen (Serien)

Als Schriftenreihe oder Serie (auch Reihenwerk oder Serienwerk) bezeichnet man eine unbegrenzte Folge von in unregelmäßigen Abständen erscheinenden Bänden oder Heften, wobei die einzelnen „Stücke" jeweils in sich abgeschlossen sind, eigene „Stücktitel" haben und in der Regel von verschiedenen Verfassern stammen, jedoch durch einen gemeinsamen übergeordneten *Serientitel* zusammengehalten werden.

Die Bände oder Hefte einer Schriftenreihe sind meist nummeriert, doch gibt es auch „ungezählte" Serien. Man unterscheidet zwischen Verlegerserien (Verlegersammlungen), die häufig thematisch sehr weitgespannt sind (z.B. Reclams Universalbibliothek, Fischer-Bücherei, Sammlung Göschen, Bibliothek Suhrkamp, Huebers fremdsprachliche Texte), und den thematisch begrenzten Serien wissenschaftlichen oder fachlichen Charakters, die meist von Instituten, Verbänden oder Firmen herausgegeben werden. Beispiel: „Forschungen zur Geschichte der Stadt Ulm (= *Serientitel*). Herausgegeben vom Stadtarchiv Ulm. Band 4: Gerold Neusser: Das Territorium der Reichsstadt Ulm im 18. Jahrhundert (= *Stücktitel*). 1964."

Periodika (Zeitungen, Zeitschriften, zeitschriftenartige Reihen)

Sowohl Serien wie Zeitschriften und Zeitungen erscheinen unbegrenzt, sind also fortlaufende Veröffentlichungen, genauer: fortlaufende Sammelwerke. Sie unterscheiden sich aber dadurch, dass die Stücke einer Serien in unregelmäßigen Abständen publiziert werden, während Zeitschriften und Zeitungen im allgemeinen *in regelmäßigen Abständen*, also *periodisch*, erscheinen. Man bezeichnet sie daher als Periodische Schriften oder *Periodika* (Einzahl: Periodikum). Der Inhalt von Periodika besteht fast immer aus mehreren Beiträgen (Aufsätzen, Artikeln). Unter *Zeitung* versteht man normalerweise die Tageszeitung. Bei den meisten *Zeitschriften* erscheinen die Hefte monatlich, es gibt aber auch Wochenzeitschriften, Zweimonatsschriften, Vierteljahresschriften und Halbjahresschriften.

Gewisse Übergangsformen zwischen Zeitschrift und Schriftenreihe bezeichnet man als *zeitschriftenartige Reihen*. Dazu gehören in regelmäßigen Abständen publizierte Serienbände mit Jahrgangszählung (z.B. Jahrbücher, Almanache, Geschäftsberichte, Adressbücher).

3. Aufbau und Gliederung eines Buches

a) Einband und Buchblock

Ein gebundenes Buch besteht seiner äußeren Form nach aus zwei Bestandteilen: Einband und Buchblock. Der *Einband* des Buches, der die Buchseiten umschließt und schützt, besteht aus der Einbanddecke, d.h. aus den beiden Buchdeckeln und dem Buchrücken, die durch einen Überzugsstoff (Papier, Gewebe, Leder) miteinander verbunden sind. Um die Einbanddecke des Buches wird bei Verlagsbänden oft ein *Schutzumschlag*, gelegentlich auch eine *Buchschleife* gelegt. Beides dient der Werbung, der Schutzumschlag auch dem Schutz des Einbandes.

Auf der Innenseite des vorderen Einbanddeckels ist bei Büchern aus Privatbesitz oft ein *Exlibris* eingeklebt. Das Exlibris ist ein kleines Blatt Papier, das mit dem Namen des Besitzers, evtl. in Verbindung mit einem Wappen oder anderem künstlerischem Schmuck, bedruckt ist. Das Exlibris dient als Eigentumsnachweis und zur Verzierung des Buches.

Als *Buchblock* bezeichnet man den Innenteil des Buches, also die Gesamtheit der Papierblätter (ohne die Vorsatzblätter). Bei einem gehefteten (nicht klebegebundenen) Buch besteht der Buchblock aus einzelnen *Lagen* oder *Bogen*, die normalerweise je 8 Blätter oder 16 Seiten umfassen. Die Lagen entstehen durch dreimalige Falzung des ursprünglichen Druckbogens, der in der Regel mit 16 Seiten bedruckt wird (vorn und hinten je 8 Seiten). Bei der heute häufigen Klebebindung besteht der Buchblock aus Einzelblättern, die durch den Klebstoff am Rücken zusammengehalten werden.

Der Buchblock ist entweder *paginiert* oder *foliiert*, d.h. entweder sind die *Seiten* eines Buches gezählt (Paginierung) oder die *Blätter* sind nummeriert (Foliierung).

Der Buchblock gliedert sich inhaltlich in verschiedene Teile auf. Die folgende Übersicht gibt ein Schema der *inneren Gliederung* eines wissenschaftlichen Werkes, wobei zu beachten ist, dass natürlich nicht bei jedem Buch alle genannten Teile vorkommen und dass das Schema im Einzelfall verschiedentlich abgewandelt sein kann:

Titelseiten	a) Titel (Vortitel, Haupttitel)
(Titelei)	b) Widmung
	c) Vorwort
	d) Inhaltsverzeichnis (bildet oft auch den Schluss eines Buches)
Textteil	e) Einleitung
	f) Hauptteil

g) Nachwort
h) Bilder (im Text oder als Anhang)
Anhang i) Anmerkungen
k) Literaturangaben, Quellennachweise
l) Register
m) Beilagen

b) Titelseiten (Titelei)

Die dem eigentlichen Text des Buches vorangehenden Teile werden in der Fachsprache der Buchherstellung als *Titelei* bezeichnet. Dazu gehören auf jeden Fall die ersten zwei Blätter des Buchblocks, nämlich der Vortitel oder Schmutztitel (auf der ersten bedruckten Seite) und der Haupttitel (auf der dritten Seite). Bei wissenschaftlichen Büchern kommen oft noch Vorwort und Inhaltsverzeichnis sowie gegebenenfalls ein Widmungsblatt dazu. Bei größeren wissenschaftlichen Werken wird für die Titelei häufig ein eigener Titelbogen verwendet. In diesem Fall erhält der Titelbogen manchmal eine Paginierung mit römischen Ziffern, während der Texttitel eine arabische Seitenzählung aufweist.

Der *Vortitel* oder *Schmutztitel* steht auf dem ersten Blatt des Buches, das dem Haupttitelblatt vorgeschaltet ist und es vor Schmutz und Beschädigung schützen soll. Auf dem Vortitelblatt steht meist nur der Titel des Buches, manchmal auch der Verfassername; gelegentlich findet sich auch das Verlagssignet (Verlegerwappen oder Verlegermarke) oder der Serientitel, der allerdings meist auf der Rückseite des Vortitelblattes angegeben ist, d.h. auf der dem Haupttitel gegenüberliegenden Seite. Auf dem eigentlichen Titelblatt oder Haupttitelblatt, also auf der dritten Buchseite, steht der *Haupttitel* des Buches. Neben dem Haupttitel oder Sachtitel enthält das Titelblatt je nach den gegebenen Umständen einen Zusatz zum Sachtitel („Untertitel"), ferner den Verfassernamen sowie die Namen von Mitarbeitern, Bearbeitern, Übersetzern oder Herausgebern, eventuell verbunden mit Personalangaben wie Beruf, Amtsbezeichnung oder akademischen Graden. Weitere Angaben auf der Haupttitelseite sind die Bandzählung bei mehrbändigen Werken, die Auflagenbezeichnung, der Beigabenvermerk (Hinweis auf Abbildungen, Tafeln, Tabellen usw.), schließlich der Erscheinungsvermerk, der aus Verlagsbezeichnung, Verlagsort und Erscheinungsjahr besteht. Vielfach befindet sich über dem Erscheinungsvermerk das Verlagssignet.

Manche der genannten Angaben können auch auf der *Rückseite des Titelblattes* stehen. Bei Übersetzungen wird hier der Originaltitel des Buches angegeben. Auch Hinweise auf den Illustrator oder Einbandgestalter können vorkommen. Häufig ist eine CIP-Titelaufnahme abgedruckt. Am unteren Ende der Titelblatt-Rückseite pflegt das Impressum zu stehen, d.h. ein Vermerk, in dem Verlag, Druckerei, Buchbinderei, gelegentlich auch Schrifttype, Papierfirma und Papiersorte genannt werden. Beim Impressum stehen auch der Copyright-Vermerk und die Internationale Standard-Buchnummer. Der Copyright-Vermerk schützt das Werk gemäß den internationalen Urheberrechtsbestimmungen vor unerlaubtem Nachdruck; er besteht aus einem © mit dem Namen des Verlags oder Verfassers und dem Jahr der erstmaligen Veröffentlichung.

Die *Internationale Standard-Buchnummer* (ISBN) wird seit etwa 1970 in den meisten im Buchhandel erscheinenden Monographien beim Impressum angeführt. Die ISBN dient zur Kennzeichnung eines bestimmten Buches in einer bestimmten Publikationsform (veränderte Auflagen und andere Einbandarten erhalten eine eigene ISBN). Sie besteht aus vier Teilen mit insgesamt 10 Stellen, also zum Beispiel:

ISBN 3-7609-4012-9

Die vier Teile der Internationalen Standard-Buchnummer sind (a) die Gruppen-Nummer für nationale, geographische oder Sprachgruppen (3 ist die Gruppen-Nummer für Deutschland, Österreich und die Schweiz), (b) die Verlags-Nummer, (c) die Titel-Nummer des betreffenden Buches, (d) eine Prüfziffer, die für die Verwendung in Computern bestimmt ist und die Kontrolle der Richtigkeit der voranstehenden Zahlenfolge gestattet. Gruppen-Nummer, Verlags-Nummer und Titel-Nummer können eine unterschiedliche Stellenzahl haben (je nach der Größe der Verlagsproduktion der Gruppe bzw. des Verlages); insgesamt ist die ISBN aber immer 10-stellig.

Anhand der Internationalen Standard-Buchnummer kann ein Buch genau identifiziert werden. Sie wird bei den Buchdaten vor allem in Bibliographien, Buchhandelsverzeichnissen und Bibliothekskatalogen angegeben. Die ISBN erleichtert das Bestell- und Rechnungswesen im Buchhandel, führt aber auch zu einer Vereinfachung und Beschleunigung bibliothekarischer Arbeitsvorgänge, besonders bei Anwendung der Elektronischen Datenverarbeitung. – Für Musikdrucke wurde eine eigene *Internationale Standardnummer für Musikalien* (International Standard Music Number, ISMN) eingeführt.

Ähnliche Aufgaben wie die ISBN hat die *International Standard Serial Number* (ISSN), die internationale Standardnummer für fortlaufende Sammelwerke (serials), d.h. also für Zeitungen, Zeitschriften, zeitschriftenartige Reihen und Schriftenreihen (Serien). Die ISSN besteht aus einer acht-

AMERICAN JOURNAL of PHYSICS

CODEN: AJPIAS
ISSN: 0002-9505

Volume 68, No. 6
June 2000

(Continued)

Abb. 10: Inhaltsübersicht einer wissenschaftlichen Zeitschrift

95

stelligen Ziffer, die aus Gründen der besseren Lesbarkeit in zwei Gruppen zu je vier Ziffern geschrieben wird, zum Beispiel:

ISSN 0047-5734

Nach (oder vor) dem Titelblatt befindet sich gelegentlich auf einem eigenen Blatt eine *Widmung*, mit der das Buch einer Persönlichkeit zugeeignet wird, so vor allem in Festschriften, die anlässlich eines Jubiläums oder Geburtstags erscheinen. Die Widmung kann auch auf dem Titelblatt oder auf seiner Rückseite angebracht sein. Das *Vorwort* ist bei wissenschaftlichen Werken ein wichtiger Bestandteil des Buches. Es dient in erster Linie dazu, den Leser über Ziel und Absicht des vorliegenden Werkes und über seine Entstehung zu informieren. Hinweise auf die Forschungslage, Angaben und Mitarbeiter, Dank an Persönlichkeiten, die zum Entstehen des Werkes beigetragen haben, schließlich auch Hinweise auf frühere Auflagen und das Erscheinungsjahr sind oft im Vorwort enthalten. Das *Inhaltsverzeichnis*, das auch am Schluss des Buches stehen kann, gibt die Gliederung und Ordnung des Stoffes nach Kapiteln und Abschnitten.

c) Textteil

Der Textteil des Buches beginnt oft mit einer *Einleitung*, in der das Thema des Buches angeschlagen wird und Vorgeschichte oder Voraussetzungen des Themas geschildert werden. Der *Hauptteil* des Textes kann in Kapitel eingeteilt sein, die jeweils eine besondere Überschrift tragen können. Fachbücher und wissenschaftliche Bücher sind meist ziemlich stark in Kapitel, Abschnitte und Unterabschnitte aufgegliedert. Die Kapitelüberschrift erscheint manchmal als Überschrift über allen Seiten des betreffenden Kapitels (Kolumnentitel). In wissenschaftlichen Werken sind am unteren Ende der Seiten oft Fußnoten angebracht, das sind *Anmerkungen* in kleinerer Schrift, die Erläuterungen zu bestimmten Stellen des Textes der Seite enthalten. Solche Anmerkungen können auch als eigener Anmerkungteil im Anhang des Buches zusammengefasst sein. Gelegentlich findet sich am Ende des Textes ein *Nachwort*, das ähnliche Aufgaben haben kann wie das Vorwort. Nicht selten stammt das Nachwort von einem anderen Verfasser, der darin entweder zum Autor oder zum Thema des Buches Stellung nimmt.

d) Anhang

Sachbücher, Fachbücher und wissenschaftliche Werke enthalten oft einen Anhang, in dem Anmerkungen, Literaturangaben und Quellennachweise, Register sowie Beilagen zusammengefasst sind. Literaturangaben und

Quellennachweise verzeichnen diejenigen Bücher und sonstigen Quellen (z.b. Akten, Urkunden, Dokumente), die der Autor in dem vorliegenden Werk verarbeitet hat. Die Register, die zur Auswertung eines fachlichen Werkes unentbehrlich sind, können nach verschiedenen Gesichtspunkten zusammengestellt werden, z.b. als Sach-, Orts- und Personenregister. Als Beilagen kommen Bildtafeln, Landkarten, Pläne, Stammtafeln, statistische Übersichten usw. in Frage. Bildtafeln, die meist auf besserem Papier (Kunstdruckpapier) gedruckt sind, können als eigener Bild- oder Tafelanhang am Ende des Buches zusammengefasst werden, sie können aber auch im Text verstreut untergebracht sein.

4. Druck und Einband

a) Setz- und Druckverfahren

Buchdruck in alter Zeit

Bis Anfang des 19. Jahrhunderts geschah der Druck von Büchern im wesentlichen nach dem von Gutenberg erfundenen Verfahren. Die Herstellung der *Lettern* oder *Typen,* d.h. der beweglichen Einzelbuchstaben für den Satz, erfolgte im Handgießinstrument, indem man die darin befindliche vertiefte Gussform mit einer Bleilegierung ausgoss. So erhielt man die einzelne Letter als erhöhtes, seitenverkehrtes Buchstabenbild, das auf einem Bleistäbchen saß und auf dem Papier einen seitenrichtigen Abdruck ergab.

Die Typen waren nach einem bestimmten System in den Fächern des *Setzkastens* abgelegt. Von dort nahm sie der Setzer und fügte sie im Winkelhaken zu Wörtern und Zeilen zusammen. Der so entstandene *Satz* wurde dann „umbrochen", d.h. die Zeilen wurden zu Seiten von gleicher Größe zusammengestellt („Umbruch"). Anschließend wurde der Satz mit Druckerschwärze eingefärbt.

Der eigentliche Druckvorgang vollzog sich dann in der *Druckerpresse* (Handpresse). Ihre Hauptbestandteile waren der sog. Tiegel, eine Platte aus Holz oder Metall, die mittels eines Gewindes auf den Satz gepresst wurde, und der Wagen oder Schlitten, d.h. eine Vorrichtung (flaches Brett), auf welcher der Satz montiert war und mit der er unter den Tiegel gefahren und wieder ausgefahren werden konnte. Dabei wurde der Papierbogen, von einem Klapprahmen gehalten, auf den Satz gebracht. Der Drucker zog mit einem heftigen Ruck den Hebel der Presse an, wodurch der Tiegel auf Papier und Satz gedrückt wurde. Diese Handpresse ist im Prinzip bis zur Erfindung der Schnellpresse durch Friedrich König (1812) in Gebrauch geblieben. Mit der Schnellpresse begann die Technisierung und Industrialisierung der Buchherstellung.

Setzmaschinen

Im 19. und 20. Jahrhundert haben technische Erfindungen den Vorgang des Setzens und Druckens wesentlich verändert. Das Setzen per Hand wurde durch das Setzen mit *Setzmaschinen* abgelöst. Die „klassischen" Setzmaschinen für Bleisatz, also beim Hochdruck, sind Linotype und Monotype. Das Setzen und Gießen erfolgt hier in einem Arbeitsgang.

Bei der *Linotype* (Zeilensetz- und -gießmaschine) wird jede Zeile im Ganzen gesetzt und gegossen. Der Setzer bedient eine schreibmaschinenähnliche Tastatur und löst damit die gewünschten Buchstabengießformen (Matrizen) aus, die zu einem Sammler transportiert werden und sich dort automatisch zu einer Zeile zusammensetzen. Ist die Zeile fertig gesetzt, wird sie im Ganzen mit einer Bleilegierung ausgegossen. Druckfehler können also nur dadurch berichtigt werden, dass die ganze Bleizeile neu gesetzt und gegossen wird.

Der zu setzende Text kann zunächst auf einem Lochstreifen gespeichert werden. In einem Gerät (Perforator) wird durch eine Tastatur der Text in Form von Lochkombinationen auf einen Lochstreifen übertragen. Zum gewünschten Zeitpunkt wird der Lochstreifen in die Linotype eingesetzt und steuert vollautomatisch den Satz und Guss der Bleizeilen.

Die *Monotype* (Einzelbuchstabensetz- und -gießmaschine) fertigt einzelne Lettern an. Der Text wird zunächst auf einen Lochstreifen übertragen, der anschließend den Gießapparat und damit den Guss der einzelnen Buchstaben steuert. Bei Druckfehlern braucht man nur den falsch gesetzten Buchstaben auszuwechseln, nicht die ganze Zeile.

Sowohl beim automatischen Bleisatz (Linotype und Monotype) als auch bei Fotosatz und Lichtsatz (vgl. unten) können Zeileneinteilung und satztechnischer Aufbau (z.B. Verwendung verschiedener Schriftarten, Einzug der Zeile bei Beginn eines Absatzes) durch einen Computer vorgenommen werden („Computer-Satz"). Bei der Texterfassung wird der Text zunächst „endlos", d.h. fortlaufend ohne Zeilentrennung, mit den satztechnischen Befehlen auf einer Diskette (oder im Arbeitsspeicher des Computers) gespeichert und anschließend im Computer (Satzrechner) per Programm in die vorgesehene Zeilenlänge gebracht, wobei die richtige Worttrennung, die gewünschten Schriftarten usw. berücksichtigt werden. Der aufbereitete Text wird über einen Datenträger (oder direkt vom Computer aus) in die Setzmaschine eingegeben.

Fotosatz und Lichtsatz

Seit längerer Zeit haben sich als *Fotosatz* bzw. *Lichtsatz* bezeichnete modernste technische Setzverfahren verbreitet, die hohe Setzgeschwindigkeiten ermöglichen. Sie erzeugen einen Film mit dem Druckbild, mit dem die Druckform für den heute überwiegend gebräuchlichen Offsetdruck hergestellt wird.

Beim *Fotosatz* ist der zu setzende Text digital auf einem Datenträger (z.B. Magnetband) gespeichert. Der Datenträger steuert die Fotosetzmaschine, in der die Buchstabenbilder fotografisch mithilfe von Schablonen (Buchstabennegativen) erzeugt werden. Ein Lichtstrahl wird durch das Negativ des Buchstabens, der in eine Scheibe oder Trommel eingeschnitten ist, geleitet, sodass das Buchstabenbild durch eine optische Linse auf einen Film projiziert wird, der mit gleich bleibender Geschwindigkeit weiterläuft. So wird ein Buchstabenzeichen nach dem anderen abfotografiert. Nach Entwicklung und Montage ist das Ergebnis ein Filmblatt oder ein Papierblatt aus Fotopapier mit dem darauf fixierten, den Text enthaltenden Druckbild, das anschließend auf eine Druckform für Offsetdruck übertragen wird.

Bei digital gesteuerten Setzmaschinen, die das Buchstabenbild elektronisch speichern und nach Art des Fernsehbildes abbilden, spricht man von *Lichtsatz*. Hier gibt es kein Buchstabennegativ wie beim Fotosatz, sondern das Buchstabenbild wird durch Lichtstrahlen unmittelbar erzeugt. Die Form der Buchstaben ist im Computer elektronisch gespeichert. Mit dem auf einem Datenträger fixierten Text steuert der Lichtsatzcomputer einen Katodenstrahl oder Laserstrahl, der das gewünschte Buchstabenbild aus einzelnen Lichtpunkten aufbaut und auf einen Film projiziert. Der Katoden- oder Laserstrahl „schreibt" sozusagen die Buchstaben auf den laufenden Film. Das nach Entwicklung und Montage entstandene Filmblatt mit dem Text dient als Vorlage für die Druckform.

Auf einer handbedienten oder lochstreifengesteuerten Linotype können etwa 6000 Zeichen pro Stunde gesetzt werden. Beim Fotosatz werden pro Stunde maximal 500 000 Buchstaben erreicht, beim Lichtsatz über eine Million Buchstaben.

Neuere digitale Verfahren ermöglichen es Text, Bild und Grafik, die zuvor im Satzcomputer erstellt wurden, direkt auf die Offsetdruckform zu übertragen. Der übliche Film als Zwischenträger ist hier nicht mehr notwendig.

Desktop Publishing

Unter „Desktop Publishing" (engl. = Publizieren vom Schreibtisch aus) versteht man die Herstellung einer Veröffentlichung (genauer: ihrer Druckvorlage) einschließlich Text- und Schriftgestaltung, Lay-out, Grafiken und Illustrationen mithilfe eines Personal Computers, einer speziellen, leistungsfähigen Software und eines Laserdruckers. Desktop Publishing ist eine preiswerte Möglichkeit der professionellen Gestaltung von Kleinschrifttum, das in geringer Auflage erscheinen soll, z.B. von Werbebroschüren, Rundschreiben, Prospekten, Formularen, Betriebszeitschriften oder Alternativ-Literatur, und wird deshalb für Veröffentlichungen von Firmen, Betrieben, Behörden und Kleinverlagen angewendet.

Druckmaschinen

Es gibt im wesentlichen drei Arten von Druckmaschinen: die Tiegeldruckmaschine, die Schnellpresse und die Rotationsmaschine. Bei der Tiegeldruckpresse druckt Fläche gegen Fläche, bei der Schnellpresse Zylinder gegen Fläche, bei der Rotationsmaschine Zylinder gegen Zylinder.

Auf der *Tiegeldruckmaschine* werden meist Drucksachen kleineren Formats und kleinerer Auflage hergestellt. Dabei wird eine Metallplatte, der Tiegel, gegen die ebene Druckform (den Satz) gepresst, nachdem die Druckform durch Farbwalzen eingefärbt und automatisch Papier zugeführt wurde.

Bei der *Schnellpresse* (Bogen-Druckmaschine) wird der Druck nicht durch den Tiegel ausgeübt, sondern durch einen rotierenden Zylinder, der den Papierbogen auf die waagerechte Druckform (den Satz) presst, die sich unter dem Zylinder hin- und herbewegt und von einem aus Walzen bestehenden Farbwerk eingefärbt wird. Auch hier geschieht die Papierzuführung automatisch. Durch die Erfindung der Schnellpresse konnte der Druckvorgang erheblich beschleunigt werden. Schnellpressen werden hauptsächlich für den Druck von Büchern verwendet.

Das Prinzip der *Rotationsmaschine* liegt darin, dass nicht nur der Druck von einem beständig rotierenden Zylinder ausgeübt wird, sondern auch die Druckform auf einen rotierenden Zylinder montiert ist, sich also nicht mehr wie bei der Schnellpresse horizontal hin und her bewegt. Zwischen den beiden Zylindern, die sich in gegenläufiger Bewegung drehen, läuft in gleicher Geschwindigkeit eine Papierbahn durch. Die zylindrische Druckform wird bei Hochdruck dadurch hergestellt, indem von dem ursprünglich flachen Satz der umbrochenen Seite eine Pappmater geprägt und diese dann, zylindrisch gebogen, mit einer Bleilegierung ausgegossen wird.

Nach dem Druckvorgang wird die Papierbahn durch die Maschine zerschnitten, die Bogen werden maschinell gefaltet und zusammengelegt. Die Rotationsmaschine, die ein erheblich größeres Tempo erreicht als alle anderen Druckmaschinen und sich daher vor allem für hohe Auflagen eignet, wird für den Druck von Zeitungen, Zeitschriften, Taschenbüchern und Prospekten verwendet.

Während Tiegeldruckmaschinen nur im Hochdruckverfahren arbeiten, gibt es Schnellpressen und Rotationsmaschinen für alle drei gebräuchlichen *Druckverfahren*: Hochdruck, Tiefdruck und Flachdruck.

Hochdruck

Die älteste Art des Druckens ist der *Hochdruck* (auch Buchdruck genannt). Beim Hochdruck sind die Teile, die das Druckbild ergeben, *erhöht* geformt, wie etwa bei einem Gummistempel oder einem Linolschnitt; die nicht druckenden Stellen liegen tiefer. Die höherliegenden Teile der Druckform werden eingefärbt und übertragen dann die Druckerschwärze auf das daraufgepresste Papier.

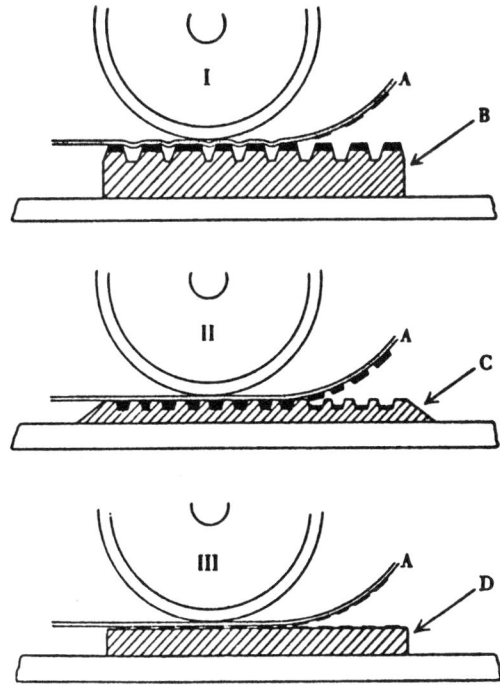

Abb. 11: Hochdruck (I), Tiefdruck (II, Flachdruck (III)
(A = Bedruckter Bogen, B-D = Druckform)

Außer Buchstabensatz können im Hochdruck auch *Abbildungen* wiederge-geben werden. Von Bildvorlagen, die im Hochdruck reproduziert werden sollen, müssen zuerst Druckstöcke (*Klischees*) hergestellt werden. Von Strichzeichnungen wird mittels Strichätzung ein Klischee angefertigt. Da-bei wird das Original fotografisch auf eine lichtempfindliche Metallplatte übertragen. In einem Säurebad werden die Stellen, die nicht drucken sol-len, tief geätzt, während die durch eine säurebeständige Farbe geschützte Zeichnung erhöht stehen bleibt. Im Gegensatz zur Strichätzung kann die *Netzätzung* (Autotypie) auch Halbtöne wiedergeben, wie dies etwa bei der Reproduktion von Fotografien nötig ist. Dabei wird durch einen vorge-schalteten Raster das Bild in verschieden große Punkte zerlegt und fotogra-fisch auf eine Metallplatte übertragen, die dann geätzt wird, sodass die Punkte erhöht stehen bleiben. Die Rasterung des Bildes lässt sich z.b. bei Fotografien in Tageszeitungen deutlich erkennen.

Für den *Mehrfarbendruck* muss eine Mehrfarbätzung gemacht werden, die beim Vierfarbendruck aus vier verschiedenen Autotypien besteht. Der Re-produktionsfotograf fertigt vier verschiedene Farbauszüge (Gelb, Rot, Blau, Schwarz) auf Metallplatten an, die dann später im Zusammendruck die Originalwirkung ergeben.

Tiefdruck

Beim Tiefdruck liegen die druckenden Teile *tiefer* als die nicht drucken-den, also genau umgekehrt als beim Hochdruck. Beim künstlerischen Tief-druck werden die Linien oder Buchstaben in die Druckplatte, die aus einem Metallstück besteht, eingeritzt oder eingeätzt. Die so entstandenen Vertie-fungen werden mit Druckfarbe eingefärbt, die überflüssige Farbe an der Oberfläche der Druckplatte wird abgewischt. Unter hohem Druck geben dann die Vertiefungen die Farbe an das Papier ab; die Farbe wird vom Pa-pier sozusagen aus den Vertiefungen herausgesaugt. Merkmal der künstle-rischen Tiefdruckverfahren (Kupferstich, Stahlstich, Radierung) ist der Plattenrand, der sich beim Abdruck in das Papier eindrückt.

Das älteste künstlerische Tiefdruckverfahren ist der *Kupferstich*, bei dem der Künstler mit Graviernadel oder Stichel die Zeichnung in die Kupfer-platte eingraviert. Beim *Stahlstich* wird statt der Kupferplatte eine beson-ders behandelte Stahlplatte verwendet, die wesentlich härter als Kupfer ist, wodurch sich eine noch feinere Linienführung und eine wesentlich höhere Auflage erreichen lassen.

Bei der *Radierung* ritzt der Künstler die Zeichnung mit der Radiernadel in eine säurebeständige Schicht ein, mit der die Kupferplatte überzogen ist, sodass an diesen Stellen das Metall freigelegt wird. In einem Säurebad werden die freigelegten Stellen vertieft in die Kupferplatte geätzt.

Beim *maschinellen Kupfertiefdruck* wird die Vorlage (Text oder Bilder) fotomechanisch unter Zwischenschaltung eines feinen Rasters auf eine Kupferplatte oder einen Kupferzylinder übertragen und dann tief geätzt, und zwar so, dass das Bild in viele gleichgroße, aber verschieden tiefe Punkte aufgeteilt ist. Diese napfähnlichen Vertiefungen nehmen beim Druck je nach ihrer Tiefe mehr oder weniger Farbe auf und geben sie entsprechend an das Papier ab. So erhält man die verschiedenen Helligkeitsabstufungen des Bildes.

Beim *Mehrfarben-Tiefdruck* müssen mehrere Druckformen mit den verschiedenen Farben hergestellt werden, die dann nacheinander auf das Papier gedruckt werden und so wieder das ursprüngliche Farbbild ergeben.

Flachdruck

Beim Flachdruck ist die Druckform völlig *flach*, die druckenden und die nichtdruckenden Teile sind also nicht wie beim Hoch- und Tiefdruck verschieden hoch. Der Flachdruck beruht auf dem Prinzip der gegenseitigen Abstoßung von Fett und Wasser. Die Druckform (Druckplatte oder Druckzylinder) wird so behandelt, dass die fetthaltige Druckfarbe nur von den Teilen aufgenommen wird, die drucken sollen; von den übrigen, mit Wasser befeuchteten Teilen der Druckplatte wird die Druckfarbe abgestoßen. Die wichtigsten Flachdruckverfahren sind der Steindruck (Lithographie) und der Offsetdruck.

Beim *Steindruck*, der hauptsächlich als künstlerisches Verfahren angewandt wird, werden die Linien, die drucken sollen, mit fetthaltiger Tusche oder Kreide auf eine Steinplatte übertragen (oder auf präpariertes Papier als Zwischenträger und dann auf Stein); wenn die Steinplatte vor dem Drucken befeuchtet wird, nehmen nur diese Linien die Druckfarbe auf und geben sie an das Papier ab. An Stelle von Steinplatten können auch Zink- oder Aluminiumplatten verwendet werden.

Der *Offsetdruck* ist ein indirektes Flachdruckverfahren. Die ursprüngliche Druckvorlage wird über einen Film fotomechanisch auf eine Druckform (Metallblech oder Kunststoff-Folie) übertragen und zwar seitenrichtig (während beim Steindruck die Vorlage seitenverkehrt auf die Steinplatte übertragen werden muss). Die Druckform ist so beschaffen, dass die Teile, die drucken sollen, die fetthaltige Druckerschwärze annehmen, während die nichtdruckenden Teile, wenn sie befeuchtet sind, die Druckerschwärze abstoßen. Die Druckform wird auf einen Zylinder montiert, befeuchtet und mit Farbwalzen eingefärbt. Das Druckbild wird aber nicht direkt auf das Papier übertragen, sondern zunächst an einen zweiten, mit einem Gummituch bespannten Zylinder abgegeben („abgesetzt" = engl. „set off"), was gewisse drucktechnische Vorteile hat. Erst von dem Gummizylinder erfolgt der Abdruck auf das Papier.

Auch beim Flachdruck ist *Mehrfarbendruck* möglich durch das Übereinanderdrucken entsprechend behandelter Druckformen mit jeweils einer anderen Grundfarbe. Zur *Bildreproduktion* dient heute an Stelle der früheren Reprofotografie meist die Scanner-Technik: Farbbilder werden von dem an ein Computersystem angeschlossenen Scanner abgetastet, als Bilddatei gespeichert, durch digitale Bildbearbeitungssysteme am Bildschirm kontrolliert und korrigiert und auf einen Film übertragen, mit dem Offsetdruckformen hergestellt werden.

Der Offsetdruck ist heute das am häufigsten angewandte Druckverfahren, sowohl beim Druck von Büchern (Bogen-Offsetmaschine) wie beim Druck von Zeitungen, Illustrierten und Prospekten (Rotations-Offsetmaschine). Die Vorteile des Offsetdrucks (gegenüber dem Hoch- oder Tiefdruck) sind die preiswerte Erstellung der Druckform, der Wegfall von Zurichtezeiten und höhere Maschinengeschwindigkeiten.

Digitaldruck

Hierbei werden digitale Druckanlagen eingesetzt, die ohne Verwendung optischer Vorlagen drucken. Die auf des Festplatte des Computers als Druckvorlage gespeicherten digitalen Text- und Bildinformationen werden ohne Zwischenschritte, d.h. *ohne Verwendung von Filmen und ohne Herstellung einer Druckform*, an das Drucksystem überstellt. Der Computer steuert also direkt die digitale Druckmaschine, z.B. einen hochwertigen Laserdrucker. Dadurch ergibt sich eine wesentlich kürzere Vorbereitungszeit. Außerdem ist hier eine Individualisierung der Druckexemplare möglich, z.B. der Eindruck von stets wechselnden Namen oder Logos auf bestimmten Seiten. Die digitalen Drucksysteme werden eingesetzt vor allem für Druckobjekte (Broschüren) mit geringerem Umfang und in kleineren Auflagen (hunderte bis einige tausend Exemplare), die schnellstmöglich hergestellt werden sollen. Die Druckqualität ist der von Offsetdrucken gleichwertig.

Auch für die Herstellung von einzelnen Buchexemplaren auf Bestellung (Printing on demand, Books on demand), die für hochspezielle Literatur sinnvoll ist und preisgünstig erfolgen kann, werden digitale Druckmaschinen eingesetzt.

Kleinoffsetdruck

Der Kleinoffsetdruck erfolgt nach dem oben geschilderten Offsetverfahren, jedoch auf kleineren Druckmaschinen (Klein- oder Bürooffsetmaschinen), die für Drucke in Büros und Bibliotheken ausreichen. Als Druckform dienen für kleinere Auflagen (bis ca. 500 Stück) *Papier-* oder *Kunststofffolien*, sonst *Metallfolien*. In der Regel wird eine Schwarz-Weiß-Vorlage (Buchseite, Schriftstück, Strichzeichnung) auf fotomechanischem Weg auf die Druckform übertragen (kopiert) und dann in der Kleinoffsetmaschine gedruckt.

Im Kleinoffsetdruck lassen sich hochwertige, buchdruckähnliche Abzüge herstellen. In Bibliotheken wird der Offsetdruck häufig für die Herstellung von Drucksachen (Handzettel, Titellisten, Formulare, Benutzereinführungen) verwendet.

b) Reprografische Verfahren

Bei der Herstellung von Büchern und Texten werden auch fotomechanische oder reprografische Methoden angewendet. Den reprografischen Formen oder „Reproformen" ist gemeinsam, dass man von einem vorhandenen oder eigens angefertigten Exemplar des Textes, also von einer *Vorlage*, ausgeht und davon unter Zuhilfenahme eines fotografischen oder optisch-elektronischen Verfahrens die Reproduktion vornimmt.

Faksimileausgaben und Reprints

Als *Faksimile* bezeichnet man eine möglichst originalgetreue Wiedergabe (Reproduktion) eines Bildes, einer Handschrift oder eines Buches. Die Originaltreue, die sich häufig auf alle Eigenheiten der faksimilierten Vorlage wie Verfärbung oder Beschädigungen des Papiers erstreckt, wird erreicht durch besonders hochwertige fotomechanische Verfahren. *Faksimileausgaben* gibt es vor allem von mittelalterlichen Handschriften (oft mit Miniaturen) und von älteren Druckwerken mit Abbildungen (Holzschnitten, Kupferstichen, Stahlstichen).

Neudrucke älterer Druckwerke auf fotomechanischem Wege heißen *Reprint* oder *fotomechanischer Nachdruck*. Sie werden entweder vom Originalverleger (dem ursprünglichen Verleger des Buches), häufiger jedoch von so genannten Reprint-Verlagen hergestellt. Bei den dabei angewendeten Nachdruckverfahren wird die Druckform durch die fotomechanische Übertragung eines vorhandenen Exemplars hergestellt. Der Druck erfolgt meist im Flachdruckverfahren (Offsetdruck). Auf diese Weise ist es möglich, ältere, vergriffene Werke, für die noch oder wieder eine größere Nachfrage besteht, relativ einfach, schnell und ohne hohe Herstellungskosten nachzudrucken.

Die Verluste an älteren Büchern und Zeitschriftenjahrgängen, die während des letzten Weltkrieges in den Bibliotheken entstanden, mussten vielfach mit Reprints ausgeglichen werden. Heute werden kaum noch Reprints hergestellt. An ihre Stelle sind Mikropublikationen getreten oder aber „elektronische Reprints", die durch Scannen einer Buchvorlage als digitalisierte Images hergestellt und online genutzt oder ausgedruckt werden.

Mikropublikationen

Zu den reprografischen Publikationsformen kann man auch die Mikropublikationen rechnen, also Veröffentlichungen von älteren gedruckten Vorlagen (vergriffenen Büchern oder Zeitschriften) und von aktuellen wissenschaftlichen Texten (z.B. Dissertationen oder Reports) in verkleinerter Form auf *Mikrofilmen* oder *Mikrofiches*. Positiv fällt hier die *lange Lebensdauer* von Mikromaterialien ins Gewicht.

Von Mikroformen können auch Einzelkopien auf Bestellung angefertigt werden („Publishing on demand"), indem eine Publikationsfirma (Verlag) von wenig gefragten Werken (z.B. Dissertationen) oder von antiquarischen Büchern eine Filmkopie als „Master Copy" herstellt und bereithält, um von ihr je nach Bedarf (on demand), d.h. auf Bestellung, einen Mikrofilm, ein Mikrofiche oder eine Papierkopie anzufertigen.

Digitale Reproduktion durch Scannen („elektronische Reprints")

Ein Verfahren zur automatischen digitalen Erfassung von Bild- und Textvorlagen ist das Scannen. Ein *Scanner* ist eine Abtastvorrichtung, die dazu dient, Textseiten und Bilder optisch (mit einem Lichtstrahl) abzutasten, zu digitalisieren und in den Computer einzulesen. Dabei werden die Bildinformationen der Vorlage in ein Punkt-Raster zerlegt. Die Bildpunkte (Pixel) werden, entsprechend der Helligkeit (weiß, grau, schwarz) bzw. gemäß der Farbe, in digitale Informationen umgewandelt und als Bildpunktdatei (Bitmap-Grafik) im Rechner gespeichert. Die gescannte Vorlage, auch Text, ist somit als originalgetreues Faksimile (Image, Abbild) erfasst. Digitalisiert sind die Bildpunkte, nicht die einzelnen Schriftzeichen eines Textes. Für die weitere Nutzung kann die Bildpunktdatei auf magnetischen oder optischen Speichermedien fixiert, ausgedruckt oder zur Online-Nutzung ins Netz gestellt werden.

Ein wichtiges Qualitätskriterium von Scannern ist die Auflösung (Detailgenauigkeit), die in *dpi* (dots per inch, Punkte pro Zoll) angegeben wird (bei Text gelten 300 dpi als akzeptable Qualität, Auflösung von 600 dpi entspricht ungefähr der Qualität von Printmedien).

Will man einen gescannten Text zeichenorientiert weiterverarbeiten, muss die Bildpunktdatei des Textes in eine Textdatei, d.h. in digitalisierte Schriftzeichen, umgewandelt werden. Dieser Vorgang erfolgt mit speziellen Programmen zur optischen Schriftzeichenerkennung (OCR = Optical Character Recognition).

Durch Scannen einer Buchvorlage digitalisierte Images können bei Bedarf (Printing on demand) als Einzelexemplar ausgedruckt werden. Das heute sehr preisgünstige Scannen lohnt sich für den Hersteller (Verlag) bereits bei einem zu erwartenden Absatz von 7-10 Exemplaren. Ältere und vergriffene Titel können mittels dieses Instant-Buchdrucks in kurzer Zeit reproduziert werden.

c) *Papiersorten*

Bis zum Anfang des 19. Jahrhunderts gab es ausschließlich handgeschöpftes Papier (Büttenpapier) aus Hadern (Lumpen). Heute wird das Papier vollmechanisch in der Papiermaschine hergestellt, und zwar nicht mehr in Einzelblättern, sondern als endlose Papierbahn. Die moderne Papierindustrie unterscheidet nach der Art des Rohstoffes und der Herstellung folgende *Papiersorten*:

Reines *Hadern- oder Lumpenpapier*, das aus Leinen- oder Baumwollfasern hergestellt wird. Hadernpapier ist die feinste und teuerste Papierqualität; es wird heute kaum mehr hergestellt. Dagegen werden Hadern als Zusatz zur Verbesserung holzfreien Papiers bei der Herstellung hochwertiger Schreibpapiere verwendet (z.B. ein Drittel Hadern, zwei Drittel Zellulose).

Holzfreies Papier, das aus „entholzten" Stoffen, d.h. aus dem chemisch gewonnenen *Zellstoff (Zellulose)* des Holzes hergestellt wird. Zellulose gewinnt man, indem die Ablagerungen verschiedener Substanzen (vor allem Lignin) auf chemischem Wege aus den Zellen des Holzes herausgelöst werden.

Holzhaltiges Papier, dessen Hauptbestandteil mechanisch zerkleinerte Holzfasern sind. Da dieser *Holzschliff* für sich allein zu brüchig ist, muss er mit Zellulose verbessert werden. Zeitungspapier ist stark holzhaltiges Papier.

Unterschiedlich ist auch die Oberflächenbeschaffenheit (Glätte) des Papiers. Demnach unterscheidet man: (1) *Maschinenglattes Papier* (Werkdruckpapier), das ist Papier, wie es ohne Nachbehandlung aus der Papiermaschine kommt; es ist verhältnismäßig rau. (2) *Satiniertes Papier*, das nach der Herstellung noch eigens geglättet wurde, damit es für den Druck von Abbildungen geeignet ist. (3) *Gestrichenes Papier* (Kunstdruckpapier), das durch Auftragen einer feinen Kreideschicht eine geschlossene, absolut glatte Oberfläche erhalten hat.

Ein mehr oder minder starker Zusatz von Leim macht das Papier mehr oder minder schreibfest. Löschpapier ist völlig ungeleimtes Papier.

Eine große Rolle bei der Verarbeitung des Papiers in der Buchherstellung spielt die *Laufrichtung*. Man bezeichnet damit die Richtung, in der die Papierbahn über die Papiermaschine gelaufen ist. Parallel zur Laufrichtung ordnen sich bei der Papierherstellung die Papierfasern. Bei Feuchtigkeitsaufnahme dehnt sich Papier quer zur Laufrichtung, nicht in der Laufrichtung. Bei Büchern muss die Laufrichtung stets parallel zum Bundsteg (also zum Buchrücken) liegen, damit sich die Papierfasern zum Vorderschnitt hin dehnen können. Bei falscher Laufrichtung wird das Papier wellig; die Seiten lassen sich schlecht umblättern.

Die *Stärke* von Papieren wird durch das Quadratmetergewicht ausgedrückt, also das Gewicht, das ein Quadratmeter einer Papiersorte in Gramm wiegt. Man unterscheidet im allgemeinen folgende Papierstärken: Dünndruckpapier: bis 50 g; mittelstarkes Papier: 50-160 g; dickes Papier (Halbkarton): 160-200 g; Karton 200-500 g. Über 500 g spricht man von Pappe. Papier für den Buchdruck ist meist 70-90 g schwer.

Alterung von Papier

In den letzten Jahrzehnten sind die Alterungsvorgänge, die Festigkeit und Farbe des Papiers im Lauf der Zeit verändern und schließlich zum Zerfall des Papiers führen, verstärkt beachtet und untersucht worden.

Zur beschleunigten Alterung von Papier tragen vor allem bei

– der bei holzhaltigen Papieren verwendete *Holzschliff*,
– bestimmte *Chemikalien*, die bei der industriellen Papierherstellung seit etwa 1850 verwendet werden und *Schwefelsäure* bilden; auf den Einsatz von Aluminiumsulfat (Alaun) als Hilfsstoff der Papierleimung geht in erster Linie der Säuregehalt in modernen Papieren zurück,
– schädliche Umwelteinflüsse durch *Luftverschmutzung* sowie *Oxidationsvorgänge* in der Zellulose, die zur Säurebildung beitragen,

– der Einfluss von *Wärme, Licht* und *Luftfeuchtigkeit* (bei kühler, dunkler und trockener Lagerung altert Papier nur sehr langsam).

In säurehaltigem Papier zerfrisst die Säure allmählich die Papierfasern. Das Papier vergilbt und wird brüchig, was besonders an altem Zeitungspapier zu beobachten ist. In ungünstigen Fällen kann saures Papier schon nach einigen Jahrzehnten unbenutzbar sein. Viele Bücher, die seit der Mitte des 19. Jahrhunderts hergestellt wurden, sind heute schon vom Zerfall bedroht. Dagegen haben die in früheren Jahrhunderten aus Hadernpapier mit tierischem Leim hergestellten Bücher eine viel längere Lebensdauer.

Der Appell an Papierfabriken und Verlage, künftig alterungsbeständiges Papier herzustellen und nur dieses für die Buchproduktion zu verwenden, hat zu Erfolgen geführt. Verlage, die ihre Bücher auf alterungsbeständiges Papier drucken, kennzeichnen dies durch einen Vermerk auf der Rückseite des Titelblattes. Die Deutsche Bibliothek versieht solche Publikationen in ihren bibliographischen Diensten mit dem Zeichen ⊗.

d) Einbandarten

Broschuren und Kartonagen

Ein neues Buch wird oft schon vom Verlag mit einem festen Einband versehen. Häufig wird das Buch aber nur *broschiert* geliefert. In diesem Fall handelt es sich oft um eine *gewöhnliche Broschur* oder *Weichbroschur*, d.h. der geheftete (oder gelumbeckte) Buchblock ist nur mit einem leichten, am Rücken festgeklebten Umschlag aus Papier versehen. Stabiler als die Weichbroschur ist die *Kartonage*. Bei ihr besteht der Umschlag nicht aus leichtem Papier, sondern aus Karton. Zu den Kartonagen sind auch Taschenbücher (im Kleinformat) und Paperbacks (in größerem Buchformat) zu rechnen.

Wenn die Buchdeckel aus Pappe bestehen, spricht man von *Steifbroschur*. Dabei ist der Rücken mit einem Gewebestreifen beklebt, die Deckel sind mit einem Überzugspapier bezogen. Die Steifbroschur hat keine eigentliche Einbanddecke; ihr Rücken ist mit dem Rücken des Buchblocks fest verbunden (*fester Rücken*).

Pappbände

Man bezeichnet ein Buch als Pappband, wenn sein Einband aus Pappe besteht und ganz mit einem *Überzugspapier* bezogen ist. Eigentlich müsste man solche Bücher nach dem Bezugsstoff als „Papierbände" bezeichnen (analog zu den Gewebe-, Leder- und Pergamentbänden). Im Gegensatz zur

Steifbroschur wird beim Pappband eine richtige Einbanddecke angefertigt, in die der Buchblock eingehängt wird. Der Einband ist etwas größer als der Buchblock (weist also Ober-, Unter- und Vorderkante auf) und hat einen *hohlen Rücken*. Diese Merkmale haben die Pappbände mit den Gewebe-, Leder- und Pergamentbänden gemeinsam, der Unterschied liegt nur im Überzugsstoff.

Gewebebände (Leinenbände)

Bei Gewebebänden ist die Einbanddecke (deren innere Teile aus Pappe bestehen) ganz oder teilweise mit *Gewebe* überzogen. In der Umgangssprache bezeichnet man solche Bücher meist als Leinenbände, doch ist dies nicht ganz exakt, da man als Überzugsstoff nur mehr selten echtes, aus Flachs gewonnenes Leinen verwendet, sondern meist andere Gewebearten aus Baumwolle oder Zellstoffgewebe. Dazu gehört auch das häufig gebrauchte sog. „Bibliotheksleinen".

Gewebebände können (ebenso wie Leder- und Pergamentbände) entweder Halbbände oder Ganzbände sein. Beim Halbband ist nur der Rücken (meist auch die Ecken) mit dem betreffenden Überzugsstoff bezogen, während die Deckel mit Papier überzogen sind. Beim Ganzband ist der gesamte Einband mit dem gleichen Bezugsstoff versehen. Man unterscheidet demgemäß Halbgewebebände (Halbleinenbände) und Ganzgewebebände (Ganzleinenbände). Vom Verleger gebundene Bücher sind meist Ganzgewebebände. Die gebräuchlichsten Formen des Bibliothekseinbandes sind der Halbgewebeband und der Ganzgewebeband.

Lederbände

Lederbände, d.h. Bücher, deren Einbanddecke ganz oder teilweise mit *Leder* überzogen ist, sind wesentlich strapazierfähiger als Gewebebände. Lederbände können Jahrhunderte überdauern. Im Mittelalter und in der frühen Neuzeit waren fast ausschließlich Lederbände (und zwar Ganzlederbände) üblich, wobei die Buchdeckel meist aus Holz bestanden. Heute werden Ganzlederbände im allgemeinen nur noch für bibliophile Bücher verwendet. Als Halblederbände lässt man in Bibliotheken vielbenutzte und großformatige Werke binden (z.B. Handbücher, Lexika, Bibliographien). Dabei wird oft eine besonders stabile Art des Lederbandes gewählt, nämlich der Franzband.

Sonstige Bezugsstoffe (Pergament, Kunstleder, Kunststoff)

Bücher, deren Einbanddecke mit *Pergament* überzogen ist, bezeichnet man als Pergamentbände. Pergament ist beinahe so strapazierbar wie Leder und dabei alterungsbeständiger. Auch Pergamentbände kommen als Halb- oder Ganzbände vor. Allerdings werden Pergamentbände heute kaum mehr angefertigt, gelegentlich noch für bibliophile Werke oder bei der Restaurierung alter Bücher.

Seit längerer Zeit treten Einbände aus *Kunstleder* oder *Kunststoff* (Plastik) stärker in den Vordergrund, allerdings nur bei Verlagsbänden. Bei Einbänden, die eigens für Bibliotheksbücher angefertigt werden, ist die Verwendung von Kunstleder oder Kunststoff nicht üblich.

e) Die Herstellung des Bucheinbandes

Für die verschiedenen Einbandarten und ihre Unterformen gibt es verschiedene Herstellungsweisen. Es spielt auch eine Rolle, ob das Buch maschinell oder von Hand gebunden wird (Maschineneinband bzw. Handeinband). *Verlagsbände*, also im Auftrag des Verlegers gebundene Bücher, werden meist maschinell hergestellt (oft vollautomatisch in „Buchfertigungsstraßen" von Großbuchbindereien), *Bibliotheksbände* in der Regel durch maschinengestützte Handarbeit. Das folgende Schema der Herstellung eines Bucheinbandes entspricht etwa dem technischen Ablauf der Bindearbeit eines normalen Verlagsbandes in Ganzleinen.

Bearbeitung des Buchblocks

Die von der Druckerei kommenden *Druckbogen* werden gefalzt, zusammengetragen (in der richtigen Reihenfolge aufeinander gelegt), kollationiert (auf richtige Reihenfolge überprüft) und geheftet. „Heften" bedeutet, einzelne Lagen oder Blätter in sich und untereinander zum Buchblock zu verbinden. Die *Heftung* kann mit Faden, Draht oder Klebstoff erfolgen, wobei die Drahtheftung für Bücher, die auf Dauer aufbewahrt werden sollen, abzulehnen ist. Bei *Fadenheftung* werden die einzelnen Lagen (Bogen) sowohl in sich wie auch untereinander verbunden. Die Heftung ist im gebundenen Buch in der Mitte der Lage leicht festzustellen (bei normalen Büchern mit 16-seitigen Lagen also auf Seite 8/9, 24/25, 40/41 usw.). Verlagsbände werden normalerweise auf *Gaze* geheftet, d.h. der Heftfaden, mit dem die Bogen geheftet werden, wird durch einen breiten Gazestreifen hindurchgeführt, der dem Rücken des entstehenden Buchblocks anliegt und an beiden Seiten über den Buchblock hinaussteht, sodass später die überstehenden Teile des Gazestreifens an die Buchdeckel geklebt werden können.

Dem gehefteten Buchblock wird vorne und hinten das Vorsatzpapier hinzugefügt (am Falz an den ersten bzw. letzten Bogen angeklebt); dann wird der Buchblock zur Erhöhung seiner Festigkeit am Rücken geleimt, anschließend an drei Seiten beschnitten (und zwar am Kopfsteg, Außensteg und Schwanzsteg, natürlich nicht am Bundsteg), durch Beklopfen am Rücken gerundet und schließlich abgepresst. An der Ober- und Unterkante (Kopf und Schwanz) des Rückens wird ein meist farbiger Zierstreifen aus Stoff, das Kapital oder Kapitalband, angebracht.

Als besondere Art der Heftung ist die fadenlose *Klebeheftung (Klebebindung)* besonders bei kleinformatigen Büchern (Taschenbüchern) üblich. Bei der Klebeheftung (nach dem Erfinder auch Lumbeck-Verfahren oder Lumbecken genannt) wird der Buchblock auch am Rücken (am Bundsteg) glatt geschnitten, nach jeder Seite aufgefächert und mit einem besonderen Klebstoff (Kunstharzkleber) bestrichen. Der Kleber dringt geringfügig zwischen die Seiten ein und verklebt sie miteinander. Zur Verstärkung wird oft über den Rücken noch ein Papier- oder Gazestreifen geklebt. Es gibt also bei der Klebeheftung keine Lagen, sondern einzelne Blätter, die durch den elastischen Klebstoff zusammengehalten werden.

Die Haltbarkeit des klebegehefteten Buches ist nicht so gut wie die des fadengehefteten. Bei starker Beanspruchung pflegt sich der Buchblock nach einiger Zeit aufzulösen. Ein weiterer Nachteil der Klebeheftung liegt darin, dass sie nicht beliebig oft wiederholt werden kann, weil jedes Mal der Rücken des Buchblocks von neuem beschnitten werden muss und der Bundsteg daher bei jedem Binden schmäler wird. Die Klebeheftung ist daher nur für Literatur geeignet, die nicht für dauernd in der Bibliothek aufbewahrt werden soll bzw. die voraussichtlich nur selten benutzt werden wird.

Herstellung der Einbanddecke

Die Einbanddecke (Buchdecke) besteht aus den beiden *Buchdeckeln* und dem *Buchrücken*, die mit einem Überzugsstoff (Papier, Leinen, Leder, Pergament) überzogen sind. Für die Buchdeckel verwendet man Pappe (am häufigsten Graupappe). Der Buchrücken besteht aus einem dünnen, zähen Karton. Der Überzugsstoff, mit dem die Buchdeckel und der Buchrücken überzogen werden, wird an den Rändern nach innen geschlagen. Der Rücken und die beiden Deckel werden bei der überzogenen Einbanddecke durch eine Falzrille voneinander abgehoben; hier ist das Gelenk, welches das Aufschlagen des Buches ermöglicht. Nach dem Überziehen kommen

die fertigen Decken gegebenenfalls zum Prägen des Vorder- und Rücken-
aufdrucks.

Einhängen des Buchblocks in die Einbanddecke

Als „Einhängen" bezeichnet man das Zusammenfügen des fertigen Buchblocks mit der gesondert hergestellten Buchdecke. Dazu werden die am
Buchblock überstehenden Seiten des Gazestreifens und die äußeren Hälf-
ten der beiden Vorsatzblätter an die Innenseite der Buchdeckel geklebt.
Manchmal wird auch noch eine „Hülse" angebracht, nämlich ein Schlauch
aus zähem Papier, der am Rücken des Buchblocks und am inneren Teil des
Einbandrückens angeklebt wird, um beide Teile fester zu verbinden und
die Stabilität des Einbandes zu erhöhen. Das fertige Buch kommt schließlich noch zum Trocknen in die Presse.

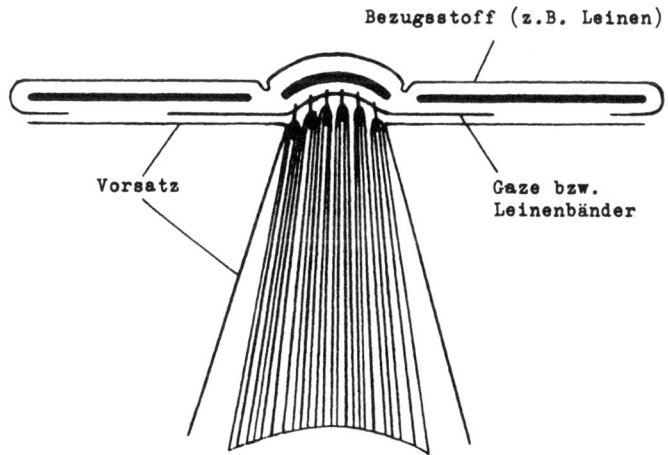

Abb. 12: Schematische Darstellung eines Verlagseinbandes

f) Besonderheiten des Bibliothekseinbandes

Für Bücher in Bibliotheken sind besonders feste und strapazierfähige Einbände nötig, die der häufigen Benutzung standhalten. Es wurden daher eigene Empfehlungen für das Binden von Bibliotheksbüchern aufgestellt,
die in erster Linie für Wissenschaftliche Bibliotheken gelten sollen. Demnach sind alle Bibliothekseinbände mit Faden auf *Bänder* zu heften, d.h.
auf Leinwandbänder, die quer über den Rücken des Buchblocks gelegt und
dort mitgeheftet werden und deren Enden später auf den Innenseiten der

Einbanddeckel verklebt werden. Durch die Heftung auf Band wird der Buchblock stärker zusammengehalten als bei der Heftung auf Gaze. Die Anzahl der Bänder richtet sich nach der Buchgröße (meist 3-5). Handheftung und Maschinenheftung sind gleichberechtigt (bei letzterer wird gleichzeitig auf Bänder *und* Gaze geheftet). Drahtheftung ist wegen des Durchrostens der Drahtklammern abzulehnen. Durch besondere Maßnahmen und Verstärkungen soll die erste bzw. letzte Lage und damit der ganze Buchblock fester mit der Einbanddecke verbunden und der Rücken des Buchblocks gefestigt werden. Der Überzugsstoff (bei Gewebebänden) soll aus dauerhaften Gewebearten bestehen. Als Überzugspapier (bei Papp- und Halbleinenbänden) sind kratz- und scheuerfeste Werkstoffe zu verwenden.

5. Verlagswesen und Buchhandel

Buchhandel ist die zusammenfassende Bezeichnung für die an der Herstellung und der Verbreitung von Büchern beteiligten Gewerbezweige. Der Buchhandel nimmt eine Zwischenstellung zwischen Wirtschaft und Kultur ein, da das Buch einerseits „Ware" und damit Handelsobjekt, andererseits ein Bestandteil des kulturellen Lebens ist.

Man unterscheidet zwei Hauptzweige des Buchhandels: (1) den *herstellenden* und (2) den *verbreitenden Buchhandel*. Beide Zweige, also Verleger und Buchhändler, sind im *Börsenverein des deutschen Buchhandels* zusammengeschlossen. Der Börsenverein ist die Spitzenorganisation des Buchhandels in der Bundesrepublik Deutschland. Er veranstaltet jährlich die Internationalen Buchmessen in Frankfurt und Leipzig. Fachorgan des Börsenvereins ist das zweimal wöchentlich erscheinende „Börsenblatt für den deutschen Buchhandel". Es enthält zahlreiche Verlagsanzeigen sowie Nachrichten und Beiträge aus der Welt des Buches.

Die „Verkaufs- und Verkehrsordnung" des Börsenvereins gilt als Grundlage der buchhändlerischen Handelsbräuche. Danach ist die direkte Belieferung des Buchkäufer durch die Verlage im Grundsatz untersagt; auch Bibliotheken müssen folglich die Bücher über Buchhandlungen beziehen.

a) Verlagswesen, Verlagsbuchhandel

Der Verlagsbuchhandel ist der Zweig des Buchhandels, der die Bücher herstellt („herstellender Buchhandel"). Das einzelne Verlagsunternehmen, kurz *Verlag* genannt, erhält von den Autoren Manuskripte angeboten, oder der Verleger entwirft selbst Pläne zu neuen Büchern, für deren Ausführung

114

er geeignete Autoren sucht (vor allem bei wissenschaftlichen Büchern und bei Fachbüchern). Neben Verlagen mit weitgefächertem Programm gibt es Verlagsfirmen, die sich auf bestimmte Gebiete spezialisieren, z.b. wissenschaftliche Verlage (oft auf bestimmte Fachgebiete beschränkt), belletristische Verlage, Musikverlage, Schulbuchverlage usw. Diese *Verlagsrichtung* (Verlagsgesicht, Verlagsprofil) entspricht nicht selten der persönlichen geistigen Orientierung des Verlegers, besonders bei Belletristik-Verlagen und spezialisierten Fachverlagen.

Das Manuskript eines Werkes wird im Verlag durch einen *Lektor* geprüft. Wird das Manuskript zur Veröffentlichung angenommen, schließt der Verleger mit dem Autor einen Verlagsvertrag, in dem die beiderseitigen Rechte und Pflichten geregelt werden. Dabei überträgt der Verfasser gegen ein bestimmtes Honorar dem Verleger das Recht zur Vervielfältigung, Verbreitung und Nutzung seines Werks; der Verleger verpflichtet sich, das Werk auf eigene Kosten zu drucken und zu verbreiten.

Sodann erfolgt die *Herstellung* des Buches. Der Verlag bestimmt die äußere Gestaltung des Buches (Typografie, Abbildungen, Papier, Einband). Falls nicht bereits vom Autor in digitale Form gebracht, wird der Text jetzt maschinenlesbar erfasst. Nachdem die Korrekturen gelesen sind, der Satz erfolgt ist und die Druckformen für Text und Abbildungen hergestellt wurden, erfolgt der Druck des Buches. Die Druckbogen kommen anschließend in die Buchbinderei, wo das Buch geheftet und gebunden wird. Der Ladenpreis des Buches wird in Deutschland vom Verleger festgesetzt. Der Verlag besorgt auch die *Auslieferung* des Buches an den Zwischen- und Sortimentsbuchhandel und betreibt die *Werbung* für das Buch durch Prospekte, Anzeigen und die Versendung von Rezensionsexemplaren (Besprechungsstücken).

Von *Selbstverlag* spricht man, wenn ein Verfasser sein Werk selbst verlegt, d.h. die Kosten für Herstellung und Verbreitung sowie das Absatzrisiko selbst trägt. *Kommissionsverlag* nennt man einen Verlag, der den Vertrieb eines Buches, evtl. auch die Herstellung, im Auftrag und auf Rechnung eines anderen (etwa einer wissenschaftlichen Institution oder auch des Verfassers) übernommen hat. Das Absatzrisiko trägt der Auftraggeber, nicht der Kommissionsverleger.

Der Verfasser (Urheber) eines Werkes besitzt das „geistige Eigentum" an seinem Werk sowie das Recht auf dessen wirtschaftliche Nutzung (letzteres überträgt er meist dem Verlag). Dieses *Urheberrecht* des Verfassers ist durch gesetzliche Vorschriften geschützt, in der Bundesrepublik durch das „Gesetz über Urheberrecht und verwandte Schutzrechte" (Urheberrechtsgesetz) vom 9. September 1965. Das Gesetz schützt den Urheber gegen jede Vervielfältigung und Verbreitung seines Werkes, die nicht von ihm genehmigt ist. Die Zeitdauer des urheberrechtlichen Schutzes (Schutzfrist) endet in der Bundesrepublik 70 Jahre nach dem Tod des Urhebers, in den meisten anderen Staaten 50 Jahre nach dem Tod des Urhebers. Nach Ablauf dieser Fristen sind die Werke „gemeinfrei" und können von jedermann gedruckt und herausgegeben werden.

Im Gegensatz zur sonstigen Preisgesetzgebung (Kartellrecht) kann in Deutschland der Verleger für seine Bücher einen *festen Ladenpreis* bestimmen, d.h. der Endverkaufspreis wird vom Produzenten, nicht vom Händler festgelegt. Die Buchhändler verpflichten sich zur Einhaltung des vom Verlag festgesetzten Ladenpreises. Der feste Ladenpreis soll im eigenen Interesse der Verleger den Fortbestand eines leistungsfähigen Sortimentsbuchhandels gewährleisten. Bei freien Buchpreisen würden kleine Buchhandlungen, etwa in kleinen Städten oder Vororten, den Wettbewerb mit großen Buchhandlungen, die bei hohen Umsätzen billiger liefern könnten, nicht überstehen. Die Preisbindung fördert außerdem die Vielfalt des Buchangebots: viele Verlage finanzieren mit den Gewinnen aus Büchern, die sich gut verkaufen, die Herausgabe von nicht oder wenig rentablen Werken anspruchsvoller Literatur in kleiner Auflage für einen speziellen Leserkreis. Nach Aufhebung des festen Ladenpreises würde sich der Buchmarkt stark auf Bestseller konzentrieren.

Vielgekaufte Bücher erscheinen oft in mehreren Auflagen. Als *Auflage* bezeichnet man die in einem Herstellungsgang angefertigten Exemplare eines Buches. *Vergriffen* ist ein Buch, wenn es beim Verlag nicht mehr lieferbar ist; durch Herausgabe einer Neuauflage kann es wieder lieferbar werden.

Elektronisches Publizieren

Neben Büchern und anderen gedruckten Medien veröffentlichen viele Verlage in steigendem Umfang *elektronische Publikationen*, sowohl vervielfältigt auf Datenträgern (vor allem CD-ROM) als auch in Form von Netzpublikationen, d.h. einmalig gespeichert auf Verlagsservern für den Online-Zugriff über Datennetze. Der Anteil von elektronischen Publikationen am Gesamtvolumen der Verlagsproduktion ist allerdings vorerst relativ geringfügig.

Elektronisches Publizieren in Datennetzen ist wesentlich einfacher, schneller und kostengünstiger als das Publizieren von Printmedien. Die zur Publikation vorgesehenen Texte werden in der Regel vom Autor am PC digital erfasst, mithilfe eines Textverarbeitungsprogramms korrigiert und redigiert und auf Diskette gespeichert. Die Daten müssen vom Verlag noch überprüft, ergänzt und für die Publikation aufbereitet werden. Sie können dann in drei Ausgabeformen veröffentlicht werden: als Netzversion, als CD-ROM oder als gedruckte Papierausgabe. Datenbanken und Multimedia-Produkte erfordern allerdings einen viel höheren Herstellungsaufwand.

Elektronische Publikationen können durch Kauf erworben oder über Lizenzverträge befristet genutzt werden. Vor allem für die Nutzung von elektronischen Zeitschriften und Datenbanken haben sich Bibliothekskonsortien gebildet, die auf Grund der vereinbarten Lizenzbedingungen ihren Benutzern den Zugriff auf die Texte ermöglichen. Es gibt aber auch zahlreiche kostenlose Volltextangebote in Datennetzen.

Durch die heutigen Möglichkeiten der Digitalisierung von Texten und Bildern und ihrer Bereitstellung in Datennetzen für die Online-Nutzung entsteht den Verlagen eine erhebliche Konkurrenz durch private oder kommerzielle Informationsanbieter. Als solche treten die unterschiedlichsten Institutionen, Organisationen, Firmen, Unternehmen, Verbände, Interessengruppen sowie Einzelpersonen (z.B. Wissenschaftler) auf. Jeder kann im WWW auf eigenem Server oder auf gemietetem Speicherplatz eine Homepage mit Informationen einrichten und zugänglich machen oder auch umfangreiche Texte, Textsammlungen und Datenbanken zur Nutzung anbieten. Wissenschaftlich relevante Informationen und Publikationen in digitaler Form werden auch von Fachinformationseinrichtungen, Fachgesellschaften, Forschungsinstituten, Universitäten und Bibliotheken verfügbar gemacht. Auf der anderen Seite geraten die meist mittelständischen Verlage unter Druck durch die Aktivitäten großer, internationaler *Medienkonzerne*, die gedruckte und elektronische Produkte herausbringen und sich auch im Fernseh-, Video-, Film- und Musikgeschäft betätigen. Daraus ergeben sich Veränderungen in der Branchenstruktur des Verlagswesens und in der Struktur des Publikationswesens insgesamt.

Von Firmen angebotene digitalisierte Texte, z.B. Romane, können, kostenpflichtig und kopiergeschützt, über das Internet in transportable *Elektronische Bücher* geladen werden. Diese *E-Books* sind handliche, etwa buchgroße Lesecomputer mit Bildschirm, die den Text von Büchern speichern und wiedergeben können (derzeit rd. 20-30 000 Buchseiten). Sie haben sich aber bisher im kommerziellen Handel nicht durchgesetzt.

b) Verbreitender Buchhandel

Sortimentsbuchhandel

Der Sortimentsbuchhandel ist der Zweig des Buchhandels, der den Verkauf der Bücher an das Publikum im Ladengeschäft vornimmt. Zu diesem

Zweck trifft der Sortimenter (Sortimentsbuchhändler) eine Auswahl aus der Fülle des Schrifttums (er „sortiert" das Bücherangebot) und stellt so ein „Sortiment" von Büchern zusammen (Sortiment bedeutet eigentlich Warenauswahl, Warenlager).

Der Sortimenter bezieht die Bücher entweder direkt vom Verlag oder über den Zwischenbuchhandel (siehe unten). Der Verlag gewährt dem Sortimenter einen prozentualen *Rabatt* vom Ladenpreis (Buchhändlerrabatt, Sortimentsrabatt); der Buchhändler erhält die Bücher zum so genannten „Nettopreis". Aus dem Rabatt (zwischen 25 und 50 Prozent des Ladenpreises) deckt der Sortimenter seine Unkosten; der verbleibende Rest ist sein Gewinn. Bei einem Band Belletristik, der beim Sortimenter 20,– DM kostet, setzt sich der Ladenpreis etwa folgendermaßen zusammen: (a) Sortimenterrabatt 8,– DM, (b) Kosten für Herstellung 5,– DM, (c) Werbung einschließlich Verlagsunkosten 4,– DM, (d) Autorenhonorar 2,– DM, (e) Verlegergewinn 1,– DM.

Um dem Sortimentsbuchhandel das Risiko einer allzu umfangreichen Lagerhaltung abzunehmen, liefert der Verlag insbesondere fachliche und wissenschaftliche Neuerscheinungen „bedingt" oder „in Kommission" oder „à condition". Die auf diese Weise gelieferten Bücher kann der Sortimenter bis zu einem vom Verleger festgesetzten Abrechnungstermin wieder zurückgeben (Remittenden), wenn er sie in der Zwischenzeit nicht verkauft hat. Man bezeichnet diese Art des Buchhandels als „Bedingtverkehr" oder „Konditionsbuchhandel".

Das traditionelle Sortiment erhält heute eine starke Konkurrenz durch andere Buchverkaufsstellen (z.B. in Warenhäusern und Kiosken) und durch den Versandbuchhandel.

Versandbuchhandel

Der Versandbuchhändler beliefert seine Kunden per Post mit Buchangeboten (in Form von Prospekten, Katalogen, Titelzetteln usw.) und mit den bestellten Büchern. Manche derartige Firmen sind auf die Versorgung von Bibliotheken spezialisiert („Library suppliers"), wobei der Import ausländischer Bücher eine wichtige Rolle spielt. Vorwiegend für Bibliotheken sind auch internationale *Zeitschriftenagenturen* tätig. *Buchklubs* verpflichten ihre Mitglieder meist zu einer jährlichen Mindestabnahme und bieten dafür eine Auswahl preisgünstiger Titel.

Antiquariat

Der Antiquariatsbuchhandel befasst sich mit alten Büchern oder neueren gebrauchten Büchern oder auch mit verlagsneuen Restexemplaren. Das wesentliche Kennzeichen für das Antiquariat ist, dass es Bücher führt, für die *kein fester Ladenpreis* mehr besteht. Der Preis eines antiquarischen Buches wird je nach Marktlage, nach dem Seltenheitswert, dem Zustand und der Ausstattung des einzelnen Exemplars vom Antiquar nach seinem eigenen Urteil festgesetzt. Das hauptsächlichste Vertriebsmittel des Antiquariats ist der Antiquariatskatalog.

Man unterscheidet drei Formen des Antiquariats: (a) das bibliophile Antiquariat, (b) das wissenschaftliche (oder Gebrauchs-)Antiquariat, (c) das moderne Antiquariat (oder Neu-Antiquariat).

Das *bibliophile Antiquariat* handelt mit dem schönen und wertvollen Buch aller Zeiten, also mit alten Handschriften, Inkunabeln, mit Kupferstich-, Stahlstich- und Holzschnittbüchern, Autographen, modernen bibliophilen Ausgaben, Druckgrafik und Zeichnungen.

Das *wissenschaftliche Antiquariat* handelt mit vergriffenen wissenschaftlichen Büchern und Zeitschriften; Käufer sind vor allem Gelehrte, Institute und Bibliotheken. Für die Wissenschaftlichen Bibliotheken ist dieser Zweig des Antiquariatsbuchhandels der wichtigste.

Das *moderne Antiquariat* handelt vorwiegend mit den beim Verlag liegen gebliebenen Restauflagen, bei denen der Verleger den Ladenpreis aufhebt und sie zu sehr niedrigen Preisen an Antiquariate oder Warenhäuser abgibt („verramscht").

Versteigerungsfirmen

Versteigerungsfirmen (Auktionshäuser) sind teils auf bestimmte Schrifttumsgattungen spezialisiert (z.B. auf Handschriften), teils führen sie alte und wertvolle Bücher als Teil eines breiteren Angebots. Vor der Auktion gibt der Versteigerer einen Katalog mit Schätzpreisen heraus. Der Aufrufpreis, mit dem die Versteigerung beginnt, liegt meist unter dem Schätzpreis (gewöhnlich 50 Prozent). Der Höchstbietende erhält das Buch zum Zuschlagspreis, zu dem der Auktionator noch Aufgeld (meist 15 Prozent) und Mehrwertsteuer berechnet.

Zwischenbuchhandel

Als Zwischenbuchhandel bezeichnet man alle Zweige des Buchhandels, die sich in den Verkehr zwischen Verlag und Sortiment einschalten und ihn erleichtern. Der Vorteil beim Zwischenbuchhandel liegt für den Sortimenter darin, dass er Bücher der verschiedensten Verlage bei *einer* Stelle beziehen kann. Die beiden wichtigsten Formen des Zwischenbuchhandels sind der Kommissionsbuchhandel und das Barsortiment.

Beim *Kommissionsbuchhandel* übernimmt der Kommissionär die Vermittlung zwischen Verleger und Sortimenter. Der Kommissionär hält meist ein Lager mit den Büchern der mit ihm in Geschäftsverbindung stehenden Verlage zur Lieferung an das Sortiment bereit. Der Sortimenter gibt seine Bestellung an den Kommissionär, dieser liefert die gewünschten Bücher, und zwar im Namen und auf Rechnung des Verlegers. Für seine Tätigkeit erhält der Kommissionär von den Verlagen und den Sortimentern bestimmte Vergütungen oder Gebühren.

Das *Barsortiment* unterhält ebenfalls ein umfassendes Lager der gängigen Bücher, aber es kauft die Bücher vom Verleger und liefert sie auf eigene Rechnung an den Sortimenter. Der Verlag gewährt dem Barsortiment einen besonders günstigen Grosso-Rabatt; das Barsortiment gewährt der Sortimentsbuchhandlung den üblichen Sortimenterrabatt (wobei Barzahlung früher Bedingung war und zur Bezeichnung „Barsortiment" führte). Die Spanne zwischen diesen beiden Rabatten bildet den Gewinn des Barsortiments.

Der Barsortiments-Lagerkatalog gibt über die beim betreffenden Barsortiment auf Lager befindlichen Bücher Auskunft und ist damit ein wichtiges Hilfsmittel für den Buchhändler. Auch das „Verzeichnis lieferbarer Bücher" enthält Bestandsangaben großer Barsortimente.

Internet-Buchhandel

Eine besondere Form des Versandbuchhandels ist durch den Internet-Buchhandel entstanden. Bei „virtuellen" Buchhandelsfirmen im WWW können Bücher und andere Medien aus Titeldatenbanken am Bildschirm ausgewählt und online bestellt werden. Die Bücher werden dann per Post geliefert; Bezahlung erfolgt per Kreditkarte, Lastschrift oder Rechnung. Die Firmen werben mit der großen Titelzahl der verfügbaren Bücher und mit besonderen Service-Angeboten (z.B. Zusatzinformationen wie Inhaltsangaben, Rezensionen oder Autorenporträts, kostenlose Zusendung, bestimmte Rabatte).

III. Nicht-Buch-Materialien

Mit dem holprigen Wort *Nicht-Buch-Materialien*, einer Übersetzung des englischen Ausdrucks „Non-book-materials", bezeichnet man alle nicht in Buchform vorliegenden Bibliotheksmaterialien. Dabei handelt es sich um (1) Mikroformen, (2) audiovisuelle Medien (Tonträger, Bildträger, Filme), (3) sonstige gedruckte oder ungedruckte Materialien (Musiknoten, Druckgrafik, Fotos, Karten und Pläne sowie Originalschriftstücke). Elektronische Datenträger gehören auch zu den Nicht-Buch-Materialien, werden aber in einem späteren Abschnitt gesondert behandelt.

1. Mikroformen

Beliebige Vorlagen – Einzeldokumente, Bilder, Aufsätze, ganze Bücher – können in starker fotografischer Verkleinerung auf Mikrofilmen, Mikrofiches oder Mikrokarten reproduziert werden. Ein *Mikrofilm* ist ein Rollfilm (meist 35 mm breit), auf dem die Vorlage (also etwa die Seiten einer Druckschrift) in verkleinerten fotografischen Aufnahmen erscheint. Ein *Mikrofiche* (französ. fiche = Karteikarte, Zettel) ist ein Mikroplanfilm, d.h. ein transparentes Filmblatt im Karteiformat (Postkartengröße), auf dem die verkleinerten Wiedergaben der Textseiten der Vorlage in mehreren Reihen angeordnet sind (Fassungsvermögen je nach Verkleinerungsgrad zwischen 60 und mehreren hundert Seiten). Die gleiche Anordnung haben *Mikrokarten*, das sind undurchsichtige Papierbilder mit den Mikrofotos der Textvorlage auf der Vorder- und der Rückseite. Die Mikrokarten haben sich jedoch als Publikationsform nicht durchgesetzt.

Mikrofiches und Mikrokarten können auf einfache Weise karteimäßig geordnet werden. Bei allen Mikroformen erscheint vor Beginn der verkleinerten Aufnahmen der Titel des Textes mit den bibliographischen Angaben in normal lesbarer Schrift. In geeigneten Kopiergeräten können Rückvergrößerungen des verkleinerten Textes auf Papier hergestellt werden.

Mikroformen sind billig, Raum sparend (sie beanspruchen nur einen Bruchteil des für die Originale benötigten Platzes), bequem zu duplizieren und leicht zu verschicken. Aus diesen Gründen gibt es Veröffentlichungen von wissenschaftlichen Texten, z.B. Dissertationen, die nur in Mikroform erscheinen, wobei das *Mikrofiche* bevorzugt wird.

Auch Quellentexte, z.B. ganze Sammlungen alter Bücher, umfängliche Jahrgangsreihen alter Zeitschriften und Zeitungen oder längst vergriffene Textsammlungen (z.B. Parlamentsverhandlungen in vielen Bänden), werden von einem Vorlageexemplar abfotografiert und neu als *Mikropublikationen* auf Mikrofiches veröffentlicht. Mikroformen haben eine lange Lebensdauer und eignen sich daher für alle Texte, die langfristig aufbewahrt werden sollen.

Mikroformen können nur mit geeigneten *Lesegeräten* benutzt werden. Der Mikrofilm ist dabei etwas mühsam zu handhaben, da er vor- und zurückgespult werden muss. Demgegenüber erlaubt das Mikrofiche einen leichteren Zugriff auf eine bestimmte Textstelle.

2. Audiovisuelle Medien (technische Bild- und Tonträger)

Audiovisuelle Medien (AV-Medien, auch als audiovisuelle Materialien bezeichnet) sind technische Bild- und Tonträger, die mit einem fotografischen oder akustischen bzw. einem entsprechenden digitalen Verfahren hergestellt und mit einem technischen Gerät abgespielt bzw. vorgeführt werden. Man unterscheidet

– *auditive Medien*, also Tonträger wie Tonbänder, Tonkassetten, Schallplatten und Compact Discs (Audio-CD); sie können jeweils als Musiktonträger oder Sprachtonträger vorkommen,
– *visuelle Medien*, d.h. Bildträger, z.B. Diapositive, Transparentfolien und Stummfilme,
– *audiovisuelle Medien* (im engeren Sinn), die Bild und Ton kombinieren, also Tonfilm in Videokassette, auf Video-CD und DVD (Digital Versatile Disc).

Die audiovisuellen Medien haben vor allem für Unterricht, Bildung und Studium eine große Bedeutung, da sie das Lernen erleichtern. *Auditive Medien* sind wichtig für die Beschäftigung mit Musik und Sprachen und für die Vermittlung von gesprochenen Literatur- oder Informationstexten („Hörbücher" als Tonkassetten, z.B. für Sehbehinderte und Blinde). *Visuelle* und *audiovisuelle* Medien werden heute in allen Bereichen von Aus- und Fortbildung verwendet; sie sind u.a. unentbehrlich in den Fachgebieten Kunst, Geschichte, Geographie, Biologie, Medizin und Technik. Daneben dienen die audiovisuellen Medien natürlich auch der Unterhaltung und Freizeitgestaltung (Musik, Texte, Spielfilme auf Schallplatten, Tonkassetten oder Videokassetten).

AV-Medien werden heute in großer Zahl von Verlagen produziert und angeboten. Sie erscheinen auch in Kombination mit Büchern oder anderen Materialien im „Medienverbund" (z.B. Sprachkurse). Audiovisuelle Materialien entstehen aber auch in Schulen und Universitäten durch die Aufzeichnung von Funk- und Fernsehsendungen mit eigenen Geräten (Tonbandgerät oder Videorecorder).

In Bibliotheken werden audiovisuelle Medien je nach Art und Aufgaben der Bibliothek in unterschiedlichem Umfang gesammelt und vermittelt. Als AV-Medien in *Öffentlichen Bibliotheken* sind vor allem Compact Discs (Audio-CD), Musikkassetten, Videokassetten und DVDs (mit Spielfilmen oder Dokumentarfilmen) in Gebrauch, in *Schulbibliotheken* und *Universitätsbibliotheken* Dia-Serien, Transparentfolien, Videokassetten und DVDs (meist Dokumentarfilme und Lehrfilme) sowie Sprachtonträger (vor allem für den Sprachunterricht). In manchen Universitätsbibliotheken gibt es „*Audiovisuelle Zentren*" mit den entsprechenden Abspiel- und Vorführgeräten (Platten- und CD-Spieler, Tonbandgerät, Dia- und Filmprojektor, Videogerät, Radio- und Fernsehgerät), die von den Universitätsangehörigen für Übungen und Seminare benutzt werden. In anderen Universitätsbibliotheken werden die AV-Medien je nach ihrem fachlichen Inhalt in den entsprechenden Fachbereichs- oder Teilbibliotheken aufbewahrt und benutzt.

3. Sonstige Nicht-Buch-Materialien

In vielen Bibliotheken gibt es weitere (gedruckte oder ungedruckte) Nicht-Buch-Materialien, die zum Teil zu den traditionellen bibliothekarischen Sammelgegenständen gehören. Es sind dies vor allem

- *Musikalien* (Musikwerke in Notenschrift), die in großen Bibliotheken zusammen mit der Fachliteratur über Musik und den Musiktonträgern in eigenen Musikabteilungen verwahrt werden; es gibt auch eigene (meist kommunale) Musikbibliotheken,
- *Druckgrafik*, dazu gehören Holzschnitte, Kupferstiche, Radierungen und Lithographien,
- *Fotos* und Fotoreproduktionen (z.B. Kunstdrucke), die zusammen mit Druckgrafik manchmal in eigenen Bildsammlungen zusammengefasst werden,
- *Landkarten* und *Pläne* (Stadtpläne, Gebäudepläne), manchmal in Karten- oder Plansammlungen aufbewahrt.

Eine eigene Bestandsgruppe bilden *unveröffentlichte Originalschriftstücke*, die meist in den Handschriftenabteilungen großer Bibliotheken gesammelt werden. Dazu gehören *Autographen*, d.h. eigenhändig geschriebene Schriftstücke berühmter Persönlichkeiten. Sie werden in vielen Fällen als Einzelstücke erworben, gelangen aber oft auch mit den *schriftlichen Nachlässen von Schriftstellern, Gelehrten oder Komponisten* in die Bibliothek. Solche Nachlässe enthalten vor allem Entwürfe oder Manuskripte von (unveröffentlichten oder veröffentlichten) Werken, Briefe und Briefabschriften, Notizbücher, Tagebücher, persönliche Urkunden und anderes mehr. Diese Schriftstücke bestehen also überwiegend aus literarischen oder wissenschaftlichen Texten oder haben Bezüge zum literarischen oder wissenschaftlichen Leben, sodass sie zum Sammelgut der Bibliotheken gehören und nicht zu dem der (staatlichen oder kommunalen) Archive.

Literarische Nachlässe von Dichtern und Schriftstellern werden allerdings nicht nur in Bibliotheken, sondern auch in selbstständigen Einrichtungen, den *Literaturarchiven*, gesammelt und zugänglich gemacht. Trotz ihres Namens sind Literaturarchive *bibliothekarische* Einrichtungen, weil Manuskripte, Briefe und Tagebücher von Dichtern und Schriftstellern zum Bereich der Literatur gehören und nicht zu dem aus politisch-administrativer Tätigkeit entstandenen Archivschriftgut. Die bekanntesten Literaturarchive in Deutschland sind das Goethe- und Schiller-Archiv in Weimar und das Deutsche Literaturarchiv in Marbach.

IV. Elektronische Publikationen

Elektronische Publikationen, d.h. digital gespeicherte und der Öffentlichkeit zugänglich gemachte Text-, Ton- und Bild-Informationen, können eingeteilt werden in

- *Offline-Publikationen*, die auf transportablen Datenträgern (vor allem CD-ROMs) vervielfältigt sind, und
- *Online-Publikationen* (Netzpublikationen), die auf den Festplatten von Netzwerk-Servern gespeichert sind und über das lokale Netz bzw. im Fernzugriff über regionale und globale Datennetze (z.B. das Internet) von den angeschlossenen PCs online abgerufen werden können.

1. Offline-Publikationen auf Datenträgern

Elektronische Offline-Publikationen werden auf Datenträgern (Disketten, CD-ROMs, Magnetbändern) vervielfältigt und „offline" verbreitet. Sie können bequem verschickt, transportiert und aufbewahrt werden. Mithilfe eines Computers und entsprechender Laufwerke (gegebenenfalls über ein Datennetz) lassen sich die auf Datenträgern gespeicherten Informationen abrufen, d.h. auf einem Bildschirm sichtbar machen, auf ein anderes Trägermedium übertragen, bearbeiten und ausdrucken.

Als Datenträger für kommerziell produzierte Offline-Publikationen werden Disketten und vor allem CD-ROMs verwendet.

Disketten (Klein-Magnetscheiben) dienen für die Verbreitung von Texten, Datensammlungen und Programmen und erscheinen häufig als Beilage zu gedruckten Büchern. Sie haben meist nur eine begrenzte Speicherkapazität von 1,44 Megabyte (rund 700 Textseiten) oder 2,8 MB. Für Multimedia-Anwendungen mit ihrem hohen Speicherbedarf sind Disketten nicht geeignet.

Wesentlich mehr Möglichkeiten bietet die *CD-ROM* (Compact Disc-Read Only Memory). Sie ist kein magnetisches, sondern ein *optisches* oder *optoelektronisches Speichermedium* für digitale Daten, das nach dem Prinzip einer Audio-CD funktioniert und wie diese aus einer metallbeschichteten Kunststoffscheibe von 12 cm Durchmesser besteht. Ihr Merkmal ist die sehr „kompakte" Speicherung der digitalen Daten, wobei die Bits als winzige Vertiefungen bzw. Nicht-Vertiefungen auf der Platte fixiert sind und beim Abspielen von einem Laserstrahl abgetastet werden. Wegen ihrer großen Speicherkapazität von rund 650 Megabyte, das sind ungefähr

Abb. 13: CD-ROM-Publikation – Multimediale Enzyklopädie

350 000 Textseiten oder 1000 Bücher, ist sie für die Publikation großer Textsammlungen und Datenbanken sowie speicherintensiver Multimedia-Produkte und Programme besonders geeignet. Weitere Vorzüge der CD-ROM sind die einfache und preisgünstige Herstellung, die leichte Handhabung, ihr geringer Platzbedarf und die relativ gute Haltbarkeit. Da auch für aufwändige Retrievalsoftware genügend Speicherplatz vorhanden ist, kann die CD-ROM komplexe Suchmöglichkeiten in Verbindung mit einer komfortablen Benutzerführung bieten. Eine neuere Weiterentwicklung ist die *DVD* (Digital Versatile Disc) mit noch kompakterer Datenspeicherung (4,7 bzw. 17 Gigabyte).

Aus diesen Gründen hat sich die CD-ROM seit etwa 1990 als Publikations-medium für *große, suchintensive, gegebenenfalls multimedial aufbereitete Datenbestände eingebürgert.* CD-ROM-Publikationen werden von Verla-gen und anderen Medienproduzenten hergestellt und per Verkauf oder Li-zenzvergabe vertrieben. Sie erscheinen selbstständig oder als Beilage zu Büchern und Zeitschriften. Typische Inhalte von CD-ROM-Publikationen sind beispielsweise folgende:

- *Literatur- oder Quellensammlungen,* z.b. Werkausgaben von Schrift-stellern und Dichtern mit Erläuterungen, eventuell ergänzt durch wei-tere Materialien, Bilder und Hörbeispiele; Sammlungen wissenschaftli-cher Quellentexte (z.b. für Historiker und Juristen); Ausgaben zurück-liegender Jahrgänge von Zeitungen und Zeitschriften,
- *Lernprogramme* in didaktischer und multimedialer Aufbereitung, also mit Texten, Fotos, Grafiken, Animationen, Audio- und Videoclips, in-teraktiv gestaltet, auch als „Edutainment"-Produkte in einer Mischung von Wissensvermittlung und Unterhaltung,
- *Nachschlagewerke* wie Enzyklopädien, Lexika, Wörterbücher, Adress-bücher, Telefonverzeichnisse, Statistik- und Faktensammlungen, eben-falls zum Teil multimedial aufbereitet,
- *Literaturdatenbanken* (auch Katalogdatenbanken), die als CD-ROM-Ausgaben aus den zugrunde liegenden bibliographischen Online-Da-tenbanken erzeugt werden; Retrievalsoftware und Benutzerführung sind oft komfortabler gestaltet als in der Online-Version,
- *Computerspiele* und *Computerprogramme.*

Ein Nachteil von Offline-Publikationen ist, dass die auf CD-ROMs (oder anderen Datenträgern) gespeicherten Informationen rasch an Aktualität verlieren. Dieser Gesichtspunkt ist aber bei vielen CD-ROM-Inhalten nicht von vorrangiger Bedeutung. Wo es auf Aktualität ankommt, z.B. bei bibli-ographischen Datenbanken, die fachliche Neuerscheinungen verzeichnen, wird in periodischen Abständen eine aktualisierte CD-ROM zum Aus-tausch mit der veralteten herausgebracht.

Da CD-ROM-Publikationen auch in Datennetzen online zur Verfügung ge-stellt und umgekehrt Netz-Publikationen auf CD-ROM abgespeichert wer-den können, gibt es zwischen Offline- und Online-Publikationen keine scharfe Grenze.

2. Online-Publikationen (Netzpublikationen)

Online-Publikationen werden auf Festplatten von Netzwerk-Servern ge-speichert (große Speicherkapazität von bis zu 200 Gigabyte, 1 GB =

500 000 Textseiten) und für den Online-Zugriff über das lokale Netz oder über regionale oder globale Netze bereitgestellt. Sie können mit dem ans Netz angeschlossenen PC eines Nutzers abgerufen, bearbeitet, abgespeichert und ausgedruckt werden. Gebräuchlichstes Medium für weltweit zugängliche Online-Informationen und -Publikationen ist heute das Internet mit einer gigantischen Fülle von Informationsangeboten kommerzieller, öffentlicher und privater Anbieter.

Als Beispiele für Netzpublikationen, die sich an Interessenten aus den Bereichen Wissenschaft, Bildung und Berufspraxis wenden und für Bibliotheken und ihre Leser von längerfristigem Wert sind, seien die folgenden genannt:

– *Literatur- und Quellensammlungen*, z.B. Sammlungen von Werken der Schönen Literatur oder von wissenschaftlichen Quellentexten, auch von Handschriften, Dokumenten, Bildern und Fotos, meist entstanden durch Digitalisierung von gedruckten oder sonstigen Bibliotheksbeständen; Online-Versionen von Enzyklopädien und anderen Nachschlagewerken,

– *aktuelle Forschungsergebnisse in Texten und Abhandlungen*, veröffentlicht von Universitäten, Forschungseinrichtungen, Fachgesellschaften oder einzelnen Wissenschaftlern, z.B. Dissertationen, Magisterarbeiten, Projektberichte, Institutsmitteilungen, wissenschaftliche Aufsätze, zum Teil als Preprints (= Vorveröffentlichungen); *Unterrichtsmaterialien*, z.b. multimediale Lernprogramme für Studenten; *aktuelle Informationen* von und über Einrichtungen für Wissenschaft, Bildung und des öffentlichen Lebens,

– elektronische *Zeitungen und Zeitschriften* in ihren aktuellen und zurückliegenden Ausgaben, meist parallel zur gedruckten Version, teils nur in digitaler Form veröffentlicht; bei Parallelausgaben ist die neueste Nummer meist vor Erscheinen der Papierausgabe online verfügbar,

– *Literatur-, Katalog- und Faktendatenbanken*, die von Fachinformationseinrichtungen (Datenbankanbietern, Hosts) bzw. von Bibliotheken und Bibliotheksverbünden für den Online-Zugriff bereitgestellt werden.

Neuerdings treten Online-Anbieter auf, die Informations- oder „Wissensplattformen" von qualitativ hochwertigen Netzinformationen aus Lexika, Zeitschriften, Zeitungen, Text-, Bild- und Tonarchiven und eigens redaktionell aufbereiteten Artikeln kostenlos oder gegen Gebühr anbieten. Solche mehr für eine breite Nutzerschicht bestimmten Angebote sind ein Gegenstück zu den von Wissenschaftlichen Bibliotheken und Fachinformationseinrichtungen verfügbar gemachten Netzpublikationen in der Art „Virtueller Bibliotheken".

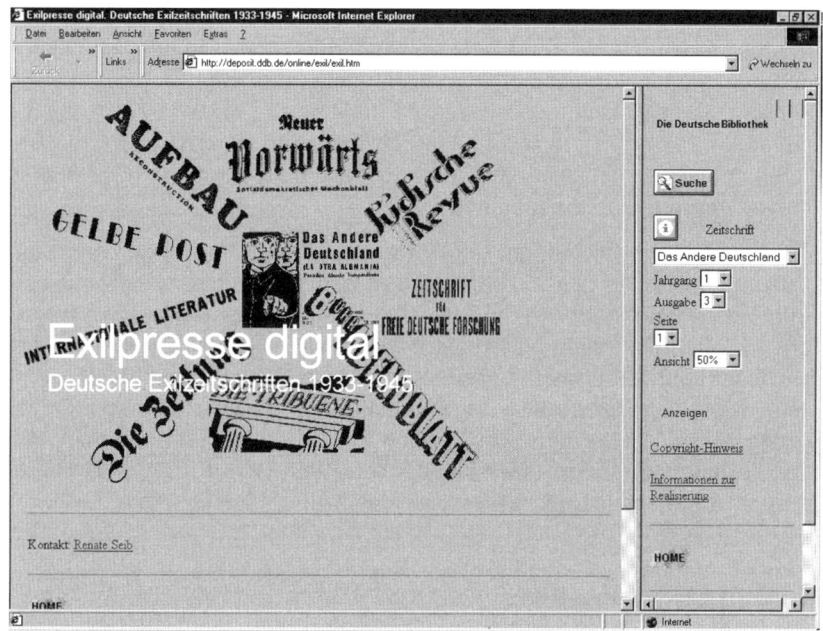

Abb. 14: Online-Publikation – Digitalisierte deutsche Exilzeitschriften 1933-1945 (Deutsche Bibliothek Frankfurt a.M.)

Eigenschaften von Netzpublikationen

Online-Publikationen können *kostengünstig* ohne großen Aufwand und deshalb *schnell im Netz bereitgestellt* und verfügbar gemacht werden. Sie können daher besonders *aktuell* sein, bieten jeweils den *neuesten Informationsstand* und sind in diesem Punkt sowohl den Printmedien wie den Offline-Publikationen weit überlegen.

Netzpublikationen sind *beliebig verfügbar*, auf sie kann im Prinzip jeder Interessent von jedem Ort aus und zu jeder Zeit mit seinem vernetzten PC bei auftretendem Informationsbedarf sofort zugreifen. Obwohl sie nur auf einem einzigen Angebotsserver vorhanden sind, können sie beliebig oft abgerufen und damit multipliziert werden. Grenzen werden lediglich durch die Zugriffsbedingungen des Anbieters gezogen, der bei urheberrechtlich geschützten Werken die Nutzung an bestimmte Voraussetzungen knüpfen und Gebühren verlangen kann.

Netzpublikationen können „dynamische Dokumente" sein, d.h. ihre Inhalte können vom Anbieter *verändert*, also aktualisiert, verbessert, ergänzt oder gekürzt werden („lebender Text"). Dies ist z.B. dann der Fall, wenn

129

Wissenschaftler Entwürfe ihrer Artikel den Fachkollegen im Netz zur Diskussion stellen und auf Einwände hin Änderungen vornehmen. Netzpublikationen können vom Anbieter jederzeit wieder *aus dem Netz entfernt* und gelöscht werden. Dadurch entstehen Probleme für die Wissenschaft, die darauf angewiesen ist, sich auf inhaltlich stabile und langfristig verfügbare Publikationen zu beziehen und durch Zitate auf sie verweisen zu können, um Nachprüfungen zu ermöglichen.

Die Anbieter, oft die Autoren selbst, wenden sich im Netz ohne Zwischeninstanzen direkt an den informationssuchenden „Endnutzer". Damit entfällt bei Netzpublikationen die beim traditionellen Herstellen und Verbreiten von Publikationen entstehende „Publikationskette" Autor–Verlag–Buchhandlung–Bibliothek–Leser. Eine Qualitätskontrolle findet nicht statt, sofern sie nicht von seriösen Anbietern (z.B. Hochschulen, Behörden, Verlagen) selbst ausgeübt wird. Netzinformationen und -publikationen sind deshalb von höchst unterschiedlichem Wert (wie Bücher und andere Medien auch) und erfordern wie diese den kritischen Nutzer und Leser.

3. Multimedia-Produkte

Multimedia ist der Sammelbegriff für elektronische Informationsangebote, die aus einer Kombination verschiedener Medien bestehen: Text, Töne (Sprache, Musik), Standbilder, bewegte Bilder. Ein Multimedia-PC kann auf Grund seiner Hard- und Software-Ausstattung Multimedia-Produkte abspielen, die auf einer Multimedia-CD enthalten oder als Netzpublikationen verfügbar sind. Für Multimedia müssen folgende Voraussetzungen gegeben sein:

(1) Unterschiedliche Medientypen werden *kombiniert*, nämlich statische (unveränderliche) Medien wie Texte, Grafiken, Fotos und dynamische Medien wie z.B. Videosequenzen, Musik, Sprache. Von Multimedia spricht man, wenn mindestens ein statisches und ein dynamisches Medium kombiniert werden.

(2) Eine *interaktive Nutzung* der Multimedia-Angebote ist möglich, d.h. der Nutzer ist nicht nur Empfänger, sondern kann über Rückkanäle reagieren, indem er Inhalte verändert und Aktionen auslöst.

(3) Die Multimedia-Anwendungen erfolgen *mittels digitaler Technik*, die die Speicherung und Bearbeitung der Daten ermöglicht, die den verschiedenen Medien zu Grunde liegen. Die Verarbeitung der Daten von unterschiedlichen Medien kann durch den Computer erfolgen, weil alle Daten digitalisiert und deshalb miteinander mischbar sind. Gleichgültig ob es

sich um Töne, Bildausschnitte oder Textelemente handelt, jede Information wird durch Digitalisierung in eine Kombination von Binärziffern übertragen, sodass sie von einem einzigen Verarbeitungssystem erfasst werden kann.

Bei anspruchsvollen Multimedia-Anwendungen, vor allem bei Bewegtbildern mit hoher Auflösung und Musik in guter Qualität, fallen große Datenmengen an. Sie erfordern eine hohe Speicherkapazität, große Rechenleistung und im Online-Betrieb Leitungen mit hoher Übertragungsgeschwindigkeit. Diese Voraussetzungen sind heute überwiegend gegeben, sodass die Nutzung von Multimedia-Anwendungen in breitem Umfang möglich ist.

4. Fernzugriff auf Netzdokumente

Für den Nutzer, der in der Bibliothek, an seinem Arbeitsplatz oder zuhause auf öffentlich zugängliche elektronische Publikationen zugreifen will, gibt es zwei Möglichkeiten, nämlich

(1) den Zugriff auf die im lokalen Netz seiner Bibliothek, Hochschule oder Forschungseinrichtung auf dem Netzserver bereitgestellten digitalen Bestände, und

(2) den Fernzugriff auf die an entfernten Standorten aufliegenden und über Datennetze wie das Internet zugänglichen digitalen Publikationen und Informationen.

Im zweiten Fall erfolgt der Zugriff nicht auf den eigenen digitalen Bestand der Bibliothek oder Institution, sondern auf die Online-Bestände anderer Bibliotheken und Informationsanbieter. Das Prinzip „Bestand", d.h. die vorsorgliche Erwerbung und Bereitstellung der voraussichtlich von den Benutzern nachgefragten Medien im Sinne einer örtlichen Vorratshaltung, wird also bei externen Netzdokumenten ersetzt durch das Prinzip „Fernzugriff", d.h. die gezielte Ermittlung und den sofortigen Abruf der entfernt gespeicherten digitalen Daten über Netz, möglichst genau zu dem Zeitpunkt, zu dem der Informationsbedarf auftritt.

Der Zugriff auf Netzdokumente setzt voraus, dass Erschließungs- und Zugangssysteme vorhanden sind, um dem Nutzer die gezielte Auswahl und den bequemen Zugang zu den Online-Publikationen zu ermöglichen. Besonders wünschenswert ist Einheitlichkeit der Benutzeroberfläche und der Suchmethodik, auch wenn auf ganz unterschiedlich strukturierte Netzdokumente zugegriffen wird. Es ist eine Aufgabe der Bibliotheken, solche Zugangssysteme für ihre Benutzer einzurichten und bereitzustellen.

Auf dem Prinzip „Fernzugriff auf Netzressourcen" beruht das Konzept der *Virtuellen* oder *Digitalen Bibliothek.* Die beiden Begriffe werden in der Fachliteratur nicht ganz einheitlich definiert, doch bedeuten sie im Kern dasselbe: Sie bezeichnen ein digitales Zugangssystem und die damit erfassten ausgewählten, verteilt im Netz gespeicherten elektronischen (Volltext-) Publikationen, auf die mithilfe des Systems zugegriffen werden kann. Beim Begriff der „Virtuellen Bibliothek" steht im Vordergrund, dass diese nicht real als konkrete Bibliothek existiert, sondern lediglich virtuell, d.h. „scheinbar" oder „der Möglichkeit nach", indem die zugehörigen verteilten Netzressourcen erst durch den Fernzugriff des Benutzers aufgerufen und aktiviert werden. Der Begriff „Digitale Bibliothek" bezeichnet eine Sammlung digitaler Dokumente, manchmal (in einem engeren Sinn) die digitalen Bestände einer konkreten Bibliothek, die auf ihrem eigenen Server zugänglich sind, meist aber (in der obengenannten weiteren Bedeutung) ein umfassendes und komplexes Recherche-, Nachweis- und Zugangssystem zu verteilt gespeicherten digitalen (und nicht-digitalen) Ressourcen, das OPACs, Aufsatzdatenbanken, Volltextsammlungen und Dokumentlieferdienste einbezieht und verfügbar macht.

5. Gedruckte und elektronische Medien im Vergleich

Publikations-, Informations- und Bibliothekswesen sind heute von einem Nebeneinander von gedruckten und elektronischen Medien gekennzeichnet. Beide Medienarten haben jeweils ihre spezifischen Vorteile.

Wer umfangreiche Texte im Zusammenhang, gegebenenfalls wiederholt, intensiv studieren oder genussvoll lesen möchte, wird das *gedruckte Buch* bevorzugen. Niemand will eine Geschichtsdarstellung, ein grundlegendes naturwissenschaftliches Werk, einen Roman oder eine Lyriksammlung am Bildschirm lesen. Dies gilt nicht nur für Gesamtdarstellungen, Belletristik, Ratgeberliteratur aller Art, Kinder- und Jugendliteratur, sondern im Normalfall auch für Sach-, Fach-, Lehr- und Handbücher sowie für Zeitungen und Zeitschriften. Bei allen Texten, die man fortlaufend und unkompliziert, d.h. ohne Gerät, und an beliebigen Orten lesen möchte, ist die gedruckte Form überlegen. Druckerzeugnisse auf Papier haben auch eine viel längere Lebensdauer als digitale Informationen auf Datenträgern.

Demgegenüber erweisen sich die Vorzüge *elektronischer Medien* immer dann, wenn aus großen Text- oder Datenmengen eher punktuelle Informationen oder kurze Texte durch komplexe Suchmethoden gezielt abgefragt werden sollen, wenn es besonders auf aktuelle und spezielle Informationen in Datennetzen und auf den sofortigen Zugriff vom Arbeitsplatz des Wissenschaftlers oder Praktikers aus ankommt, und wenn die abgerufenen Informationen digital weiterverarbeitet oder abgespeichert werden sollen. Multimedia-Produkte und Hypertext-Anwendungen sind nur in elektronischer Form möglich.

Die leichte Überführbarkeit von elektronischen Informationen in gedruckte (und umgekehrt) erlaubt es, zwischen beiden Darstellungsformen zu wechseln. Den Vorzügen beider Medienarten wird Rechnung getragen bei *Parallelausgaben* in gedruckter und elektronischer Form, wie sie z.B. bei vielen Zeitschriften und Zeitungen oder bei Lexika und Nachschlagewerken vorkommen.

Dritter Teil

Bibliothekarische Literatur- und Informationsversorgung

I. Bestandsaufbau (Erwerbung)

Zur bibliothekarischen Literatur- und Informationsversorgung gehören alle Arbeiten und Dienstleistungen, die das Ziel haben, in Bibliotheken Literatur, Medien und Informationen zum Zweck der Lektüre oder Konsultation bereitzustellen oder zu vermitteln. Sie gliedern sich in die Arbeitsbereiche

(1) Bestandsaufbau (Erwerbung),

(2) Bestandserschließung (Katalogisierung),

(3) Bestandsaufbewahrung und -erhaltung,

(4) Bestandsvermittlung (Benutzungsdienste).

Der Bereich *Bestandsaufbau* oder *Erwerbung* umfasst alle bei der Auswahl, der Beschaffung und der Zugangsbearbeitung der erworbenen Bücher, Medien und Informationen erforderlichen Arbeiten.

1. Grundsätze und Methoden des Bestandsaufbaus

Der Aufbau und die sinnvolle Vermehrung des Bibliotheksbestandes gehört zu den wichtigsten und schwierigsten Tätigkeiten des Bibliothekars. Die Auswahl der für die Bibliothek zu erwerbenden Bücher und Medien muss kritisch und planmäßig erfolgen und sich nach den Aufgaben der Bibliothek richten. Bei einer Öffentlichen Bibliothek wird die Auswahl nach anderen Grundsätzen getroffen als bei einer Wissenschaftlichen Bibliothek und bei einer Universalbibliothek anders als bei einer Spezialbibliothek. Es kommt darauf an, die wesentlichen Veröffentlichungen, die vom Benutzerkreis der Bibliothek erwartet werden, zu erwerben. Manche Bibliotheken legen in einem „Erwerbungsprofil" fest, welche Fachgebiete, Literaturarten, Publikationsformen und Sprachen beim Bestandsaufbau besonders berücksichtigt werden sollen. Dabei ist die Qualität, die aktuelle Bedeutung und (soweit vorhersehbar) der zukünftige Wert der Bücher und Medien maßgebend. Im übrigen muss sich die Auswahl nach der Höhe der verfügbaren Mittel richten.

Auf der ganzen Welt werden zur Zeit (1999) über 850 000 Buch-Neuerscheinungen pro Jahr veröffentlicht, davon rund 80 000 Titel in Deutschland. Dazu kommen weltweit ca. 180 000 laufend erscheinende Fachzeitschriften. Angesichts dieser gewaltigen Flut von Publikationen, die keine Bibliothek vollständig erwerben kann, kommt den Methoden der Buch- und Medienauswahl eine große Bedeutung zu.

Der Bestandsaufbau in Bibliotheken wird im folgenden, soweit nicht anders angegeben, am Beispiel der Erwerbung von Printmedien (Büchern) dargestellt.

a) Methoden der Buchauswahl

Die Auswahl der für die Bibliothek anzuschaffenden Literatur wird von Bibliothekaren vorgenommen, die die fachlichen Voraussetzungen dafür besitzen. An kleinen Bibliotheken entscheidet meist der Leiter der Bibliothek über die Buchauswahl. An größeren Bibliotheken und in Bibliothekssystemen ist die Auswahl auf mehrere Bibliothekare verteilt.

Bei der Buchauswahl kann man folgende Arbeitsschritte unterscheiden: (1) Sichtung, (2) Begutachtung oder Beurteilung, (3) Kaufentscheidung. In der Praxis werden sie oft in einem einzigen Auswahlvorgang vollzogen.

Sichtung des Buchangebots

Durch die Sichtung des Buchangebots verschafft sich die Bibliothek einen umfassenden oder (je nach Bedarf) ausschnittweisen *Überblick über die einschlägige Buchproduktion*. Die Sichtung bezweckt eine *Vorauswahl* der zur Anschaffung voraussichtlich geeigneten bzw. ungeeigneten Bücher. Dafür stehen verschiedene Hilfsmittel zur Verfügung, nämlich Nationalbibliographien (z.b. das Wöchentliche Verzeichnis der „Deutschen Nationalbibliographie"), sonstige Allgemein- und Fachbibliographien, Veröffentlichungen des Buchhandels wie das „Börsenblatt des Deutschen Buchhandels" mit seinen Buchanzeigen und Vorankündigungen, ferner Buchbesprechungen (Rezensionen), Verlagskataloge, Verlagsprospekte, Antiquariatskataloge. Für die Buchauswahl in Öffentlichen Bibliotheken gibt es eigene Auswahllisten und Besprechungsdienste. Vorschläge zur Buchanschaffung kommen auch von den Lesern.

Eine umfassende Sichtung des Buchangebots wird nur von großen Universalbibliotheken vorgenommen. Spezialbibliotheken beschränken sich auf die Sichtung der fachlich einschlägigen Literatur, Öffentliche Bibliotheken verzichten oft auf eine eigene Sichtung der Neuerscheinungen und stützen sich auf Besprechungsdienste, die nur eine Auswahl solcher Titel enthalten, die für Öffentliche Bibliotheken in Frage kommen.

Begutachtung durch Einsichtnahme

Für die in die engere Wahl gezogenen Bücher muss entschieden werden, ob ihre Qualität die Anschaffung rechtfertigt. Sofern nötig und möglich, kann

138

in der Bibliothek eine *Prüfung* oder *Begutachtung* des Buches anhand eines Ansichtsexemplars erfolgen. Bibliotheken können sich die betreffenden Neuerscheinungen vom Buchhändler *„zur Ansicht"* (d.h. mit Rückgaberecht) vorlegen lassen. Der Bibliothekar kann dann durch Einsichtnahme in das Buch ein begründetes Urteil über seinen Wert gewinnen. Wird das Buch nicht erworben, geht das Ansichtsexemplar an den Buchhändler zurück.

Die Begutachtung einer großen Zahl von Ansichtsexemplaren erfordert viel Zeit. Außerdem entstehen für die Bibliothek erhebliche organisatorische und räumliche Probleme. Deshalb werden Ansichtssendungen meist nur in begrenztem Umfang angefordert oder ganz auf Ausnahmefälle (besonders teure und umstrittene Werke) beschränkt.

Große Wissenschaftliche Bibliotheken, vor allem im Aufbaustadium, lassen sich manchmal die Neuerscheinungen bestimmter Fachgebiete oder die ganze Produktion bestimmter (Fach-)Verlage zur Ansicht vorlegen. Auch dieses Verfahren ist nur dann rationell, wenn voraussichtlich nur ein geringer Prozentsatz der Ansichtssendungen nicht erworben, d.h. dem Buchhändler zurückgegeben wird.

Beurteilung auf Grund von Besprechungen

In den meisten Fällen ist eine Begutachtung der Bücher durch die Bibliothek anhand von Ansichtsexemplaren nicht erforderlich. Vielfach lässt sich die Beurteilung von Qualität und Wert eines Buches auf die Begutachtung anderer Fachleute, d.h. auf eine *Buchbesprechung (Rezension)* stützen. Solche Besprechungen erscheinen in eigenen Besprechungsdiensten, in bibliothekarischen Zeitschriften, in Fachzeitschriften und Zeitungen. Für Öffentliche Bibliotheken sind besonders wichtig die durch die „Lektoratskooperation" erstellten und von der ekz in Reutlingen herausgegebenen Besprechungsdienste (vgl. weiter unten).

Allerdings hat die Beurteilung von Büchern anhand von Rezensionen den Nachteil, dass die Besprechung erst einige Zeit nach Erscheinen des Buches zur Verfügung steht und sich dadurch die Anschaffung des Buches entsprechend verzögert.

Beurteilung auf Grund von bibliographischen Angaben

Bei zahlreichen Büchern lässt sich schon auf Grund der Angaben in Bibliographien oder ähnlichen Unterlagen (Titeldrucken, Verlagsinformationen, Buchhändlerlisten) erkennen, ob ein Buch den Auswahlprinzipien und Qualitätsvorstellungen der Bibliothek entspricht oder nicht. Anhaltspunkte für die Bewertung des Buches bieten in solchen Fällen beispielsweise der Name des Verfassers (etwa wenn es sich um einen bekannten Romanautor oder einen berühmten Gelehrten handelt), die Bedeutung und Aktualität des Themas, die Formulierung des Titels, die Art des Verlages oder der herausgegebenen Stelle oder die Zugehörigkeit zu einer anerkannten wissenschaftlichen Reihe.

Buchbeurteilung und Kaufentscheidung anhand von frühzeitigen bibliographischen Informationen (z.b. des vor dem Erscheinen des Buches publizierten CIP-Dienstes) ermöglichen eine besonders rasche Auswahl und Beschaffung.

Kaufentscheidung

Bei der Kaufentscheidung, also der Entscheidung über die Anschaffung oder Nicht-Anschaffung des Buches, ist vor allem zu prüfen, ob der Kauf des Buches im Hinblick auf die Aufgaben, die fachlichen Schwerpunkte und den Benutzerkreis der Bibliothek sinnvoll und im Hinblick auf die verfügbaren Geldmittel vertretbar ist. Die Kaufentscheidung wird entweder von den an der Sichtung und Begutachtung bzw. Beurteilung beteiligten Bibliothekaren selbst getroffen, oder sie erfolgt auf Grund der Vorschläge dieser Bibliothekare durch den Leiter der Erwerbungsabteilung oder den Leiter der Bibliothek.

Gleichzeitig mit der Kaufentscheidung muss festgelegt werden, ob das Buch nur in einem Exemplar oder aber „gestaffelt", d.h. in *Mehrfachexemplaren* (Mehrstücken) angeschafft werden soll. Diese Entscheidung richtet sich nach der voraussichtlichen Nachfrage, d.h. gestaffelt werden nur Bücher, die besonders viel verlangt werden. Mehrfachexemplare sind typisch bei viel gefragten Werken in den Öffentlichen Bibliotheken und in den Lehrbuchsammlungen der Universitäts- und Hochschulbibliotheken. An großen Öffentlichen Bibliotheken sind bis zu 20-30% des Bestandes Mehrstücke. In Lehrbuchsammlungen werden häufig verlangte Lehrbücher manchmal in einer Staffelung von 50 oder 100 Exemplaren angeschafft.

b) Bestandsaufbau an Öffentlichen Bibliotheken

Die Arbeiten der *Sichtung* und *Begutachtung* der Bücher werden im Öffentlichen Bibliothekswesen zusammenfassend als *Lektoratsarbeiten* bezeichnet. Der Ausdruck „Lektorat" kommt ursprünglich aus dem Verlagswesen. Im Verlag ist es Aufgabe des Lektors, die eingehenden Manuskripte zu lesen und zu begutachten. Ähnlich bestehen die Lektoratsarbeiten an Öffentlichen Bibliotheken in der Sichtung des Buchangebots und in der

Begutachtung der in Frage kommenden Bücher. An großen Öffentlichen Bibliotheken und in großstädtischen Bibliothekssystemen werden in der Regel mehrere Lektorate, aufgegliedert nach Sachgebieten, gebildet. (Statt „Lektorat" ist manchmal auch die Bezeichnung „Fachreferat" üblich.) So kann zum Beispiel eine Gliederung in fünf Lektorate oder Fachreferate erfolgen, nämlich für die Gebiete (1) Schöne Literatur, Sprach- und Literaturwissenschaft, (2) Geisteswissenschaften, (3) Sozialwissenschaften, (4) Naturwissenschaften und (5) Technik. Weitere Lektorate für Jugendschrifttum und Musik können hinzukommen.

In *großstädtischen Bibliothekssystemen* werden die Lektorate meist an der Zentralbibliothek eingerichtet. Die Ergebnisse der von den Lektoraten vorgenommenen Sichtung und Begutachtung der Bücher werden meist in Form von Vorschlagslisten mit Kurzbesprechungen zusammengefasst. Diese Vorschlagslisten dienen dann als Grundlage für die Kaufentscheidung. Die Bibliothekare der Zweigbibliotheken sind an der Begutachtung der Literatur häufig mitbeteiligt. In vielen Bibliothekssystemen nehmen sie auch entscheidenden Einfluss auf die Kaufentscheidung, d.h. auf die Auswahl der Bücher für ihre Zweigbibliothek, etwa im Rahmen einer festgelegten Geldsumme oder unter Beschränkung auf die von den zentralen Lektoraten aufgestellten Vorschlagslisten. In anderen Städten bestimmt die Zentrale (d.h. die Lektoren oder der Bibliotheksdirektor) in stärkerem Maße, welche Titel für welche Zweigbibliotheken gekauft werden sollten.

Für den Bestandsaufbau an Öffentlichen Bibliotheken gibt es spezielle *Hilfsmittel*, die über die wichtigen Neuerscheinungen orientieren und dadurch der einzelnen Bibliothek die Arbeit der Sichtung und Begutachtung abnehmen oder zumindest sehr erleichtern. Zu nennen sind hier vor allem die von der *ekz.bibliotheksservice GmbH* in Reutlingen herausgegebenen *Informationsdienste* oder *Lektoratsdienste*. Sie berichten über büchereigeeignete deutsche Neuerscheinungen und beruhen auf den Buchbegutachtungen und -besprechungen einer Vielzahl von Lektoren und Rezensenten im Rahmen der von DBV, BIB und ekz organisierten *Lektoratskooperation*. Sie enthalten außer den bibliographischen Angaben knappe Inhaltsinformationen und Urteile über die Einsatzmöglichkeiten des jeweiligen Titels in einer Öffentlichen Bibliothek. Dabei gibt es verschiedene Angebotsstufen des Informationsdienstes (ID) für die unterschiedlichen Bedürfnisse der Öffentlichen Bibliotheken:

– *ID große Ausgabe* erscheint wöchentlich in Zettelform und enthält jährlich rund 13 500 Kurzbesprechungen neu erschienener Bücher. Der große ID ist gedacht für große Öffentliche Bibliotheken.

- *ID kleine Ausgabe* erscheint wöchentlich in Zettelform mit etwa 9000 Kurzbesprechungen im Jahr und ist vor allem ein Hilfsmittel für Mittelstadt- und Kleinstadtbibliotheken.
- *ID Auswahl-Ausgabe* erscheint wöchentlich in Zettelform und berichtet über ca. 6000 Titel pro Jahr. Sie soll vor allem kleineren Bibliotheken eine Hilfe beim Bestandsaufbau sein.
- *BA (Besprechungen und Annotationen)* enthält die gleichen Buchbesprechungen wie der kleine ID und erscheint wöchentlich im Heftformat (mit zusätzlichen Informationen).

Für Non-Book-Medien erscheint das *Medien-Info* wöchentlich in Heftform mit ca. 3000 Titeln pro Jahr.

Die Informationsdienste der ekz werden auch auf Disketten angeboten. Alle Titel der ekz-Lektoratsdienste seit 1986 gibt es auf 2 CD-ROMs und online in der ekz-Datenbank.

Die ekz liefert auf Bestellung alle bibliotheksrelevanten Medien: Bücher des deutsch- und fremdsprachigen Marktes, Tonkassetten, CDs, CD-ROMs, DVDs, Videos, Landkarten und Spiele. Auf Wunsch werden die Medien bibliothekarisch erschlossen und ausleihfertig bearbeitet. Bücher können mit dem strapazierfähigen ekz-Einband versehen werden. Nach von der Bibliothek festgelegten Erwerbungsprofilen werden Medien per *Standing Order* von der ekz ausgewählt und geliefert.

Sammelbesprechungen von Literatur zu bestimmten Themen veröffentlicht die Fachzeitschrift *Buch und Bibliothek*. Außerdem gibt es Besprechungen von Büchern für Öffentliche Bibliotheken auch in regionalen und kirchlichen Büchereizeitschriften.

c) Bestandsaufbau an Wissenschaftlichen Bibliotheken

An Wissenschaftlichen Bibliotheken wird die Buchauswahl nach Wissenschaftsfächern auf mehrere *Fachreferate* aufgeteilt. Die als *Fachreferenten* tätigen Bibliothekare besorgen die Buchauswahl jeweils für ein Fachgebiet oder für mehrere Fachgebiete, für das bzw. für die sie durch ihr Studium ausgebildet sind. (Nicht selten ist der Fachreferent außer für seine Studiengebiete auch noch für andere, benachbarte Fächer zuständig.) Bei diesem Fachreferatsystem betreut also z.B. ein Philologe die Sprach- und Literaturwissenschaft, ein Historiker die Geschichte, ein Jurist die Rechtswissenschaft (eventuell mit Einschluss der übrigen Sozialwissenschaften), ein Biologe die Biowissenschaften (oder eventuell alle Naturwissenschaften) und so weiter. Der Fachreferent bedient sich aller einschlägigen Hilfsmittel für die Buchauswahl auf seinen Fachgebieten (Allgemein- und Fachbiblio-

Leimbach, Marti:
Zeit der Erinnerung : Roman / Marti Leimbach. - Dt. Erst-
ausg. - Reinbek bei Hamburg : Wunderlich, 1999. - 347 S. ;
19 cm. - (Wunderlich-Taschenbuch ; 26212)
Aus dem Engl. übers.
ISBN 3-499-26212-6 kt. : DM 14.00   F

Die 16-jährige Rebecca kehrt mit Mutter und Schwester aus
dem sonnigen Kalifornien in die abgelegene Londoner Villa
ihrer Tante Rose zurück. Die obere Etage wird von der Gei-
gerin Lea und ihrem Mann James, der Schriftsteller ist, be-
wohnt. Rebecca ist fasziniert von dem jungen Künstlerehe-
paar, das sie wie eine Erwachsene behandelt und ihr interes-
sante Seiten Londons zeigt. Als sich Rebecca heimlich in
James verliebt, beschließt sie, ihr Elternhaus zu verlassen
und im Norden Englands zu studieren. Jahre später - Lea hat
inzwischen Selbstmord begangen - begegnen sich Rebecca
und James erneut. Doch ihre Liebe wird vom tragischen Tod
Leas überschattet, über den James nicht hinwegkommt. Bit-
ter-süße, melancholische Liebesgeschichten wie diese sind
die Spezialität von Leimbach (zuletzt BA 6/99). Ein kurz-
weiliger, zeitloser, glaubwürdiger Frauenroman, der in allen
Bibliotheken seine Leserinnen finden wird.
                                        Ulrike Gieck-Schulz

Standing Order ekz-Modell SL-Taschenbuch

ID 12/00 - BA 5/00 - NB 2/00   443.819.7

ekz-Informationsdienst

Abb. 15: Zettel des ekz-Informationsdienstes

graphien, Fachzeitschriften, Antiquariatskataloge, Prospekte, Rezensions-
blätter, Informationen in Datennetzen) und hält Kontakt mit den Einrichtungen für Forschung und Lehre seiner Fächer im Bereich der Bibliothek,
um deren Literaturbedürfnisse zu berücksichtigen.

Die Kaufentscheidung liegt meist bei den Fachreferenten selbst (wobei sie mit dem für ihre Fächer zugeteilten Geldbetrag auskommen müssen). Gegebenenfalls, d.h. in Ausnahmefällen, werden die Vorschläge der Fachreferenten vom Leiter der Erwerbungsabteilung oder vom Direktor der Bibliothek überprüft. Die früher an manchen Bibliotheken üblichen *Kaufsitzungen*, das sind Besprechungen aller Fachreferenten unter Vorsitz des Erwerbungsleiters oder Bibliotheksdirektors, sind allenfalls für die Erörterung der Anschaffung von besonders teuren Werken oder von Zeitschriftenabonnements sinnvoll.

Neben den Fachreferaten gibt es an manchen großen Bibliotheken, die besonders viel ausländische Literatur erwerben, Sprachreferate oder Länderreferate, die also nicht ein bestimmtes Wissenschaftsfach, sondern einen Sprachraum oder ein Land umfassen. Ein Sprach- oder Länderreferent hat z.B. die Auswahl aus allen in englischer Sprache erschienenen oder allen in Frankreich veröffentlichten Büchern zu treffen. Sprach- und Länderreferate haben Vorteile für die Organisation von Buchauswahl und Erwerbung und für die genaue Beobachtung des Publikationswesens in einem Land oder Sprachgebiet. Notwendig sind solche Sprach- oder Länderreferate für die Erwerbungen aus entlegeneren Sprachen und Ländern, etwa für Bücher in slawischen oder orientalischen Sprachen.

Für große Wissenschaftliche Bibliotheken ist die Erwerbung von *wissenschaftlichen Zeitschriften* von besonderer Wichtigkeit. In den neuesten Ausgaben der Fachzeitschriften sind die aktuellsten Forschungsergebnisse enthalten, die für Wissenschaft und Praxis schnellstmöglich verfügbar sein müssen. Preiserhöhungen der Verlage und Kürzungen der Bibliotheksetats haben seit einiger Zeit die Erwerbung von wissenschaftlichen Zeitschriften in eine Krise gebracht (Folge: Abbestellungen von Abonnements), die möglicherweise durch den Bezug von Zeitschriften in elektronischer Form gemildert werden kann.

d) Aussonderung und Ersatzbeschaffung

Zum Bestandsaufbau im weiteren Sinn gehört nicht nur die Anschaffung, sondern auch die *Aussonderung* von Büchern und Medien aus dem Bibliotheksbestand.

Die Aussonderung muss vor allem an *Öffentlichen Bibliotheken* regelmäßig durchgeführt werden, da hier der Bestand *aktuell* bleiben soll. Ausgeschieden werden inhaltlich veraltete oder überholte, nicht mehr aktuelle und deshalb nicht oder nur selten benutzte Werke.

An *Wissenschaftlichen Bibliotheken* wurden früher in der Regel nur Mehrfachexemplare (z.b. von Lehrbüchern) ausgesondert, wenn das betreffende Buch inhaltlich veraltet war. Im übrigen galt an Wissenschaftlichen Bibliotheken im allgemeinen der Grundsatz, den Buchbestand auf unbegrenzte Zeit aufzubewahren. Dieser Grundsatz wird fragwürdig, wenn die Bibliotheken durch den starken Bücherzuwachs in Raumnöte geraten und der Bau neuer Magazine zu teuer wird. Deshalb sind viele Wissenschaftliche Bibliotheken dazu übergegangen, bestimmte Kategorien selten benutzter Literatur (z.b. alte Jahrgänge von Zeitungen und von naturwissenschaftlichen und technischen Zeitschriften, ältere Dissertationen, Gesetzessammlungen, Amts- und Firmenschriften) auszusondern, wenn sichergestellt ist, dass die ausgesonderte Literatur im Bedarfsfall aus einer anderen Bibliothek (z.b. Pflichtexemplarbibliothek, Speicherbibliothek) zur Einsichtnahme angefordert werden kann. Ausgesonderte Literatur wird daher gegebenenfalls an eine solche Archivbibliothek übergeben.

Natürlich kommt eine Aussonderung nicht in Frage bei Literatur, die lange Zeit aktuell bleibt, z.b. Quellen- und Forschungsliteratur aus den Geisteswissenschaften, und bei den eigentlichen Archivbeständen, z.b. regionaler Literatur in Regionalbibliotheken.

Ein besonderer Fall ist die Aussonderung *wegen Verschleißes*, d.h. wenn Bücher durch häufige Benutzung so zerlesen und beschädigt sind, dass das Neubinden nicht mehr möglich oder lohnend ist. Erfahrungsgemäß ist an Öffentlichen Bibliotheken ein Buch mit Bibliothekseinband durchschnittlich nach 60 Entleihungen, ein ebenso gebundenes Buch der Kinderliteratur durchschnittlich nach 40 Entleihungen zerlesen. Sind zerlesene Bücher inhaltlich noch aktuell und gefragt, müssen sie durch neue Exemplare ersetzt werden, d.h. auf die Aussonderung muss hier die *Ersatzbeschaffung* folgen. Auch für verlorene (z.b. gestohlene) Bücher müssen neue Exemplare angeschafft werden. Gleiches gilt für AV-Medien, z.b. Musiktonträger oder Videokassetten. Bei Verlusten oder Beschädigungen, die durch einzelne Leser verschuldet wurden, sind diese zum Ersatz verpflichtet.

Beim Aussondern von Büchern und Medien, die nicht durch neue Exemplare ersetzt werden sollen, müssen sämtliche zugehörigen Eintragungen in den Katalogen getilgt werden. Gegebenenfalls muss im Zugangsverzeichnis vermerkt werden, dass der Titel ausgesondert wurde. Ebenso ist zu verfahren bei verlorenen Büchern und Medien, für die keine Ersatzbeschaffung vorgesehen ist.

Die ausgesonderten Exemplare werden je nach Zustand und Wert entweder makuliert (d.h. zum Altpapier gegeben) oder als Dubletten getauscht, gelegentlich auch verschenkt, gegebenenfalls einer Archivbibliothek überwiesen. In allen Exemplaren, die nicht makuliert werden, muss man den Bibliotheksstempel löschen.

2. Abgestimmte (kooperative) Erwerbung

Vollständigkeit beim Bestandsaufbau einer Bibliothek ist unmöglich. Auch die größten Universalbibliotheken können nicht alle auf der Welt erscheinenden Bücher erwerben. Nicht einmal alle wichtigen wissenschaftlichen Veröffentlichungen, die im In- und Ausland erscheinen, können an *einer* Bibliothek vollständig gesammelt werden. Für die wissenschaftliche Forschung ist es aber dringend erforderlich, die wichtige Fachliteratur (auch spezielle und im Ausland erschienene) wenigstens in einem Exemplar im Inland verfügbar zu haben. Dieses Ziel kann durch eine *abgestimmte* oder *kooperative Erwerbung* erreicht werden. Dabei wird die Erwerbung einer Vielzahl von Bibliotheken eines Landes aufeinander abgestimmt (koordiniert). Man verteilt die Gesamtheit der Wissenschaften nach einem bestimmten Plan auf die verschiedenen Bibliotheken, wobei sich die einzelne Bibliothek verpflichtet, die Fachliteratur des von ihr übernommenen Wissensgebietes möglichst vollständig zu erwerben. Dadurch kann die wichtige wissenschaftliche Literatur wenn schon nicht an *einer* Bibliothek, so doch im Gesamtbestand der Bibliotheken eines Landes vollständig gesammelt werden. Durch Dokumentlieferung bzw. Fernleihverkehr kann dann das erworbene Schrifttum den Benutzern im ganzen Land zugänglich gemacht werden.

a) Überregionale Erwerbungskooperation

Auf einer solchen Abstimmung der Erwerbung unter den Wissenschaftlichen Bibliotheken der Bundesrepublik Deutschland beruht das von der Deutschen Forschungsgemeinschaft (DFG) seit 1949 entwickelte und geförderte *System der überregionalen Literaturversorgung*. Hierdurch soll sichergestellt werden, dass alle für die Forschung wichtigen (auch die im Ausland erscheinenden) Veröffentlichungen, auch hochspezielle Literatur, in zumindest *einem* Exemplar in der Bundesrepublik vorhanden und verfügbar sind. Zu diesem Zweck wurde die Gesamtheit der Wissenschaften in mehr als 100 Gebiete aufgeteilt, von denen je eines oder mehrere als überregionale *Sammelschwerpunkte* einer der beteiligten Bibliotheken zugewiesen wurden. Über den Auswärtigen Leihverkehr bzw. andere Verfahren der Dokumentlieferung steht die von den Schwerpunktbibliotheken gesammelte Literatur allen Interessenten zur Verfügung.

146

Die *überregionalen Schwerpunktbibliotheken* lassen sich in drei Gruppen zusammenfassen (Stand von 1999):

- *24 Staats- und Hochschulbibliotheken*, die neben ihren regionalen bzw. universitären Hauptaufgaben meist mehrere Sammelschwerpunkte als *„Sondersammelgebiete"* (SSG) betreuen,
- *vier Zentrale Fachbibliotheken* für Technik, Landbauwissenschaft, Medizin und Wirtschaftswissenschaften, die sich vorrangig der überregionalen Literaturversorgung widmen,
- *15 Spezialbibliotheken* für bestimmte Spezialfächer oder Materialien, die durch die übrigen Schwerpunktbibliotheken nicht genügend abgedeckt sind.

Beispiele für überregionale Sammelschwerpunkte der drei Bibliotheksgruppen:

- Das Fach Germanistik wird von der Stadt- und Universitätsbibliothek Frankfurt als Sondersammelgebiet betreut, die Anglistik von der Staats- und Universitätsbibliothek Göttingen, Zeitgenössische Kunst von der Sächsischen Landesbibliothek Dresden, der Kulturkreis Skandinavien von der Universitätsbibliothek Kiel und die Geschichte der Medizin und Naturwissenschaften von der Universitätsbibliothek Leipzig.
- Die vier Zentralen Fachbibliotheken in der Bundesrepublik betreuen die Fachgebiete Ingenieurwissenschaften, Chemie und Physik (TIB Hannover), Landwirtschaft und Gartenbau (Zentralbibliothek für Landbauwissenschaften Bonn), Medizin (Zentralbibliothek für Medizin Köln) und Wirtschaft (Zentralbibliothek für Wirtschaftswissenschaften Kiel).
- Die Bibliothek des Zentralamtes des Deutschen Wetterdienstes in Offenbach ist für den Sammelschwerpunkt Meteorologie zuständig, die Bibliothek der Zeitgeschichte in Stuttgart für nicht-konventionelle Materialien zur Zeitgeschichte, die Bibliothek des Deutschen Hydrographischen Instituts in Hamburg für Seekarten.

Ein Verzeichnis der Sammelschwerpunkte des Systems der überregionalen Literaturversorgung wird regelmäßig im „Jahrbuch der Deutschen Bibliotheken" veröffentlicht.

Die Erwerbung der neuerscheinenden *ausländischen* Literatur (Monographien und Zeitschriften) dieser Sammelschwerpunkte wird von der Deutschen Forschungsgemeinschaft zum überwiegenden Teil finanziert. Zur Zeit (1999) übernimmt die DFG 75 Prozent der Anschaffungskosten (für die Zentralen Fachbibliotheken gelten andere Finanzierungsregelungen). Der restliche Prozentsatz der Kosten für ausländische Literatur sowie die in Deutschland erscheinende Literatur der Sammelschwerpunkte muss aus eigenen Mitteln der betreffenden Bibliothek erworben werden. Die DFG unterstützt zusätzlich den Kauf von Antiquaria, Mikroformen und elektronischen Medien aus den Sammelschwerpunkten.

Die Sammeltätigkeit der überregionalen Schwerpunktbibliotheken erstreckt sich auch auf „Graue Literatur" der Sammelschwerpunkte, d.h. auf nicht im Buchhandel erschienene und daher schwer beschaffbare Veröffentlichungen und Materialien. Außerdem bemühen sich die Schwerpunktbibliotheken um eine intensive Erschließungs- und Informationstätigkeit in Bezug auf die Neuerwerbungen ihrer fachlichen Sammelschwerpunkte.

Mit dem Aufbau spezieller und hochspezieller Literaturbestände sollen künftig in stärkerem Umfang als bisher *Serviceleistungen* verbunden werden. Auf der Basis moderner Informationstechnik werden die überregionalen Schwerpunktbibliotheken in den Bereichen Elektronische Publikationen, Virtuelle Fachbibliotheken, Dokumentlieferung, Digitalisierung und Bestandserhaltung neue bzw. verbesserte Dienstleistungen anbieten.

Während der überregionale Sammelschwerpunktplan der DFG ein *fachlich*, d.h. nach *Wissenschaftsfächern* gegliedertes Erwerbungsprogramm für die *aktuelle in- und ausländische Forschungsliteratur* darstellt, gibt es auch ein *chronologisch*, d.h. nach *Epochen* (Zeitabschnitten) gegliedertes Erwerbungsprogramm für *deutsche Druckschriften*, nämlich die

Sammlung Deutscher Drucke (SDD)

Als kooperatives Erwerbungsprogramm zur retrospektiven Ergänzung älterer deutscher Literaturbestände wurde das Projekt 1990 von fünf großen deutschen Bibliotheken begonnen. Ausgangspunkt war die Tatsache, dass Deutschland keine umfassende Nationalbibliothek mit Altbeständen besitzt, sodass die älteren deutschen Druckwerke nicht an einer Stelle zentral gesammelt, sondern nur verstreut und lückenhaft überliefert sind. Das von dem Anglistikprofessor Bernhard Fabian angeregte Projekt hatte das Ziel, fünf Sammelzentren für deutsche Drucke von 1450-1912 einzurichten, die jeweils die im deutschen Sprachraum erschienene Literatur einer Epoche im Original oder in Reproduktion sammeln, erschließen, archivieren und das so entstehende Reservoir an gedruckten Quellen zur deutschen Kultur- und Geistesgeschichte der Wissenschaft zugänglich machen.

An der „Sammlung Deutscher Drucke" waren zunächst die folgenden Bibliotheken beteiligt:

- die *Bayerische Staatsbibliothek München*
  für den Zeitraum 1450-1600,
- die *Herzog-August-Bibliothek Wolfenbüttel*
  für den Zeitraum 1601-1700,

- die *Niedersächsische Staats- und Universitätsbibliothek Göttingen* für den Zeitraum 1701-1800,
- die *Stadt- und Universitätsbibliothek Frankfurt a.m.* für den Zeitraum 1801-1870,
- die *Staatsbibliothek zu Berlin – Preußischer Kulturbesitz* für den Zeitraum 1871-1912.

Diese Bibliotheken besitzen für ihren Zeitabschnitt bereits große Bestände, die nunmehr planmäßig ergänzt und vervollständigt werden. Seit 1995 ist *Die Deutsche Bibliothek* Mitglied der Arbeitsgemeinschaft „Sammlung Deutscher Drucke" für den Zeitraum ab 1913, da die deutsche bzw. deutschsprachige Literatur in der Deutschen Bücherei in Leipzig ab 1913 bzw. in der Deutschen Bibliothek in Frankfurt a.m. ab 1945 gesammelt wird.

Die „Sammlung Deutscher Drucke" wurde während einer fünfjährigen Einführungsphase von der Volkswagen-Stiftung gefördert und wird seitdem von den Unterhaltsträgern der beteiligten Bibliotheken weiterfinanziert.

b) Regionale Erwerbungskooperation

Der Gedanke einer abgestimmten Erwerbung in einem regional begrenzten Gebiet liegt einem anderen Gemeinschaftsunternehmen zu Grunde, nämlich dem Sondersammelgebietsprogramm der Großstadtbibliotheken des Landes Nordrhein-Westfalen. Zu diesem Plan haben sich rund 25 kommunale Bibliotheken des Landes zusammengeschlossen. Die beteiligten Bibliotheken haben sich verpflichtet, die in der Bundesrepublik Deutschland erscheinende Literatur jeweils für ihr Sondersammelgebiet (nach der Sachgruppengliederung der DNB) zu erwerben, allerdings ohne Berücksichtigung der hochspezialisierten Literatur. Die mit diesem Programm (mit finanzieller Unterstützung des Landes) erworbene Literatur wird im Leihverkehr zur Verfügung gestellt.

Ein weiteres regionales Erwerbungsprogramm in Nordrhein-Westfalen bezog sich auf Fachzeitschriften, für deren Erwerb die Hochschulbibliotheken des Landes ein Zeitschriftenschwerpunktprogramm eingerichtet hatten (inzwischen eingestellt).

Besondere Formen der Bibliothekskooperation gibt es für Erwerbung und Bereitstellung von Offline- und Netz-Publikationen, z.B. den Zusammenschluss von Bibliotheken zu Konsortien für die Nutzung von elektronischen Zeitschriften und Datenbanken.

3. Erwerbungsarten

Bei der Erwerbung von Büchern und anderen Medien unterscheidet man vier verschiedene Erwerbungsarten: *Kauf, Tausch, Schenkung* und *Pflichtablieferung*.

Im folgenden wird vorrangig die Erwerbung von Büchern behandelt.

a) Kauf

Die wichtigste Erwerbungsart ist die Anschaffung durch Kauf. Gekauft werden Neuerscheinungen (Novitäten) und Antiquaria (antiquarische Bücher). Je nach Art des Buches empfehlen sich verschiedene *Beschaffungswege.*

Die Beschaffung der *inländischen Neuerscheinungen* geschieht meist durch eine oder mehrere ortsansässige Sortimentsbuchhandlungen. Für die Erwerbung der *ausländischen* Neuerscheinungen bedient man sich entweder einheimischer Importbuchhandlungen, die sich häufig auf die Lieferung aus bestimmten Ländern spezialisiert haben, oder man bestellt bei leistungsfähigen ausländischen Sortimentern (bzw. direkt bei großen ausländischen Verlagen), oder man bestellt bei Versandbuchhandlungen im In- oder Ausland, die sich speziell auf die Belieferung von Bibliotheken eingestellt haben (Bibliothekslieferanten, „Library Suppliers"). Solche Firmen bieten den interessierten Bibliotheken oft Informationsdienste über ausländische Neuerscheinungen an. *Zeitschriften* aus dem Ausland (besonders aus dem englischsprachigen Raum) werden häufig über internationale Zeitschriftenagenturen beschafft. Solche Agenturen haben elektronische Verbuchungs- und Reklamationssysteme entwickelt, die die Zeitschriftenabonnements verwalten, die Einzelhefte registrieren und an die Bibliotheken weiterleiten, die Abrechnung mit den Verlagen besorgen und fehlende Nummern beim Verlag reklamieren. Die Bibliothek hat es somit nur mit *einem* Ansprechpartner, der Zeitschriftenagentur, zu tun und nicht mit einer Vielzahl von Lieferanten.

Nicht über den Buchhandel erhältliche Publikationen („Graue Literatur") werden meist direkt bei der herausgebenden Institution bestellt oder als Geschenk erbeten.

Besonders für Öffentliche Bibliotheken ist der Bezug über die *ekz.bibliotheksservice GmbH* in Reutlingen günstig. Die ekz hält einen Teil der wichtigsten aktuellen Literatur in ihrem Lagerbestand bereit, liefert aber auf Anforderung auch jedes andere im Buchhandel erhältliche deutschsprachige Buch.

Bibliotheksrabatt und Subskription

In Deutschland gilt der Grundsatz des festen Ladenpreises, d.h. der Verleger bestimmt den Preis, an den der Buchhändler gebunden ist. Der Buchhandel gewährt aber den Bibliotheken im allgemeinen einen Preisnachlass, den *Bibliotheksrabatt.* In der Bundesrepublik gestatten die meisten Verleger den Sortimentern, auf ihre Verlagsprodukte einen Rabatt von 5% des Ladenpreises denjenigen Wissenschaftlichen Bibliotheken zu gewähren, die jedem wissenschaftlich Arbeitenden zugänglich sind und die einen eigenen jährlichen Vermehrungsetat von mindestens 30 000 DM haben. Öffentliche Bibliotheken erhalten einen Rabatt von 10% des Ladenpreises. Getragen werden diese Rabatte von den Sortimentern.

Ein Preisnachlass wird auch gewährt beim Kauf auf dem Wege der *Subskription.* Bei der ursprünglichen Form der Subskription verpflichtete sich der Käufer bereits vor dem Erscheinen eines Werkes, das Werk zu erwerben. Der Käufer (Subskribent) erhielt dafür einen Nachlass von durchschnittlich 10-15% des späteren Ladenpreises. Dieser Subskriptions- oder Vorbestellpreis erlosch meist mit dem Erscheinen des Werks, bei mehrbändigen Werken oft mit dem Erscheinen des letzten Bandes. Die Verlage schrieben eine Subskription vor allem bei teuren und mehrbändigen Werken aus, um die Höhe der Auflage leichter bestimmen zu können, um die Kostendeckung wenigstens zum Teil zu sichern und um einen Anreiz zum Kauf dieses Werkes zu geben. Heute versteht man unter Subskriptionspreis den befristeten, verbilligten *Einführungspreis* eines größeren, oft mehrbändigen Werks, der meist für einen begrenzten Zeitraum nach Erscheinen des Werks gilt.

Kauf von Antiquaria

Neben dem Kauf von Neuerscheinungen ist für die Wissenschaftlichen Bibliotheken auch der Kauf von *antiquarischen Büchern* (Antiquaria) wichtig, also von alten und längst vergriffenen Büchern. Der antiquarische Kauf geschieht meist auf Grund der von den Antiquariaten eingehenden Angebotslisten oder Antiquariatskataloge. Als Hilfsmittel beim antiquarischen Kauf legen viele Bibliotheken ein Verzeichnis gesuchter Werke an (Desideratenliste). Viele Bibliotheken stellen auch Suchlisten mit den Titeln gesuchter Werke zusammen und verschicken sie an die Antiquariate des In- und Auslandes. – Für Öffentliche Bibliotheken, deren Interesse hauptsächlich auf das aktuelle Schrifttum gerichtet ist, spielt die Erwerbung von Antiquaria eine geringere Rolle.

Eine besondere Bedeutung kommt dem antiquarischen Kauf für die Beschaffung von Handschriften, Inkunabeln, kostbaren und seltenen Büchern sowie Briefen und Autographen zu. Solche Werke werden meist auf öffentlichen *Bücherversteigerungen (Auktionen)* angeboten, wobei der Meistbietende das Werk erhält. Wenn eine Bibliothek nicht selbst an der Auktion teilnehmen kann, beauftragt sie eine am Versteigerungsort befindliche Bibliothek mit ihrer Vertretung.

Bei der Erwerbung durch Kauf muss stets die Höhe der verfügbaren Mittel (Erwerbungsetat) berücksichtigt werden. Wichtig ist eine genaue Überwachung der ausgegebenen Summen. Zu diesem Zweck führt man eine *Bestellstatistik* (voraussichtliche Anschaffungskosten der bestellten Bücher) und eine *Ausgabenstatistik* (tatsächliche Anschaffungskosten der erworbenen Bücher).

b) Tausch

Neben dem Kauf kommt an vielen Bibliotheken der Erwerbung durch Tausch eine erhebliche Bedeutung zu. Der Wert des Tausches liegt darin, dass wichtige Literatur ohne Aufwendung von Barmitteln in die Bibliotheken gelangt, sowie darin, dass man auf diesem Weg Schriften erwerben kann, die durch den Buchhandel nicht oder nicht mehr zu beschaffen sind (z.B. Dissertationen, Institutsveröffentlichungen, vergriffene Werke). Voraussetzung für den Tausch ist die Gegenseitigkeit: Gabe und Gegengabe sollen sich wertmäßig entsprechen.

Als Gegenstand des Tausches kommen *verschiedene Schriftgattungen* in Frage: (1) Eigene Veröffentlichungen der Bibliothek bzw. der Institution, der die Bibliothek angeschlossen ist (z.B. Ausstellungskataloge, Bibliographien, wissenschaftliche Publikationen); (2) Dissertationen und andere Hochschulschriften; (3) Schriften von Akademien und Gelehrten Gesellschaften, die den Tausch ihrer Veröffentlichungen gegen die Schriften anderer Akademien einer am gleichen Ort befindlichen Bibliothek übertragen haben; (4) Dubletten (Doppelstücke), die durch Geschenk oder Ankauf ganzer Büchersammlungen oder versehentlich in die Bibliothek gekommen sind.

Der Tausch von eigenen Veröffentlichungen, der Dissertationen-Tausch und der Tausch von Akademieschriften vollzieht sich praktisch immer in Form eines *regelmäßigen Tausches* zwischen der Bibliothek und ihren Tauschpartnern, d.h. man trifft zunächst eine grundsätzliche Vereinbarung über die Art und den Umfang des Tausches und tauscht dann laufend Tauschgaben bzw. Gegengaben. Der Tausch erfolgt dann meist unberechnet, d.h. man rechnet die Anzahl oder den Wert der beiderseitigen Tauschgaben nicht exakt gegeneinander auf, sondern prüft lediglich, ob ein annäherndes Gleichgewicht besteht. Um den regelmäßigen Fortgang des Tausches zu überwachen, ist es nötig, ein Verzeichnis der Tauschpartner zu führen, in dem vermerkt wird, was jeder Tauschpartner von der Bibliothek erhalten und was er ihr dafür geliefert hat.

Der Tausch von *Dissertationen* spielt an den Universitätsbibliotheken eine wichtige Rolle. Jede an einer Universität entstandene Dissertation, sofern sie nicht im Buchhandel erscheint, wird vom Verfasser in einer bestimmten Anzahl von Exemplaren (gedruckt oder als Mikrofiches) an die betreffende Universitätsbibliothek abgeliefert, die sie nach einem bestimmten Verteilungsschlüssel an in- und ausländische Tauschpartner (meist andere Universitätsbibliotheken) verschickt; als Gegenleistung dafür erhält sie die Dissertationen der anderen Universitäten.

In neuerer Zeit geht allerdings der Dissertationentausch zurück, da die Universitätsbibliotheken aus Raummangel Dissertationen nur noch in begrenztem Umfang übernehmen können. Vor allem Dissertationen aus Naturwissenschaft, Medizin und Technik werden häufig in einer Region nach Absprache nur noch in bestimmten Bibliotheken gesammelt. Außerdem werden in zunehmendem Maß Dissertationen nur noch in elektronischer Form abgeliefert und auf dem Universitätsserver für den Online-Zugriff bereitgestellt, sofern die Promotionsordnungen dies erlauben.

Beim *Dublettentausch* werden Dublettenlisten erstellt und (unter Angabe einer Frist für die Rückantwort) jeweils nur einem Tauschpartner (Bibliothek, Buchhandlung, Antiquariat) zugeschickt. Für diejenigen Dubletten, die z.B. ein Antiquariatsbuchhändler von der Bibliothek übernimmt, liefert er antiquarische Werke, die die Bibliothek wünscht. Da Tauschgabe und Gegengabe wertmäßig einander entsprechen sollen, Bücher aber von sehr unterschiedlichem Wert sein können, vereinbart die Bibliothek mit dem Tauschpartner für jedes zu tauschende Buch einen Preis und führt für jeden Tauschpartner ein Verzeichnis, in dem festgehalten wird, in welcher Preishöhe ein Tauschpartner Bücher übernommen bzw. geliefert hat („berechneter" Tausch). Dabei ist darauf zu achten, dass das Konto immer möglichst ausgeglichen ist.

c) Schenkung

Häufig kommen Bücher als Geschenke in die Bibliotheken. Sie stammen von Freunden und Förderern der Bibliothek, von Verlagen und Vereinen oder von verstorbenen Privatleuten, die ihre Bücher der Bibliothek vermacht haben. Es kommt auch vor, dass Autoren ihre eigenen Werke der Bibliothek schenken. Bei jeder Schenkung ist zu prüfen, ob sich ihre Übernahme in den Bestand lohnt, besonders dann, wenn an die Schenkung bestimmte Bedingungen geknüpft sind (z.b. geschlossene Sonderaufstellung einer geschenkten Büchersammlung). Die Bibliothek sollte Geschenke normalerweise nur annehmen, wenn ihr ein freies Verfügungsrecht darüber eingeräumt wird.

Gewünschte Werke können oft als Geschenk erbeten werden, vor allem Veröffentlichungen, die nicht im Buchhandel vertrieben werden, sowie Publikationen von Behörden, Instituten, Firmen und Vereinen.

Für jedes eingegangene Geschenk muss gedankt werden (meist auf Vordrucken). In der Regel wird ein Verzeichnis der Schenker mit den Titeln oder den Zugangsnummern der geschenkten Werke geführt.

d) Pflichtablieferung

Unter Pflichtablieferung versteht man die gesetzlich vorgeschriebene Abgabe von Druckwerken an eine Bibliothek. Die abzugebenden Stücke heißen *Pflichtexemplare* oder auch Freiexemplare oder Freistücke. Es sind dies also Druckwerke, die auf Grund einer gesetzlichen Vorschrift durch den Verleger oder den Drucker unentgeltlich an eine staatliche Bibliothek abgeliefert werden müssen. Sinn dieser Regelung ist, durch die Abgabe der Pflichtexemplare die gesamte Buchproduktion eines bestimmten Gebietes vollständig an einer Stelle zu sammeln und aufzubewahren. Diese Erwerbungsart kommt also nicht an allen Bibliotheken vor, sondern nur an denen, die durch Gesetz zum Empfang von Pflichtstücken berechtigt sind, d.h. meist an National-, Staats-, Landes- und Regionalbibliotheken.

Die in der Bundesrepublik Deutschland zeitweise umstrittene Frage, ob die gesetzlich erzwungene, entschädigungslose Ablieferung von Pflichtexemplaren verfassungsgemäß sei, ist vom Bundesverfassungsgericht 1981 entschieden worden. Dabei wurde die unentgeltliche Pflichtablieferung eines Belegexemplares je Druckwerk an Bibliotheken als grundgesetzkonform anerkannt, da es sich um ein im Interesse der Allgemeinheit liegendes kulturpolitisches Bedürfnis handle. Jedoch müsse ermöglicht werden, dass in Ausnahmefällen (besonders teure Werke in kleiner Auflage) an den Ablieferungspflichtigen eine Entschädigung gezahlt wird.

In der Bundesrepublik Deutschland gibt es sowohl auf Landes- wie auf Bundesebene Regelungen für die Pflichtablieferung von Druckwerken.

Regionale Pflichtablieferung

In den Pflichtablieferungsgesetzen der *Bundesländer* ist meist vorgeschrieben, dass die Verleger ein Exemplar jeder Neuerscheinung kostenlos bzw. gegen Entschädigung an die zuständige Landes- oder Regionalbibliothek abzuliefern haben. In manchen Ländern müssen zwei Pflichtexemplare abgeliefert werden. Dies ist z.b. der Fall in Bayern, wobei hier das erste Exemplar an der Landesbibliothek (Bayerische Staatsbibliothek) verbleibt, das Zweitexemplar je nach Verlagsort in der Regel an die zuständige Regionalbibliothek des Regierungsbezirks weitergegeben wird.

Ob eine Bibliothek in Deutschland Pflichtexemplare erhält und aus welchem geographischen Raum, ist im ersten Teil des „Jahrbuchs der Deutschen Bibliotheken" bei jeder Bibliothek angegeben.

Nationale Pflichtablieferung

Von 1913 bis 1945 gab es in *Deutschland* eine *freiwillige Ablieferung* von Freistücken durch die deutschen Verleger an die Deutsche Bücherei Leipzig. Nach 1945 lieferten die deutschen Verleger Freiexemplare sowohl an die Deutsche Bücherei in Leipzig wie an die Deutsche Bibliothek in Frankfurt a.M. auf freiwilliger Basis.

In der *DDR* wurde 1953 und 1960 die *Ablieferungspflicht* der DDR-Verlage zu Gunsten der Deutschen Bücherei in Leipzig und der Deutschen Staatsbibliothek in Berlin durch Verordnung geregelt. In der (alten) *Bundesrepublik Deutschland* galt seit 1969 eine gesetzliche *Ablieferungspflicht* der westdeutschen Verlage zu Gunsten der Deutschen Bibliothek in Frankfurt a.M. Ein zweites Exemplar wurde von den Verlegern der Bundesrepublik bzw. der DDR freiwillig nach Leipzig bzw. Frankfurt a.M. geliefert.

Seit Herstellung der deutschen Einheit sind die Verleger *verpflichtet, von allen Veröffentlichungen, die ab 3. Oktober 1990 im vereinigten Deutschland erscheinen*, zwei (in der Regel kostenlose) Pflichtexemplare an Die Deutsche Bibliothek (für die Deutsche Bibliothek in Frankfurt a.M. und die Deutsche Bücherei in Leipzig) abzuliefern. Pflichtstücke von Musikalien und Tonträgern erhält das Deutsche Musikarchiv in Berlin.

Amtliche Druckschriften

Ein Sonderfall der Pflichtablieferung liegt bei den so genannten Amtlichen Druckschriften vor. Hierunter versteht man Schriften, die von Behörden und Körperschaften des öffentlichen Rechts, also vom Staat und seinen Behörden und von Gemeinden und Volksvertretungen publiziert werden. Sie erscheinen meist nicht im Buchhandel, sind aber wichtig als Quellen für die rechts- und staatswissenschaftliche Forschung. Ihre Ablieferung ist durch eigene Vorschriften geregelt.

Pflichtablieferung von elektronischen Publikationen

Es wird angestrebt, auch für elektronische Publikationen Pflichtexemplarregelungen einzuführen, die eine Langzeitsicherung und dauerhafte Bereitstellung gewährleisten. In Deutschland wird Die Deutsche Bibliothek die Aufgaben einer nationalen digitalen Depotbibliothek übernehmen. Gemäß ihrem bisherigen Sammelauftrag erhält sie bereits Pflichtexemplare von Offline-Publikationen, also von elektronischen Veröffentlichungen auf transportablen Datenträgern (Disketten, CD-ROMs). Die Übernahme, Erschließung, Langzeitspeicherung und Bereitstellung von Online-(Netz-) Publikationen ist seit 1998 in Frankfurt a.M. in der Erprobung. In einem mehrjährigen Testverfahren werden auf der Basis freiwillig abgelieferter Online-Publikationen von Hochschulen und Verlagen Erfahrungen gesammelt und eine gesetzliche Regelung der Pflichtablieferung vorbereitet.

Einige der für die regionale Pflichtablieferung zuständigen Landesbibliotheken erhalten bereits Pflichtexemplare von Offline-Publikationen aus ihrer Region. Möglicherweise werden Landesbibliotheken künftig auch die langfristige Archivierung von regional wichtigen Netzpublikationen wahrnehmen.

4. Arbeitsvorgänge bei konventioneller Erwerbung

An größeren Bibliotheken geschehen alle mit der Erwerbung der Bücher zusammenhängenden Arbeiten in der *Erwerbungsabteilung*, auch Akzessionsabteilung oder kurz Akzession genannt, oder in der *Buchbearbeitungsabteilung*, in der Erwerbung und Katalogisierung zusammengefasst sind. Als Teilbereich der Erwerbung werden in großen Bibliotheken oft Bestellabteilung, Monographienakzession, Zeitschriftenakzession, Tausch- und Geschenkstelle, evtl. Pflichtexemplarstelle unterschieden. Die im folgenden geschilderten Arbeitsvorgänge beziehen sich im wesentlichen auf die Erwerbung durch *Kauf*. Dargestellt wird zum besseren Verständnis zunächst die *konventionelle* Erwerbung, d.h. ohne Anwendung eines Datenverarbeitungssystems, und zwar bezogen auf die Erwerbung von *Printmedien* (Büchern) in größeren Bibliotheken.

Die auf die Buchauswahl folgenden Erwerbungsarbeiten lassen sich folgendermaßen einteilen:

- Vorakzession (Bestell-Vorbereitung)
- Bestellung (mit Überwachung und Mahnung)
- Zugangsbearbeitung (Akzessionierung)
- Rechnungsbearbeitung.

a) Vorakzession (Bestell-Vorbereitung)

Haben die für die Buchauswahl zuständigen Bibliothekare die Titel der Bücher, die zur Anschaffung vorgesehen sind, anhand von Bibliographien, Verlagsprospekten, Besprechungsdiensten, Antiquariatsangeboten oder Titelkartendiensten ausgewählt, so muss in der Regel zunächst überprüft werden, ob das betreffende Buch vielleicht schon in der Bibliothek *vorhanden* ist (evtl. auch in anderer Ausgabe, Auflage oder Sprache) oder ob das Buch schon bei einem Buchhändler *bestellt* ist. Zu diesem Zweck wird der betreffende Titel in den betreffenden Nachweisinstrumenten (Zugangs- und Bestellkartei, siehe unten), gegebenenfalls auch im Hauptkatalog der Bibliothek gesucht. Es muss auch festgestellt werden, ob das Buch vielleicht als Geschenk, als Pflichtexemplar oder im Tausch (z.B. als Dissertation) zu erwarten ist.

Diese ganzen Feststellungen werden an größeren Bibliotheken als „Vorakzession" bezeichnet, manchmal auch als „Dublettenprüfung" oder „Dublettenprobe", da die Vorakzession verhindern soll, dass unbeabsichtigt ein zweites Exemplar erworben wird und so unerwünschte Dubletten entstehen. Ist das Buch schon vorhanden, bestellt oder anderweitig zu erwarten, wird die Kaufentscheidung rückgängig gemacht (außer man wünscht die Neuauflage oder ein zweites Exemplar).

b) Bestellung

Bleibt es bei der Entscheidung, dass das Buch – endgültig oder zur Ansicht – erworben werden soll, so wird es bestellt.

Die Bestellung erfolgt bei konventioneller Erwerbung auf vorgedruckten Bestellformularen in Zettelform (für jedes Buch ein Formular), die an die Buchhändler geschickt werden. Diese *Bestellformulare* oder *Bestellzettel* enthalten

(a) den Namen der bestellenden Bibliothek, (b) den Namen des Buchhändlers, (c) die Angabe, ob das Buch „zur Ansicht" oder „fest" oder „zur Fortsetzung" bestellt wird, (d) Verfasser und Titel des bestllten Werkes mit genauen bibliographischen Angaben (Auflagebezeichnung, Bandzahl, Erscheinungsort, Verlag, Erscheinungsjahr, gegebenenfalls Einbandart und
Reihe), (e) den Preis, (f) das Zitat der Quelle, in der der Titel verzeichnet
war (Buchhandelsverzeichnis, Bibliographie, Prospekt usw.), (g) das Datum der Bestellung.

Das Bestellformular wird meist in zwei- oder dreifacher Ausfertigung benötigt. Man verwendet deshalb zweckmäßigerweise zusammenhängende
Mehrfachformulare (Formularsätze) im internationalen Zettelformat (12,5
× 7,5 cm), die so präpariert sind, dass mittels eines Durchschreibeverfah-
rens die benötigten Durchschläge entstehen, wenn man den Formularsatz
mit der Maschine beschriftet.

Anzahl:	Verfasser, Titel, Verlag, Preis:					Sign./Nr.:
Ex.						
Fest Zur Ansicht Zur Fortsetz.						
Lieferfirma:			Bestelldatum:		Geliefert:	
Bestellende Bücherei:					Bestellgrundlage:	
Verteiler:						Bemerkungen:

Abb. 16: Bestellformular

158

Ausfertigungen des Bestellformulars, Bestellnachweise

Um das Buch bestellen und einen Nachweis über die Bestellung in der Bibliothek behalten zu können, sind auf jeden Fall *zwei* Ausfertigungen des Bestellzettels erforderlich. Eine Ausfertigung des Bestellformulars wird *an den Buchhändler geschickt.* Die zweite Ausfertigung kommt unter dem Verfassernamen in die Kartei der bestellten Bücher, die *Bestellkartei.* Die Bestellkartei ermöglicht jederzeit den Nachweis der von der Bibliothek zur Zeit bestellten, aber noch nicht eingelaufenen Bücher. Bei Lieferung des bestellten Buches wird der Bestellnachweis aus der Bestellkartei entfernt.

Formularsätze mit *drei* Zetteln werden verwendet, wenn eine dritte Ausfertigung in einer weiteren Kartei unter dem Namen des Buchhändlers aufbewahrt werden soll (innerhalb eines Buchhändlers ordnet man chronologisch nach dem Bestelldatum). Anhand dieser *Buchhändlerkartei* oder *Lieferantenkartei* sind Reklamationen (Mahnungen) von säumigen Buchhändlern wesentlich leichter durchzuführen als mit der Bestellkartei, die man zu diesem Zweck von Anfang bis Ende im Hinblick auf das Bestelldatum durchsehen müsste. Wird das bestellte Buch geliefert, entfernt man den Bestellnachweis auch aus der Lieferantenkartei.

Die Bestellungen der Bibliothek werden meist in bestimmten, kurzfristigen Abständen (in eiligen Fällen sofort) an die Buchhändler verschickt. Die voraussichtlichen Kosten der fest bestellten Bücher (nach den Preisangaben aus Bibliographien, Prospekten usw.) werden in die *Bestellstatistik* übernommen.

Überwachung und Mahnung (Lieferkontrolle)

Die an den Buchhändler hinausgegangenen Bestellungen werden laufend *überwacht* und bei Nichterledigung in bestimmten Zeitabständen *angemahnt (reklamiert).* Die Überwachung geschieht am besten anhand der *Buchhändlerkartei* oder, falls eine solche nicht geführt wird, anhand der *Bestellkartei.* Beide enthalten die bestellten und noch nicht gelieferten Titel. Über die maximale *Lieferfrist* gibt es keine allgemein gültigen Festlegungen. Grundsätzlich ist schnellstmögliche Lieferung erwünscht. Inländische Literatur sollte im Regelfall spätestens nach einem Monat geliefert sein. Eilbestellungen müssen innerhalb weniger Tage erledigt werden.

Die Überwachung des Einlaufs der einzelnen Bände oder Teile von *Fortsetzungswerken und Serien* sowie der Hefte und Nummern von *Zeitschriften und anderen Periodika* muss besonders sorgfältig durchgeführt werden. Diesem Zweck dienen der *Fortsetzungsnachweis* und der *Zeitschriftennachweis* (siehe weiter unten).

c) Zugangsbearbeitung (Akzessionierung)

Die auf Grund der Bestellung eingehenden *Büchersendungen* (der „Zugang" oder „Neuzugang") werden in den Erwerbungsdienststellen bearbeitet. Man verwendet für diese *Zugangsbearbeitung* (einschließlich der Inventarisierung) auch das Wort „Akzession" oder „Akzessionierung" (Akzession = Zugang, Erwerbung). Die Zugangsbearbeitung ist ein Teil des „Geschäftsgangs", also der gesamten Buchbearbeitung bis zur Bereitstellung des Buches für die Benutzung.

Den in der Erwerbungsabteilung einlaufenden Büchersendungen liegt normalerweise die *Rechnung* oder ein *Lieferschein* bei. Das Original der Rechnung geht später zur Anweisung der Zahlung an die Rechnungsstelle, das Duplikat verbleibt in der Erwerbungsabteilung.

Eingang der Buchlieferungen

Die eingehenden Lieferungen müssen sorgfältig *geprüft* und mit den beiliegenden Rechnungen bzw. Lieferscheinen *verglichen* werden. Dabei muss vor allem die Übereinstimmung des Inhalts der Pakete mit der Rechnung bzw. dem Lieferschein sowie die Unversehrtheit und Vollständigkeit des Inhalts überprüft werden. Die bei der Bestellung des Buches in der Bibliothek verbliebenen Ausfertigungen der Bestellformulare werden der Bestellkartei und gegebenenfalls der Lieferantenkartei entnommen. Die Übereinstimmung der Titel und die Richtigkeit der Preise wird kontrolliert. Bei unvollständigen Sendungen wird reklamiert. Wenigstens bei teuren Werken sollte eine Kollationierung, d.h. Überprüfung des Buches auf Vollständigkeit und Erhaltungszustand, vorgenommen werden. Defekte, verdruckte oder unsaubere Exemplare werden an die Lieferanten zum Umtausch zurückgegeben.

Bei einlaufenden *Ansichtssendungen*, d.h. den Büchern, die von der Bibliothek zur Ansicht bestellt wurden bzw. die vom Buchhändler unverlangt als Ansichtsexemplare eingesandt wurden, muss gegebenenfalls überprüft werden, ob das betreffende Buch nicht bereits erworben oder bestellt wurde. Danach werden die Ansichtssendungen von den zuständigen Fachreferenten (Lektoren) begutachtet. Ist die darauf folgende Kaufentscheidung negativ, d.h. werden zur Ansicht eingesandte Bücher nicht erworben, so gehen sie an den Buchhändler zurück; andernfalls werden sie als Neuzugang behandelt.

Inventarisierung des Zugangs, Zugangsnachweis

Alle von der Bibliothek erworbenen Werke müssen inventarisiert, d.h. in einem *Zugangsverzeichnis* (Bestandsverzeichnis, Inventar) aufgeführt werden. Die Inventarisierung ist für Bibliotheken in öffentlicher Trägerschaft haushaltsrechtlich vorgeschrieben und dient dem *Zugangsnachweis* oder *Bestandsnachweis*, genauer gesagt dem Nachweis, welche Bücher zu welchem Zeitpunkt von der Bibliothek erworben und welche Haushaltsmittel dafür verwendet wurden. Die Inventarisierung erfolgt in der (zufälligen) chronologischen Reihenfolge des Zugangs, erlaubt also später keine alphabetische Suche, sondern nur eine nach Zugangsnummer oder dem Datum der Eintragung.

Jedes neuerworbene Buch wird im Zugangsverzeichnis unter einer laufenden Nummer, der *Zugangsnummer*, verzeichnet, die auch auf dem Duplikat der Rechnung und im Buch selbst vermerkt wird (meist auf der Rückseite des Titelblattes). Mithilfe der Zugangsnummer kann der Eintrag im Zugangsverzeichnis rasch aufgefunden werden, wenn man später z.B. den Preis, das Einlaufdatum oder den Lieferanten des betreffenden Buches feststellen will.

Die Zugangsnummer besteht meist aus dem Jahreskürzel und einer laufenden Nummer, z.B. 99/4576. Oft führt man mehrere Zugangsverzeichnisse nebeneinander je nach Erwerbungsart (Kauf, Tausch, Geschenk) oder getrennt nach Neuerscheinungen und Antiquaria. Es ergeben sich dann Zugangsnummern etwa in folgender Art: K/90/8541 (= Kauf, Erwerbungsjahr 1990, laufende Nummer 8541) oder T/88/379 (= Tausch, 1988, lfd. Nr. 379) oder A/96/1263 (= Antiquaria, 1996, lfd. Nr. 1263).

Für jedes neuerworbene Buch werden in der Regel die folgenden Angaben in das Zugangsverzeichnis übernommen: (1) Zugangsnummer, (2) Datum der Eintragung, (3) Verfasser und Titel, (4) Lieferant (Buchhändler), (5) Preis, (6) Datum der Rechnung.

Formen der Zugangsverzeichnisse

Die Form der konventionellen Zugangsverzeichnisse kann unterschiedlich sein. Es gibt hauptsächlich folgende Möglichkeiten: (1) das gebundene *Zugangsbuch* („Akzessionsjournal"), wobei die Angaben für jede Neuerwerbung in den entsprechenden Spalten des Zugangsbuchs vermerkt werden, (2) die analog geführte *Zugangskartei* auf großformatigen Karteiblättern, (3) die Verwendung der *Rechnungsduplikate* oder von *Kopien der Rechnungen*, auf denen bei den Titeln die Zugangsnummern ergänzt werden.

Interimsnachweis der eingelaufenen Bücher

Will man in dem Zeitraum zwischen der (konventionellen) Zugangsbearbeitung des Buches und der Übernahme der Titelaufnahme in den Alphabetischen (Karten-)Katalog einen alphabetisch geordneten Nachweis für das eingelaufene Buch haben, so empfiehlt sich die Führung eines zeitlich befristeten *Interimsnachweises*. Zu diesem Zweck wird eine Ausfertigung des Bestellzettels nach Entnahme aus der Bestell- oder Lieferantenkartei mit der Zugangsnummer versehen und in eine eigene Interimskartei übernommen. Sobald die Titelaufnahme des Buches in den AK einsortiert ist, kann der „Interimszettel", weil nunmehr überflüssig, entfernt werden.

Erwerbungsstatistik

Im Zusammenhang mit der Zugangsbearbeitung werden die Daten für die Erwerbungsstatistik erfasst. Die *Deutsche Bibliotheksstatistik* (DBS) verlangt, dass von jedem Buch folgende Angaben festgehalten werden:

- Bandzahl (bei zwei oder mehr Bänden)
- bezahlter Preis in DM
- Herkunft (Inland-Ausland)
- Erwerbungsart (Kauf, Tausch, Geschenk, Pflicht)
- Schrifttumsgattung (Buch, Zeitung, Dissertation, Landkarte, Mikroform usw.)
- Wissenschaftsfach.

Die Auswertung dieser Daten ermöglicht zusammenfassende Angaben über die *Bestandsvermehrung in Bänden*, gegliedert nach Herkunft, Erwerbungsarten, Schrifttumsgattungen und Fächern sowie über die *Ausgaben für den Bücherkauf*, wiederum gegliedert nach den genannten Kategorien.

Der Laufzettel

An vielen Bibliotheken wird dem Buch bei der Zugangsbearbeitung ein Laufzettel beigelegt, der das Buch bei seinem weiteren „Lauf" durch die Bibliothek begleitet. Auf dem Laufzettel sind die einzelnen Stationen aufgeführt, die das Buch durchläuft. Dadurch ist der „Geschäftsgang" des Buches, d.h. die Reihenfolge der Buchbearbeitung, genau festgelegt. Bei jedem Bearbeitungsvorgang wird auf dem Laufzettel vermerkt, dass das Buch in der betreffenden Stelle bearbeitet wurde (mit Handzeichen und Datum). Auf diese Weise kann kontrolliert werden, ob das Buch alle vorgeschriebenen Stationen durchlaufen hat und welche Zeit dafür benötigt wurde.

d) Lieferkontrolle bei Fortsetzungen und Periodika

Die eben geschilderten Arbeitsvorgänge bei konventioneller Zugangsbearbeitung gelten normalerweise nur für einbändige Werke („Monographien") oder für mehrbändige begrenzte Werke, bei denen alle Bände gleichzeitig in der Bibliothek einlaufen, womit das Werk geschlossen vorliegt. Daneben erhält die Bibliothek aber auch Werke, deren einzelne Teile oder Bände in zeitlichem Abstand, d.h. in Fortsetzungen erscheinen, nämlich Fortsetzungswerke, Periodika und Schriftenreihen (Serien). Für sie erfolgt eine genaue *Verbuchung* der einzelnen Bände, Hefte oder Nummern, um die Vollständigkeit der gelieferten Teile kontrollieren zu können.

Fortsetzungswerke nennt man mehrbändige begrenzte Werke (die also nach einer bestimmten Zahl von Bänden abgeschlossen sind), deren Bände nicht gleichzeitig, sondern in zeitlichen Abständen erscheinen. Periodika und Schriftenreihen heißen (gemäß den RAK) *fortlaufende Sammelwerke*; sie sind „unbegrenzt", d.h. sie haben keinen von vornherein festgelegten Abschluss. Als *Periodika* bezeichnet man die periodisch, d.h. in regelmäßigen Abständen erscheinenden Zeitschriften und Zeitungen. *Schriftenreihen (Serien)* sind fortlaufend erscheinende Veröffentlichungen, deren einzelne Teile im allgemeinen *nicht* in regelmäßigen Abständen publiziert werden und jeweils ein Werk mit eigenem Titel enthalten. Die Schriftenreihe trägt einen *Gesamttitel* (Serientitel); die Titel der einzelnen Teile (Bände oder Hefte), die in der Regel von verschiedenen Verfassern stammen, werden als *Stücktitel* bezeichnet.

Inventarisierung

Bei *Fortsetzungswerken und Serien* wird jeder Band auf die übliche Weise ins Zugangsverzeichnis (Zugangsbuch oder anderes Verfahren) aufgenommen.

Zeitschriften und Zeitungen pflegt man nur einmal jährlich im Zugangsverzeichnis aufzuführen, und zwar beim Vorliegen der Rechnung für den betreffenden Jahrgang.

Fortsetzungsnachweis

Bei Fortsetzungswerken und Schriftenreihen wird die *Verbuchung* der einzelnen Bände, Lieferungen oder Hefte in einem eigenen alphabetischen *Fortsetzungsnachweis* vorgenommen. Er ermöglicht jederzeit die Feststellung, welche Teile eines Fortsetzungswerkes oder einer Serie in der Bibliothek eingelaufen sind.

Konventionell wird der Fortsetzungsnachweis meist als großformatige Kartei geführt. Für jedes Werk und jede Serie wird eine eigene Karte angelegt; sie enthält Angaben über Titel, Erscheinungsbeginn, Verlag, Art der Erwerbung, Lieferant, Bezugsart (ob laufend oder nur in Auswahl zu liefern) und gegebenenfalls vereinbarter Preis (bei Subskription). Jeder neue einlaufende Teil des Werkes bzw. der Serie (Band oder Heft) wird mit Zählung, Stücktitel (bei Serienbänden), Erscheinungsjahr und Zugangsnummer auf der Fortsetzungskarte verbucht.

Anders als bei Fortsetzungswerken und Serien, deren Bände oder Hefte in sich abgeschlossen sind und nach der Eintragung auf der Fortsetzungskarte zum Katalogisieren und gegebenenfalls zum Binden weitergegeben werden können, muss bei *Lieferungswerken* abgewartet werden, bis ein Band komplett, d.h. *bindereif* ist. Bis dahin werden die Lieferungen am Standort des Lieferungswerks meist in Ziehmappen aufbewahrt. Bevor ein vollständiger Band zum Binden gegeben wird, ist darauf zu achten, dass für die Lieferungen auch das *Titelblatt* und gegebenenfalls das *Register* (Inhaltsverzeichnis) vorliegt. Erst dann ist der Band bindereif und kann nach einem entsprechenden Vermerk im Fortsetzungsnachweis weitergegeben werden.

Zeitschriftennachweis

Für Zeitschriften, Zeitungen und sonstige Periodika wird in der Regel ein eigener, alphabetisch geordneter *Zeitschriftennachweis* (konventionell meist als großformatige Flachsichtkartei = Kardex) geführt, in dem die einzelnen Hefte oder Nummern der einlaufenden Periodika verbucht werden. Der Zeitschriftennachweis ermöglicht also eine umfassende *Zeitschrifteneingangskontrolle*. Durch eine regelmäßige Durchsicht lässt sich feststellen, ob in der Lieferung Stockungen oder Lücken eingetreten sind, die dann umgehend beim Lieferanten reklamiert werden müssen.

Der Nachweis enthält für jede Zeitschrift Titel, Erscheinungsort, Lieferanten und Signatur. Innerhalb eines Jahrgangs wird jedes einlaufende Heft bzw. jede Nummer verbucht.

Nach Eintragung in den Zeitschriftennachweis werden die Zeitschriftenhefte (oder Zeitungsnummern) an ihrem Standort (z.B. Zeitschriftensaal oder Fachlesesaal) zur Benutzung ausgelegt. Wenn bei Zeitschriften das *Titelblatt* und das *Register* für einen Jahrgang vorliegt, ist dieser *bindereif* und kann nach einem entsprechenden Vermerk auf der Zeitschriftenkarte zum Binden weitergegeben werden.

e) Rechnungsbearbeitung

Bei oder nach der Zugangsbearbeitung eines durch Kauf erworbenen Buches erfolgt die Behandlung der Rechnungen. Jede Rechnung wird sorgfältig überprüft, d.h. *nachgerechnet*. Dann wird die *sachliche und rechnerische Richtigkeit* durch einen entsprechenden Stempel und die Unterschrift des zuständigen Bearbeiters bescheinigt. (Die sachliche Richtigkeit bezieht sich auf die ordnungsgemäße Ausführung der Lieferung und die Richtigkeit des Einzelpreises, die rechnerische auf alle rechnerischen Angaben, also auf Gesamtsumme, Rabatt, Skonto usw.). Nun folgt die (durch Haushaltsvorschriften geregelte) *Anweisung der Rechnung*, d.h. der Auftrag an die zuständige Kasse, die Rechnung zu bezahlen. Das Anweisen der Rechnung durch eine *Auszahlungsanordnung* geschieht an großen Bibliotheken und Bibliothekssystemen meist nicht in der Erwerbungsabteilung, sondern in der zuständigen Verwaltungsstelle oder Rechnungsstelle.

Mit Zugangsbearbeitung, Rechnungsbearbeitung und Statistik ist die Erwerbung des Buches abgeschlossen. Im Ablauf des traditionellen Geschäftsgangs folgt nun die Katalogisierung, d.h. die Formal- und Sacherschließung.

5. Arbeitsvorgänge bei automatisierter Erwerbung

Die Anwendung der Datenverarbeitung bringt auch bei den Arbeitsabläufen anlässlich der Erwerbung von Büchern und Medien erhebliche Vorteile gegenüber den konventionellen Methoden. Der Nutzen der Automatisierung liegt hier (wie in anderen Bibliotheksbereichen) in der Einsparung von Arbeitszeit und in der Verbesserung der Leistungen. Dies wird vor allem erzielt

- durch die Übernahme bzw. nur einmalige Erfassung der Titel- und Erwerbungsdaten in maschinenlesbarer Form und ihre beliebige Weiterverwendung,
- durch den Wegfall der konventionellen Bestell- und Zugangsnachweise und der dafür nötigen Einordnungs- und Eintragungsarbeiten,
- durch die schnelleren und vielfältigeren Zugriffsmöglichkeiten auf die gespeicherten, online zugänglichen Titel- und Erwerbungsdaten.

Vereinfacht dargestellt, ergeben sich nach der Automatisierung der Erwerbung durch Einsatz eines Online-Erwerbungssystems oder -moduls sowie bei integriertem Geschäftsgang folgende Arbeitsvorgänge:

(1) *Übernahme erwerbungsrelevanter Titeldaten* (Fremddaten, z.B. der Deutschen Nationalbibliographie oder der ekz) in das lokale Datennetz der Bibliothek.

(2) *Auswahl der anzuschaffenden Titel* aus den bibliographischen Fremddaten am Bildschirm, oder Auswahl anhand von konventionellen Erwerbungsunterlagen.

(3) *Vorakzession* der ausgewählten Titel durch Überprüfung im Erwerbungssystem und im Online-Katalog der Bibliothek.

(4) *Bestellung: Übernahme der Titeldaten* der ausgewählten Publikationen aus dem lokalen Datennetz (Fremddaten) oder aus dem Verbundkatalog in das Erwerbungssystem; wenn dies nicht möglich ist: *Neuerfassung der Titeldaten*, d.h. Anfertigung einer (vorläufigen) *Katalogaufnahme*, gegebenenfalls in der Verbunddatenbank. Ergänzung der Titeldaten durch Hinzufügen der spezifischen *Bestelldaten* (Lieferant, Bestelldatum und -nummer, Bestellung fest, zur Ansicht, zur Fortsetzung; Preis, Einbandart).

Die wesentlichen bibliographischen Daten des zu erwerbenden Buches werden mit dieser *Bestellkatalogisierung* also schon bei der Bestellung erfasst und können später weiterverwendet werden.

(5) *Übermittlung der Bestellung* an den Buchhändler entweder online über Netz oder mit ausgedrucktem Bestellschein per Post oder Fax. Überstellung des Titeldatensatzes (ohne Bestelldaten) in den lokalen Online-Katalog (OPAC); die Titeldaten haben den Status „bestellt". Bestell- und Lieferantenkartei entfallen, Lieferkontrolle und Mahnungen erfolgen mithilfe der gespeicherten Bestelldaten.

(6) *Zugangsbearbeitung* nach Lieferung des Buches: *Ergänzung* und gegebenenfalls *Korrektur der gespeicherten Titeldaten* anhand des Buches. Abschließende *Formalkatalogisierung* des Buches, gegebenenfalls in der Verbunddatenbank. *Eingabe der Zugangsdaten* in das Erwerbungssystem: Zugangsnummer und -datum, Preis; Heft-, Band- und Lieferungsnummern bei Zeitschriften, Fortsetzungen, Lieferungswerken und Loseblattausgaben. Der Titeldatensatz im OPAC erhält jetzt den Status „eingelaufen" oder „im Geschäftsgang". *Ausdruck des Zugangsverzeichnisses* (wenn gewünscht). Konventionelles Zugangsverzeichnis, Interimskartei, Fortsetzungs- und Zeitschriftenkartei entfallen, die entsprechenden Informationen können jederzeit online im Erwerbungssystem abgefragt werden.

(7) *Rechnungsbearbeitung:* Eingabe der Rechnungsdaten, automatische Überprüfung der rechnerischen Richtigkeit von Summen und Rabatten, Ausdruck der Auszahlungsanordnungen, automatische Überwachung der Haushaltmittel.

(8) *Statistik:* Eingabe der Statistikdaten im Zusammenhang mit der Zugangsbearbeitung, automatische Auswertung, Ausdruck der Ergebnisse.

6. Elektronische Publikationen: Erwerbung, Bereitstellung, Zugangsvermittlung

a) Offline-Publikationen

Digitale Datenträger (Disketten, CD-ROMs) können durch *Kauf* erworben
werden. Häufiger erwirbt die Bibliothek durch einen *Lizenzvertrag* die un-
befristeten oder befristeten *Nutzungsrechte* an dem digitalen Medium. Dies
ist meist der Fall bei Abonnements von regelmäßig aktualisierten (z.b. bibliographischen) Datenbanken auf CD-ROM. In bestimmten Abständen
wird die CD-ROM durch eine aktualisierte Neuausgabe ersetzt.

Kleinere Bibliotheken installieren die CD-ROMs auf einem Einzelplatz-
PC. Für Mehrplatznutzung und Netzwerkeinsatz von CD-ROMs werden
erhebliche Preisaufschläge verlangt. Bei Einsatz in einem lokalen CD-
ROM-Netz (ein CD-ROM-Server kann mehrere hundert CD-ROMs verwalten) können die registrierten Benutzer meist auch von außerhalb, d.h.
vom häuslichen PC aus, über das WWW auf die CD-ROMs zugreifen.

b) Lokale Online-Bestände

Wissenschaftliche Bibliotheken übernehmen in steigendem Maß die Aufgabe, Online-Publikationen auf dem eigenen Server bereitzustellen. Dabei
kann es sich um *vielbenutzte aktuelle Texte* handeln, für die die Bibliothek
die Nutzungsrechte (meist befristet) erwirbt, um sie ihren Benutzern bequem zugänglich zu machen. *Ältere* (und daher urheberrechtsfreie) *Quel-
len- und Forschungstexte*, auch ältere Belletristik, Handschriften, alte Drucke und Bildmaterialien, werden von großen Bibliotheken *retrospektiv digitalisiert*, d.h. gescannt, mit Erschließungsdaten versehen und als digitale
Images (Bilddateien) auf dem eigenen Server für den Online-Zugriff bereitgestellt, eventuell, nach OCR-Umwandlung bzw. digitaler Texterfassung, als Textdateien verfügbar gemacht. Ermöglicht wird dadurch der
orts- und zeitunabhängige Zugriff, auch auf seltene und schwer zugängliche Materialien, und der bessere Schutz gefährdeter Originale. Derzeit sind
in vielen Bibliotheken umfängliche, meist von der DFG unterstützte *Digi-
talisierungsprojekte* für ältere Texte im Gange.

Aktuelle Online-Publikationen, die in einer Universität oder Bibliothek erarbeitet wurden, werden auf dem eigenen Server gespeichert und über Netz

bereitgestellt, z.B. Dissertationen und sonstige Hochschulschriften, Preprints, Forschungsberichte, Mitteilungen der Universität, Informationen und Veröffentlichungen der Bibliothek. Universitäten und Bibliotheken treten hier selbst als *Anbieter digitaler Dokumente* auf.

c) Kollektiver Erwerb von Nutzungsrechten für Online-Publikationen

Eine besondere Art „bedingter" Erwerbung ist die durch Lizenzvereinbarungen mit kommerziellen Anbietern geregelte Bereitstellung von kostenpflichtigen Online-Publikationen, vor allem von elektronischen Zeitschriften und Datenbanken. Bezug und Bereitstellung solcher Dokumente werden von Einzelbibliotheken, häufiger von *Bibliothekskonsortien oder -verbünden* vorgenommen, die mit Zeitschriftenverlagen oder Datenbankanbietern *Lizenzverträge* abschließen (Konsortium = Zusammenschluss zu einem bestimmten Zweck). In den Lizenzverträgen werden die Nutzungsrechte der angeschlossenen Bibliotheken vereinbart, z.B. Laufzeit (meist bei nur begrenzt steigenden Preisen auf einige Jahre befristet), Preisgestaltung (z.B. bei Bezug von digitalen und gedruckten Parallelausgaben), Abbestellmöglichkeiten, Zugriffsmodalitäten und Abrechnungsverfahren.

Die in den Lizenzvertrag einbezogenen E-Zeitschriften und Datenbanken stehen den registrierten Benutzern der Konsortialbibliotheken für den Online-Zugriff über Netz, auch vom häuslichen PC aus, meist kostenlos zur Verfügung. Die Speicherung kann auf dem eigenen Server des Bibliothekskonsortiums oder -verbundes, auf dem Server des Verlags oder Anbieters oder auf dem Server einer (als Vermittlungsinstanz eingeschalteten) Zeitschriftenagentur erfolgen.

d) Fernzugriff auf ausgewählte verteilte Netzpublikationen

Bibliotheken treffen in zunehmendem Maß eine *Auswahl* aus Online-Publikationen, die weltweit auf Servern im Internet gespeichert sind, und richten *Erschließungs- und Zugriffssysteme* ein, die den bequemen Zugang zu diesen Netzressourcen ermöglichen. An die Stelle eines „Bestandsaufbaus" tritt hier die Einrichtung und Zugänglichmachung von „Virtuellen" oder „Digitalen Bibliotheken".

Solche Nachweis- und Zugangssysteme können für bestimmte Publikationsgruppen, z.B. elektronische Zeitschriften, bzw. für Netzpublikationen aus allen oder nur aus bestimmten Wissensgebieten geschaffen werden. Im ersten Fall wird beispielsweise eine Datenbank mit den Titeldaten von im Internet verfügbaren elektronischen Zeitschriften aufgebaut, die mit den an

168

verteilten Standorten gespeicherten Volltexten durch Links verknüpft werden, sodass der Zugriff von den Titeldaten auf die Volltexte möglich ist. Im zweiten Fall werden Nachweisinstrumente für qualitativ überprüfte, ausgewählte fachwissenschaftliche Publikationen und Informationen im Sinne einer allgemeinen oder fachlichen „Virtuellen" oder „Digitalen Bibliothek" bereitgestellt. Der Nutzer kann über Suchbegriffe nach Dokumenten recherchieren und über Links einen bequemen Zugang zu den Volltexten erhalten. Dabei müssen die gegebenenfalls mit den Anbietern vereinbarten Nutzungsregelungen für kostenpflichtige Publikationen beachtet werden.

Auch mittlere und kleinere Bibliotheken können ähnliche Informationsdienstleistungen anbieten, wenn sie je nach dem Bedarf ihrer Benutzerschaft eine bibliotheksfachlich geprüfte Auswahl von WWW-Dokumenten treffen und mit einer dafür eingerichteten Linksammlung zugänglich machen.

II. Bestandserschließung (Katalogisierung)

Auf die *Erwerbung* von Büchern und Medien durch die Bibliothek folgt ihre *Erschließung*. Sie geschieht in erster Linie durch die *Katalogisierung*, d.h. die Aufnahme der Neuerwerbungen in die Kataloge der Bibliothek nach formalen oder inhaltlichen Merkmalen.

Unter *Katalog* versteht man im allgemeinen Sprachgebrauch ein nach bestimmten Gesichtspunkten (meist alphabetisch oder sachlich) geordnetes Verzeichnis (z.b. Briefmarkenkatalog, Münzkatalog oder Warenkatalog). *Bibliothekskataloge* sind Verzeichnisse des *Bestandes einer Bibliothek*. Sie erschließen den Bibliotheksbestand nach verschiedenen Gesichtspunkten. Sie ermöglichen es einerseits, aus der Masse der Bücher, die an den großen Bibliotheken in die Hunderttausende und Millionen geht, ein bestimmtes Werk, dessen Verfasser und Titel dem Suchenden bekannt sind, zu ermitteln. Anderseits geben sie auch Auskunft, welche Bücher über ein bestimmtes Sachgebiet oder Thema in der Bibliothek vorhanden sind. Die Kataloge sind somit das Gehirn oder, besser gesagt, das geordnete Gedächtnis der Bibliothek.

In den Katalogen der meisten (Universal-)Bibliotheken werden nur *bibliographisch selbstständige Werke* nachgewiesen. *Nicht* verzeichnet ist also in der Regel die sog. unselbstständige Literatur, das sind vor allem Aufsätze in Zeitschriften und Beiträge in sonstigen Sammelwerken (nur die Zeitschriften und Sammelwerke selbst sind erfasst). Dies ist eine wichtige, den Umfang der Kataloginformation einschränkende Tatsache, vor allem wenn man berücksichtigt, dass die Fortschritte der Wissenschaften meist zuerst in Form von Zeitschriftenaufsätzen veröffentlicht werden. Jedoch werden in Spezialbibliotheken oft auch die unselbstständigen Publikationen des Fachgebiets (oder eines Teils davon) in Katalogen erschlossen. In Regionalbibliotheken geschieht dies häufig mit der unselbstständigen Regionalliteratur.

Im Unterschied zu einem Bibliothekskatalog ist eine *Bibliographie* kein Bestandsverzeichnis, sondern ein nach bestimmten Gesichtspunkten angelegtes Literaturverzeichnis, unabhängig von Vorhandensein der Bücher in einer Bibliothek.

Nach der äußeren Erscheinungsform von Katalogen ist zu unterscheiden zwischen *konventionellen Katalogen* (in Buch-, Karten- oder Mikroform) und *Online-Katalogen* bzw. CD-ROM-Katalogen, bei denen direkt auf maschinenlesbare Katalogdaten zugegriffen wird.

1. Arten und Formen von Bibliothekskatalogen

a) *Hauptarten konventioneller Kataloge*

Nach ihrer inneren Ordnung sind vier Hauptarten von konventionellen Bibliothekskatalogen zu unterscheiden, die jeweils verschiedenen Aufgaben dienen: der *Alphabetische Katalog*, die beiden Sachkataloge, nämlich der *Schlagwortkatalog* und der *Systematische Katalog*, und der *Standortkatalog*. Diese vier wichtigsten Katalogtypen sowie eine Mischform, der *Kreuzkatalog*, werden im folgenden kurz beschrieben.

Der Alphabetische Katalog (AK)

Der Alphabetische Katalog verzeichnet die in der Bibliothek vorhandenen Bücher nach *formalen* Gesichtspunkten in *alphabetischer* Reihenfolge. Die formalen Elemente, nach denen die Bücher im Alphabet des AK verzeichnet werden können, sind vor allem:

(1) der *Verfassername*, eventuell auch die Namen von sonstigen am Zustandekommen des Buches beteiligten Personen,

(2) der *Sachtitel*, das ist die sachliche Benennung eines Werkes,

(3) nach den gegebenen Regeln eventuell auch der *Name einer Körperschaft*, die ein Werk erarbeitet hat oder an seinem Zustandekommen beteiligt war.

Der Alphabetische Katalog weist in einer *alphabetischen Reihe* sowohl Verfasserwerke als auch anonyme Werke nach. Ein *Verfasserwerk* ist ein Werk von ein bis drei Verfassern. *Anonyme Werke* (Anonyma) sind Werke, deren Verfasser unbekannt sind. Zu den Anonyma rechnet man aber auch Werke von mehr als drei Verfassern sowie Zeitschriften, Zeitungen und Serien. Verfasserwerke werden im AK unter dem Verfassernamen aufgeführt, anonyme Werke unter dem Sachtitel oder, je nach den geltenden Regeln, gegebenenfalls unter dem Namen der Körperschaft, die das anonyme Werk erarbeitet oder veranlasst und herausgegeben hat. Dazu einige Beispiele: Man findet im Alphabet des AK Schillers „Wilhelm Tell" unter S (d.h. unter dem Verfassernamen *Schiller, Friedrich von*), Brehms „Tierleben" unter B (*Brehm, Alfred*), das „Nibelungenlied" unter N (*Nibelungenlied*), die „Zeitschrift für Geschichtswissenschaft" unter Z (*Zeitschrift*), die „Mitteilungen der Gesellschaft für Pflanzenkunde" jedoch gegebenenfalls unter G (*Gesellschaft für Pflanzenkunde*).

Der Alphabetische Katalog beantwortet also vor allem die Frage, ob die Bibliothek ein bestimmtes Buch besitzt, dessen wichtigste formale Merkmale (Verfassername, Sachtitel, evtl. Körperschaftsname) dem Suchenden bekannt sind. Da der AK der formalen Erschließung des Bibliotheksbestandes dient, ist er ein *Formalkatalog*.

Der Name „Alphabetischer Katalog" ist für diesen Katalogtyp zwar allgemein üblich, aber nicht ganz eindeutig, da auch der Schlagwortkatalog alphabetisch geordnet ist. Man spricht gelegentlich auch von Verfasserkatalog, Autorenkatalog oder Nominalkatalog, aber diese Bezeichnungen sind ebenfalls nicht genau, da der AK in der Regel außer den Verfasserwerken auch anonyme Werke enthält. Eine genauere Bezeichnung für den AK wäre *Alphabetischer Verfasser- und Anonyma-Katalog*.

Der Schlagwortkatalog (SWK)

Während der Alphabetische Katalog die Bücher einer Bibliothek nach formalen Gesichtspunkten verzeichnet, werden in den *Sachkatalogen* die Bücher nach ihrem *Inhalt* erschlossen. Ein Sachkatalog soll auf die Frage antworten, welche Werke die Bibliothek über ein bestimmtes Sachgebiet oder Thema (einen Gegenstand, einen Ort oder eine Person) besitzt. Die Kenntnis der Verfasser oder Sachtitel der Bücher ist dazu nicht nötig. Es gibt zwei Arten des Sachkatalogs: den Schlagwortkatalog und den Systematischen Katalog.

Der *Schlagwortkatalog* ist ein Sachkatalog, der den Bibliotheksbestand unter Schlagwörtern verzeichnet, die aus dem Inhalt der Bücher gewonnen werden. Ein *Schlagwort* ist ein möglichst kurzer, aber genauer und vollständiger Ausdruck für den sachlichen Inhalt eines Werkes. Oft lässt sich das Schlagwort dem Titel des Buches entnehmen, häufig aber muss das Schlagwort unabhängig vom Buchtitel gebildet werden. Die Schlagwörter werden alphabetisch geordnet. Man findet also im Alphabet des SWK das „Lehrbuch der Anatomie" von Alfred Benninghoff unter A, d.h. unter dem Schlagwort *Anatomie*, die „Zeitschrift für Geschichtswissenschaft" unter G (*Geschichtswissenschaft*), ein Buch über Porzellan mit dem Sachtitel „Vom Zauber des weißen Goldes" unter P (*Porzellan*).

Bei der alphabetischen Ordnung der Schlagwörter wird der sachliche Zusammenhang der Schlagwörter untereinander nicht berücksichtigt. Sachlich Zusammengehöriges wird dadurch oft auseinander gerissen. So steht unter dem Schlagwort „Kunst" nur die Literatur über das Gesamtgebiet der Kunst, während Werke über Malerei, Bildhauerei, Baukunst usw. jeweils unter diesen Schlagwörtern im Alphabet verzeichnet sind.

Der SWK ist wegen der alphabetischen Reihenfolge der Schlagwörter leicht zu benutzen. Das Ordnungsprinzip des SWK entspricht ungefähr dem eines Lexikons, das ja ebenfalls eine alphabetische Abfolge von Sachbegriffen enthält. Der SWK ist besonders zur raschen Orientierung über die Literatur zu einem bestimmten, begrenzten Thema geeignet.

Eng verwandt mit dem Schlagwortkatalog ist der *Stichwortkatalog*, der ebenfalls alphabetisch geordnet ist. Während das Schlagwort für den Inhalt des Buches frei gewählt wird und nicht immer im Sachtitel des Buches vorkommt, ist ein *Stichwort* immer ein charakteristisches, sinntragendes Wort des *Sachtitels* oder des Zusatzes zum Sachtitel. Das Stichwort kann, muss aber nicht mit dem Schlagwort übereinstimmen. Wenn ein Buch „Der Schwarzwald" betitelt ist, sind Stichwort und Schlagwort identisch: *Schwarzwald*. Der Unterschied zwischen Stich- und Schlagwort wird an folgenden Beispielen deutlich: (1) Der Sachtitel lautet „Nippon im Wandel". Stichwort: *Nippon*, Schlagwort: *Japan*. (2) Der Sachtitel heißt „Deutschlands Reformator". Stichwort: *Reformator*, Schlagwort: *Luther, Martin*.

Der Kreuzkatalog

Eine Mischung oder Kreuzung aus Alphabetischem Katalog und Schlagwortkatalog ist der so genannte *Kreuzkatalog oder Wörterbuchkatalog*. In ihm sind (1) Verfassernamen (bzw. bei den Anonyma Sachtitel oder Körperschaftsnamen) und (2) Schlagwörter in *einem* Alphabet geordnet. Das „Lehrbuch der Anatomie" von Alfred Benninghoff ist also im Alphabet eines Kreuzkatalogs sowohl unter *Benninghoff, Alfred* wie auch unter *Anatomie* zu finden. In einer erweiterten Form des Kreuzkatalogs wird jedes Werk dreimal verzeichnet, nämlich unter (1) dem Verfassernamen, (2) dem Schlagwort und (3) dem Sachtitel. In diesem Fall wäre das „Lehrbuch der Anatomie" von Benninghoff zusätzlich unter dem Sachtitel *Lehrbuch der Anatomie* nachgewiesen.

In manchen Kreuzkatalogen wird zusätzlich ein Stichwort aus dem Sachtitel berücksichtigt, sofern dieses nicht ohnehin mit dem Schlagwort übereinstimmt. Ein Beispiel: Bei dem Buch „Wanderungen in Spree-Athen" von Wolfgang Schmidt ist in einem solchen Kreuzkatalog eine Katalogeintragung unter dem Verfassernamen *Schmidt, Wolfgang* eingeordnet, eine zweite unter dem Sachtitel *Wanderungen in Spree-Athen*, eine dritte unter dem Stichwort *Spree-Athen* und eine vierte unter dem Schlagwort *Berlin*.

Der Kreuzkatalog eignet sich also sowohl für die Titelsuche nach einem bestimmten, dem Benutzer bekannten Buch, und zwar sowohl unter dem Verfassernamen wie unter dem Sachtitel, wie auch für die Literatursuche (nach mehreren Büchern über ein Thema) unter Schlagwörtern bzw. Stichwörtern.

Der Systematische Katalog (SyK)

Als weiteren Sachkatalog neben dem Schlagwortkatalog gibt es den *Systematischen Katalog*. Er verzeichnet die Bücher der Bibliothek ihrem Inhalt entsprechend nach einem *System der Wissenschaften*, wobei die einzelnen Wissensgebiete in einer bestimmten sachlich-logischen Abfolge angeordnet sind. So kann im SyK z.b. folgende Ordnung der Wissenschaften festgelegt sein: Philosophie – Theologie – Sozialwissenschaften – Naturwissenschaften – Medizin – Technik – Kunst – Sprach- und Literaturwissenschaft – Geographie – Geschichte. Die *Hauptgebiete* sind in die jeweiligen *Untergebiete* gegliedert, so z.b. die Naturwissenschaften in: Physik – Chemie – Geologie – Zoologie – Botanik usw., die Physik wiederum in: Mechanik – Akustik – Optik – Wärmelehre – Elektrizitätslehre usw. Man muss also im SyK z.b. Benninghoffs „Lehrbuch der Anatomie" innerhalb der Medizin suchen, während Brehms „Tierleben" bei der Zoologie und eine Bismarck-Biographie bei der Geschichte zu finden ist.

Der SyK vereinigt also *sachlich zusammengehörige Literatur* und weist sie im Zusammenhang ihres größeren Sachgebietes nach, im Gegensatz zum Schlagwortkatalog, der das Gesamtgebiet einer Wissenschaft in einzelne Begriffe (Schlagwörter) auflöst und diese über das Alphabet verteilt. Der Systematische Katalog antwortet auf die Frage, welche Bücher die Bibliothek über ein größeres Wissensgebiet besitzt. Beim Sachgebiet „Kunst" findet man nicht nur Bücher über das Gesamtgebiet der Kunst, sondern anschließend auch Werke über Malerei, Bildhauerei und Baukunst, bis zu den speziellsten Abhandlungen über Einzelfragen der Kunst. Der SyK dient somit vor allem zur Übersicht über das Schrifttum zu großen, zusammenhängenden Sachgebieten.

Dem Systematischen Katalog liegt eine bestimmte *Systematik* oder *Klassifikation* zu Grunde, nach welcher die Einordnung der Bücher erfolgt. Die Systematik spiegelt den Zusammenhang und die Gliederung aller Wissensgebiete wider, wobei sie von den großen Hauptbegriffen (den einzelnen Wissenschaften) ausgeht und diese dann *hierarchisch*, d.h. nach einer *Rangfolge* der Haupt- und Untergruppen, in immer kleinere und speziellere Begriffe untergliedert. Die verschiedenen Gruppen einer Systematik und ihre Unterteilungen (Klassen) werden meist durch eine Kombination von Buchstaben und/oder Ziffern ausgedrückt. Eine solche Bezeichnung einer bestimmten Systemgruppe oder Systemstelle heißt *Notation*. Alle Bücher über das gleiche Thema sind im SyK an derselben Stelle, d.h. unter der gleichen Notation verzeichnet.

Der SyK erfordert für die Benutzung eine gewisse Kenntnis der zugrunde liegenden Systematik. Zumindest muss man die Systemstelle kennen oder ermitteln, die das Sachgebiet oder Thema bezeichnet, über das man Literatur sucht.

Der Standortkatalog

Als *Standortkatalog* bezeichnet man den Katalog, in dem die Bücher in der gleichen Reihenfolge aufgeführt werden, in der sie in den Bücherregalen (an ihrem „Standort") aufgestellt sind. Der Standortkatalog ist also ein genaues Spiegelbild der Ordnung des Buchbestandes. Er dient vor allem als Hilfsmittel für die Signaturgebung: Anhand des Standortkataloges kann jedem neuen Werk eine *Signatur (Standortnummer)* zugeteilt werden, die den Standort des Buches innerhalb des Bestandes festlegt. Außerdem bildet der Standortkatalog das Hilfsmittel für die von Zeit zu Zeit notwendigen Revisionen des Buchbestandes einer Bibliothek.

Die innere Ordnung des Standortkatalogs hängt ab von der Art, wie die Bücher in den Regalen geordnet sind. Werden die Bücher in *systematischer* Ordnung aufgestellt, so ist der Standortkatalog gleichzeitig ein Systematischer Katalog. Man bezeichnet ihn dann als „standortgebundenen" Systematischen Katalog oder Systematischen Standortkatalog.

Ist der Buchbestand nach der *Gruppenaufstellung* oder *mechanisch nach dem Zugang* oder *alphabetisch nach Verfassern* geordnet, so sind auch im Standortkatalog die Bücher in dieser jeweiligen Reihenfolge verzeichnet. Der unabhängig davon geführte Systematische Katalog ist in diesem Fall ein „standortfreier" SyK.

b) Dienstkataloge und Publikumskataloge

Bei Führung konventioneller Kataloge unterschied man früher in manchen Bibliotheken Dienst- oder Verwaltungskataloge einerseits und Publikums-, Leser- oder Benutzerkataloge andererseits. Dienstkataloge, z.B. der Standortkatalog, waren nur den Bibliothekaren, nicht oder nur ausnahmsweise den Benutzern zugänglich. Dagegen standen Publikumskataloge ohne Einschränkung den Benutzern der Bibliothek zur Verfügung, z.B. die Sachkataloge. Der *Alphabetische Katalog* wurde in der Regel doppelt geführt: Der Alphabetische Dienstkatalog stand als Arbeitsinstrument den Bibliothekaren zur Verfügung, der Alphabetische Publikumskatalog den Benutzern.

c) Hauptkataloge und Teilkataloge

Nach ihrem Umfang im Vergleich zum Gesamtbestand der Bibliothek unterscheidet man Hauptkataloge, Teilkataloge und Spezialkataloge. *Hauptkataloge* verzeichnen den gesamten Bestand (oder wenigstens den hauptsächlichen Bestand) der Bibliothek. Als Hauptkataloge werden (in konventionellen Katalogsystemen) der Alphabetische Katalog und der Standortkatalog geführt (während die Sachkataloge meist Auswahlkataloge sind). *Teilkataloge* verzeichnen einen begrenzten Teil des Bestandes, der auch im Hauptkatalog nachgewiesen ist, z.b. Lehrbuchsammlung, Lesesaalbestand, Musikalien, Landkarten. Dazu gehören auch sachliche Sonderkataloge (Biographische Kataloge für Werke über Personen, Regionalkataloge für die Literatur über ein Land oder eine Region, Stoffkreiskataloge für Romane und Erzählungen in Öffentlichen Bibliotheken). In *Spezialkatalogen* (nicht im Hauptkatalog) werden Sonderbestände wie Handschriften, Nachlässe, Autographen, Bildsammlungen und AV-Materialien erschlossen.

d) Zentralkataloge (Gesamtkataloge)

Ein Zentralkatalog oder Gesamtkatalog verzeichnet den Bestand nicht nur einer Bibliothek, sondern mehrerer Bibliotheken. Zentralkataloge in konventioneller Form sind fast immer Alphabetische Kataloge. Ein Zentralkatalog soll es ermöglichen, rasch herauszufinden, ob und an welcher der erfassten Bibliotheken ein gewünschtes Werk vorhanden ist.

Die Hauptaufgabe eines Zentralkatalogs ist also der *Besitznachweis* für ein bestimmtes Buch im Bestand mehrerer Bibliotheken. Zentralkataloge sind vor allem Hilfsinstrumente für den örtlichen, regionalen und überregionalen Leihverkehr.

Bei jeder Titelaufnahme in einem Zentralkatalog ist vermerkt, in welcher Bibliothek oder in welchen Bibliotheken das betreffende Buch vorhanden ist. Die einzelnen Bibliotheken werden dabei durch Sigel bezeichnet, die aus Zahlen (eventuell in Verbindung mit Buchstaben) bestehen.

Zentralkataloge, die den *Gesamtbestand* mehrerer Bibliotheken verzeichnen (eventuell abgesehen von bestimmten speziellen Bestandsgruppen), kommen als lokale, regionale und nationale Zentralkataloge vor. *Lokale* oder *örtliche Zentralkataloge* gibt es in (groß-)städtischen Systemen Öffentlicher Bibliotheken (Nachweis aller Bücher und Medien, die in den verschiedenen Zweigstellen (Stadtteil-Bibliotheken) vorhanden sind) oder in Universitäten (Universitäts-Gesamtkataloge, die auch die Bestände der Institutsbibliotheken enthalten).

Ein *regionaler Zentralkatalog* erfasst die Bibliotheksbestände einer Region, also eines bestimmten Gebietes innerhalb eines Staates. In Deutschland enthalten die Regionalen Zentralkataloge die älteren Bestände der Wissenschaftlichen Bibliotheken einer Leihverkehrsregion (bis etwa 1990).

Ein *nationaler Zentral- oder Gesamtkatalog* verzeichnet die Bestände der wichtigen Bibliotheken eines Gesamtstaats. Bekanntestes Beispiel eines (gedruckten) nationalen Gesamtkatalogs ist der „National Union Catalog" in den USA. In Deutschland ist kein derartig umfassendes Kataloginstrument zustandegekommen. Der zwischen 1931 und 1939 veröffentlichte „Preußische" bzw. „Deutsche Gesamtkatalog", der die Bestände der deutschen Wissenschaftlichen Bibliotheken vor 1930 umfassen sollte, ist ein Bruchstück geblieben. Das Deutsche Bibliotheksinstitut in Berlin (1978-99) hat mit dem *DBI-Verbundkatalog* einen zentralen Nachweis maschinenlesbarer Katalogdaten deutscher Bibliotheken aufgebaut. Eine solche zentrale Lösung ist eher problematisch angesichts der heutigen Möglichkeiten, über *Metakataloge* online auf die Gesamtheit der deutschen regionalen Verbundkataloge zuzugreifen.

Neben den Zentralkatalogen, die den Gesamtbestand mehrerer Bibliotheken erfassen, gibt es auch *Fachzentralkataloge*, die den Bestand mehrerer Bibliotheken für bestimmte Fachgebiete oder Publikationsformen nachweisen. Fachzentralkataloge sind z.B. der Osteuropa-Sammelkatalog und der Zentralkatalog der Orientalia (SB Berlin) und der Standortkatalog der deutschen Presse (UB Bremen).

Ein Sonderfall eines Zentral- oder Gesamtkatalogs ist der elektronische *Verbundkatalog*, der durch eine kooperative, arbeitsteilige Katalogisierung der an den Verbund angeschlossenen Bibliotheken zustandekommt.

e) Die äußere Form der Kataloge

Nach der äußeren Erscheinungsform kann man Bandkataloge, Kartenkataloge (Zettelkataloge), Mikrokataloge, Online-Kataloge und CD-ROM-Kataloge unterscheiden. Bandkataloge und Mikrokataloge werden auch als „Listenkataloge" bezeichnet, da sie die Buchtitel in Form einer Liste aufführen.

Bandkataloge

Bandkataloge haben die Form eines großen Buches, in dem die Titel nacheinander aufgeführt sind. In alten Bandkatalogen wurden die Titelaufnahmen mit der Hand eingetragen. Solche handschriftlichen Bandkataloge finden sich nur noch vereinzelt für Teile des Altbestandes in alten wissenschaftlichen Bibliotheken.

Der Bandkatalog erfuhr um 1970 eine vorübergehende Wiederbelebung an Bibliotheken, die ihre Kataloge mithilfe der Elektronischen Datenverarbeitung herstellten. Hier wurden die elektronisch gespeicherten Titelaufnahmen durch den Computer über einen Schnelldrucker auf langen Papierbahnen ausgedruckt, die dann in Blätter geschnitten und gebunden wurden. Diese elektronisch ausgedruckten Bandkataloge, die in regelmäßigen Abständen aktualisiert wurden, sind später durch die (ebenfalls per Computer hergestellten) Mikrokataloge, Online-Kataloge und CD-ROM-Kataloge abgelöst werden (vgl. unten).

Werden Bandkataloge durch Buchdruck hergestellt, so spricht man auch von *Buchkatalogen*. Die berühmtesten gedruckten Kataloge einzelner Bibliotheken sind die Kataloge der Bibliothek des Britischen Museums in London (heute British Library Reference Division), der Bibliothèque Nationale de France in Paris und der Library of Congress in Washington.

Kartenkataloge (Zettelkataloge)

Beim Kartenkatalog sind die einzelnen Buchtitel auf Karten (aus starkem Papier oder Karton) aufgeführt, die in Form einer Kartei angeordnet werden. Da ursprünglich Papierzettel verwendet wurden, war auch die Bezeichnung *Zettelkatalog* üblich.

Als Kartenformat wurde das so genannte *Internationale Bibliotheksformat* von 7,5 × 12,5 cm verwendet.

Vom späten 19. bis zum späten 20. Jahrhundert wurden die Bibliotheken von Kartenkatalogen geprägt. Die elektronischen Kataloge haben ihnen ein Ende bereitet. Es gibt heute nurmehr wenige Bibliotheken, die Neuzugänge in Kartenkatalogen verzeichnen. Für den Nachweis von älteren Beständen sind Kartenkataloge aber noch vielfach in Gebrauch.

Mikrokataloge

In Bibliotheken und Bibliotheksverbünden, die ihre Kataloge mithilfe der Elektronischen Datenverarbeitung führen, war längere Zeit der Mikrokatalog in Form des *Mikrofiche-Katalogs* üblich. Die Herstellung eines Mikrokatalogs erfolgt mit dem COM-Verfahren (COM = Computer Output on Microform), wobei die im Computer gespeicherten Titelaufnahmen in starker Verkleinerung auf *Mikrofiches* ausgegeben werden.

Ein COM-Mikrofiche hat Postkartengröße (Format DIN A 6) und besteht aus einer Kopfzeile, die mit bloßem Auge lesbar ist und den Inhalt des Mikrofiches angibt, sowie aus spaltenweise angeordneten Bildfeldern mit den Titelaufnahmen, die nur mithilfe eines Lesegerätes gelesen werden können. Ein Mikrofiche enthält je nach Verkleinerung rund 2000-6000 Titelaufnahmen auf mehreren hundert Feldern. Über ein Indexfeld am Ende oder am Anfang des Mikrofiches kann die Position des Feldes mit der gesuchten Katalogeintragung ermittelt werden.

Die Herstellung eines COM-Katalogs kann schnell und preisgünstig erfolgen. Durch Duplizierung können beliebig viele Exemplare hergestellt werden, sodass der Mikrokatalog mehrfach in der Bibliothek und anderswo verfügbar sein kann. Der Nachteil, dass Mikrokataloge schon kurz nach ihrer Herstellung nicht mehr auf dem aktuellen Stand sind, kann dadurch begrenzt werden, dass in kurzen Abständen kumulierende Supplemente mit den Daten der Neuzugänge auf Mikrofiches erscheinen, bis nach einiger Zeit (z.B. nach sechs Monaten) eine neue Ausgabe des gesamten Katalogs hergestellt wird.

Mikrokataloge können nicht nur durch Ausgabe elektronisch gespeicherter Katalogdaten im COM-Verfahren entstehen, sondern auch dadurch, dass ein Kartenkatalog durch Mikroverfilmung auf Mikrofiches übertragen wird, was für den Nachweis von Spezial- oder Altbeständen sinnvoll sein kann.

Mit dem Siegeszug des Online-Katalogs ist der Mikrokatalog – als Hauptkatalog einer Bibliothek – weitgehend verschwunden.

Online-Kataloge

„Online" bedeutet in der EDV die direkte Verbindung zwischen Dateneingabe- oder Datenausgabegeräten und einem Computer. Bei Online-Katalogen sind die Titelaufnahmen in Form von maschinenlesbaren Daten in der online recherchierbaren Katalogdatenbank eines Computers gespeichert und werden so ständig verfügbar gehalten. Über eine Datenendstation (Terminal oder PC) können die Katalogdaten in direktem Zugriff abgerufen und auf dem Bildschirm sichtbar gemacht werden. Umgekehrt werden die Katalogdaten von Neuerwerbungen über eine Datenstation unmittelbar in die Datenbank eingespeichert, die somit immer den aktuellen Stand nachweist.

Die Suche im Online-Katalog erfolgt durch einen *Dialog* oder interaktiven Informationsaustausch zwischen dem Bibliothekar oder Benutzer einerseits und der Katalogdatenbank andererseits. Der Dialog wird mithilfe des

Bildschirmgeräts und der dazugehörigen Tastatur bzw. der Computer-Maus geführt. Der Online-Katalog antwortet auf die eingegebenen Fragen und Anweisungen mit Informationen auf dem Bildschirm, indem er z.b. die Zahl der zu einem Thema vorhandenen Werke signalisiert oder die Titelaufnahme eines gefundenen Werkes anzeigt. Das Suchergebnis kann über einen Drucker, der dem Bildschirmgerät angeschlossen ist, als Papierausdruck ausgegeben werden.

Charakteristisch für den Online-Katalog ist, dass er die Funktionen aller Katalogarten (z.b. AK, SWK, SyK) in sich vereinigt. Die Titelaufnahmen in der Datenbank des Computers sind in zufälliger Reihenfolge gespeichert, können jedoch nach verschiedenen Merkmalen, d.h. über formale und sachliche Suchbegriffe, abgefragt werden. Es gibt also nur noch *einen* Datenbestand mit unterschiedlichen Sucheinstiegen. Als solche Suchbegriffe kommen praktisch alle Bestandteile der Titelaufnahme in Frage, also Verfassername, Sachtitel, Erscheinungsjahr, Erscheinungsort, Verlag, ISBN bzw. ISSN, sowie, je nach vorheriger Eingabe, Schlagwörter, Stichwörter und Notationen. Dabei können die verschiedenen Suchmöglichkeiten *kombiniert* werden.

Der Online-Katalog kennt keine fest physische Gestalt mehr, er besteht lediglich in „immaterieller" Form aus Magnetisierungen auf elektronischen Speichermedien bzw. aus Zeichen, die vorübergehend auf einem Bildschirm erscheinen. Jedoch ist es möglich, Katalogausgaben des Gesamt- oder eines Teilbestandes der Katalogdatenbank vorzunehmen, z.b. auf Mikrofiches oder CD-ROM oder auch als Druckausgabe, d.h. auf Titelkarten, Papierlisten oder in Form eines gedruckten Buchkatalogs.

Einen speziell für die Handhabung durch Benutzer aufbereiteten, durch eine Benutzeroberfläche mit Menüsteuerung einfach zu bedienenden Online-Katalog nennt man *OPAC (Online Public Access Catalog*, d.h. öffentlich zugänglicher Online-Katalog).

Ein Sonderfall des Online-Katalogs ist der *Image-Katalog*, der durch Umwandlung konventioneller Kartenkataloge in digitalisierte *Images* (Bilder) entsteht. Die Katalogkarten eines AK werden gescannt und die entstandenen Bilddateien der Titelaufnahmen als Online-Katalog bereitgestellt. Man kann in den Images blättern, gegebenenfalls mit Suchbegriffen in einzelnen Titelkategorien suchen.

CD-ROM-Kataloge

Maschinenlesbare Katalogdaten können auf CD-ROM übertragen und veröffentlicht werden. Durch die enorme Speicherkapazität des Datenträgers

CD-ROM (rund 650 Megabyte) lassen sich über eine Million Titeldatensätze auf einer CD-ROM speichern. Für die Suchabfrage bietet ein solcher CD-ROM-Katalog oft vielfältigere Möglichkeiten wie der Online-Katalog. Mit einer benutzerfreundlichen Bedienungsweise erfüllt er die Aufgabe eines OPAC.

Eine Ergänzung oder Änderung der Katalogdaten auf einer CD-ROM ist allerdings nicht möglich. Die Daten verlieren daher bald an Aktualität, sofern nicht in regelmäßigen Abständen kumulierende Neuausgaben erscheinen. Die CD-ROM-Form bietet sich daher in erster Linie für die Katalogdaten eines Teil- oder Spezialbestandes an, z.B. für den Altbestand, den Zeitschriftenbestand oder den Bestand einer Fachabteilung von großen Bibliotheken.

2. Formalerschließung (Alphabetische Katalogisierung)

a) Allgemeines

Mit Formalerschließung, Formalkatalogisierung oder alphabetischer Katalogisierung bezeichnet man die Katalogisierung eines Buches zum Zweck seines Nachweises im AK oder im Online-Katalog einer Bibliothek. Die alphabetische Katalogisierung umfasst (a) die Beschreibung des Buches (bibliographische Beschreibung) und (b) die Festlegung der formalen Merkmale bzw. Suchbegriffe, d.h. der Namen und/oder Sachtitel, unter denen die Eintragungen in das Alphabet eines AK einzuordnen sind bzw. unter denen die Eintragungen gesucht werden können.

Durch die formale Katalogisierung der Buchbestände einer Bibliothek sollen Antworten auf die drei folgenden Fragen ermöglicht werden:

(1) Ist ein bestimmtes Werk in der Bibliothek vorhanden?

(2) Welche Werke eines bestimmten Verfassers oder Urhebers besitzt die Bibliothek?

(3) Welche verschiedenen Ausgaben eines bestimmten Werkes besitzt die Bibliothek?

Regelwerke für die alphabetische Katalogisierung

Damit der AK oder der Online-Katalog einer Bibliothek diese Fragen beantworten kann, müssen genaue und detaillierte Regeln für die Formalkatalogisierung aufgestellt und beachtet werden. Die Regeln werden in Regelwerken zusammengefasst, die man früher auch als „Katalogisierungsordnung" oder „Kataloginstruktionen" bezeichnete. An den meisten Wissenschaftlichen Bibliotheken in Deutschland erfolgte die Titelaufnahme lange Zeit gemäß den 1908 in zweiter Auflage erschienenen „Instruktionen für die alphabetischen Kataloge der preußischen Bibliotheken", kurz *Preußische Instruktionen (PI)* genannt. Die Öffentlichen Bibliotheken in Deutschland verwendeten ein auf den Preußischen Instruktionen beruhendes, aber stark vereinfachtes Regelwerk, nämlich die 1938 bzw. 1942 erschienene „Anweisung für den alphabetischen Katalog der Volksbüchereien", kurz *Berliner Anweisungen* genannt.

In den 1960er und 1970er-Jahren wurde von den Katalogkommissionen der deutschsprachigen Länder ein neues Katalogregelwerk für Wissenschaftliche *und* Öffentliche Bibliotheken ausgearbeitet. Diese *„Regeln für die alphabetische Katalogisierung (RAK)"* brachten eine Annäherung an die international üblichen Katalogisierungsgrundsätze. Gleichzeitig sind sie für die Anwendung in elektronisch geführten Katalogen einigermaßen geeignet.

Die „Regeln für die alphabetische Katalogisierung (RAK)" wurden 1976 bzw. 1977 in der DDR bzw. der (alten) Bundesrepublik Deutschland veröffentlicht. In der DDR wurden sie ab 1977 für alle Bibliotheken verbindlich erklärt. In Westdeutschland und West-Berlin gingen fast alle Bibliotheken im Lauf der Zeit zur Katalogisierung nach den RAK über. Die Kenntnis der „Preußischen Instruktionen" ist aber weiterhin für die Benutzung von älteren Katalogen und Bibliographien unentbehrlich.

RAK, RAK-WB und RAK-ÖB, RAK-Sonderregeln

Die RAK verstehen sich als Rahmenregelwerk für alle Arten von Bibliotheken. Neben einem Gerüst von obligatorischen Bestimmungen enthalten sie eine Fülle von Kannvorschriften (fakultativen Regelungen) und Alternativbestimmungen, über deren Anwendung die einzelnen Bibliotheken oder Bibliothekstypen entscheiden sollten. Um die dadurch entstehende Gefahr einer uneinheitlichen Anwendung der RAK zu vermeiden, sind in der (alten) Bundesrepublik zwei Fassungen des Regelwerks je für die Wissenschaftlichen und für die Öffentlichen Bibliotheken erarbeitet worden:

– *Regeln für wissenschaftliche Bibliotheken* (RAK-WB, 1983)
– *Regeln für öffentliche Bibliotheken* (RAK-ÖB, 1986)

Diese RAK-Fassungen ersetzen die in der RAK-Ausgabe von 1977 enthaltenen Alternativ- und Kannbestimmungen durch eindeutige Vorschriften, wobei die besonderen Bedürfnisse der beiden Bibliothekssparten berücksichtigt werden. In der DDR wurde dagegen die Grundkonzeption der

182

RAK mit obligatorischen Bestimmungen und fakultativen bzw. alternativen Regelungen beibehalten (Neuausgabe von 1989).

Für die Formalerschließung von speziellen Bibliotheksmaterialien sind *Sonderregeln* auf der Grundlage der RAK erarbeitet worden. Derzeit liegen vor:

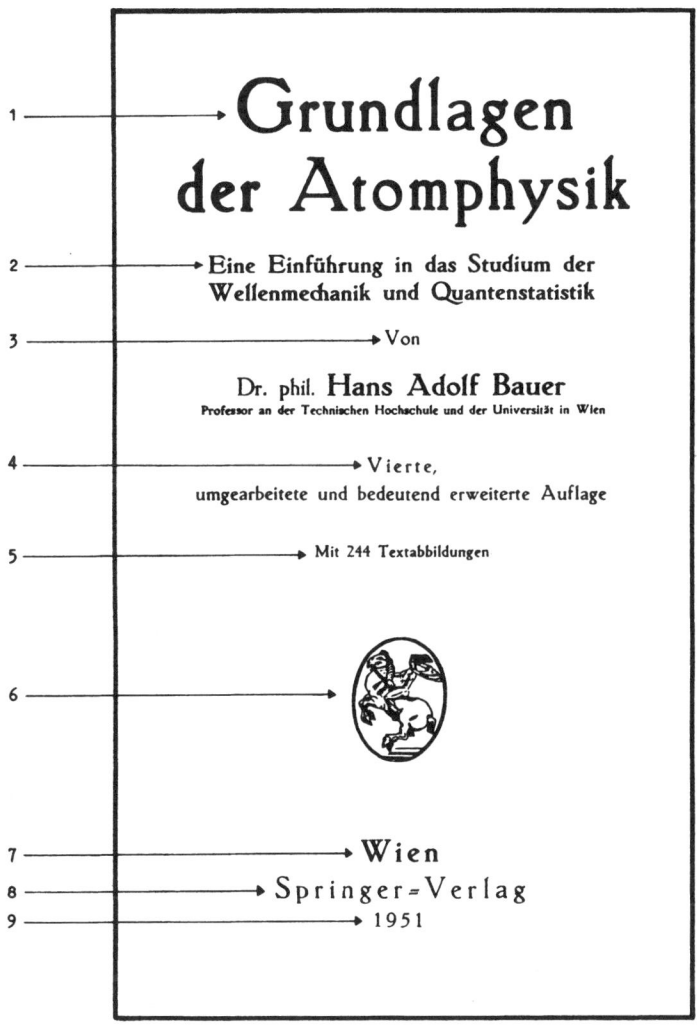

Abb. 17: Titelseite eines Buches

- *Sonderregeln für Musikdrucke, Musiktonträger und Musik-Bildtonträger* (RAK-Musik),
- *Sonderregeln für kartographische Materialien* (RAK-Karten),
- *Sonderregeln für unselbstständig erschienene Werke* (RAK-UW),
- *Sonderregeln für Nichtbuchmaterialien* (RAK-NBM) (für AV-Materialien, Mikromaterialien, Spiele sowie elektronische Dokumente).

1993 erschienen die RAK-WB in einer 2., überarbeiteten Ausgabe als Loseblatt-Werk, das durch Ergänzungslieferungen aktualisiert wird.

Für Online-Kataloge gibt es bisher kein eigenes Regelwerk. Die seit 1998 in Vorbereitung befindliche Neufassung der RAK („RAK 2") soll besonders für Online-Kataloge konzipiert werden.

b) Grundlegendes zur Titelaufnahme

Gemäß den Regeln für die alphabetische Katalogisierung erfolgt die *Titelaufnahme*. Das Wort Titelaufnahme bezeichnet sowohl den Vorgang der formalen Katalogisierung wie auch deren Ergebnis. Die fertige Titelaufnahme eines Buches enthält die Ordnungsmerkmale bzw. Suchbegriffe des Buches sowie die bibliographische Beschreibung, d.h. alle Angaben, die zur Identifizierung des Buches wichtig sind. Die Titelaufnahme ist sozusagen ein „Steckbrief" des betreffenden Buches.

Bei der Titelaufnahme geht man aus von den Angaben, die sich auf dem *Titelblatt* des Buches befinden. Als Beispiel sei das Werk gewählt, dessen Titelseite umstehend abgebildet ist.

Die einzelnen Angaben auf dieser Titelseite haben in der bibliothekarischen Fachsprache folgende Bezeichnungen:

1= Sachtitel

2= Zusatz zum Sachtitel

3= Verfasserangabe (darunter Personalangaben)

4= Ausgabebezeichnung

5= Beigabenvermerk

6= Verlagssignet

7= Erscheinungsort

8= Verlag

9= Erscheinungsjahr

In die Titelaufnahme werden *alle bibliographisch wichtigen Merkmale des Buches* übernommen. Dazu gehören auch Angaben, die sich nicht auf der Titelseite befinden, so zum Beispiel der Umfang (d.h. die Seitenzahl),

eventuell auch das Format des Buches, nicht dazu gehören z.b. die Personalangaben.

Den folgenden Ausführungen liegen im allgemeinen, soweit nichts anderes
vermerkt ist, die Vorschriften und Bezeichnungen der RAK, den Titelaufnahmen die RAK-WB zu Grunde.

Einheitsaufnahme

Die Teile der Titelaufnahme werden in einer bestimmten festgelegten Reihenfolge wiedergegeben. Man unterscheidet zunächst zwischen dem Kopf
und der bibliographischen Beschreibung. Der *Kopf* enthält die für die Einordnung in den Katalog notwendigen Angaben, z.b. den Verfassernamen.
Er kann auf einer eigenen Zeile stehen und durch Unterstreichung, Fett-
druck o. Ä. hervorgehoben werden. Die *bibliographische Beschreibung*
enthält alle wichtigen Angaben über das Buch, vor allem Sachtitel, Verfasser, Ausgabebezeichnung, Erscheinungsvermerk (Ort, Verlag und Jahr); sie
dient der Identifizierung des vorliegenden Werkes und unterscheidet es
z.b. von anderen Werken desselben Verfassers. Unter der bibliographischen Beschreibung stehen gegebenenfalls Nebeneintragungsvermerke
und Verweisungsvermerke. Das Ganze bezeichnet man als *Einheitsaufnahme*. Sie besteht also aus dem Kopf, der bibliographischen Beschreibung
und gegebenenfalls den Nebeneintragungs- und Verweisungsvermerken.

Nach den RAK, die die Regeln der „International Standard Bibliographic
Description" (ISBD), einer internationalen Norm, übernommen haben,
werden die Daten für die bibliographische Beschreibung in folgenden
Gruppen und in folgender Reihenfolge erfasst:

– Sachtitel- und Verfasserangabe
– Ausgabebezeichnung
– Erscheinungsvermerk (Ort, Verlag, Jahr)
– Kollationsvermerk (Umfang, Illustrationen u.a.)
– Gesamttitelangabe (Serienangabe)
– Fußnoten
– ISBN bzw. ISSN
– Aufführung der einzelnen Bände

Die Gruppen der bibliographischen Beschreibung werden durch bestimmte
Zeichen (Deskriptionszeichen, nämlich „Punkt, Spatium, Gedankenstrich,
Spatium") getrennt und dadurch gegliedert. Als Deskriptionszeichen innerhalb der Gruppen werden u.a. Doppelpunkt, Schrägstrich und Komma verwendet. Die Einheitsaufnahme für das Buch, dessen Titelseite auf S. 183
abgebildet ist, sieht folgendermaßen aus:

Bauer, Hans Adolf: Grundlagen der Atomphysik : eine Einführung in das Studium der Wellenmechanik und Quantenstatistik / von Hans Adolf Bauer. – 4., umgearb. und bed. erw. Aufl. – Wien : Springer, 1951. – XX, 631 S. : zahlr. Ill., graph. Darst.

Verfasserwerke wie dieses erhalten die Haupteintragung (vgl. hierzu den nächsten Abschnitt) unter dem Namen des Verfassers. Anonyme Werke erhalten die Haupteintragung unter dem Sachtitel (falls es sich nicht um ein Urheberwerk handelt, siehe unten). Anonyme Werke mit Haupteintragung unter ihrem Sachtitel bezeichnet man als *Sachtitelwerke*. Ein Beispiel:

Das *Nibelungenlied* / hrsg. von Helmut de Boor. – 21. Aufl. – Wiesbaden : Brockhaus, 1979. – LXV, 390 S.

Hat eine Körperschaft (z.B. Forschungsinstitut, Verein, Hochschule, Firma) ein anonymes Werk erarbeitet oder veranlasst *und* herausgegeben, so gilt sie gemäß den RAK als *Urheber* des Werkes. Unter bestimmten formalen Voraussetzungen erhält dann das Werk die Haupteintragung unter der Körperschaft (man spricht in diesem Fall von einem *Urheberwerk*):

Bayerisches Nationalmuseum <München>: Führer durch die Schausammlungen / Bayerisches Nationalmuseum. – 8. Ausg. – München, 1964. – 100 S. : Ill.

Bei einem *mehrbändigen Werk* werden die einzelnen Bände nach den Angaben zum Gesamtwerk aufgeführt:

Peterich, Eckart: Italien : ein Führer. – München : Prestel
Erschienen: 1 (1958) – 3 (1963)
1. Oberitalien, Toskana, Umbrien. – 1958. – 734 S. : Ill.
2. Rom und Latium, Neapel und Kampanien. – 1961. – 796 S. : Ill.
3. Apulien, Kalabrien, Sizilien, Sardinien, Malta. – 1963. – 841 S. : Ill.

Bei einem *Werk, das einer Schriftenreihe (Serie) angehört,* wird der Titel der Serie, zusammen mit der Bandzählung, in runden Klammern als Gesamttitelangabe aufgeführt.

Scheurig, Bodo: Einführung in die Zeitgeschichte. – 2., überarb. und erg. Aufl. – Berlin : de Gruyter, 1970. – 103 S. – (Sammlung Göschen ; 1204)

Eine solche Aufnahme eines Serienbandes wird als *Stücktitelaufnahme* bezeichnet. Bei gezählten Serien (Serien mit Nummerierung der einzelnen Bände) wird auch für den Gesamttitel der Serie eine eigene Aufnahme (*Gesamtaufnahme*) angefertigt, in der die einzelnen Bände der Serie nacheinander (ähnlich wie bei Titelaufnahmen mehrbändiger Werke) aufgeführt werden. Wenn die einzelnen Bände keine Zählung haben, wird auf die Gesamtaufnahme verzichtet. Die Serie als solche ist dann nicht im Katalog nachgewiesen.

Schließlich noch ein Beispiel, wie ein *unselbstständig erschienenes Werk* in einer Titelaufnahme bibliographisch beschrieben wird (unselbstständig erschienene Werke sind Aufsätze, Artikel und Beiträge in Zeitschriften und Sammelwerken):

Landwehrmeyer, Richard: Die Empfehlungen des Wissenschaftsrates zur retrospektiven Katalogisierung an wissenschaftlichen Bibliotheken / Richard Landwehrmeyer.
In: Zeitschrift für Bibliothekswesen und Bibliographie. – ISSN 0044-2380. – 36 (1989), S. 19-29

In elektronischen Katalogen werden oft zusätzlich zu den gemäß RAK anzugebenden bibliographischen Daten weitere formale Angaben in codierter Form gemacht. Solche *Codes* gibt es u.a. für Dokumenttyp (z.B. Dissertation, Festschrift, Report), Erscheinungsweise (z.B. Zeitschrift, Schriftenreihe, Loseblattausgabe), Erscheinungsland und Sprache des Dokuments.

Diskutiert wird eine *Erweiterung der Kataloginformation* in Online-Katalogen durch die Einbeziehung von Abstracts, Inhaltsverzeichnissen oder auch Rezensionen. Praktiziert wird bei Erschließungsprojekten (z.B. VD 17) bereits die Erfassung von als Images digitalisierten Titelseiten oder anderen Buchseiten.

Bei den im Zuge der Formalerschließung erfassten Buchdaten ist zu unterscheiden zwischen *bibliographischen Daten*, die für alle Exemplare einer Ausgabe gleich sind, und *besitzerspezifischen Daten (Lokaldaten)*, die sich nur auf das vorliegende Exemplar beziehen; dazu gehören z.B. Signatur, handschriftliche Widmung eines Autors, Exemplarzählung einer nummerierten Ausgabe. Vor allem beim Austausch von Titeldaten zwischen Bibliotheken und in Verbundkatalogen ist diese Unterscheidung wichtig.

Erschließung von elektronischen Publikationen

Die Formalerschließung von digitalen Publikationen auf physischen Datenträgern und als Netzpublikationen im Fernzugriff ist in den RAK-Sonderregeln für Nichtbuchmaterialien (RAK-NBM) geregelt. Diese entsprechen im wesentlichen den Vorschriften für die Titelaufnahme von Büchern und unselbstständigen Werken, unter Zusatz medienspezifischer Ergänzungen. So heißt die allgemeine Materialbenennung „Elektronische Ressource", spezifische Materialbenennungen sind z.B. „Diskette", „CD-ROM", „Magnetband", „Online-Ressource". Angaben zu Systemvoraussetzungen betreffen u.a. Rechnertyp, Speichergröße, Betriebssystem, Softwareanforderungen; bei Netzdokumenten werden Zugang und Adresse genannt.

Zur Identifizierung, Erschließung und Auffindung von Internetpublikationen sollen künftig *Metadaten* („Daten über Daten") dienen, d.h. eine strukturierte Dokumentbeschreibung, die mit dem Netzdokument selbst verknüpft ist. Die Metadaten sollen formale und sachliche Elemente enthalten, nach denen recherchiert werden kann. Dazu gehören auch Informationen über Zugriffsmöglichkeiten und Zugangsbedingungen.

Verschiedene Metadatenformate wurden diskutiert und erprobt. Weitgehend durchgesetzt hat sich der *Dublin Core Set*. Man geht davon aus, dass die Produzenten der elektronischen Dokumente – Autoren oder Verlage – die Metadaten selbst eingeben und mit dem Dokument verbinden.

c) *Haupteintragungen, Nebeneintragungen, Verweisungen*

Jedes Buch muss im Alphabetischen (Karten- oder Listen-)Katalog mindestens *einmal* verzeichnet werden (Verfasserwerke unter dem Verfassernamen, Sachtitelwerke unter dem Sachtitel, Urheberwerke unter dem Urheber). Diese *Haupteintragung* (HE) ist der vollständigste Nachweis für ein vorhandenes Werk. Sie enthält normalerweise unverändert die Einheitsaufnahme.

In vielen Fällen ist es aber nötig oder zweckmäßig, ein Buch nicht nur an *einer*, sondern an zwei oder mehr Stellen im AK zu verzeichnen. Einen solchen zusätzlichen Nachweis nennt man *Nebeneintragung* (NE). In der Regel enthält die Nebeneintragung den vollen Text der Haupteintragung, d.h. alle Angaben der Einheitsaufnahme (außer in elektronisch hergestellten Listenkatalogen, wo für die NE eine verkürzte Aufnahme verwendet werden kann). Als Nebeneintragung erhält die Aufnahme einen *zusätzlichen Kopf*, der für die Einordnung der NE maßgeblich ist.

Als Beispiel sei ein Buch gewählt, das gemeinschaftlich von zwei Verfassern geschrieben wurde. In diesem Fall erfolgt die Haupteintragung unter dem Namen des ersten Verfassers. Außerdem erhält das Werk eine Nebeneintragung unter dem Namen des zweiten Verfassers. Das bedeutet, dass in der NE die Aufnahme einen neuen Kopf erhält, nämlich den Namen des zweiten Verfassers und den Sachtitel. Auf der Haupteintragung wird unter der bibliographischen Beschreibung ein so genannter NE-Vermerk hinzugefügt, um deutlich zu machen, dass zu dieser HE noch eine NE existiert (vgl. Abb. 18)

Im Online-Katalog ist die Unterscheidung von Haupt- und Nebeneintragungen nur mehr von geringer Bedeutung.

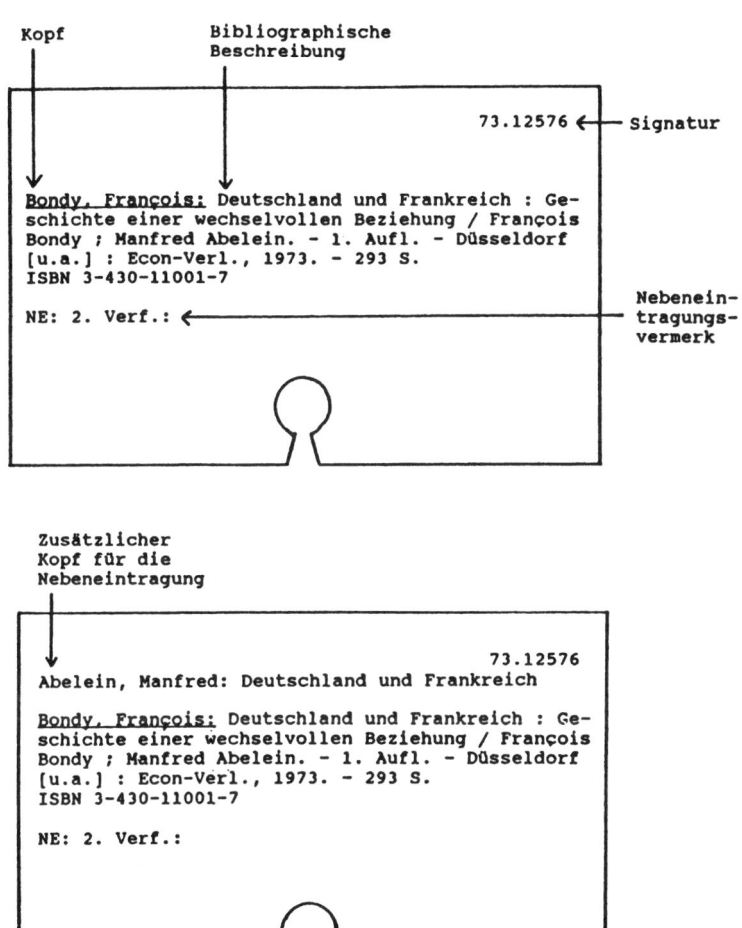

Abb. 18: Beispiel für eine Einheitsaufnahme als Haupteintragung (oben)
und Nebeneintragung (unten) im Kartenkatalog
(aus: Haller/Popst, Katalogisierung nach den RAK-WB, 5. Aufl.
1996)

Neben Haupt- und Nebeneintragungen gibt es gemäß den RAK noch weitere Arten von Eintragungen im AK. Hier seien nur die *Verweisungen* genannt. Sie sind Auffindungshilfen für Eintragungen, da sie auf die Einord-
nungsstellen von HE und NE hinweisen. So wird etwa bei Namensverwei-
sungen von einer abweichenden Namensform auf die Ansetzungsform hin-

189

gewiesen, z.B. in bestimmten Fällen vom Pseudonym auf den wirklichen Namen eines Verfassers:

Corvinus, Jakob [Pseud.]
s. Raabe, Wilhelm

Sucht man im AK ein Werk unter dem Namen *Corvinus, Jakob*, so wird man durch die Namensverweisung auf die Einordnungsstelle *Raabe, Wilhelm* hingewiesen; dort liegen alle HE und NE, die unter diesem Verfasser gemacht wurden.

Bei den „Preußischen Instruktionen" wird zwischen „Hauptzetteln" (= Hauptaufnahmen) und Verweisungen unterschieden. Hier werden also auch in denjenigen Fällen Verweisungen vorgeschrieben, in denen die RAK Nebeneintragungen vorsehen.

d) Ansetzung von Namen und Sachtiteln

Von großer Bedeutung für das Suchen und Wiederauffinden von Katalogeintragungen ist die Ansetzung der Namen und Sachtitel. Als Ansetzung bezeichnen die RAK die Bildung der für die Einordnung bzw. Suche maßgeblichen Form eines Personennamens, Körperschaftsnamens oder Sachtitels.

Ansetzung von Personennamen

Hier gilt der Grundsatz, eine bestimmte Person stets unter demselben Namen und unter derselben Form anzusetzen. Die Durchführung dieser Grundregel ist allerdings nicht immer einfach, z.b. wenn *ein Verfasser unter mehreren Namen* auftritt (Pseudonym, Künstlername, Ehename, hier erfolgt die Ansetzung meist unter dem wirklichen bzw. gebräuchlichen Namen) oder in den Fällen, in denen der *Name eines Verfassers in verschiedenen Namensformen* erscheint. Bei Namensformen, die durch unterschiedliche Transkription aus nichtlateinischen Schriften zustandekommen (z.B. Tschechow, Tchékhov, Chekhov), wird die durch die vereinbarte offizielle Transliteration gewonnene Namensform angesetzt (Čechov). Bei verschiedensprachigen Namensformen antiker Autoren (Horatius, Horaz, Horace, Orazio) wird der Name in lateinischer Sprache angesetzt (Horatius Flaccus, Quintus). Mittelalterliche Autoren mit unterschiedlichen Namensformen (Albertus Magnus bzw. Albert der Große bzw. Albert von Bollstädt) werden unter ihrem persönlichen Namen (Taufnamen) in der Sprache angesetzt, in der sie überwiegend geschrieben haben (Albertus <Magnus>). Von den von der Ansetzung abweichenden Namensformen der Vorlagen wird verwiesen.

Besondere Probleme ergeben sich bei der Ansetzung von *Verfassernamen mit Präfixen*. Als Präfixe gelten Präpositionen (z.b. von, zu, de, da), Artikel (z.b. der, le, la, los) und Verschmelzungen aus Präposition und Artikel (z.b. vom, zum, della, du). Namen mit Präfixen werden in verschiedenen Ländern unterschiedlich angesetzt. Die RAK schreiben deshalb eine Ansetzung in der Form vor, die in dem Staat üblich ist, dessen Bürger die betreffende Person ist. Dieses „Staatsbürgerprinzip" hat zur Folge, dass eine Person in allen Katalogen und Bibliographien international einheitlich angesetzt wird.

Für die Ansetzung von Personennamen bietet die Personennamendatei (PND) maßgebliche Ansetzungs- und Verweisungsformen.

Ansetzung von Sachtiteln

Als Grundregel gilt, dass der Sachtitel im allgemeinen in der vorliegenden Form angesetzt wird. In bestimmten Fällen wird eine von der Vorlageform abweichende Form des Sachtitels gebildet, die für Einordnung und Suche maßgeblich ist.

Ansetzung von Körperschaftsnamen

Die RAK verstehen unter Körperschaften (a) Personenvereinigungen, Organisationen und Institutionen, Unternehmen und Veranstaltungen, die eine durch ihren Namen individuell bestimmbare Einheit bilden, (b) die territorialen Einheiten (Gebietskörperschaften wie Staaten, Bundesländer, Provinzen, Gemeinden) und ihre Organe.

Körperschaften werden im allgemeinen unter ihrem offiziellen Namen angesetzt, es gibt jedoch eine Reihe von Ausnahmen. Im einzelnen sind die RAK-Ansetzungsregeln für Körperschaften sehr kompliziert, sie sollen deshalb im neuen Regelwerk RAK 2 vereinfacht werden. Maßgebliche Ansetzungs- und Verweisungsformen enthält die Gemeinsame Körperschaftsdatei (GKD).

e) Normdateien

Für die Einheitlichkeit der Katalogisierung sind *Normdateien* eine wichtige Hilfe. Normdateien legen regelrechte Ansetzungs- und Verweisungsformen fest, z.B. für Personennamen, Körperschaftsnamen oder Schlagwörter, und führen bei den Anwendern zu einer einheitlichen Ansetzungspraxis. Der Katalogisierer kann beispielsweise für die Ansetzung eines Verfassernamens aus einer Normdatei für Personennamen die richtige Ansetzungsform und die zugehörigen Verweisungen entnehmen und sich damit eigene Überlegungen und Nachforschungen ersparen. Normdateien ermöglichen sowohl eine Arbeitserleichterung als auch eine Qualitätssteigerung und damit insgesamt eine Rationalisierung bei der Literaturerschließung.

Da eine Normdatei laufend ergänzt und auch durch Korrekturen verbessert werden muss, wird sie als Datenbank mit Online-Zugriff geführt, aus der aber auch Druckausgaben, Mikrofiche-Ausgaben und Ausgaben auf CD-ROM hergestellt werden können.

Für die Formalkatalogisierung nach den RAK-WB sind zwei Normdateien kooperativ erarbeitet worden, die als Online-Datenbanken an der Deutschen Bibliothek in Frankfurt a.M. geführt und laufend ergänzt werden:

– *Gemeinsame Körperschaftsdatei* (GKD)
  mit regelwerksgerechten Ansetzungs- und Verweisungsformen von Körperschaftsnamen,
– *Personennamendatei* (PND)
  mit regelwerksgerechten Ansetzungs- und Verweisungsformen von Personennamen (das Schwergewicht liegt derzeit bei den Personennamen der Antike, des Mittelalters und der Neuzeit bis 1850).

Die beiden Normdateien GKD und PND sowie die Schlagwortnormdatei SWD sind auch auf zwei von der Deutschen Bibliothek herausgegebenen CD-ROMs (aktualisierte Neuausgabe zweimal jährlich) erhältlich.

f) Die Ordnung der Eintragungen im AK

Für die Ordnung im AK (als Karten- und Listenkatalog) ist die Buchstabenfolge des deutschen Alphabets maßgebend. Akzente und diakritische Zeichen bleiben dabei unberücksichtigt; es werden also z.B. die Buchstaben à, ç und ž unter a, c und z eingereiht. Die Umlaute ä, ö und ü werden als ae, oe und ue geordnet. Der Buchstabe ß („scharfes s") wird wie ss behandelt.

Nach den RAK gilt j als eigener Buchstabe nach dem i. Eine andere Regelung hatten die „Preußischen Instruktionen" und die „Berliner Anweisungen", wonach die Buchstaben i und j nicht unterschieden, sondern ineinander geordnet wurden.

Für die Einordnung einer Einheitsaufnahme in den AK ist der *Sachtitel* von entscheidender Bedeutung. Bei der Ordnung der Sachtitel im AK gibt es zwei grundsätzlich verschiedene Methoden: Die Ordnung kann nach der *grammatikalischen Wortfolge* oder aber nach der *mechanischen (gegebe-*

nen) Wortfolge geschehen. Das heißt: Entweder erfolgt die Auswahl der für die Einordnung maßgeblichen Wörter des Sachtitels nach *grammatikalischen* Grundsätzen, oder aber sie erfolgt *mechanisch*, d.h. nach der im Sachtitel vorliegenden (gegebenen) Reihenfolge der Wörter.

Die Ordnung der Sachtitel nach der grammatikalischen Wortfolge

Die Ordnung der Sachtitel nach der grammatikalischen Wortfolge liegt den „Preußischen Instruktionen" zu Grunde, d.h. die meisten Wissenschaftlichen Bibliotheken in Deutschland haben lange Zeit die grammatikalische Ordnung in ihren Alphabetischen Katalogen angewendet.

Bei der Ordnung der Sachtitel nach der grammatikalischen Wortfolge werden die Ordnungswörter, die für die Einordnung eines Sachtitels maßgeblich sind, nach grammatikalischen Grundsätzen ausgewählt. Erstes Ordnungswort ist hierbei in der Regel ein Substantiv (Hauptwort), und zwar das sogenannt *„Substantivum regens"* („regierendes Hauptwort"), d.h. *das erste grammatikalisch unabhängige Substantiv* des Sachtitels. Die folgenden Beispiele sollen dies verdeutlichen (das erste Ordnungswort ist kursiv gesetzt):

Die neue *Zeitung*
Historischer *Atlas* von Bayern
Deutschlands *Weg* in den Zusammenbruch
An der Saale hellem *Strande*

Die weiteren Ordnungswörter werden nach der grammatikalischen Abhängigkeit herangezogen, wobei nur die wesentlichen Wörter, vor allem Substantive und Adjektive, berücksichtigt werden. (Bei den folgenden Beispielen wird die Reihenfolge der weiteren Ordnungswörter durch vorangestellte Ziffern gekennzeichnet.)

Beiträge zur [2]Siedlungsgeographie der [3]Ostschweiz
Zeitschrift für [3]physikalische [2]Chemie
[2]Pädagogische *Studien* und [3]Kritiken
[2]Deutsche [3]medizinische *Wochenschrift*
[2]Deutschlands *Weg* in den [3]Zusammenbruch
Des [2]Meeres und der [3]Liebe *Wellen*

Auf die zahlreichen Sonderregeln, die bei der grammatikalischen Wortfolge noch beachtet werden müssen, kann hier nicht eingegangen werden.

Bei der Ordnung nach der grammatikalischen Wortfolge sind also die wichtigen Wörter des Sachtitels für die Einordnung maßgeblich, während die unwichtigen übergangen werden. In einem nach der grammatikalischen Ordnung angelegten AK kann man Sachtitel, deren wesentliche Wörter bekannt sind, meist auch dann finden, wenn die unwesentlichen Wörter nicht oder falsch zitiert sind. Andererseits sind die Regeln für die grammatikalische Wortfolge sehr kompliziert und vielfach zu unpräzis. Vor allem sind sie ungeeignet für elektronische Kataloge.

Die Ordnung der Sachtitel nach der mechanischen (gegebenen) Wortfolge

Die Ordnung der Sachtitel nach der mechanischen oder gegebenen Wortfolge war an ausländischen Bibliotheken schon immer üblich. In Deutschland wurde sie in den „Berliner Anweisungen" vorgeschrieben und deshalb in den Katalogen der meisten Öffentlichen Bibliotheken angewendet. Mit den „Regeln für die alphabetische Katalogisierung" (RAK) hat sich die Ordnung nach der mechanischen Wortfolge auch in den Wissenschaftlichen Bibliotheken in Deutschland durchgesetzt.

Bei der Ordnung der Sachtitel nach der gegebenen Wortfolge ist die *Reihenfolge der Wörter, in der sie im Sachtitel stehen*, für die Einordnung im Alphabet des AK maßgebend. Ein (bestimmter oder unbestimmter) Artikel am Anfang des Sachtitels wird allerdings übergangen, da es sonst zu einer Anhäufung von Eintragungen unter den Wörtern „Der", „Die", „Das", „Ein", „Eine" usw. kommen würde. (Ebenso wie ein Artikel wird ein mit ihm gleich lautendes Zahl- oder Fürwort am Anfang des Sachtitels übergangen, z.B. „Das müssen Sie wissen".)

Die Ordnung nach der mechanischen Wortfolge war für gewisse Titel bereits in den „Preußischen Instruktionen" vorgeschrieben, nämlich für *Titel in Satzform*, d.h. also für Sachtitel, die aus einem vollständigen oder verkürzten *Satz* bestehen.

Die RAK (und früher schon die „Berliner Anweisungen") wenden das Prinzip der mechanischen Ordnung auf *alle* Sachtitel an. Beispiele:

[1]Buch [2]und [3]Bibliothek
[1]Mit [2]Gott [3]für [4]König [5]und [6]Vaterland
Die [1]neue [2]Zeitung
[1]Historischer [2]Atlas [3]von [4]Bayern
[1]So [2]schön [3]ist [4]die [5]Welt

Die mechanische Ordnung ist wesentlich einfacher zu handhaben als die komplizierte grammatikalische Ordnung. Für die Anwendung in elektronischen Katalogen ist nur die mechanische Wortfolge geeignet. Sie ist daher heute im Bibliothekswesen allgemein üblich.

Bei der Ordnung der Sachtitel nach der gegebenen Wortfolge kann allerdings ein Werk oft nur dann gezielt im AK aufgefunden werden, wenn der Wortlaut des Sachtitels dem Suchenden *genau bekannt ist*. Während es bei der grammatikalischen Wortfolge für die Einordnung gleichgültig war, ob der Titel „Nachrichten *für* Dokumentation" oder aber „Nachrichten *über* Dokumentation" hieß, spielt dieser Unterschied bei der mechanischen Ordnung sehr wohl eine Rolle. Gerade die bei Zeitschriften häufige Zitierweise mit Abkürzungen (z.b. „Nachr. Dok.") lässt oft Wörter aus, die nach der mechanischen Wortfolge ordnungswichtig sind, und zwingt häufig zur bibliographischen Ermittlung des genauen Titels, bevor dieser mit Aussicht auf Erfolg im AK gesucht werden kann. (Beim Online-Katalog spielt dies keine Rolle, er bietet auch in solchen Fällen komfortablere Suchmöglichkeiten.)

3. Verbale Sacherschließung

Im Gegensatz zur *Formalerschließung*, bei der ein Buch nach seinen *formalen* Elementen (z.B. Verfassername, Sachtitel) beschrieben und verzeichnet wird, geht es bei der *Sacherschließung* um die *inhaltliche* Beschreibung und Erschließung von Literatur. Bei der Sacherschließung ist zu unterscheiden zwischen der *verbalen Sacherschließung*, die hauptsächlich natürlich-sprachliche Bezeichnungen (Schlagwörter, Stichwörter) verwendet, und der *klassifikatorischen Sacherschließung*, die vorwiegend auf Klassifikationssystemen mit hierarchisch geordneten Systemstellen (Notationen) beruht.

Durch die verbale Sacherschließung wird vor allem eine „punktuelle" Literatursuche ermöglicht, d.h. die rasche Ermittlung von Literatur zu einem begrenzten, genau definierbaren Thema.

Bei der Schlagwortkatalogisierung werden Schlagwörter gebildet, die aus dem Inhalt der Bücher gewonnen werden. Ein *Schlagwort* (SW) ist ein möglichst kurzer, aber genauer und vollständiger Ausdruck für den sachlichen Inhalt eines Werkes. Bei konventioneller Katalogführung mit Karten- oder Listenkatalogen werden die Eintragungen, alphabetisch nach Schlagwörtern geordnet, in den *Schlagwortkatalog* (SWK) aufgenommen. Im Online-Katalog dienen Schlagwörter (SWW) als Suchbegriffe für die sachliche Recherche am Bildschirm.

a) Grundsätzliches zur Schlagwortbildung

Bei der *Schlagwortvergabe* kommt es darauf an,

– den Inhalt eines Buches festzustellen (Inhaltsanalyse),
– den Buchinhalt in einem Schlagwort oder in mehreren Schlagwörtern kurz, genau und vollständig zu erfassen (Begriffsfindung) und

– das SW oder die SWW terminologisch zu kontrollieren, d.h. anhand der in den maßgeblichen Nachschlagewerken gebräuchlichsten Begriffe in die regelwerksgerechte Ansetzungsform zu bringen.

Die SWW werden der natürlichen Sprache entnommen. Auch fremdsprachige Literatur wird mit deutschen SWW erschlossen. Ein Schlagwort kann deshalb definiert werden als normierter, terminologisch kontrollierter natürlichsprachlicher Begriff.

In vielen Fällen wird der Bearbeiter das Schlagwort dem Sachtitel des Buches (oder dem Zusatz zum Sachtitel) entnehmen können, so bei einer „Einführung in die Psychologie" das Schlagwort *Psychologie*. Häufig sagt jedoch der Titel eines Buches nichts Genaues über seinen Inhalt aus; das SW kann in solchen Fällen nur dem sachlichen Inhalt des Buches entnommen werden. So muss z.B. das Buch „Die armen und die reichen Völker" unter dem SW *Entwicklungshilfe* nachgewiesen werden, da das Buch dieses Thema behandelt. Weitere Beispiele von Sachtiteln, denen kein Schlagwort entnommen werden kann: „Farbenfrohe Leichtgewichte": Schlagwort *Kunststoffe*. „Im Land der Pyramiden": Schlagwort *Ägypten*. „Denn sie entzündeten das Licht": Schlagwort *Etrusker*.

Für die Festlegung von Schlagwortregeln stellt sich die Frage, ob nach dem *Prinzip des engen (spezifischen) oder des weiten Schlagworts* vorgegangen werden soll, d.h. ob die aus jedem einzelnen Buch gewonnenen Sachbegriffe die Schlagwörter bilden oder ob sie besser unter einem Oberbegriff zusammengefasst werden sollen. Ein Beispiel: Ein Buch über Schäferhunde würde bei *spezifischer* Schlagwortbildung das SW *Schäferhund* erhalten, ein Buch über Blindenhunde das SW *Blindenhund*. Sollen jedoch *weite* Schlagwörter gebildet werden, so würden beide Bücher (und überhaupt die Literatur über alle Hunderassen und -arten) unter dem Schlagwort *Hund* zu finden sein; dieser weite Begriff müsste dann systematisch oder alphabetisch untergliedert werden. (Ein Buch über den Hund an sich erhält natürlich auf jeden Fall das SW *Hund*).

Die meisten Schlagwortregelwerke haben sich für das *Prinzip des spezifischen Schlagworts* entschieden. Es wird also dasjenige Schlagwort gewählt, das den Inhalt des Buches möglichst genau umreißt. Zusätzlich werden jedoch, soweit sinnvoll, *Verweisungen* (so genannte „siehe-auch-Verweisungen") von dem weiten (übergeordneten) Begriff auf die engeren (untergeordneten) Begriffe angelegt, z.B.:

Malerei s.a. Glasmalerei (s.a. = siehe auch)
Psychologie s.a. Kinderpsychologie

196

Hund s.a. Blindenhund
Langhaardackel
Polizeihund
Schäferhund

Dadurch wird der Benutzer, der vom weiten Begriff ausgeht, hier auf die dazugehörigen spezifischen Begriffe hingewiesen, unter denen die einschlägige Literatur verzeichnet ist.

Auch das in Deutschland maßgebliche Regelwerk für die verbale Sacherschließung, die „Regeln für den Schlagwortkatalog" (RSWK, vgl. unten), verfährt nach dem Prinzip des spezifischen Schlagworts. – Die Regeln und Beispiele der folgenden Abschnitte entsprechen den RSWK.

b) Sonderprobleme der Schlagwortbildung

Wenn es zwei (oder mehr) unterschiedliche Wörter für die gleiche Sache gibt (so genannte *Synonyme*, z.B. Dialekt und Mundart, Wiegendruck und Inkunabel), wird der häufiger gebrauchte Ausdruck als Schlagwort angesetzt. Zur Feststellung, welcher Ausdruck häufiger gebraucht wird, orientiert man sich in Zweifelsfällen an den gängigen Nachschlagewerken, z.B. Brockhaus, Meyer, Fachlexika. Der nicht als Schlagwort gewählte Ausdruck erhält eine „siehe–Verweisung" auf das gewählte Schlagwort, z.B.

Dialekt s. Mundart
Wiegendruck s. Inkunabel
Nationalökonomie s. Volkswirtschaft
Blutfarbstoff s. Hämoglobin

Homonyme (gleiche Wörter für verschiedene Begriffe) werden durch Zusätze in Klammern auseinander gehalten, z.B.:

Kiefer <Anatomie>
Kiefer <Nadelhölzer>
Krebs <Medizin>
Krebs <Sternbild>
Krebs <Tierkreiszeichen>

Begriffe, die aus einer Kombination mehrerer Wörter bestehen, sind als *Kompositum* (zusammengesetztes Hauptwort) anzusetzen, wenn das Kompositum gebräuchlich ist. Zum Beispiel erhält ein Buch über „Die Pflanzen der Berge" das Schlagwort *Gebirgspflanzen*, ein Werk über „Die Psychologie des Kindes" wird unter dem Schlagwort *Kinderpsychologie* nachgewiesen. Es muss sich jedoch um gebräuchliche Komposita handeln, also z.B. *Luftverschmutzung*, aber nicht *Luftverschmutzungsbioindikator*.

Verbindungen von Adjektiv und *Substantiv* können nur dann in unveränderter Form Schlagwort werden, wenn sie als solche gebräuchlich, also feste Prägungen sind, z.b.

Organische Chemie
Französische Revolution
Dreißigjähriger Krieg
Historischer Roman

Sind Verbindungen von Adjektiv und Substantiv keine festen Prägungen, so wird entweder ein Kompositum gebildet oder der Sachverhalt wird als Schlagwortkette angesetzt (vgl. unten), z.b.

„Musikalische Erziehung"   SW: Musikerziehung
„Buddhistische Ethik"   SW: Buddhismus ; Ethik

c) Schlagwortkategorien

Schlagwörter lassen sich in verschiedene Kategorien einteilen. Die „Regeln für den Schlagwortkatalog" (RSWK) unterscheiden folgende fünf *Schlagwortkategorien*:

- Personenschlagwörter,
- Geographische Schlagwörter,
- Sachschlagwörter,
- Zeitschlagwörter,
- Formschlagwörter.

Personenschlagwörter sind Personennamen, *geographische Schlagwörter* sind Bezeichnungen von Ländern, Orten, Kontinenten, Gebirgen, Flüssen, Meeren usw. *Sachschlagwörter* betreffen Sachbegriffe, die nicht in eine der anderen Schlagwortkategorien fallen. *Zeitschlagwörter* bezeichnen einen Zeitpunkt oder Zeitraum. *Formschlagwörter* kennzeichnen die Erscheinungsweise, die literarische oder physische Form der Veröffentlichung (z.b. Bibliographie, Bildband, Quelle, Aufsatzsammlung, Karte).

d) Schlagwortketten

Wenn der Inhalt eines Buches nicht nur durch *ein* Schlagwort ausgedrückt werden kann, so wird eine Schlagwortkette mit zwei oder mehr Schlagwörtern gebildet. Die Reihenfolge der Schlagwortkategorien ist in der oben wiedergegebenen Abfolge festgelegt. Die Schlagwörter einer Kette werden durch ein Semikolon getrennt (früher durch einen Schrägstrich). Beispiele:

„Der Weinbau in Frankreich" SW-Kette: Frankreich ; Weinbau

„Bilder aus dem wilhelminischen Berlin"
SW-Kette: Berlin ; Geschichte 1890-1914 ; Bildband

„Der Einfluss von Stress auf den Schlaf des Kindes"
SW-Kette: Kind ; Schlafverhalten ; Stress

Für Kataloge in Karten- oder Listenform wird aus der jeweiligen SW-Grundkette durch *Permutation* (Vertauschung) der Schlagwörter, ausgenommen Zeit- und Formschlagwörter, eine weitere Eintragung (oder mehrere) gebildet, um Sucheinstiege unter allen suchrelevanten Schlagwörtern zu erhalten. Beispiele:

Frankreich ; Weinbau	*und* Weinbau ; Frankreich
Alpen ; Wintersport	*und* Wintersport ; Alpen
Deutschland ; Film ; Geschichte	*und* Film ; Deutschland ; Geschichte
Gorilla ; Verhalten ; Kongress	*und* Verhalten ; Gorilla ; Kongress

Das folgende Beispiel enthält alle fünf Kategorien von Schlagwörtern. Es handelt sich um eine Zusammenstellung von Quellentexten über den Einfluss des Philosophen Immanuel Kant auf die französische Philosophie des 19. Jahrhunderts. Nach den RSWK werden folgende drei Eintragungen gemacht:

Kant, Immanuel ; Frankreich ; Philosophie ; Geschichte 1800-1900 ;
Quelle

Frankreich ; Philosophie ; Kant, Immanuel ; Geschichte 1800-1900 ;
Quelle

Philosophie ; Frankreich ; Kant, Immanuel ; Geschichte 1800-1900 ;
Quelle

e) Regelwerke und Hilfsmittel für die verbale Sacherschließung

Regeln für den Schlagwortkatalog (RSWK)

Das heute in Deutschland allgemein verwendete Regelwerk für die verbale Sacherschließung in Bibliotheken sind die *Regeln für den Schlagwortkatalog* (RSWK), die seit Anfang der 1980er-Jahre von der Kommission für Sacherschließung des DBI erarbeitet wurden (1. Auflage 1986, 3. Auflage 1998 als Loseblattausgabe). Die RSWK sind als Regelwerk sowohl für Wissenschaftliche wie für Öffentliche Bibliotheken gedacht. Sie werden von Der Deutschen Bibliothek bei der Beschlagwortung der deutschen Neuerscheinungen für ihre zentralen Titeldienste angewendet. Die Bezieher der DB-Titeldienste können die nach RSWK vergebenen Schlagwörter für ihren eigenen SWK nutzen. Die Bibliotheksverbünde und die meisten

Wissenschaftlichen und Öffentlichen Bibliotheken in Deutschland wenden die RSWK an. Die einheitliche Anwendung der RSWK ermöglicht eine zentrale bzw. kooperative bibliothekarische Sacherschließung und die Übernahme der zentral bzw. kooperativ erstellten Schlagwortdaten als Fremdleistung.

Eine 1999 in 2. Auflage veröffentlichte *Beispielsammlung* zu den RSWK und die 1992 erschienenen *Praxisregeln* (3. Auflage 2000) sollen der Verdeutlichung der Regeln dienen und die Anwendung der RSWK erleichtern. Sonderregeln für die Beschlagwortung von Musikalien und Musikträgern („RSWK-Musik") sind 1991 als Entwurf erschienen.

Schlagwortnormdatei (SWD)

Um eine größtmögliche Einheitlichkeit bei der Schlagwortvergabe durch Verwendung normierter Schlagwörter zu erzielen, wurde seit Mitte der 1980er-Jahre als Gemeinschaftsunternehmen Der Deutschen Bibliothek und mehrerer Bibliotheksverbünde die *Schlagwortnormdatei* (SWD) aufgebaut.

Die SWD enthält in der Form von Schlagwörtern und Verweisungen gemäß den RSWK einen normierten, terminologisch kontrollierten Wortschatz im Sinne eines Thesaurus. Für jeden Begriff ist eine Bezeichnung festgelegt, die den Begriff eindeutig vertritt (Deskriptor). Der SW-Katalogisierer kann sich auf die Ansetzungen der SWD stützen und sie als Fremddaten übernehmen. Die Schlagwortnormdatei ist damit ein wichtiges Instrument der *Terminologiekontrolle*, die darauf abzielt, für gleiche Sachverhalte immer die gleichen (normierten) Begriffe als Schlagwörter zu verwenden.

Die Schlagwortnormdatei wird kooperativ geführt, d.h. sie wird durch die Schlagwortvergabe der beteiligten Bibliotheken bzw. Bibliotheksverbünde laufend ergänzt bzw. korrigiert. Die Bibliotheksverbünde führen gewöhnlich eine eigene Schlagwortdatei, die mit der überregionalen SWD abgestimmt wird. Die SWD ist bei der Deutschen Bibliothek als Datenbank gespeichert und für den Online-Zugriff der berechtigten Teilnehmer verfügbar. Die SWD kann von Der Deutschen Bibliothek als Mikrofiche-Ausgabe oder als CD-ROM-Ausgabe bezogen werden (mit halbjährlicher Aktualisierung).

f) Sachliche Erschließung mit Stichwörtern

Online-Kataloge bieten die Möglichkeit einer sachlichen Suche mit Stichwörtern. Ein *Stichwort* ist ein dem Sachtitel oder dem Zusatz zum Sachtitel entnommenes Wort. Die Stichwörter sind im Online-Katalog in den entsprechenden Kategorien der Katalogdatensätze enthalten und werden automatisch in den Stichwort-Index übernommen, sodass ein intellektueller Aufwand für diese Art der inhaltlichen Erschließung nicht erforderlich ist.

Voraussetzung für einen Sucherfolg mit Stichwörtern ist jedoch, dass die Sachtitel den Inhalt eines Buches exakt wiedergeben. Dies ist nicht immer der Fall, so bei den Sachtiteln „Die ersten Deutschen", gemeint sind die Germanen; „Die Sache mit Gott", es handelt sich um eine Geschichte der protestantischen Theologie im 20. Jahrhundert. Solche unpräzisen Sachtitel sind häufig bei Sachbüchern, nicht selten auch bei Monographien in den Geistes- und Sozialwissenschaften (der Zusatz zum Sachtitel ist dann oft präziser formuliert). Bei naturwissenschaftlich-technischer Literatur sowie allgemein bei Zeitschriftenaufsätzen kommen ungenaue Sachtitel kaum vor. Problematisch für die Stichworterschließung sind auch Titelfassungen mit verschiedenen Begriffen für die gleiche Sache (Synonyme); zu suchen wäre dann z.B. sowohl *Dialekt* wie *Mundart*. Fremdsprachliche Literatur kann nur mit fremdsprachlichen Stichwörtern gesucht werden; Literatur zum Thema „Schule" ist dann unter Schule, School, École, Scuola usw. zu finden.

Bietet der Online-Katalog sowohl die Stichwort- wie die Schlagwortsuche, ist für eine Sachrecherche die Schlagwortsuche vorzuziehen. Die Stichwortsuche bewährt sich aber, wenn in Online-Katalogen, z.B. von Spezialbibliotheken, sprachlich einheitliche, fachlich begrenzte, unselbstständige Literatur nachgewiesen ist, z.B. Zeitschriftenaufsätze zur Rechtswissenschaft in deutscher Sprache. Hier kommen auch Verfahren der *automatischen Indexierung* in Betracht, bei denen eine maschinelle Bearbeitung der Titelstichwörter auf Grund von Wörterbüchern vorgenommen wird; dabei werden vereinheitlichte Grundformen der Stichwörter vom System erschlossen, z.B. durch Weglassen von Endungen oder die Zerlegung von Zusammensetzungen. Gegebenenfalls müssen die Ergebnisse noch intellektuell kontrolliert und ergänzt werden.

4. Klassifikatorische Sacherschließung

a) Allgemeines

Die Klassifikatorische Sacherschließung beruht auf Klassifikationssystemen mit (meist) hierarchisch geordneten Haupt- und Untergruppen oder *Klassen*, die durch *Notationen* bezeichnet werden. Bei der Sacherschließung durch Klassifizieren wird jede Publikation einer Klasse oder Systemstelle zugeordnet. Alle Bücher über das gleiche Thema erhalten die gleiche Notation und sind über diese zu ermitteln.

Der Systematische Katalog (SyK) verzeichnet die Bücher einer Bibliothek gemäß ihrem Inhalt nach einem *System der Wissenschaften*, wobei die einzelnen Wissensgebiete in einer bestimmten sachlich-logischen Abfolge angeordnet sind. Der SyK vereinigt also sachlich zusammengehörige Literatur und weist sie im Zusammenhang ihres größeren Sachgebietes nach. Er eignet sich deshalb vor allem dazu, eine Übersicht über das Schrifttum zu größeren zusammenhängenden Wissensgebieten mit ihren Nachbardisziplinen zu gewinnen.

In vielen Bibliotheken sind die zur Sachliteratur gehörigen Bücher selbst systematisch geordnet, d.h. in systematischer Reihenfolge aufgestellt. Die Aufstellung der Bücher ist dann bereits ein Mittel der Sacherschließung. Der Standortkatalog, der ja die Aufstellung des Buchbestandes widerspiegelt, ist in diesem Fall gleichzeitig ein *„standortgebundener"* *Systematischer Katalog* (Systematischer Standortkatalog). Ist der Bestand nicht systematisch aufgestellt, sind also Aufstellung und Systematischer Katalog voneinander unabhängig, so handelt es sich um einen *„standortfreien"* *Systematischen Katalog.*

Eine Universalklassifikation spiegelt den Zusammenhang und den Aufbau aller Wissensgebiete wider, indem sie von den großen *Hauptbegriffen* ausgeht und diese dann in immer *kleinere und speziellere Begriffe* unterteilt. Bildlich dargestellt gleicht eine solche Systematik einem Kegel oder besser einem Kegelstumpf, an dessen Spitze sich die allgemeinsten Begriffe (Wissensgebiete) befinden, die sich nach unten in immer kleinere Gruppen bis zu den speziellsten und engsten Begriffen an der Basis aufgliedern. Es wird also eine *Rangordnung* oder *Hierarchie* der Haupt- und Unterklassen gebildet (deshalb die Bezeichnung *hierarchische Klassifikation*). Jedoch haben nicht alle Systematiken eine Unterteilung bis zu den engsten Begriffen. Je nach den Anforderungen, die man an die Systematik stellt, kann auch eine weniger feine Gliederung, etwa nur bis zur vierten oder fünften Untergruppe, genügen. Innerhalb der letzten Untergruppe werden die zugehörigen Bücher meist alphabetisch nach Verfassern oder SWW geordnet.

Die verschiedenen Gruppen oder Klassen und ihre Untergliederungen werden jeweils durch eine *Notation* bezeichnet, die meist aus einer Kombination von Buchstaben und/oder Ziffern besteht. Die Notationen symbolisieren meist auch den Aufbau und die Gliederung des Systems, indem sie Unter- und Nebenordnungen zum Ausdruck bringen (bis zu einem gewissen Grad und unterschiedlich konsequent). Wenn der Inhalt von Büchern sich auf zwei oder mehr getrennte Sachgebiete bezieht, erhalten sie entsprechend zwei oder mehr Notationen zugeteilt; sie sind im SyK an einer Hauptstelle (bei systematischer Aufstellung identisch mit dem Standort) und an einer oder mehreren Nebenstellen verzeichnet.

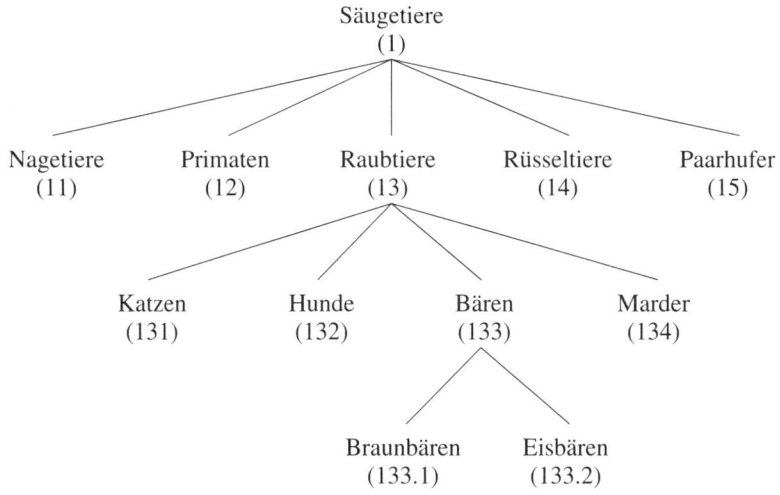

Abb. 19: **Vereinfachtes Beispiel einer hierarchischen Begriffsstruktur**
(fiktive Zählung der Systemgruppen nach dem Dezimalprinzip)

Der SyK in Karten- oder Listenform kann die Unter- und Nebenordnungen einer hierarchischen Begriffsstruktur nur *linear*, d.h. in einer einzigen Reihe abbilden. Die Reihenfolge der Systemgruppen (und der zugehörigen Literatur) aus Abb. 19 wäre in einem SyK demnach folgende:

1 – 11 – 12 – 13 – 131 – 132 – 133 – 133.1 – 133.2 – 134 – 14 – 15

Ebenso wie bei der Schlagwortbildung muss der Bibliothekar auch beim *„Klassifizieren"* oder *„Systematisieren"*, also bei der Bestimmung der Systemstelle eines Buches, vom Inhalt des Werks ausgehen, da der Titel eines Buches häufig nichts Genaues über seinen Inhalt aussagt. Selbstverständlich muss der klassifizierende Bibliothekar die Systematik in ihren Haupt- und Untergruppen genau kennen. Je nach dem Schwierigkeitsgrad und Spezialisierungsgrad der Literatur braucht der Bibliothekar zum Systematisieren (wie auch für die Schlagwortgebung) eine solide Allgemeinbildung, gute Kenntnisse in der Wissenschaftskunde oder eine fachwissenschaftliche Ausbildung.

b) Hilfsmittel des SyK. Systematiken

Da der SyK ohne eine gewisse Kenntnis der zugrunde liegenden Systematik kaum benutzt werden kann, gehört zu jedem SyK als Hilfsmittel ein *al-*

phabetisches Schlagwortregister. Darin ist bei jedem Begriff (Schlagwort) die dazugehörige Notation des SyK aufgeführt. Das Schlagwortregister ermöglicht dem Benutzer, über das betreffende Schlagwort die Stelle des Systems zu finden, an der die gesuchte Literatur verzeichnet ist.

Als weiteres Hilfsmittel für die Benutzung des SyK gibt es *Systematikübersichten*, die es dem Benutzer möglich machen, sich rasch über den Aufbau des gesamten Systematischen Katalogs oder eines Teilgebiets zu informieren.

Eine *allgemein anerkannte* Systematik konnte bisher noch nicht entwickelt werden. Eine international weit verbreitete, sehr fein gegliederte Systematik ist die *Dezimalklassifikation (DK)*, die vor allem an Wissenschaftlichen Spezialbibliotheken angewendet wird. An den meisten Öffentlichen Bibliotheken der westlichen Bundesländer Deutschlands benützt man die *Allgemeine Systematik für Öffentliche Bibliotheken (ASB)*. In den Öffentlichen Bibliotheken der östlichen Bundesländer wird überwiegend die *Klassifikation für Allgemeinbibliotheken (KAB)* angewendet. Diese drei Klassifikationen sollen im folgenden kurz erläutert werden.

c) Die Dezimalklassifikation (DK)

In ihrer ursprünglichen Form wurde die Dezimalklassifikation von dem amerikanischen Bibliothekar Melvil Dewey 1876 geschaffen; sie ist in den USA und anderen Ländern als „Dewey Decimal Classification" (DDC) in Gebrauch. Später wurde sie in Europa verändert und erweitert zur sog. „Brüsseler Dezimalklassifikation" oder „Universellen Dezimalklassifikation" (UDK). Darauf beruhen auch die deutschen DK-Ausgaben.

Bei der Dezimalklassifikation bestehen die Notationen aus Ziffern. Die Untergliederung der Sachgruppen erfolgt stets in *Zehnergruppen*. Das gesamte menschliche Wissen wird in 10 Hauptabteilungen aufgeteilt, die mit den Zahlen 0 bis 9 bezeichnet sind. Jede dieser Hauptabteilungen wird durch Hinzufügen einer zweiten Ziffer in 10 Abteilungen zweiter Ordnung zerlegt, jede dieser Abteilungen wieder in 10 weitere Abteilungen, usw. usw. Durch diese Zehnerteilung kann jeder Begriff bis in seine feinsten Einzelheiten zergliedert werden.

Ursprünglich lauteten die *zehn Hauptabteilungen* der DK:

0   Allgemeines
1   Philosophie
2   Religion. Theologie
3   Sozialwissenschaften. Recht. Verwaltung
4   Sprachwissenschaft. Philologie

5 Mathematik. Naturwissenschaften
6 Angewandte Wissenschaften. Medizin. Technik
7 Kunst. Kunstgewerbe. Fotografie. Musik. Spiel. Sport
8 Literaturwissenschaft. Schöne Literatur
9 Heimatkunde. Geographie. Biographien. Geschichte

Später wurde aus Gründen der sachlichen Zusammengehörigkeit die Abteilung 4 mit der Abteilung 8 vereinigt, ohne dass für die frei gewordene Hauptgruppe 4 ein anderes Wissensgebiet bestimmt wurde.

Die Untergliederung der Hauptabteilungen in *je 10 Unterabteilungen* zeigt das folgende Beispiel für die Hauptgruppe 5:

50 Allgemeines über die mathematischen und Naturwissenschaften
51 Mathematik
52 Astronomie. Geodäsie
53 Physik
54 Chemie. Mineralogische Wissenschaften
55 Geologie und verwandte Wissenschaften. Meteorologie
56 Paläontologie
57 Biologische Wissenschaften
58 Botanik
59 Zoologie

Die folgende Beispielreihe zeigt, wie bei der *weiteren Untergliederung* vom Allgemeinen zum Speziellen fortgeschritten wird und wie dabei bei jeder weiteren Untergruppe an die DK-Zahl eine weitere Ziffer angehängt wird:

5	Mathematik. Naturwissenschaften
53	Physik
531	Allgemeine Mechanik. Mechanik fester Körper. Mechanik starrer Körper
531.7	Messung geometrischer und mechanischer Größen. Messtechnik im allgemeinen
531.71	Längenmessung
531.716	Längenmaße des täglichen Lebens. Technische Messverfahren. Maßstäbe. Messbänder. Messzirkel

Wie man sieht, lässt sich an den DK-Zahlen ihre Position in der hierarchischen Struktur der Dezimalklassifikation ablesen. Je enger ein Begriff ist, desto länger ist seine DK-Zahl. Den DK-Zahlen kommt numerisch nicht der Wert einer ganzen Zahl, sondern der eines Dezimalbruches zu. Zur Erleichterung des Verständnisses denke man sich vor jede Zahl das Zeichen 0, (Null-Komma) gesetzt und ordne sie sodann wie einen Dezimalbruch ein. Maßgebend für die Einordnung ist also jeweils der Zahlenwert einer bestimmten Dezimalstelle. Die DK-Zahlen

5, 11, 54, 92, 289.8, 289.35, 289.194, 316, 767.3

werden also folgendermaßen geordnet:

11
289.194
289.35
289.8
316
5
54
767.3
92

Zur Erhöhung der Übersichtlichkeit wird nach jeder dritten Ziffer einer DK-Zahl ein Punkt gesetzt. Dieser ist ein rein technisches Hilfsmittel. Für das Lesen der DK-Zahlen merke man: 332.1 drei drei zwei–eins, nicht dreihundertzweiunddreißig–eins.

Für gewisse Gliederungselemente, die vielen Sachgebieten gemeinsam sind und daher in allen Abteilungen der Klassifikation auftauchen können, gelten in der DK besonders gekennzeichnete Zahlen, die an die DK-Zahl des Sachgebiets angehängt werden (Prinzip der „Schlüsselung", d.h. Anwendung der gleichen Gliederung auf verschiedene Sachgebiete). Durch diese *Allgemeinen Anhängezahlen* kann, soweit nötig oder zweckmäßig, z.B. der Ort oder die Zeit einer Sache oder die Form oder die Sprache eines Buches ausgedrückt werden. Beispiele: 385 ist die DK-Zahl für „Eisenbahnwesen", (430) ist die *Anhängezahl des Ortes* für „Deutschland". Ein Buch über das Eisenbahnwesen in Deutschland wird also unter 385 (430) eingeordnet. Ein Buch über das Eisenbahnwesen in Deutschland im Jahre 1900 erhält die Ziffernkombination 385 (430) „1900" (*Anhängezahl der Zeit*). Das Sachgebiet „Geologie" hat die DK-Zahl 55, für ein Wörterbuch wird die *Anhängezahl der Form* (038) verwendet. Ein „Geologisches Wörterbuch" ist also in einem DK-Katalog unter 55 (038) nachgewiesen. Die *Anhängezahlen der Sprache* werden mit einem Gleich-Zeichen angehängt. So erhält ein Geologisches Wörterbuch in Russisch die Zahlengruppen 55 (038) = 82; eine Zeitschrift (05) für Physik 53 in englischer Sprache = 20 ist eingeordnet unter 53 (05) = 20.

Die Dezimalklassifikation hat vor allem in den Bereichen der Naturwissenschaften, Technik und Medizin internationale Verbreitung gefunden. Sie dient nicht nur als Klassifikation für die Systematischen Kataloge in vielen

Spezialbibliotheken dieser Fachrichtungen, sondern wird auch als Ordnungsschema in vielen Bibliographien, Referateblättern und Informationsdiensten verwendet.

d) Die Allgemeine Systematik für Öffentliche Bibliotheken (ASB)

Die „Allgemeine Systematik für Öffentliche Bibliotheken" (ursprünglich: „für Büchereien") wurde 1956 erstmals veröffentlicht. Eine unter Federführung des DBI von 1993-99 erarbeitete Neufassung der ASB ist 1999 erschienen (mit alphabetischem Schlagwortregister).

Die ASB wird an den meisten Öffentlichen Bibliotheken der westlichen Bundesländer als Instrument der klassifikatorischen Sacherschließung für Aufstellung und SyK angewendet.

Die neue ASB umfasst 22 Hauptgruppen der Sachliteratur und eine Hauptgruppe für Belletristik, die mit Großbuchstaben bezeichnet sind:

A Allgemeines. Wissenschaft, Kultur, Information und Kommunikation (Allgemeines)
B Biographische Literatur
C Geographie, Ethnologie
D Heimatkunde
E Geschichte, Zeitgeschichte einschließlich Kulturgeschichte und Volkskunde
F Recht
G Sozialwissenschaften
H Wirtschaft
K Religion
L Philosophie
M Psychologie
N Pädagogik
O Sprache
P Literatur
R Kunst
S Musik. Tanz. Theater. Film. Hörfunk und Fernsehen
T Mathematik
U Naturwissenschaften
V Medizin
W Technik, Industrie, Handwerk und Gewerbe
X Landwirtschaft. Forstwirtschaft. Fischwirtschaft. Hauswirtschaft
Y Sport, Freizeitgestaltung
Z Belletristik

Jede Hauptgruppe ist in (unterschiedlich viele) Gruppen gegliedert, die durch Hinzufügung eines Kleinbuchstabens an den Großbuchstaben der Hauptgruppe gekennzeichnet werden.

Als Beispiel die Untergliederung der Hauptgruppe C (Geographie, Ethnologie):

Ca   Allgemeines
Cb   Geschichte, Theorie, Grundlagen und Methoden der geographischen Wissenschaft. Entdeckungsgeschichte. Historische Reiseliteratur
Cc   Allgemeine Geographie
Cd   Regionale Geographie und Ethnologie
Ce   Europa
Cf   Deutschland
Cg   Asien
Ch   Afrika
Ck   Amerika
Cl   Australien. Neuseeland. Melanesien. Polynesien. Mikronesien
Cm   Polargebiete
Cy   Über Leben und Werk von Persönlichkeiten
Cz   Periodika

Die weitere Untergliederung wird durch das Anfügen eines weiteren Kleinbuchstabens bzw. von ein bis drei Ziffern gekennzeichnet, wie das folgende Beispiel zeigt:

Hauptgruppe   U   Naturwissenschaften
Gruppe   Uh   Zoologie
1. Untergruppe   Uhn   Spezielle Zoologie
2. Untergruppe   Uhn 2   Wirbeltiere
3. Untergruppe   Uhn 24   Säugetiere
4. Untergruppe   Uhn 242 Meeressäugetiere

Wie man sieht, wird bei der ASB, ebenso wie bei der DK, die Untergliederung durch Hinzufügung eines weiteren Notationselements ausgedrückt. Die Notationen der ASB sind damit (wie die DK-Zahlen) ein Abbild der zugrunde liegenden hierarchischen Struktur.

Bei dem Ausschnitt aus der ASB (auf der folgenden Seite) beginnt die zweite Untergliederung zunächst mit l bzw. k, um eine spätere Erweiterung zu ermöglichen. Die Reihenfolge der Notationen (im Regal und im SyK) lautet folgendermaßen:

C – Ca – Cal – Cam – Cao – Cap – Cb – Cc – Cd – Ce – Cf – Cfk – Cfn – Cfo – Cfo 2 – Cfo 3 – Cfo 4 – Cfo 5 – Cfp

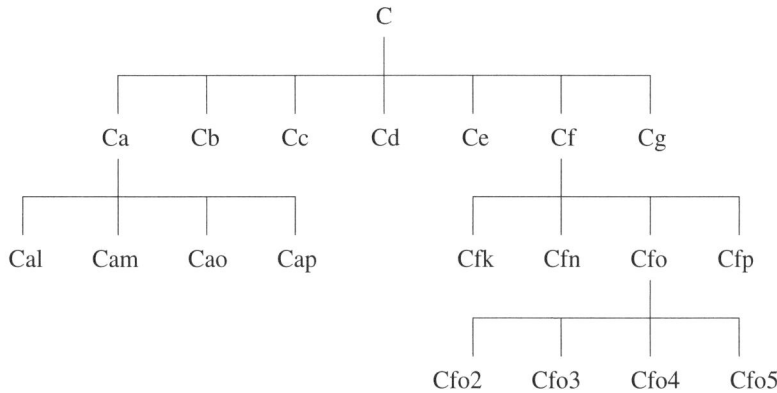

In einigen Fällen werden die ASB-Notationen durch Personennamen, Orts-
oder Sprachbezeichnungen u.a. ergänzt, wodurch eine feinere Erschließung möglich ist, z.b. Ryk Dürer, Albrecht; Cfr 13 Regensburg. Die Belletristik (Hauptgruppe Z) wird nach formalen Gesichtspunkten, d.h. nach Literaturgattungen und -formen, untergliedert.

Die ASB ist keine sehr fein gegliederte Klassifikation wie etwa die DK,
doch reicht sie für einen Bestand bis zu etwa 50 000 Bänden, d.h. für die
meisten Öffentlichen Bibliotheken, aus. Ihr Vorteil liegt in ihrer leichteren
Übersichtlichkeit und ihren einfacheren Notationen. Kleine Bibliotheken
mit geringem Bestand können weitere Vereinfachungen vornehmen und
z.b. nur nach Hauptgruppen und ersten Untergruppen klassifizieren.

Eine eigene „Systematik für Kinder- und Jugendbibliotheken" wurde aus
der (alten) ASB entwickelt. Ferner gibt es eine eigene „Systematik der Musikliteratur und der Musikalien für Öffentliche Musikbibliotheken" (SMM)
sowie eine Tonträgersystematik Musik (TSM).

e) Die Klassifikation für Allgemeinbibliotheken (KAB)

Die „Klassifikation für Allgemeinbibliotheken" (KAB) war als Einheits-
klassifikation für die Öffentlichen Bibliotheken in der früheren DDR verbindlich vorgeschrieben. Sie wurde als Aufstellungssystematik und als
Ordnungssystem für den SyK verwendet. Die meisten Öffentlichen Bibliotheken in den neuen Bundesländern wenden die KAB weiterhin an. Eine
Überarbeitung der KAB wurde 1990 bis 1992 vorgenommen.

Kernstück der KAB ist der Teil „Sachliteratur und Belletristik" für Er-
wachsenenbibliotheken (KAB/E) in der Ausgabe 1993. Zur KAB/E gehö-

ren ein Alphabetisches und ein Systematisches Schlagwortregister. Zusätzlich gibt es Spezialklassifikationen für Kinderliteratur (KAB/K, 1994), Tonträger/Musik (KAB/TM, 1994) und Regionalkundliche Bestände (KAB/Ter, 1996).

Die KAB/E verfügt über 22 *Hauptgruppen* für Sachliteratur (A-X) sowie über eine Hauptgruppe für Belletristik (R, mit einer Gliederung nach literarischen Gattungen und Formen).

A Allgemeines. Wissenschaftskunde. Geisteswissenschaften, Sozialwissenschaften (Allgemeines)
B Wirtschaft, Wirtschaftswissenschaften
C Staatswesen. Rechtswesen. Militärwesen
D Geschichte. Zeitgeschichte (einschließlich Kulturgeschichte)
E Philosophie. Soziologie. Religion
F Psychologie. Pädagogik. Kultur (Allgemeines). Buch- und Bibliothekswesen. Dokumentation. Archivwesen
G Sport. Spiele. Sammeln. Basteln
H Literaturwissenschaft und Literaturgeschichte
I Sprachwissenschaft und Sprachgeschichte
K Kunst
L Geographie
M Mathematik, Kybernetik
N Naturwissenschaften
O Gesundheitswesen, Medizin. Sozialarbeit
P Technik (Allgemeines). Energietechnik
Q Elektrotechnik, Elektronik. Informationstechnik
S Bergbau. Metallurgie. Maschinenbau
T Bauwesen
U Technologie nichtmetallischer Stoffe
V Transportwesen, Verkehrswesen. Post- und Fernmeldewesen
W Land-, Forst- und Nahrungsgüterwirtschaft (einschließlich Jagdwesen und Binnenfischerei)
X Hauswirtschaft
R Belletristik

Die hierarchische Untergliederung der Hauptgruppen erfolgt mithilfe von Ziffern nach dem Dezimalprinzip. Die Notationen setzen sich aus den Großbuchstaben der Hauptgruppen und den Ziffern für Gruppen, erste Untergruppen und zweite Untergruppen zusammen. Als weitere Gliederungsstufe können festgelegte Begriffe alphabetisch angefügt werden (z.B. Personen- oder Ländernamen: H 910 Brecht, K 151 Frankreich).

Das folgende Beispiel zeigt die drei bzw. vier Gliederungsstufen innerhalb der Hauptgruppe:

K   Kunst
K 5   Theater
K 51   Geschichte des Theaters
K 511   Geschichte einzelner Epochen
K 512   Einzelne Orte und Bühnen (alphabetisch nach Orten)
        [z.b. „K 512 Berlin"]

Die *ekz.bibliotheksservice GmbH* gibt in ihren Titel- und Besprechungsdiensten auch die Notationen von ASB und KAB an.

f) Sonstige Klassifikationen

An manchen *Öffentlichen Bibliotheken* der westlichen Bundesländer werden auf der ASB aufbauende, stärker gegliederte Systematiken oder völlig andere Klassifikationen verwendet. Relativ verbreitet, vor allem im nördlichen Deutschland, sind die beiden folgenden Systematiken:

– *Systematik der Stadtbibliothek Duisburg (SSD)* (eine Weiterentwicklung der ASB),
– *Systematik für Bibliotheken (SfB)* (ursprünglich die Systematik der Stadtbibliothek Hannover).

Für ASB, SSD und SfB ist ein gemeinsamer alphabetischer Schlagwortindex (SWI) erschienen, der bei jedem Schlagwort die Notationen der drei Systematiken aufführt (1986).

An vielen *wissenschaftlichen Universal- und Spezialbibliotheken* sind individuelle, d.h. eigens für die betreffende Bibliothek erstellte Klassifikationen in Gebrauch. Manchmal wird überhaupt keine klassifikatorische Sacherschließung betrieben; man begnügt sich dann mit der Schlagwortgebung als alleinigem Sacherschließungsverfahren.

An den seit den 1960er-Jahren neugegründeten Universitätsbibliotheken in den westlichen Bundesländern wurden *Aufstellungssystematiken* für die Freihandaufstellung der Buchbestände geschaffen. In einigen Fällen wurden die Aufstellungssystematiken für mehrere Bibliotheken konzipiert bzw. von anderen Bibliotheken übernommen und seither in einem *Systematik-Verbund* kooperativ weiterentwickelt (Nordrhein-Westfälischer bzw. Regensburger Systematik-Verbund).

Die *Regensburger Verbundklassifikation* (RVK) entstand als Aufstellungssystematik im Bayerischen Bibliotheksverbund, wird heute aber auch von vielen Bibliotheken (vor allem Hochschulbibliotheken) außerhalb Bayerns angewendet. Die RVK wird von den Anwenderbibliotheken als Verbund-klassifikation kooperativ gepflegt und verbessert. Die Notationen bestehen aus je einem Großbuchstaben für Haupt- und Untergruppe und einer mehr-stelligen Zahl für die Feingruppe, z.b. E Sprach- und Literaturwissen-schaft, EC Einzelne Epochen, EC 5120 Mittelalter.

Die im Gemeinsamen Bibliotheksverbund (GBV) verwendete *Basisklassi-fikation* ist eine Grobsystematik mit geringer Gliederungstiefe, die durch SWW weiter erschlossen wird.

5. Konventionelle Katalogisierung und Katalogherstellung

Unter *konventioneller* Katalogisierung und Katalogherstellung versteht man die Anfertigung von Katalogaufnahmen und die Herstellung von Ka-talogen *ohne Anwendung der EDV.* Normalerweise entstehen dabei Titel-aufnahmen auf *Katalogkarten,* die in Kartenkataloge eingeordnet werden. Die konventionelle Katalogisierung ist von der EDV-gestützten Katalogi-sierung abgelöst worden und wird heute kaum noch praktiziert. Zum bes-seren Verständnis der noch vielfach existierenden Kartenkataloge soll je-doch das Verfahren im folgenden kurz geschildert werden.

Bei konventioneller Katalogisierung werden in der Regel mehrere Exemp-lare der gleichen Titelaufnahme durch Vervielfältigung, d.h. durch *Kopie-ren* oder *Drucken* hergestellt. Dies ist deshalb erforderlich, weil von jeder Titelaufnahme mehrere Ausfertigungen benötigt werden, nämlich für die verschiedenen Kataloge (Alphabetischer Katalog, Schlagwortkatalog, Sys-tematischer Katalog, Standortkatalog) und auch für Nebeneintragungen in-nerhalb des AK. Auf den Mehrfachexemplaren der Titelaufnahme müssen die Ordnungswörter (der Nebeneintragungen des AK), die Schlagwörter bzw. Notationen vermerkt werden, unter denen die einzelnen Karten in die Kataloge eingelegt werden sollen.

Arbeitsvorgänge bei konventioneller Katalogisierung

Bei der alphabetischen Titelaufnahme wird der Text der Titelaufnahme di-rekt auf den Druckträger für den Offset-Druck geschrieben oder es wird eine Titelaufnahme auf einer Katalogkarte angefertigt, die später kopiert wird. Im Zusammenhang mit der alphabetischen Katalogisierung werden auch die Ordnungswörter der für den AK benötigten Nebenaufnahmen festgehalten; ferner vermerkt man die Zahl der insgesamt für den AK erfor-derlichen Titelkopien. Diese Vermerke macht man meist auf dem *Laufzet-tel,* der in vielen Bibliotheken dem Buch bereits in der Erwerbungsabteilung beigelegt wird und der das Buch auf seinem Lauf durch die Bibliothek begleitet.

Bei der *Sachkatalogisierung* erhält das Buch die zutreffenden *Schlagwörter* für den SWK und wird *systematisiert* oder *klassifiziert*, d.h. bekommt die zutreffende *Notation* der Systematik des SyK zugewiesen. Schlagwörter und Notation werden ebenfalls auf dem Laufzettel vermerkt, zusammen mit der Zahl der Titelkopien, die für die Sachkataloge benötigt werden. Soll das Buch in dem Katalog einer Handbibliothek oder in einem Sonderkatalog verzeichnet werden, so wird die Zahl der dafür nötigen Kopien ebenfalls auf dem Laufzettel festgehalten.

Sofern nicht schon vor der Titelaufnahme geschehen, erfolgt spätestens jetzt die *Signaturgebung* anhand des Standortkatalogs. Bei systematischer Aufstellung ist die Notation des Buches Teil der Signatur, deshalb wird hier die Festlegung der vollen Signatur im Zusammenhang mit dem Klassifizieren des Buches vorgenommen.

Herstellung und Einordnen der Katalogkarten

Nach dem Katalogisieren geht das Buch (zusammen mit dem Druckträger oder der Vorlage für das Kopieren sowie mit dem Laufzettel) an die *Kopierstelle* oder *Hausdruckerei*. Durch Kopie oder Offsetdruck erhält man die gewünschte Zahl von identischen Titelaufnahmen des Werkes für die erforderlichen Eintragungen in den verschiedenen Katalogen. Anschließend müssen auf den Kopien der Titelaufnahme die *Köpfe* ergänzt werden; d.h. die Ordnungswörter (der Nebeneintragungen des AK), die Schlagwörter und die Notationen werden anhand des Laufzettels, auf dem sie vermerkt sind, im oberen Teil der einzelnen Katalogkarten „ausgeworfen".

Spätestens nach einer letzten Kontrolle in einer Schlussstelle können die Katalogzettel in die verschiedenen Kataloge *eingeordnet werden*. Das Einlegen muss nach den geltenden Regeln mit größtmöglicher Genauigkeit erfolgen, da sonst das betreffende Buch nicht an der richtigen Katalogstelle nachweisbar, d.h. in großen Bibliotheken unauffindbar und „verloren" ist.

6. Katalogisierung und Katalogführung mit EDV

Die Anwendung der EDV für das Katalogisieren und die Katalogführung in Bibliotheken erforderte erhebliche Anpassungen der bibliothekarischen Arbeitsmethoden an die neue Technik. Die Speicherung und Verwaltung der elektronischen Titelaufnahmen in Katalogdatenbanken machte vor allem eine genauere *Strukturierung* oder *Kategorisierung* der einzelnen Elemente einer Titelaufnahme notwendig.

a) Kategorienschema (Datenformat)

In den Dateien von Datenbanken werden Datensätze in Datenfelder gegliedert. Entsprechend muss auch in Katalogdatenbanken die einzelne Titelaufnahme, die den Datensatz bildet, strukturiert werden, indem man sie in ihre Bestandteile zerlegt und diese in eine feste Ordnung bringt. Die Daten einer Titelaufnahme werden in einzelne *Kategorien* oder *Felder* aufgegliedert und jeweils mit einer Ziffer oder Buchstabenkombination als Kategoriennummer, Feldnummer oder Feldkennung versehen. Solche Kategorien sind z.B. Verfassername, Sachtitel, Ort, Verlag, Erscheinungsjahr, ISBN, Schlagwort, System-Notation und Signatur. Vereinfacht dargestellt, könnte eine Titelaufnahme z.B. folgendermaßen strukturiert werden:

Kategorie, Feld	Feldkennung	Beispiel
Autor	AU	Herm, Gerhard
Sachtitel	TI	Die Kelten
Verfasserangabe	VA	Gerhard Herm
Ausgabebezeichnung	AB	1. Aufl.
Erscheinungsort	OR	Düsseldorf, Wien
Verlag	VE	Econ
Erscheinungsjahr	EJ	1975
Kollationsvermerk	KO	438 S., Ill.
ISBN	IS	3-430-14453-1
Schlagwort	SW	Kelten
Signatur	SI	75 A 9314

Nur wenn die Titelaufnahme nach einem solchen *Kategorienschema* oder *Erfassungsschema* gegliedert wird, kann der Computer den logischen Aufbau einer Titelaufnahme erkennen und die Weiterverarbeitung der Titeldaten vornehmen. Für die Zusammenstellung und die Ausgabe von Titeldaten durch den Computer im Offline-Verfahren können beliebige Kategorien der Titelaufnahme angesprochen und als Ordnungselemente verwendet werden. Ebenso kann man im Online-Katalog bei der Suche nach einzelnen Titeln oder nach Literatur zu Sachthemen die Kategorien der Katalogaufnahmen gezielt nach bestimmten Suchbegriffen abfragen und so die gewünschten Katalogaufnahmen ermitteln.

Datenformat MAB

Die einem Kategorienschema entsprechende Datenstruktur heißt *Datenformat*. Unter einem bibliothekarischen oder bibliographischen Datenformat versteht man die Art und Weise, wie der Datensatz einer Titelaufnahme im Computer strukturiert und dargestellt wird.

In Anlehnung an das in den USA entwickelte MARC-Format (MARC = *Ma*chine *R*eadable *C*atalog) wurde durch eine deutsche Expertengruppe 1972-73 das *Maschinelle Austauschformat für Bibliotheken* (MAB oder MAB 1) erarbeitet, das zur Grundlage für die Katalog-Erfassungsformate im deutschen Bibliothekswesen geworden ist. Die zweite Version MAB 2 ist 1995 erschienen (als Loseblattausgabe).

Das folgende Beispiel zeigt in vereinfachter Darstellung die wichtigsten Kategorien des Datenformats MAB.

Kategorien-Nummer	Inhalt	Beispiel
100	Verfasser	Baumgart, Winfried
331	Sachtitel	Bücherverzeichnis zur deutschen Geschichte
335	Zusatz zum Sachtitel	Hilfsmittel, Handbücher, Quellen
359	Verfasserangabe	Winfried Baumgart
403	Auflagebezeichnung	7., durchges.u. erw. Aufl.
410	Erscheinungsort	München
412	Verlag	Dt. Taschenbuch-Verl.
425	Erscheinungsjahr	1988
433	Umfangsangabe	282 S.
451	Gesamttitelangabe	dtv ; 3247
540	ISBN	3-423-03247-2
544	Signatur	GG 3517
902	Schlagwörter	Deutschland ; Geschichte ; Bibliographie

Bei der Erfassung von Katalogdaten werden mit der Tastatur die Kategorien-Nummern des Datenformats und die zugehörigen Teile der Titelaufnahme eingegeben. Es gibt Verfahren mit Bildschirmmasken, bei denen die Kategorienbezeichnungen des Datenformats in einer Art Formular auf dem Bildschirm erscheinen. Bei der Datenerfassung werden die Bestandteile der Titelaufnahme in dieses Formular eingetragen.

b) Katalogisierung und Katalogherstellung im Offline-Verfahren

In den ersten Phasen der Bibliotheksautomatisierung wurden *Offline-Verfahren* bei der Katalogisierung und Katalogherstellung in großen Bibliotheken und in Bibliotheksverbünden angewandt. Dabei wurden die Buchdaten am Bildschirm eines Erfassungsgeräts eingegeben, auf einem Datenträger fixiert und später in einem zentralen Computer, z.b. eines universitären oder kommunalen Rechenzentrums oder einer Verbundzentrale, auf Magnetplatten oder -bändern gespeichert. Für die Katalogausgabe ordnete der Computer die Katalogdatensätze jeweils in der Reihenfolge der gewünschten Katalogarten (AK, SWK, SyK, Standortkatalog) und gab sie mittels des COM-Verfahrens (COM = Computer Output on Microform) in starker Verkleinerung auf Mikrofiches aus. Das Ergebnis waren Listenkataloge in Form von *Mikrokatalogen*, von denen pro Katalogart beliebig viele Exemplare hergestellt werden konnten. In Bibliotheksverbünden gab es Verbundkataloge für den Gesamtbestand des Verbundes und Einzelkataloge für jede angeschlossene Bibliothek.

Die Daten der nach einer Katalogausgabe neuerworbenen Bücher wurden laufend erfasst und gespeichert und zunächst als *Supplementkataloge* ca. alle 1 bis 2 Monate auf Mikrofiches ausgegeben, wobei die aufeinander folgenden Supplemente das Titelmaterial kumulierten, d.h. auch die Titelaufnahmen der vorhergehenden Supplemente enthielten. Es gab dann also zu jedem Gesamtkatalog einen (allmählich immer umfangreicher werdenden) Supplementkatalog. In größeren Abständen (meist halbjährlich) wurden die *Gesamtkataloge* neu auf Mikrofiches ausgegeben. Dabei ordnete der Computer die neuhinzugekommenen, in den Supplementkatalogen verzeichneten Titelaufnahmen automatisch an den richtigen Stellen ein. In Bibliotheksverbünden gab es Gesamtkataloge und kumulierende Supplemente sowohl als Verbundkatalog wie als Einzelkataloge der angeschlossenen Bibliotheken.

c) Katalogisierung und Katalogführung im Online-Verfahren

Heute ist allgemein die *EDV-Katalogisierung im Online-Verfahren* üblich. Hier sind die Ein- und Ausgabegeräte direkt mit dem Computer verbunden. Dadurch wird eine *direkte Eingabe der Katalogdaten* in die Katalogdatenbank ermöglicht. Mittels der Tastatur des Eingabegeräts wird die Titelaufnahme im entsprechenden Datenformat erfasst; die eingegebenen Daten erscheinen auf dem Bildschirm, Fehler können korrigiert werden. Dann wird die Titelaufnahme durch einen Tastendruck in die Datenbank „abgeschickt" und ist dort sofort direkt abfragbar.

216

Beim Online-Katalog sind die Titelaufnahmen also in einer online recher-chierbaren *Katalogdatenbank* gespeichert, die jederzeit den aktuellen Da-tenbestand nachweist. Sobald eine Titelaufnahme in die Datenbank aufge-nommen wurde, ist sie im System verfügbar. Die große *Aktualität des On-line-Katalogs* wirkt sich besonders günstig in einem kooperativen Katalog-verbund aus, weil die Titeldaten einer Publikation, die von einer Bibliothek in die Verbunddatenbank eingegeben wurden, anschließend sofort von den übrigen Verbundbibliotheken genutzt werden können. Auf diese Weise lässt sich durch Einsparung von Eigenleistung ein besonders hoher Ratio-nalisierungseffekt erzielen. Im übrigen bieten Online-Kataloge durch den direkten Zugriff auf die einzelnen Elemente der Katalogaufnahme und die Verknüpfung von Suchbegriffen *vielfältige Möglichkeiten der Recherche*, die in Karten- oder Mikrofichekatalogen nicht realisierbar sind.

Online-Kataloge sind heute nicht nur für große und mittlere Bibliotheken realisierbar, sondern können auch in kleineren Bibliotheken (z.B. Öffentli-chen Büchereien oder Spezialbibliotheken) auf *Personalcomputern (PC)* im Einzelplatzsystem oder in einem *PC-Netz* geführt werden. Die erstaun-liche Entwicklung von Mikroelektronik und Speichertechnik macht es möglich, dass heutige PCs die Leistungsfähigkeit früherer Großcomputer erreichen. Mit einem PC kann eine Katalogdatenbank mit einer Kapazität von einigen hunderttausend Titeln eingerichtet werden. Spezialfirmen bie-ten entsprechende Programme für Bibliotheken an, meist als *integriertes Bibliotheksverwaltungssystem*, das mehrere bibliothekarische Arbeitsfel-der (Bestellung, Zugangsbearbeitung, Katalogisierung, Ausleihe) umfasst und so miteinander verbindet, dass die einmal gespeicherten Daten für ver-schiedene Zwecke wieder verwendet und weiterverarbeitet werden kön-nen. Bei Vernetzung mehrerer PCs kann auf das Datenbanksystem von al-len an das lokale Netz angeschlossenen Datenstationen zugegriffen wer-den.

d) *Übernahme von maschinenlesbaren Katalogdaten*

Bei der EDV-Katalogisierung wird ein erheblicher Rationalisierungseffekt erzielt, wenn die in einer Bibliothek elektronisch erfassten und gespeicher-ten Katalogaufnahmen auch von anderen Bibliotheken übernommen wer-den. Man spricht hier von *„Nutzung von Fremdleistungen"*. Dies kann in einem Offline- oder einem Online-Verfahren erfolgen. Normalerweise werden die maschinenlesbaren Katalogaufnahmen durch zentrale oder ko-operative Katalogisierung erstellt und über Datenträger oder durch Online-Zugriff von den einzelnen Bibliotheken übernommen. Beispielsweise stellt die Nationalbibliothek eines Landes die maschinenlesbaren Titelaufnahmen der inländischen Neuerscheinungen, die sie für die Nationalbibliographie ohnehin erfasst, auf Datenträgern oder in einer Online-Datenbank den interessierten Bibliotheken zur Verfügung. Entsprechend können die in der Katalogdatenbank eines kooperativen Bibliotheksverbundes enthaltenen Katalogdaten von den am Verbund beteiligten Bibliotheken übernommen und genutzt werden.

Diese Verfahren setzen voraus, dass die *Katalogisierungsregeln* der zentralen Bibliothek mit denen der empfangenden Bibliotheken gleich oder zumindest weitgehend ähnlich sind. Unerlässliche Voraussetzung ist ferner, dass sendende und empfangende Bibliotheken das gleiche Kategorienschema oder *Datenformat* für die bibliographischen Elemente der Titelaufnahme verwenden. Gleiches gilt für den Datentausch in einem Bibliotheksverbund.

In der Bundesrepublik Deutschland sind in den 1970er-Jahren durch die „Regeln für die alphabetische Katalogisierung" (RAK) und durch ein gemeinsames Datenformat für den Austausch maschinenlesbarer bibliographischer Daten (MAB = Maschinelles Austauschformat für Bibliotheken) die Voraussetzungen für den Katalogdatentausch zwischen den deutschen Bibliotheken geschaffen worden. Der internationale Austausch von maschinenlesbaren Katalogdaten soll mit dem Datenformat UNIMARC ermöglicht werden.

e) *Überführung konventioneller Kataloge in maschinenlesbare Form (Retrospektive Katalogkonversion)*

Nach Einführung der EDV-Katalogisierung für die Neuerwerbungen einer Bibliothek stellt sich früher oder später die Aufgabe, auch die konventionellen Titelaufnahmen der früher erworbenen Bestände in maschinenlesbare Form zu bringen. Bei der Katalogkonversion wird ausgegangen von den vorhandenen Katalogaufnahmen des Alphabetischen (Karten-)Katalogs, nicht von den Büchern selbst. Die Katalogisate werden maschinenlesbar im MAB-Format erfasst, wobei die Titelaufnahmen gegebenenfalls verbessert und den RAK-Regeln angepasst werden (besonders die Ansetzungen der Personennamen).

Diese *retrospektive Katalogisierung* von älteren Buchbeständen durch *Konversion* (Umwandlung) der konventionellen Katalogisate in digitale Form ist zunächst in großen Bibliotheken mit bedeutenden historischen Altbeständen durchgeführt und durch die Deutsche Forschungsgemeinschaft unterstützt worden. Im Rahmen des DFG-Förderprogramms für die *Retrokonversion von Katalogen mit Altbeständen der Erscheinungsjahre*

1501-1850 sind wichtige Projekte verwirklicht worden, u.a. die maschinenlesbare Erfassung von Altbestandskatalogen in München, Göttingen, Wolfenbüttel, Weimar, Leipzig und Jena. Die erfassten Katalogdaten können über Datennetze allgemein zugänglich gemacht werden.

Nach den Empfehlungen des Wissenschaftsrates sollten nicht nur die Katalogdaten der historischen Altbestände, sondern vordringlich auch die Katalogisate der Erwerbungen nach 1945 in maschinenlesbare Form überführt werden, da die nach dem Zweiten Weltkrieg erschienene Literatur vor allem in den Geisteswissenschaften die höchste Benutzungsfrequenz aufweist. Entsprechende Katalogkonversionen wurden in vielen Bibliotheken durchgeführt bzw. sind im Gange oder geplant. Soweit möglich, werden dabei auch Fremddaten aus zentraler oder Verbundkatalogisierung genutzt.

Image-Kataloge

Eine Variante der retrospektiven Katalogkonversion ist die Umwandlung konventioneller (Karten-)Kataloge in Image-Kataloge, die schnell und kostengünstig erfolgen kann. Dabei werden die Karten eines AK mit ihren Titelaufnahmen durch Scannen als Bilder (Images) digitalisiert und als Online-Katalog bereitgestellt. Am Bildschirm können die Titelaufnahmen gesucht werden durch *Blättern in den Karten-Images* nach der alphabetischen Ordnung des Kartenkatalogs. Als Einstiegshilfen für das Aufsuchen einer bestimmten Alphabetstelle können Schubladen- und Leitkartenbegriffe des Kartenkatalogs dienen. Wenn außerdem bestimmte bibliographische Daten (z.B. Verfassername, Sachtitel, Erscheinungsjahr) in einem vereinfachten Kategorienschema strukturiert erfasst werden, kann über diese *Suchbegriffe* eine Recherche im Image-Katalog erfolgen. Die unstrukturierte Erfassung des übrigen Textes der Katalogaufnahme ermöglicht die Nutzung für ein Freitextretrieval. Ein Image-Katalog kann auch über Netz oder als CD-ROM zugänglich gemacht werden (vgl. Abb. 22 auf S. 227).

7. Suchfunktionen im Online-Katalog

Die Hauptvorzüge des Online-Katalogs liegen in seiner *Aktualität* (sofort nach der Katalogisierung ist die Titelaufnahme online verfügbar) und in den gegenüber konventionellen Katalogen *erweiterten Suchmöglichkeiten*, die vor allem auf der Datenbankstruktur des Online-Katalogs beruhen. Er vereint die Funktionen aller Arten von (konventionellen) Katalogen in einem einzigen Nachweissystem.

a) Katalogdatenbank

Online-Kataloge werden als Katalogdatenbanken aufgebaut und geführt. Eine *Datenbank* ist eine Sammlung von gleichartig strukturierten digitalen Informationen in einem Datenspeicher. Die Datenbank wird verwaltet vom *Datenbanksystem*, einem Programmpaket, das den Aufbau der Datenbank überwacht und für Wiedergewinnung (Retrieval) und Sicherung der Daten sorgt. Für die Online-Recherche, die im Dialog zwischen Nutzer und System erfolgt, stellt das Datenbankprogramm komplexe Such-, Sortier-, Verknüpfungs-, Anzeige- und Ausgabefunktionen bereit.

In einem Datenbanksystem werden im Normalfall die Daten in drei Einheiten verwaltet: in Dateien, die aus Datensätzen bestehen, die sich in Datenfelder gliedern. In Katalogdatenbanken werden in der *Titeldatei* die bibliographischen Titelaufnahmen verwaltet, die die einzelnen *Datensätze* bilden. Sie sind gemäß dem Datenformat in *Datenfelder* (Kategorien) wie z.b. Verfasser, Sachtitel, Erscheinungsjahr, ISBN gegliedert. Damit die Datensätze eindeutig identifiziert werden können, erhalten sie einen Ordnungsbegriff in Form einer Identifikationsnummer (ID-Nummer).

Für die Inhalte der abfragbaren Felder wird jeweils ein *Index* (Register) angelegt, der in einer eigenen *Indexdatei* gespeichert wird. Die Indices beschleunigen die Such- und Sortiervorgänge in der Datenbank. Ein Index enthält die Suchbegriffe eines Feldes in sortierter (alphabetischer oder numerischer) Form, und zwar entweder als Wörter (z.b. Stichwörter aus dem Titel) oder als vollständige Feldinhalte (z.b. Titel). Die Indexbegriffe sind über die Identifikationsnummern mit den zugehörigen Datensätzen verknüpft. Bei der Recherche greift das System zunächst auf den Index und erst dann auf die Datensätze zu.

Der Online-Katalog ist meist in zwei Versionen verfügbar, nämlich (1) als bibliotheksinterner *Online-Dienstkatalog* für die Katalogisierung mit „schreibendem" Zugriff und zur Dienstrecherche, (2) als *Online-Benutzerkatalog* für die Publikumsrecherche mit ausschließlich „lesendem" Zugriff.

b) Online-Benutzerkatalog (OPAC)

Unter OPAC (Online Public Access Catalog) versteht man einen Online-Katalog für Benutzer mit einer speziellen, durch Menüsteuerung einfach zu handhabenden Benutzeroberfläche. Als *Benutzeroberfläche* bezeichnet man die von der System- oder Anwendungssoftware bereitgestellte Art der Bildschirmdarstellung beim Dialog zwischen Benutzer und Programm. Im Sinn einer Benutzerführung gibt dabei das Programm dem Benutzer auf dem Bildschirm die Hilfestellungen, die er benötigt, um mit dem Programm arbeiten zu können, z.b. mittels der *Menütechnik*, deren Prinzip darin besteht, dass dem Benutzer mehrere mögliche Arbeitsschritte oder Optionen als Liste oder „Menü" (im Sinn von engl. menu = Speisekarte) auf dem Bildschirm zur Auswahl angeboten werden.

Ein OPAC verfügt in der Regel über *Hilfetexte*, welche bei Problemen einschlägige Hinweise liefern und die wichtigsten Funktionen erklären.

Der Benutzer hat im OPAC im allgemeinen die Wahl zwischen a) *Laiensuche/Standardsuche* (Eingabe der Suchbegriffe in Felder auf einem Suchformular als Recherchebildschirm) und b) *Expertensuche* (Eingabe der Suchbegriffe mit Codes, z.b. au = goethe, ti = faust; die Expertensuche bietet häufig komplexere Suchmöglichkeiten und zusätzliche Verknüpfungsmöglichkeiten).

Eine Suche im Online-Katalog läuft ab, indem der Nutzer an der Datenstation die Suchbegriffe über eine Tastatur eingibt, eine maschinelle Recherche nach Datensätzen veranlasst, die diese Begriffe enthalten, und die als Treffer angezeigten Titel auf ihre Brauchbarkeit durchsieht. Die gefundenen Titelangaben können in die Bestellfunktion des automatisierten Ausleihsystems übernommen, ausgedruckt oder als Datei gespeichert werden.

Im folgenden werden grundlegende Suchfunktionen kurz erläutert, wie sie in den meisten Online-Katalogen vorkommen.

c) Allgemeine Suchfunktionen

Für eine erfolgreiche Recherche ist es entscheidend, die Suchbegriffe in der richtigen *Schreibweise* einzugeben. Gegebenenfalls muss die korrekte Schreibung über die Indexfunktion ermittelt werden. Großbuchstaben können klein geschrieben werden. Umlaute und ß sollten vorsichtshalber aufgelöst eingegeben werden, z.B. *boell* oder *strasse* (in ausländischen OPACs eventuell: *boll*).

Boole'sche Operatoren

Für die Suche nach komplexen Sachverhalten können *logische Verknüpfungen von Suchbegriffen*, z.B. von Schlag- oder Stichwörtern, vorgenommen werden. Dies geschieht mithilfe der (nach dem britischen Mathematiker George Boole benannten) *Boole'schen Operatoren* UND, ODER, NICHT (vgl. Abb. 20).

(1) Operator UND

Durch die Verknüpfung von zwei Suchbegriffen mit UND werden diejenigen Datensätze gefunden, in denen *die beiden Suchbegriffe gemeinsam vorkommen* („sowohl A als auch B"). Logisches UND bewirkt eine *Einengung* der Suchfrage; als Ergebnis erhält man die *Schnittmenge*. Einige Beispiele von Suchformulierungen mit Schlagwörtern (Kennzeichnung der UND-Verknüpfung mit +): *malerei+spanien, genetik+alkoholismus, bibliothek*+bayer*, deutschland+film+geschichte.*

Die UND-Verknüpfung wird bei der Suche im Online-Katalog am häufigsten verwendet. Deshalb werden in den meisten Online-Katalogen mehrere Suchbegriffe nebeneinander automatisch mit dem Operator UND verknüpft (statt *bremen+verkehrsplan* genügt die Eingabe *bremen verkehrsplan*).

(2) Operator ODER

Durch die Verknüpfung von zwei Suchbegriffen mit ODER werden diejenigen Datensätze gefunden, in denen *entweder der eine oder der andere Suchbegriff* oder beide gemeinsam vorkommen („entweder A oder B"). Logisches ODER bewirkt eine *Erweiterung* der Suchfrage; als Ergebnis erhält man die *Vereinigungsmenge*.

Die ODER-Verknüpfung ist vor allem für Fragestellungen geeignet, bei denen *Synonyme* erfasst werden sollen, z.B. Reklame ODER Werbung, Tourismus ODER Fremdenverkehr. Bei Online-Katalogen mit Schlagwortvergabe ist der ODER-Operator jedoch für die sachliche Suche entbehrlich, da hier im SW-Register Synonymen-Verweisungen vorliegen, die auf das gewählte SW hinführen. Der ODER-Operator ist jedoch bei fehlender SW-Erschließung für die *Stichwortsuche* nach Synonymen und nach Stichwörtern in mehreren Sprachen sinnvoll.

(3) Operator NICHT

Durch die Verknüpfung von zwei Suchbegriffen mit NICHT werden diejenigen Datensätze gefunden, in denen *nur der erste, nicht aber der andere Suchbegriff* vorkommt („A minus B"). Logisches NICHT bewirkt eine *Einengung* der Suchfrage durch Ausschluss eines Suchbegriffs, als Ergebnis erhält man die *Restmenge*.

Der NICHT-Operator sollte nur verwendet werden, wenn durch Ausschluss eines Begriffs die Treffermenge erheblich eingeschränkt werden kann. Beispiel: Es wird Literatur über den Herzinfarkt gesucht unter Ausschluss der Therapiemöglichkeiten, also SW-Suche: herzinfarkt NICHT therapie.

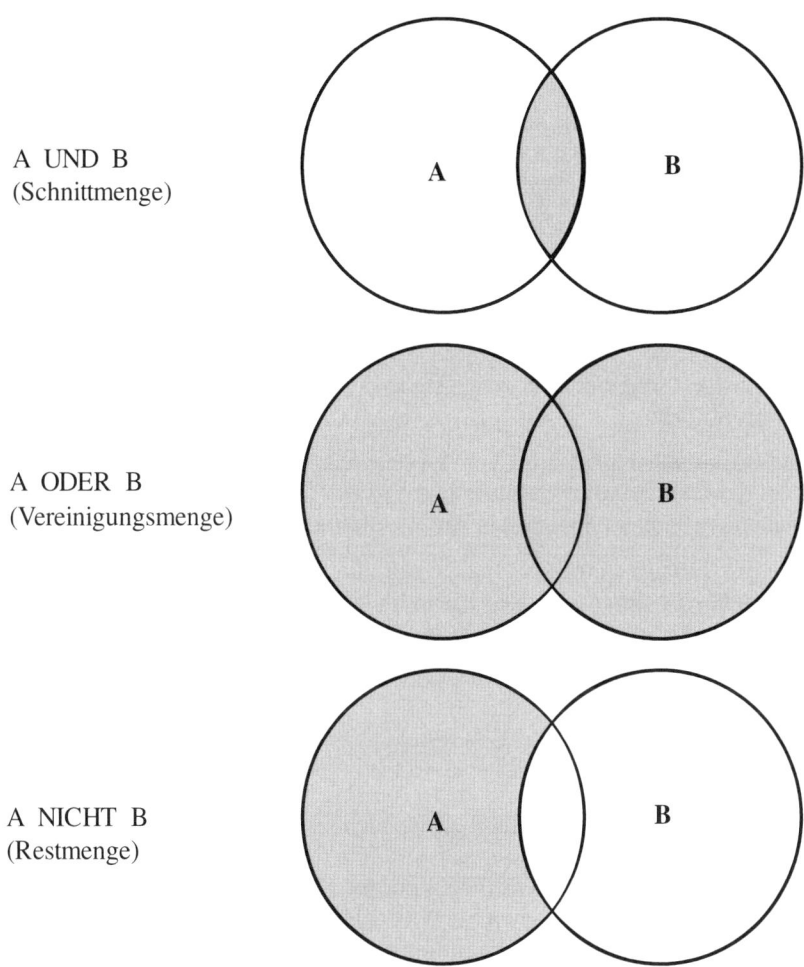

A UND B
(Schnittmenge)

A ODER B
(Vereinigungsmenge)

A NICHT B
(Restmenge)

Abb. 20: Boole´sche Operatoren

Trunkierung

Durch eine Trunkierung (engl. truncation = Verkürzung) können die verschiedenen Formen eines Suchwortes ermittelt werden, indem die Zeichenkette vor bzw. nach dem Wortstamm abgefragt wird. Neben den zusammengesetzten Formen eines Suchbegriffs können so auch unterschiedliche Endungen und Pluralformen gesucht werden. Als Trunkierungszeichen sind Zeichen wie *, ? oder # üblich.

Bei der *Rechtstrunkierung* oder *Endtrunkierung* wird die Buchstabenfolge *nach* dem Wortstamm abgefragt. Zum Beispiel kann die Eingabe der Suchbegriffe *fisch** oder *gymnastik** die Anzeige folgender Wortformen ergeben: Fischer, Fischgeschäft, Fischkutter, Fischotter bzw. Gymnastikkurs, Gymnastikübungen, Gymnastikunterricht. Mit dem Suchbegriff *biblioth** findet man alle zugehörigen Zusammensetzungen und Endungen, z.b. Bibliothek, Bibliotheken, Bibliothekstechnik, Bibliothekar, bibliothekarisch.

Bei der *Links-* oder *Anfangstrunkierung* wird die Buchstabenfolge *vor* dem Wortstamm abgefragt. Beispielsweise werden zu den Suchbegriffen **fisch* bzw. **gymnastik* bzw. **bibliothek* etwa folgende Wörter angezeigt: Backfisch, Haifisch, Stockfisch, Zierfisch bzw. Krankengymnastik, Rückengymnastik, Schigymnastik bzw. Archivbibliothek, Landesbibliothek, Spezialbibliothek.

In bestimmten Fällen wird vom System *automatisch rechtstrunkiert*, sodass kein Trunkierungszeichen nötig ist, so in den Indices, in der Regel auch beim Titelanfang und bei der Notation, oft auch bei Personennamen.

Die *Maskierung* einzelner Buchstaben durch ein Maskierungszeichen ermöglicht es, Namen oder Begriffe mit leicht variierender Schreibweise abzufragen. Beispielsweise erfasst man mit *ma?er* sowohl Maier als auch Mayer, mit *do?ument* sowohl Dokument wie document, mit *wom?n* sowohl woman als auch women.

Indexfunktion

Index, Register oder Wörterbuch bezeichnet in diesem Zusammenhang eine alphabetisch (oder numerisch) sortierte Suchbegriffsliste, z.b. als Personennamen- oder Stichwortindex. Für jede Suchkategorie kann man sich durch Eingabe des fraglichen Suchbegriffs den Index ab der gewünschten Stelle auflisten lassen und dann vor- und zurückblättern. Ein aus dieser Liste ausgewählter Begriff kann durch Anklicken automatisch in das betreffende Suchfeld des Recherchebildschirms übernommen werden oder führt sofort zur Trefferanzeige.

Über den *Personennamenindex* kann die richtige Namensform (z.b. bei Doppelnamen, Pseudonymen, Herrschernamen) oder die korrekte Schreibweise eines Namens ermittelt werden. Mit dem *Titelindex* lassen sich unter einem Titelanfang alle Sachtitel feststellen, die diesen Anfang haben. Über den *Schlagwort-* bzw. *Stichwortindex* kann ein „unscharfer" Suchwert präzisiert werden, indem zu einem einzelnen Schlag- oder Stichwort die richtige Schreibweise, der exakte Begriff oder vorhandene Komposita ermittelt werden. Durch Blättern im *Index der Schlagwortketten* kann die Kombination von Schlagwörtern gefunden werden, die dem Suchproblem am besten entspricht. Im *Körperschaftsindex* können die einzelnen Namensteile bzw. die ganzen Körperschaftsnamen aufgerufen werden.

Trefferanzeige

In Online-Katalogen ist für die Anzeige der Treffer üblicherweise ein *Kurzformat* und ein *Vollformat* vorgesehen. Das Kurzformat enthält meist nur Verfasser, Sachtitel, Jahr und Signatur, das Vollformat zeigt die komplette Titelaufnahme. Das Vollformat kann in verschiedenen Formen angeboten werden, d.h. im ISBD-Format als Einheitsaufnahme (mit dem Kopf der HE) oder in kategorisierter Form mit Feldnummern (z.B. gemäß MAB) oder mit verbalen Feldbezeichnungen.

Ergibt die Recherche nur *einen* Treffer, wird der Titel häufig sofort im Vollformat angezeigt. Werden zwei oder mehr Titel gefunden, erfolgt die Anzeige der Titel zunächst im Kurzformat. Durch Anklicken kann das Vollformat des markierten Titels aufgerufen werden. Überschreitet das Ergebnis eine vom System vorgegebene Trefferzahl (z.B. 200), so wird man häufig zur *Präzisierung der Suchwerte* aufgefordert. Das kann geschehen durch Kombination mit weiteren Suchbegriffen (Erscheinungsjahr, Dokumenttyp, Sprachencode) oder durch eine UND- oder NICHT-Verknüpfung.

d) Suchfunktionen bei der Titelsuche

In Online-Katalogen können die erfassten Bücher und Medien nach formalen und inhaltlichen Merkmalen sowie mit Kombinationen dieser Merkmale gesucht werden. Die folgenden Abschnitte schildern in vereinfachter Darstellung die (formale) Titelrecherche und die (inhaltliche) Literaturrecherche mit den wichtigsten „Sucheinstiegen", wie sie im allgemeinen bei OPACs üblich sind, wobei nicht alle Suchfunktionen bei allen OPACs vorkommen.

Für die *Titelsuche*, d.h. die Suche nach einer Publikation, deren Titeldaten genau oder teilweise bekannt sind, können folgende Suchmöglichkeiten in Betracht kommen:

(1) Titelstichwörter

Ist der Titel ganz oder auch nur teilweise bekannt, kann mit Stichwörtern aus dem Sachtitel und meist auch aus dem Zusatz zum Sachtitel gesucht werden. Mittels *Freitextsuche* sind alle Wörter aus Sachtitel und Zusatz recherchierbar, abgesehen von festgelegten *Nicht-Stichwörtern* oder *Stopp-*

wörtern, die als Suchbegriffe ausgeschlossen sind, wie Artikel, Präpositionen, Konjunktionen und allgemeine Adjektive. Unspezifische, häufig vorkommende Stichwörter sind wegen hoher Trefferzahl zu vermeiden bzw. sollten mit dem Verfassernamen kombiniert werden. Zu beachten ist, dass Stichwörter in der im Titel vorkommenden Form eingegeben werden müssen, z.B. *untergang+abendlandes*.

(2) Titelanfang (Phrasensuche)

Für die Suche nach Sachtiteln, die mit dem Titelanfang genau zitiert werden können, ist die *String-* oder *Phrasensuche* vorteilhaft. Dabei wird der Titel (meist mit automatischer Endtrunkierung) gefunden, wenn der Anfang des Sachtitels (ohne einleitenden Artikel) als *Zeichenkette* (String, Phrase) aus einem oder mehreren Wörtern in gegebener Reihenfolge eingegeben wird. So lässt sich z.B. das Werk „Wie finde ich theologische Literatur?“ mit dem Titelanfang *wie finde ich th* präzis ermitteln.

Gegebenenfalls wird mit dem ganzen Titel gesucht, z.B. *in der heimat* oder *mit der zeit*. In diesem Fall kann eventuell eine „Punktsuche" erfolgen, indem der Titel mit einem Punkt abgeschlossen wird (z.B. *mit der zeit.* oder *natur.*). Längere Titel mit diesem Titelanfang werden damit ausgeschlossen.

Komfortable OPACs ermöglichen auch die Suche mit Phrasen, die *nach* dem Titelanfang beginnen. Zum Beispiel kann dann der Titel „Einführung in den curricularen Lehrplan für Mathematik an Realschulen" auch gesucht werden unter *curricularen lehrplan für mathematik* oder unter *lehrplan für mathematik an realschulen*.

(3) Personennamen

Mit dem *Verfassernamen* sucht man die Werke eines bestimmten Autors. Oft ist die invertierte Form vorgeschrieben, also *mann, thomas*. Meist kann mit * trunkiert werden; nicht selten ist automatische Endtrunkierung vorgegeben, manchmal nur beim Vornamen; es kann z.B. eingegeben werden *grass, gü* oder *eco, u*; ein zweiter Vorname sollte immer abgekürzt werden: *king, martin l* (jeweils ohne Punkt). Ist die genaue Schreibweise bzw. Namensform nicht bekannt, kann über den alphabetischen Personennamenindex die korrekte Namensform ermittelt werden. Entsprechendes gilt für die *Namen sonstiger beteiligter Personen*, z.B. Herausgeber.

Mit der Eingabe von Verfassername und Titelstichwort (oder gegebenenfalls von Verfassername und Titelanfang) lässt sich im Online-Katalog eine bestimmte Publikation oft am schnellsten auffinden.

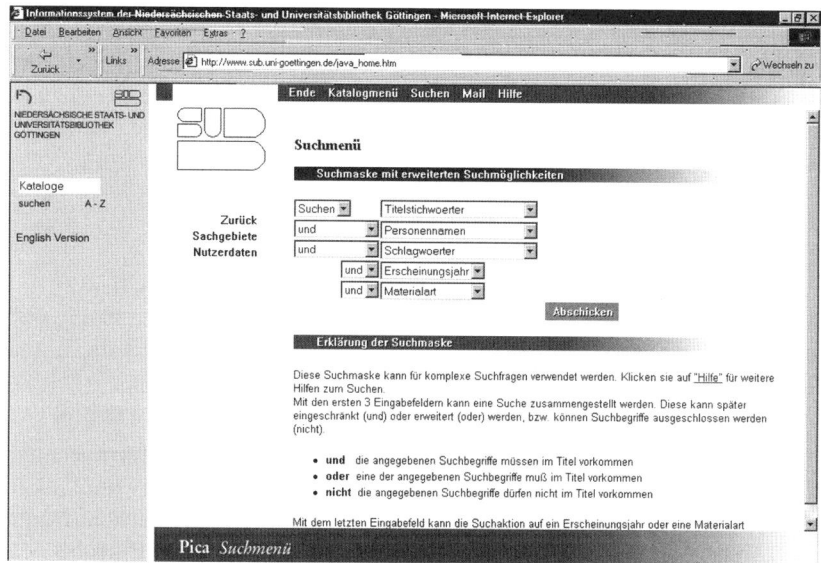

Abb. 21: Suchmaske des WWW-OPACs der SUB Göttingen

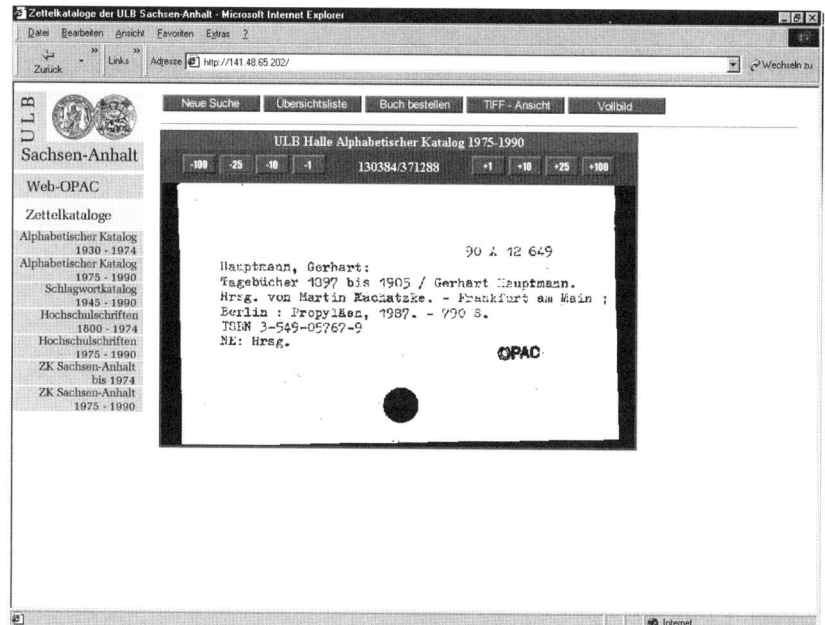

Abb. 22: Image-Katalog der ULB Halle

(4) Körperschaftsnamen

Zur Suche nach Publikationen, an deren Herausgabe eine Körperschaft (Institution, Verein, Universität usw.) beteiligt ist, können meist einzelne Wörter aus dem Körperschaftsnamen oder, seltener, der ganze Name der Institution verwendet werden.

(5) Weitere formale Suchelemente

Das *Erscheinungsjahr* einer Veröffentlichung bzw. ein Zeitraum von Erscheinungsjahren kann neben anderen Suchbegriffen zur Eingrenzung mit angegeben werden. Auch *Erscheinungsort* und *Verlag* können meist zur Präzisierung der Suche verwendet werden. Sind *ISBN, ISSN* oder *Signatur* bekannt, lässt sich mit ihnen gezielt die zugehörige Publikation ermitteln.

Je nach Anlage des Online-Katalogs kann auch die Suche mit formalen Suchkriterien wie Dokumenttyp, Medienart oder Sprache der Publikation möglich sein. Zum Beispiel kann bei der Suche nach einer Zeitschrift mit auch sonst häufigem Titel die Recherche durch zusätzliche Eingabe des Suchwerts für „Zeitschrift" auf Zeitschriften eingeschränkt werden.

e) Suchfunktionen bei der Literatursuche

Bei der Suche nach Literatur zu einem bestimmten Thema (Sachrecherche) kommen folgende Suchmöglichkeiten in Betracht:

(1) Schlagwörter

Schlagwörter (SWW) sind vor allem Sachbegriffe, geographische Begriffe und Personennamen, die unabhängig von der Titelfassung entsprechend dem Inhalt des Buches vergeben werden. Bei der SW-Recherche wird mittels Freitextsuche im SW-Feld nach SWW gesucht. Die Suche mit nur *einem* SW hat nur bei speziellen Begriffen Aussicht auf Erfolg, da sonst zu viele Treffer vorkommen. Besser ist es, bei der Suche zwei oder mehr Schlagwörter mit dem Operator UND zu verbinden.

SWW sind im allgemeinen in der Einzahlform einzugeben. Auch fremdsprachige Literatur ist unter deutschen SWW nachgewiesen.

(2) Stichwörter

Bei der sachlichen Suche können mittels Freitextsuche auch Stichwörter (außer Stoppwörtern) aus den Feldern Sachtitel und Zusatz zum Sachtitel abgefragt werden. Wie bei SWW sollte man möglichst unter spezifischen Begriffen suchen bzw. zwei oder mehr Stichwörter eingeben.

Die Sachrecherche mit Stichwörtern ist dann problematisch, wenn die Titelformulierungen unpräzis sind (häufig bei Monographien in Geistes- und Sozialwissenschaften) und fremdsprachige Literatur in die Suche einbezogen werden soll. Eine sachliche Suche mit Stichwörtern ist deshalb bei solchen Beständen nur für Publikationen sinnvoll, die im Online-Katalog nicht durch SWW erschlossen sind. Befragung des Stichwortindex bzw. Endtrunkierung der eingegebenen Stichwörter ist ratsam, um Wortvarianten und unterschiedliche Endungen zu erfassen. Gute Ergebnisse bringt die Stichwortsuche jedoch, wenn z.B. in Spezialbibliotheken fachspezifische, sprachlich einheitliche, unselbstständige Literatur recherchiert wird, vor allem wenn ein automatisiertes Indexierungsverfahren angewendet wurde.

Abgesehen davon ist die Schlagwortsuche der Stichwortsuche meist eindeutig überlegen, wie das folgende Beispiel zeigt: Gesucht werden Veröffentlichungen zum Thema „Farbe in der Architektur". Die Suche mit den Stichwortkombinationen *farbe+architektur, colour+architecture, couleur+architecture* erweist sich als unergiebig. Dagegen führt die Eingabe der SW-Verknüpfung *farbe+architektur* zur Anzeige mehrerer Publikationen, u.a. „Architectura y color", „Baugestaltung mit Farbe", „Color in interior design and architecture", „Il colore costruito", „Die Farben der Architektur", „Putz und Farbigkeit an mittelalterlichen Bauten". (Haller, Katalogkunde, 3. Auflage 1998, Seite 47 f.)

(3) Notationen (Systemstellen)

Über die Notationen hierarchischer Klassifikationen können die zu einer Systemgruppe oder Systemstelle gehörigen Titel ermittelt werden. Durch die automatische Endtrunkierung der Notationen lassen sich verschiedene Hierarchieebenen ansprechen. Man kann in manchen Online-Katalogen Systematikübersichten einsehen und in der Online-Systematik blättern.

8. Zentrale Katalogisierung

Zentrale Herstellung und Lieferung von Titelaufnahmen

Unter zentraler Katalogisierung versteht man die Herstellung der Titelaufnahmen von Neuerscheinungen an einer zentralen Stelle, die mit den gedruckten oder elektronisch gespeicherten Katalogaufnahmen eine größere Anzahl von Bibliotheken beliefert und ihnen so das eigene Katalogisieren erspart. Eine solche *zentrale Herstellung von Titelaufnahmen* ist eine wir-

kungsvolle Rationalisierungsmaßnahme. Voraussetzung dafür ist allerdings, dass die zentrale Stelle die gleichen oder zumindest ähnliche Katalogisierungsregeln anwendet wie die empfangenden Bibliotheken, sowie
(bei Lieferung maschinenlesbarer Katalogisate) das gleiche Datenformat.
Im Idealfall enthalten die Titeldaten bereits die Ergebnisse der Sachkatalogisierung, d.h. System-Notationen und Schlagwörter, sodass bei der empfangenden Bibliothek auch die Sachkatalogisierung entfällt – wieder unter
der Voraussetzung, dass die zentrale Stelle die gleiche Klassifikation und
die gleichen Schlagwortregeln verwendet wie die einzelne Bibliothek. Nur
Individualsignaturen und andere Lokaldaten müssten in jedem Fall noch
vergeben werden.

Eine Hauptschwierigkeit der zentralen Katalogisierung liegt darin, dass es,
vom Zeitpunkt des Erscheinens der Publikation an gerechnet, einige Zeit
dauern kann, bis die Neuerscheinungen von der zentralen Stelle beschafft,
die Katalogaufnahmen angefertigt und die Titeldaten an die Bibliotheken
geliefert bzw. online verfügbar sind. Nur wenn diese Zeitspanne möglichst
kurz gehalten wird, ist die zentrale Katalogisierung der „dezentralen" Katalogisierung in den einzelnen Bibliotheken überlegen, da ein bestimmtes,
von der einzelnen Bibliothek neuerworbenes Buch erst dann benutzt werden kann, wenn die dazugehörigen Titeldaten in die Kataloge übernommen
und hier nachgewiesen sind. Nehmen Herstellung und Lieferung bzw. Bereitstellung der Titeldaten zuviel Zeit in Anspruch, so ist die Benutzung des
Buches zu lang blockiert, und die schnellere „hausgemachte" Katalogisie-

CATALOGING IN PUBLICATION 04/00

Craddock, Susan.
  City of plagues : disease, poverty, and deviance in San Francis-
  co / Susan Craddock. Minneapolis : University of Minnesota
  Press, 2000.
      p.   cm.
  Includes bibliographical references and index.
  ISBN 0-8166-3047-X (hbk.). — ISBN 0-8166-3048-8 (pbk.)

    1. Epidemics—California—San Francisco—History. 2. Tuberculosis—Cali-
  fornia—San Francisco—History. 3. Communicable diseases—California—San
  Francisco—History. I. Title.

  RA650.5.C73 2000   99-57350
                                 614.4'9794'61—dc21
                                                         MARC CIP 4/00

    Library of Congress   ₍9911₎

Abb. 23: CIP-Titeldruckkarte der Library of Congress

230

rung ist dann unter Umständen der zentralen Katalogisierung, trotz der mit dieser verbundenen Arbeitsersparnis, vorzuziehen. Aus diesem Grund bemühen sich alle mit zentralen Katalogisierungsdiensten befassten Stellen um größtmögliche Aktualität.

Cataloguing in Publication (CIP)

Eine besonders aktuelle Variante der zentralen Katalogisierung von Neuerscheinungen ist der *CIP-Dienst*, der in den USA von der Library of Congress, in Deutschland von Der Deutschen Bibliothek angeboten wird. Dabei werden die wichtigsten Buchdaten einer Neuerscheinung bereits einige Wochen *vor Erscheinen des Buches* vermittelt. Die Abkürzung *CIP* bedeutet *Cataloguing in Publication*, also soviel wie „Katalogisierung von Veröffentlichungen in diesen selbst". Es handelt sich um die Erstellung einer *Kurztitelaufnahme* in Zusammenarbeit mit den Verlegern, die auf freiwilliger Basis die Titeldaten des noch unveröffentlichten Buches übermitteln, in Deutschland an Die Deutsche Bibliothek. Die von Der Deutschen Bibliothek erstellte Kurztitelaufnahme wird in den *Neuerscheinungen-Sofortdienst* (Reihe N der Deutschen Nationalbibliographie) aufgenommen, der etwa vier Wochen vor Erscheinen des Buches verfügbar ist. Gleichzeitig können die CIP-Titeldaten als Titeldruckkarten, Disketten oder Magnetbänder bezogen werden. Auf diese Weise werden Bibliotheken und Buchhandel besonders frühzeitig über die angezeigten Neuerscheinungen informiert.

Die CIP-Titelaufnahme wurde von 1974 bis 1999 auf der Rückseite des Titelblattes in das Buch eingedruckt. Seit 1999 kann dieser Eindruck durch einen Standardvermerk ersetzt werden, der darauf verweist, dass ein Titeldatensatz dieser Publikation bei Der Deutschen Bibliothek erhältlich ist.

Zentrale Katalogisierung auf lokaler, regionaler und nationaler Ebene

Auf *lokaler* und *regionaler* Ebene findet eine zentrale Katalogisierung in der Regel für Öffentliche Bibliotheken statt, d.h. vor allem in großstädtischen und regionalen Bibliothekssystemen. Hier werden die für die einzelnen (Zweig-)Bibliotheken bestimmten Bücher in der Zentralbibliothek oder in einer anderen zentralen Stelle katalogisiert; die Titelaufnahmen werden an die einzelne Bibliothek überstellt und in ihrem Katalog nachgewiesen.

Auf *nationaler* Ebene erfolgt die zentrale Katalogisierung meist in der Form, dass eine Nationalbibliothek oder ein nationalbibliographisches Zentrum Titelaufnahmen der inländischen, durch Pflichtablieferung einlaufenden Neuerscheinungen herstellt, die in der *Nationalbibliographie* veröffentlicht werden und von den beziehenden Bibliotheken für Erwerbungs-, Katalogisierungs- und Auskunftszwecke genutzt werden können. Außer in der gedruckten Nationalbibliographie werden die durch zentrale Katalogisierung erstellten Titeldaten meist in weiteren Formen angeboten, die eine unmittelbare Übernahme der fertigen Katalogisate erlauben.

Formen von Titeldiensten

Im Rahmen ihrer zentralen bibliographischen Dienstleistungen bietet Die Deutsche Bibliothek die von ihr in den Heftausgaben der Deutschen Nationalbibliographie nachgewiesenen Titeldaten auch auf folgenden Informationsträgern an:

- als *Titelkarten,*
- auf *Datenträgern* (Diskette, Magnetband, CD-ROM),
- als *Datei* (Übernahme der Daten von FTP-Server),
- als *Online-Datenbank* Bibliodata.

Kaiser, Tobias Marcus:
Stomatologische Untersuchungen an der frühmittelalterlichen
Skelettserie aus Lauchheim (Ostalbkreis) / Tobias Marcus Kaiser. -
Giessen : Fachverl. Köhler, 1999. - 192 S. : Ill., graph. Darst. ; 21 cm
  (Zahnmedizin)
  Zugl.: Gießen, Univ., Diss., 1999
  ISBN 3-922306-79-9 kart.
SW: Lauchheim ; Gräberfeld ; Paläodontologie ; Geschichte 590-700
(2314) (3214)

DN: 00,A10,1113   DBN: 95.634844.0 ⊚
                                                           SG: **33**

14495

Abb. 24: Titeldruckkarte Der Deutschen Bibliothek
  (Reihe A der Deutschen Nationalbibliographie)

9. Verbundkatalogisierung (Kooperative Katalogisierung)

Verbundkatalogisierung ist die *arbeitsteilige, kooperative Katalogisierung* durch mehrere, einem Verbund angeschlossene Bibliotheken. Der Grundgedanke eines Katalog-Verbundes besteht darin, dass die am Verbund beteiligten Bibliotheken nur diejenigen ihrer Neuzugänge, die nicht im Verbundkatalog nachgewiesen sind, selbst katalogisieren (und im Verbund verfügbar machen), im übrigen aber die Titelaufnahmen der anderen teilnehmenden Bibliotheken, die sich schon im Verbundkatalog befinden, für ihre Neuzugänge verwenden. Dadurch wird Doppelarbeit vermieden und daher ein beachtlicher Rationalisierungseffekt erreicht.

Erst durch *Anwendung der EDV* ist Verbundkatalogisierung möglich geworden. Je nachdem, ob die Ein- und Ausgabe der Titeldaten direkt oder über Zwischendatenträger erfolgt, handelt es sich um einen Online- bzw. einen Offline-Verbund. In beiden Fällen sind die Titeldaten der Verbundteilnehmer in einer gemeinsamen *Katalogdatenbank* gespeichert. Sie enthält den *Verbundkatalog* als zentralen Besitz- und Standortnachweis der beteiligten Bibliotheken. Bei Offline-Verarbeitung wird der Verbundkatalog in der Regel als periodisch erscheinender *Mikrofichekatalog* ausgegeben, in einem Online-Verbund besteht der Verbundkatalog aus der recherchierbaren *Online-Verbunddatenbank*, auf die von den angeschlossenen Bibliotheken, die jeweils eigene lokale Katalogdatenbanken besitzen, für Katalogisierung und Recherche direkt zugegriffen werden kann.

Der Vorteil der Online-Verbundkatalogisierung gegenüber der Offline-Verbundkatalogisierung liegt vor allem darin, dass die Titelaufnahmen direkt in die Datenbank des Verbundkatalogs eingegeben werden und damit sofort für die Übernahme durch andere Verbundbibliotheken verfügbar sind, während es beim Offline-Verfahren einige Wochen bis Monate dauert, bis der Titel in der nächsten Ausgabe des Mikrokatalogs (Supplement oder Gesamtkatalog) nachgewiesen ist. Doppelarbeit, die beim Offline-Verbund in einem gewissen Ausmaß unvermeidlich ist, kann beim Online-Verbund praktisch ganz vermieden werden.

Je mehr Bibliotheken an einem Online-Verbund teilnehmen, desto größer ist die Wahrscheinlichkeit, dass sie bereits eine Titelaufnahme vorfinden, wenn ein neu eingelaufenes Buch katalogisiert werden soll. Desto größer wird damit auch die Personal- und Kostenersparnis.

Der größte Online-Katalogisierungsverbund der Welt ist das internationale „Online Computer Library Center" (OCLC) mit Sitz in den USA. Der Verbund hat zur Zeit (2000) 45 Millionen Titelaufnahmen, 720 Millionen Standortnachweise und 36 000 teilnehmende Bibliotheken in über 70 Ländern, die im Durchschnitt für 90% ihrer Neuerwerbungen die im Verbund vorhandenen Titeldaten nutzen können.

a) Regionale Verbundsysteme in Deutschland

In der Bundesrepublik Deutschland entstanden in den 1970er Jahren erstmals zwei regionale Verbundsysteme für die kooperative Katalogisierung: in Bayern der von der UB Regensburg ausgehende Katalogverbund der neuen bayerischen Universitätsbibliotheken und in Nordrhein-Westfalen der Verbund der fünf neugegründeten Gesamthochschulen/Universitäten. Seither sind in allen Teilen Deutschlands *regionale Katalogverbundsysteme* aufgebaut worden, die sich in den 1990er Jahren teilweise zu größeren Verbünden organisiert haben, die mehrere Bundesländer umfassen. Zur Zeit (2000) gibt es die folgenden sechs regionalen Verbundsysteme (jeweils mit Sitz der Verbundzentrale):

– Bibliotheksverbund Bayern (BVB, München),
– Kooperativer Bibliotheksverbund Berlin-Brandenburg (KOBV, Berlin),
– Gemeinsamer Bibliotheksverbund (GBV, Göttingen),
– Hessischer Bibliotheksverbund (HEBIS, Frankfurt a.M.),
– Nordrhein-Westfälischer Bibliotheksverbund (Hochschulbibliothekszentrum/HBZ des Landes NRW, Köln),
– Südwestdeutscher Bibliotheksverbund (SWB, Bibliotheksservice-Zentrum/BSZ Baden-Württemberg, Konstanz).

Die Verbundsysteme waren längere Zeit im wesentlichen Katalogisierungs- und Recherche-Verbünde, die für die angeschlossenen Bibliotheken Koordinierungs- und Planungsaufgaben wahrnahmen. Sie entwickeln sich neuerdings zu *Dienstleistungsverbünden*, indem sie allmählich alle bibliothekarischen Funktionen einbeziehen: Katalogisierung, Recherche, Fremddaten- und Normdatenangebot, Fernleihe und Dokumentlieferung (mit elektronischem Bestell- und Liefer-Service), OPAC, Erwerbung. Der Anschluß Öffentlicher Bibliotheken hat in einigen Verbünden bereits begonnen.

b) Struktur von Online-Bibliotheksverbünden

Die früheren Offline-Verbünde sind seit längerem durch Online-Verbünde abgelöst worden. Voraussetzung für den Aufbau der heutigen Online-Verbundsysteme waren Netzwerktechnik und Datenkommunikation. Computer können durch Leitungen zu *Netzwerken* (Rechnernetzen, PC-Netzen) verbunden werden und können in diesen Netzen Daten austauschen, wobei eine entsprechende Netzsoftware den Datenaustausch steuert. Ein *Lokales*

Netz (LAN = Local Area Network) ist ein Rechnernetz, in welchem Computer auf einem begrenzten Gelände, also innerhalb eines Gebäudes oder Gebäudekomplexes, miteinander verbunden sind, z.b. die lokalen Netze von Bibliotheken und Universitäten. Ein *Weitbereichsnetz* (WAN = Wide Area Networt) verbindet eine Vielzahl von Computern über große Entfernungen, so z.b. das Wissenschaftsnetz (WiN) der deutschen Hochschulen und Forschungseinrichtungen.

Die meisten Computernetze arbeiten nach dem *Client-Server-Prinzip*. Mit einem Rechner, dem Client (wörtlich „Kunde"), fordert der Benutzer Dienstleistungen bei einem dafür eingerichteten anderen Rechner an, dem *Server* („Diener"), der dann die angeforderte Dienstleistung erbringt. Server sind sehr leistungsfähige Computer mit Festplatten von hoher Speicherkapazität und einem großen Arbeitsspeicher. Auf dem Server können Dateien und Datenbestände gespeichert sein, z.b. Datenbanken, auf die alle oder nur ausgewählte Clients im Netz zugreifen können.

Digitale Daten lassen sich mittels Fernverbindungen über beliebig große Entfernungen übertragen. Die *Übertragung der Daten* erfolgt zwischen Computern als Datenendgeräten auf Übertragungsleitungen von Datennetzen. Damit die Datenübertragung erfolgreich vonstatten gehen kann, muss bei den an der Übertragung beteiligten Computern das gleiche *Übertragungsprotokoll* verwendet werden. Eine entsprechende Übertragungssoftware übernimmt eine Vermittlerrolle zwischen der Sende- und Empfangsstation und ist u.a. für den Verbindungsaufbau und -abbau und für die Übertragung zuständig. Wenn die Datenübertragung sich über mehrere Datennetze mit verschiedenen Übertragungsprotokollen erstrecken soll, müssen an den Übergängen *Schnittstellen* (Gateways) mit entsprechender Software eingerichtet werden, um durch Umsetzung der Protokolle den reibungslosen Weitertransport der Daten zu ermöglichen.

Bibliotheksverbünde und lokale Systeme

Die älteren Bibliotheksverbundsysteme mit Großrechner und zahlreichen angeschlossenen Terminals (Datenstationen ohne Verarbeitungseinheit) sind durch Client-Server-Netzwerke abgelöst worden. Fast alle regionalen Bibliotheksverbünde in Deutschland bestehen aus zwei miteinander vernetzten Komponenten:

(1) der zentralen *Verbunddatenbank* auf dem Verbundrechner mit dem Online-Verbundkatalog als Basis für Online-Katalogisierung und Online-Recherche,

(2) den lokalen Systemen der angeschlossenen Bibliotheken, in denen auf eigenen Rechnern die *Katalogdatenbanken* der einzelnen Bibliotheken geführt werden; die lokale Datenbank ist die Grundlage des lokalen Online-Erwerbungs-, Katalog- und Ausleihsystems.

Die Datenkommunikation zwischen Verbundsystem und lokalen Systemen läuft über Leitungen von regionalen und überregionalen Datennetzen, z.b. dem Wissenschaftsnetz, und funktioniert nach dem Client-Server-Prinzip, indem die Rechner der lokalen Bibliothekssysteme als Clients Verbunddaten und Dienstleistungen vom Verbundrechner als Server anfordern und erhalten. Das lokale System mit dem lokalen Online-Katalog ist seinerseits als Client-Server-Netz organisiert und stellt Benutzern und Bibliothekaren an ihren PCs lokale Daten und Dienstleistungen zur Verfügung.

Ein neuartiges Verbundkonzept hat seit 1999 der Kooperative Bibliotheksverbund Berlin-Brandenburg. Hier wird die zentrale Datenbank mit dem Verbundkatalog ersetzt durch verteilte Datenbanken und lokale Online-Kataloge, die durch das Internet miteinander verbunden sind und über eine Standardschnittstelle miteinander kommunizieren. Die zentrale Rechnerfunktion wird ersetzt durch eine Suchmaschine, die es als virtueller Zentralkatalog ermöglicht, mit einer einzigen Suche und unter einer einheitlichen Oberfläche in den Bibliothekskatalogen der Region gleichzeitig zu recherchieren.

c) Online-Katalogisieren im Verbund

Soll in einer Verbundbibliothek ein neu eingelaufenes Buch katalogisiert werden, so befragt der Bearbeiter die Katalogdatenbank des Verbundes nach dem Titeldatensatz des Buches. In der Regel ist entweder das Bestellkatalogisat der eigenen Bibliothek oder die komplette Titelaufnahme einer anderen Verbundbibliothek vorhanden. Im letzteren Fall werden der Titelaufnahme nur die Lokaldaten hinzugefügt, die sich auf das Buch als Besitz der eigenen Bibliothek beziehen (vor allem Name bzw. Sigel der besitzenden Bibliothek, Zugangs-Nr., Signatur, gegebenenfalls auch lokale Erschließungsdaten). Der komplette Datensatz wird in die lokale Katalogdatenbank übernommen.

Ist keine vollständige Titelaufnahme im Verbundkatalog enthalten, wird eine solche als Neuaufnahme in der Verbunddatenbank angefertigt, wobei die durch Bestellkatalogisierung schon vorhandenen Buchdaten zugrundegelegt und, soweit möglich, Fremddaten genutzt werden (vor allem DNB und die Normdateien PND, GKD, SWD). Nach Formal- und Sacherschließung und Hinzufügung der Lokaldaten wird der Datensatz im Verbundkatalog gespeichert. In der Regel wird gleichzeitig die Katalogaufnahme vom Verbundkatalog über eine Online-Schnittstelle in das lokale System der Bibliothek überstellt, die das Buch erworben und katalogisiert hat, und ist damit auch im lokalen Online-Katalog nachgewiesen. In der Verbunddatenbank steht die Titelaufnahme sofort allen Bibliotheken des Verbundes zur Verfügung.

Es handelt sich also um eine zentrale Online-Katalogisierung in der Verbunddatenbank mit Online-Rückführung der Katalogdaten in die lokalen Systeme.

Neuaufnahmen erfolgen entweder in einem maskengeführten Dialog (der Katalogisierer gibt auf formularartigen Bildschirmmasken die Buchdaten ein und erhält die notwendigen Arbeitsschritte als Vorgabe) oder mit Feldnummern gemäß dem verwendeten Datenformat (z.b. MAB).

d) Überregionale Verbundsysteme

Neben den regionalen Bibliotheksverbünden gibt es in Deutschland zwei *überregionale*, durch Kooperation entstandene Katalogverbundsysteme, nämlich die

– *Zeitschriftendatenbank (ZDB)*, die einer Zentralredaktion an der Staatsbibliothek zu Berlin gesteuert und von Der Deutschen Bibliothek in Frankfurt a.M. technisch betreut wird, und der
– *Verbundkatalog maschinenlesbarer Katalogdaten deutscher Bibliotheken (VK oder DBI-VK)*, aufgebaut am früheren Deutschen Bibliotheksinstitut (DBI) in Berlin.

Die in der *Zeitschriftendatenbank* nachgewiesenen Bestände umfassen Zeitschriften, Zeitungen und zeitschriftenartige Reihen, teilweise auch Serien, die in Wissenschaftlichen Bibliotheken in Deutschland vorhanden sind. Ursprünglich ein Standortnachweis für Periodika in deutschen Bibliotheken, hat sich die ZDB zu einem Instrument für die kooperative Zeitschriftenkatalogisierung und für Leihverkehr bzw. Dokumentlieferung entwickelt. Die ZDB ist heute ein überregionales Online-Verbundsystem, in das die Bibliotheken die Titelaufnahmen der eigenen Periodika mit Angaben zu Standort und Bestand selbst einbringen. Die Online-Datenbank der ZDB ist für die Recherche nach Standort- und Bestandsnachweisen verfügbar, von denen aus eine Online-Bestellung an die besitzende Bibliothek gerichtet werden kann. Als Offline-Version der ZDB erscheinen periodisch aktualisierte CD-ROMs.

Der *Verbundkatalog* ist der überregionale Gesamtkatalog maschinenlesbarer Katalogdaten deutscher Bibliotheken für Monographien. Die Online-

Datenbank des VK entstand durch die Zusammenführung digitaler Katalogdaten deutscher Bibliotheken und Regionalverbünde. Die Bereitstellung der Daten erfolgt online (a) in einer Leihverkehrsversion mit Bestandsnachweisen für die Standortermittlung und (b) in einer Version ohne Bestandssätze als Datenressource für die retrospektive Katalogisierung und Fremddatennutzung. Mikroficheausgaben der Leihverkehrsversion erschienen bis 1997. Nach Auflösung des DBI Ende 1999 ist die Zukunft des VK ungewiss. Ein Gesamtnachweis der Monographien in deutschen Bibliotheken ist auch über regionale Verbund- sowie Metakataloge möglich.

10. Buchbearbeitung zwischen Katalogisierung und Bereitstellung

Nach der Zugangsbearbeitung und Katalogisierung eines neuerworbenen Buches sind noch einige Arbeitsvorgänge nötig, bevor das Buch zur Benutzung bereitgestellt werden kann. Dazu gehört das Anbringen des Bibliotheksstempels, dann vor allem das Binden des Buches, soweit es nicht schon in gebundenem Zustand in die Bibliothek gekommen ist, ferner das Beschildern (Anbringen des Signaturschildes) sowie evtl. abschließende Kontrollarbeiten.

Stempeln

Jedes Bibliotheksbuch muss einen deutlichen Eigentumsvermerk der Bibliothek aufweisen. Dies geschieht durch Anbringung des *Bibliotheksstempels* im Buch. Der Stempel wird aus ästhetischen Gründen auf der Rückseite des Titelblattes angebracht und meist noch auf dem unteren Rand einer bestimmten, immer gleich bleibenden Seite im Innern des Buches; manchmal auch noch am Ende der letzten Textseite.

An vielen Bibliotheken werden die Bücher bereits bei oder nach der Zugangsbearbeitung gestempelt, um die Bücher frühzeitig als Eigentum der Bibliothek zu kennzeichnen. An anderen Bibliotheken wird der Stempel erst nach der Katalogisierung angebracht. Wichtig ist auf jeden Fall, dass die Bücher den Bibliotheksstempel erhalten, bevor sie zum Binden an einen Buchbinder außerhalb der Bibliothek gegeben werden.

Bindearbeiten

Diejenigen Bücher, die ungebunden (broschiert) bzw. ohne bibliotheksgerechten Einband geliefert wurden, müssen in der Regel vom Buchbinder gebunden werden. Das gleiche gilt von Zeitungen und Zeitschriften (Jahrgangs- bzw. Halb- oder Vierteljahresbände).

Das Binden der broschiert gelieferten Werke kann entweder in der Bibliothek oder von Buchbindern außerhalb des Hauses geschehen. Größere Bibliotheken haben meist eine eigene *Hausbuchbinderei*. In dieser hauseigenen Werkstatt werden jedoch in der Regel nur solche Buchbindearbeiten ausgeführt, die entweder geringfügig sind (Reparaturen von beschädigten Büchern, Einschlagen schmutzempfindlicher Bände in Folie, Einkleben von losen Karten, Tafeln und Beilagen) oder die eine schnelle Erledigung bzw. besondere Sorgfalt verlangen (Neubinden von vielbenutzten Nachschlagewerken oder Bibliographien). Die Hauptmasse der ungebundenen Neuerscheinungen aber wird von größeren Bibliotheken an private Buchbinderfirmen außerhalb des Hauses, sog. *Vertragsbuchbinder*, zum Binden weitergegeben. Dabei sollten die Bibliotheken nur mit solchen Buchbindern zusammenarbeiten, die auf die Bedürfnisse der Bibliotheken spezialisiert sind (Bibliotheksbuchbindereien).

In großstädtischen oder regionalen Bibliothekssystemen werden die Bindearbeiten zweckmäßigerweise in einer eigenen *zentralen Buchbinderwerkstatt* durchgeführt. Die Bücher werden dort im Rahmen der zentralen Buchbearbeitung gebunden und kommen dann erst in die einzelnen Zweigbibliotheken. Den gleichen Dienst leistet die ekz in Reutlingen, bei der man jedes im Buchhandel greifbare Buch, gleichgültig ob es vom Buchhandel broschiert oder in einem Verlagseinband geliefert wird, in einer Sonderbindung oder in einem einfacheren Folienband beziehen kann.

Die Einbandstelle

Um die nötigen Binde- und Buchpflegearbeiten zu veranlassen und zu überwachen, gibt es an größeren Bibliotheken eine eigene Dienststelle, die *Einbandstelle*. Sie bildet das Verbindungsglied zwischen der Bibliothek und den in ihrem Auftrag arbeitenden Buchbindereien (bzw. der Hausbuchbinderei), an die sie die Bücher zum Binden weitergibt. Da für Einbandkosten meist zwischen 10 und 15% des gesamten Erwerbungsetats der Bibliothek zur Verfügung stehen, trägt die Einbandstelle die Verantwortung für die sachgemäße und sparsame Verwendung von oft beträchtlichen Haushaltsmitteln.

In der Einbandstelle läuft folgendes Bindegut zusammen: (1) die neuerworbenen, nicht fest gebundenen *Monographien, Fortsetzungs- und Serienwerke*; (2) die ungebundenen *Zeitschriften- und Zeitungsjahrgänge*, sobald sie vollständig sind; (3) *reparaturbedürftige Bücher* aus dem Freihand- und Magazinbestand.

Beim Verkehr mit den Vertragsbuchbindern hat die Einbandstelle im wesentlichen folgende Aufgaben zu erfüllen:

– über die Einbandart und -qualität der zu bindenden Bücher und Periodika zu entscheiden,
– dem Buchbinder einen entsprechenden Auftrag zu erteilen,
– einen Nachweis über die ausgegebenen Buchbindeeinheiten zu führen,
– den vom Buchbinder gebundenen Band zurückzunehmen, seine auftragsgemäße Beschaffenheit zu überprüfen und die Preisberechnung zu kontrollieren.

Diese Aufgaben können mithilfe von Auftragslisten und Nachweiskarteien erledigt werden, rationeller ist jedoch der Einsatz eines Computerprogramms für Speicherung und Abruf der zu einem Bindeauftrag gehörigen Daten, das zur Durchführung aller erforderlichen Arbeitsvorgänge dient (Bestandsverwaltung, Auftragserteilung, Rücknahme und Kontrolle, Reklamation, Rechnungsbearbeitung).

Die *Ablieferungsfrist* zwischen der Übergabe einer Lieferung an den Buchbinder (Auftragserteilung) und der Rückgabe der gebundenen Bände sollte möglichst kurz sein. Eine Frist von nur einer Woche wäre wünschenswert, lässt sich aber aus bindetechnischen und organisatorischen Gründen kaum einhalten. In keinem Fall sollte die Ablieferungsfrist 3-4 Wochen überschreiten, da sonst die Bücher zu lange der Benutzung entzogen sind. Vielbenutzte Werke aus Freihandbeständen (Nachschlagewerke, Bibliographien usw.) müssen beschleunigt gebunden werden, am besten in der Hausbuchbinderei.

Beschildern

Die gebundenen Bibliotheksbücher müssen etikettiert oder „beschildert", d.h. mit dem *Signaturschild* versehen werden. Für die Beschriftung des Signaturschildes werden häufig einstellbare Prägeapparate oder Etikettendrucker verwendet. Mithilfe eines speziellen PC-Programms kann man Signaturschilder über einen PC-Drucker ausdrucken lassen. Vielfach sind selbstklebende Signaturschilder im Gebrauch, die manchmal noch mit einem Stück Klebefolie überzogen werden.

Zu beachten ist, dass die Rückenschilder bei mehrbändigen Werken stets im gleichen Abstand vom oberen oder unteren Rand des Rückens angebracht werden. Es empfiehlt sich, die Signatur zusätzlich auf der Innenseite des vorderen Buchdeckels zu vermerken, um bei einem etwaigen Verlust des Rückenschildes die Signatur mühelos feststellen zu können.

Schlusskontrolle

In einer eigenen „Schlussstelle" oder in der Einbandstelle oder in der Be-
schilderungsstelle findet zum Abschluss des Buchdurchlaufs die *Schluss-*
kontrolle statt. Es wird noch einmal überprüft (anhand des Laufzettels), ob
das Buch alle Bearbeitungsstationen durchlaufen hat. Die Übereinstimmung der Signatur auf Laufzettel, Signaturschild und im Buchdeckel wird
kontrolliert. Außerdem wird jetzt der Status des Titeldatensatzes des Buches im Online-Katalog von „eingelaufen" oder „im Geschäftsgang" auf
„verfügbar" geändert.

Sodann werden die Bücher für die Statistik der Neuzugänge gezählt (Band-
statistik), nach laufenden Metern gemessen (Meterstatistik) und schließlich
an ihren *Standort* (Magazin oder Freihandbestand) weitergegeben. Damit
ist die Buchbearbeitung abgeschlossen und der Geschäftsgang des Buches
beendet. Das Buch steht jetzt an seinem durch die Signatur bestimmten
Standort für die Benutzung bereit.

Der Geschäftsgang im Überblick

Welche Arbeiten im einzelnen beim Geschäftsgang des Buches nötig sind,
wurde in den folgenden Abschnitten dieses Buches erläutert. Es handelt
sich um die bei der *Erwerbung* und *Katalogisierung* erforderlichen Tätigkeiten sowie um die *sonstige Buchbearbeitung* (Stempeln, Einbinden, Beschildern). Je nach der Organisationsstruktur der Bibliothek kann die Abfolge der einzelnen Bearbeitungsstationen unterschiedlich gestaltet sein.
Für bestimmte Publikationsformen (z.B. Dissertationen, Periodika, Kleinschrifttum) und Nicht-Buch-Materialien werden meist *Sondergeschäfts-*
gänge eingerichtet.

Um einen Überblick über den Ablauf des Geschäftsganges zu geben, ist
auf der folgenden Seite ein vereinfachtes Modell des Geschäftsganges mit
seinen wesentlichen Stationen in einer großen Bibliothek dargestellt. Nicht
berücksichtigt sind dabei die (konventionellen oder elektronischen) Mittel
und Methoden, die bei Buchauswahl, Buchbestellung und Buchbearbeitung angewandt werden können.

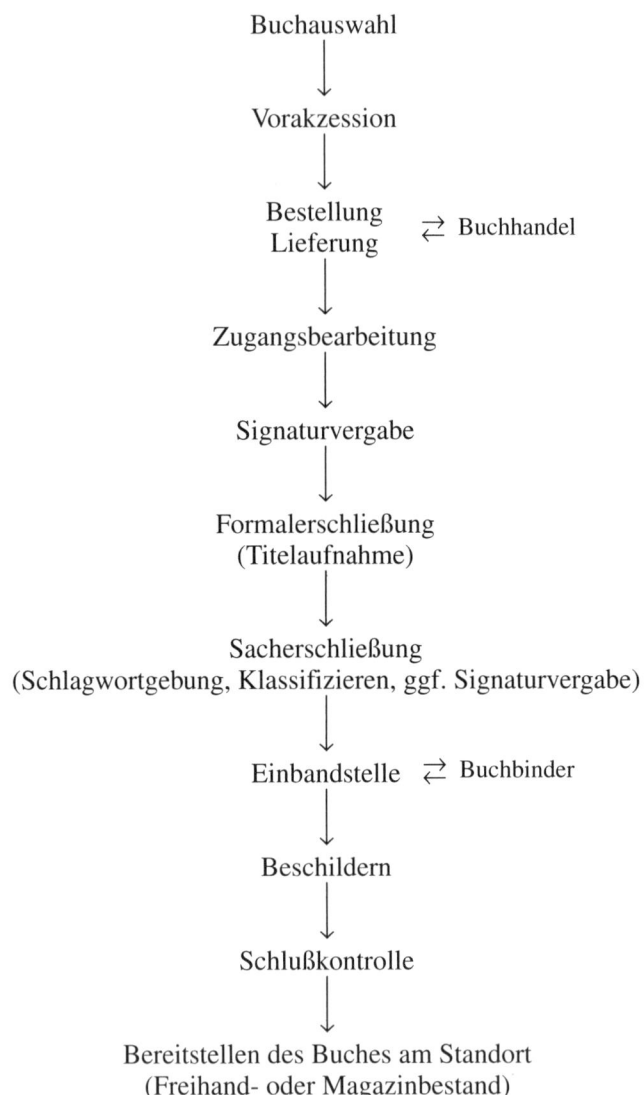

Buchauswahl

↓

Vorakzession

↓

Bestellung
Lieferung   ⇄ Buchhandel

↓

Zugangsbearbeitung

↓

Signaturvergabe

↓

Formalerschließung
(Titelaufnahme)

↓

Sacherschließung
(Schlagwortgebung, Klassifizieren, ggf. Signaturvergabe)

↓

Einbandstelle   ⇄ Buchbinder

↓

Beschildern

↓

Schlußkontrolle

↓

Bereitstellen des Buches am Standort
(Freihand- oder Magazinbestand)

**Abb. 25: Stationen des Geschäftsgangs (Ablauforganisation bei Buch-
auswahl, -bestellung und -bearbeitung)**

III. Bestandsaufbewahrung und Bestandserhaltung

Damit Bibliotheksbestände benutzt werden können, müssen sie angemessen aufbewahrt, dargeboten und erhalten werden. Bestandsaufbewahrung, Bestandspräsentation, Bestandspflege und Bestandserhaltung sind deshalb wichtige bibliothekarische Aufgaben.

1. Freihandaufstellung und Magazinaufstellung

Für die Art der Benutzung einer Bibliothek spielt es eine wichtige Rolle, ob die Buchbestände den Lesern *frei zugänglich* sind oder nicht. Grundsätzlich ist es wünschenswert, dass der Benutzer freien Zutritt zu den Beständen erhält, um sich am Standort der Bücher einen Überblick über die vorhandene Literatur zu verschaffen und Einblick in die ihn interessierenden Werke zu nehmen, bevor er die ausgewählten Bücher in oder außerhalb der Bibliothek liest. Der freie Zugang wird aber problematisch in großen Bibliotheken, die umfangreiche Bestände mit alten und wertvollen Büchern besitzen. Die Nachteile der *Freihandaufstellung* liegen im großen Raumbedarf (die Bücherregale dürfen nicht zu eng gestellt werden), im erhöhten Verwaltungsaufwand vor allem für Aufsichtspersonal und Buchpflege sowie in der Gefährdung des Freihandbestandes durch Diebstahl und Beschädigung. Wo diese Gesichtspunkte eine besonders große Rolle spielen, bevorzugt man daher vielfach statt der „Offenen Aufstellung" die rationelle und sichere *Magazinaufstellung*, d.h. die Bücher werden in geschlossenen, für die Benutzer unzugänglichen Magazinen untergebracht. Wenn Freihand- und Magazinaufstellung nebeneinander vorkommen, ist im allgemeinen die vielbenutzte, neuere Literatur frei zugänglich aufgestellt, während die seltener benutzte, ältere Literatur im Magazin aufbewahrt wird.

a) in Öffentlichen Bibliotheken

Bei den auf uneingeschränkte öffentliche Benutzung ausgerichteten Öffentlichen Bibliotheken hat die offene Aufbewahrung und wirkungsvolle Darbietung (Präsentation) der Buch- und Medienbestände eine besondere Bedeutung. Naturgemäß muss es ein Anliegen gerade der Öffentlichen Bibliotheken sein, dem Leser einen unmittelbaren Zugang zum Standort der Bücher und Medien zu verschaffen. Frei dargebotene und gut präsentierte Bestände verlocken zum Lesen und kommen dem Bedürfnis der Benutzer nach selbständiger Auswahl entgegen.

Die Öffentlichen Bibliotheken in der Bundesrepublik sind daher durchwegs *Freihandbibliotheken*. Die „Thekenbücherei" früherer Zeiten, mit ihren vom Leser durch die Ausleihtheke getrennten Büchern, ist längst verschwunden. Wenn an Öffentlichen Bibliotheken ein bestimmter Bestand von wichtiger, jedoch seltener benutzter Literatur entsteht (ältere Zeitschriftenjahrgänge, Spezialliteratur über ein besonderes Sammelgebiet der Bibliothek), wird zusätzlich zum Freihandbestand die Einrichtung eines geschlossenen *Magazinbestandes* notwendig. Vor allem große Stadtbibliotheken und Zentralbibliotheken städtischer Bibliothekssysteme verfügen neben dem Freihandbestand über umfängliche Magazinbestände älterer, weniger oft benutzter oder spezieller Literatur, die in der Regel auf Dauer aufbewahrt wird nach dem Prinzip, die nicht mehr aktuelle Literatur zentral in einem Exemplar für das Bibliothekssystem zu archivieren.

Auf dem Gedanken, dass die Bestandspräsentation konsequent *auf die Interessen der Benutzer ausgerichtet* sein soll, beruhen neuere Konzepte für eine differenzierte Darbietung von Freihandbeständen in Öffentlichen Bibliotheken. Bahnbrechend war hier das zuerst in der Stadtbibliothek Münster i.W. entwickelte Konzept der *dreigeteilten Bibliothek*. Hier werden die Buch- und Medienbestände nicht nur, wie an großen Öffentlichen Bibliotheken üblich, in einen Freihandbestand (aufgeteilt in Belletristik und Sachliteratur) und den Magazinbestand gegliedert, sondern zusätzlich in einem dritten Bereich, dem „Nahbereich", dargeboten. In diesem Nahbereich werden Bücher und Medien nach *Interessenkreisen* und *aktuellen Themen* präsentiert. Der Bestand des Nahbereichs wird durch befristete Versetzungen aus dem „Mittelbereich" (dem üblichen Freihandbestand), evtl. auch aus dem „Fernbereich" (Magazinbestand) gebildet und wechselt daher ständig. Das Konzept der dreigeteilten Bibliothek wurde von manchen Bibliotheken auch unter der Bezeichnung „Benutzerorientierte Bibliothek" oder „Neue Freihand" übernommen und abgewandelt. Eine Weiterentwicklung ist die *fraktale Bibliothek*. Hier wird fast der gesamte aktuelle Freihandbestand nach Themen und Interessengebieten in einzelne „Kabinette" aufgeteilt und somit dezentralisiert.

b) in Wissenschaftlichen Bibliotheken

In den *wissenschaftlichen Universalbibliotheken* ist Magazin- bzw. Freihandaufstellung in unterschiedlichem Umfang üblich. Landes- und Staatsbibliotheken und viele ältere Universitätsbibliotheken sind in der Regel *Magazinbibliotheken*, d.h. die Hauptmasse der Bücher ist in geschlossenen Magazinen aufgestellt. Frei zugänglich sind hier normalerweise nur die Bestände der Handbibliotheken der Lesesäle (Allgemeiner Lesesaal, Zeitschriftenlesesaal, Speziallesesäle). Jedoch werden die Bestände der Instituts- und Seminarbibliotheken der älteren Universitäten durchwegs in Freihandaufstellung dargeboten. Soweit die räumlichen Voraussetzungen gegeben sind, wird an manchen älteren Universitätsbibliotheken ein größerer Teil des früheren Magazinbestandes frei zugänglich aufgestellt.

In vielen (besonders in neugegründeten) Hochschulbibliotheken wurde der Gedanke verwirklicht, einen Großteil des Bestandes in *Freihandaufstellung* anzuordnen, um dadurch den unmittelbaren Kontakt zwischen Lesern und Büchern am Standort zu ermöglichen, der bei geschlossener Magazinaufstellung fehlt. In einheitlichen Universitätsbibliothekssystemen sind heute etwa die Hälfte bis zwei Drittel des Buchbestandes (vor allem die weniger oft benutzte Literatur) geschlossen im zentralen Magazin untergebracht, der übrige Bestand (die aktuelle Fachliteratur) befindet sich frei zugänglich in den Teilbibliotheken. Naturgemäß steigt im Lauf der Zeit der Anteil des Magazinbestandes.

Wissenschaftliche Spezialbibliotheken sind überwiegend als Freihandbibliotheken eingerichtet. Die Aufstellung in geschlossenen, für die Benutzer unzugänglichen Magazinräumen kommt in manchen großen Spezialbibliotheken vor.

2. Präsenzbestände und Ausleihbestände

Für die Benutzung von Bibliotheksbüchern gibt es grundsätzlich zwei Möglichkeiten: die Benutzung innerhalb oder außerhalb der Bibliothek. Wenn die Bücher einer Bibliothek nur in ihren Lesesälen benutzt werden können, wenn die Bücher also stets in der Bibliothek „präsent" (anwesend) sind, handelt es sich um eine *Präsenzbibliothek*. Wenn dagegen die Bücher der Bibliothek den Lesern nach Hause mitgegeben, d.h. *ausgeliehen* werden, so handelt es sich um eine *Ausleihbibliothek*. So sind z.B. wissenschaftliche Spezialbibliotheken meist Präsenzbibliotheken, während die Öffentlichen Bibliotheken den Typ der Ausleihbibliothek verkörpern.

Beide Verfahren haben ihre Vor- und Nachteile. Das *Präsenzsystem* gewährt die Sicherheit, dass sich die Bücher immer in der Bibliothek befinden und daher immer benutzbar sind. Ist ein gewünschtes Buch gerade in Händen eines anderen Benutzers, ist die Wartezeit meist nicht sehr lang. So können viele Leser in kurzer Zeit ein bestimmtes Buch benutzen, weil es nicht (wie bei der Ausleihe) von *einem* Benutzer über einen längeren Zeitraum blockiert wird. Wenn überdies der Großteil der Bücher in den Lesesälen freizugänglich aufgestellt ist, kann der Benutzer mitten zwischen diesen Büchern arbeiten. Aber er kann die Bibliotheksbücher eben *nur* in der

Bibliothek benutzen und ist an ihre Öffnungszeiten gebunden. Auch sagt das Arbeiten in (oft überfüllten) Lesesälen nicht jedem zu. Die Bibliothek spart sich beim Präsenzsystem die Einrichtungen und das Personal für die Ausleihe, muss aber mehr Mitarbeiter für die Aufsicht, evtl. auch für die sofortige Heranschaffung der Bücher aus den Magazinen einsetzen. Die Verluste durch Diebstahl sind in großen Freihand-Präsenzbibliotheken erfahrungsgemäß höher als in Ausleihbibliotheken.

Beim *Ausleihsystem* kommt der Benutzer für die Dauer der Leihfrist (also meist 4 Wochen lang) in den Besitz des Buches, das er zu Hause und nach Belieben zu jeder Tages- oder Nachtzeit benutzen kann. Dies kommt dem individuellen Lese- und Studierverhalten vieler Benutzer entgegen. Jedoch müssen andere Leser, die das gleiche Buch benötigen, bis zur Rückgabe des Buches, die selten vor Ablauf der Leihfrist erfolgt, warten. Die Bibliothek muss einen Ausleihbetrieb einrichten und entsprechende Maßnahmen zur Ausleihkontrolle vorsehen.

Präsenzbibliotheken und Ausleihbibliotheken in ganz reiner Form sind selten. Viele Präsenzbibliotheken gestatten eine Ausleihe der Bücher über Nacht, über das Wochenende bzw. für den Fernleihverkehr. Reine Ausleihbibliotheken kommen ebenfalls kaum vor. Auch kleine Öffentliche Bibliotheken haben einen gewissen Bestand an Nachschlagewerken, Lexika oder Handbüchern, der präsent gehalten und nicht ausgeliehen wird. Die deutschen wissenschaftlichen Universalbibliotheken sind meist Ausleihbibliotheken, aber mit erheblichen Einschränkungen. Zwar kann der Großteil des Bestandes nach Hause entliehen werden, doch sind bestimmte Arten des Schriftguts davon ausgenommen, nämlich Handschriften, Inkunabeln, ältere und wertvolle Bücher sowie die Bestände der Handbibliotheken. Diese Bücher können nur in den Lesesälen benutzt werden, auf Wunsch natürlich auch die verleihbare Literatur. Soweit an Hochschulbibliotheken größere Teile des Bestandes in Freihandaufstellung dargeboten werden, ist für diese Bestände ganz oder teilweise die Präsenzbenutzung vorgesehen.

Die meisten Bibliotheken haben also sowohl Präsenzbestände als auch Ausleihbestände. Verallgemeinernd kann man sagen, dass zum typischen *Präsenzbestand* gehören (1) alle Werke, deren Sicherung und Erhaltung im Vordergrund steht (Handschriften, Inkunabeln, ältere und wertvolle Werke), (2) Nachschlageliteratur (Enzyklopädien, Lexika, Wörterbücher usw.), (3) alle Werke, die von vielen Benutzern kurzfristig bzw. immer wieder benötigt werden (Handbücher, Semesterapparate, die Zeitschriftenhefte des laufenden Jahres usw.). Typische *Ausleihbestände* sind dagegen (1) alle Werke, die man längere Zeit intensiv studieren oder in Ruhe lesen muss (Lehrbücher, Gesamtdarstellungen, Schöne Literatur, Sachbücher; bei großem Bedarf ist Staffelung in Mehrfachexemplaren nötig), (2) alle seltener benötigten Bücher. Die aktuelle wissenschaftliche Spezialliteratur ist nicht eindeutig einer der beiden Gruppen zuzuordnen, gehört aber wohl eher zur Präsenzliteratur.

Sowohl Präsenzliteratur wie Ausleihbestände können jeweils in *Freihand-aufstellung* oder in *Magazinaufstellung* vorkommen. Es gibt also vier Möglichkeiten: (1) Freihand-Präsenzbestände (z.B. die Lesesaal-Handbibliotheken in Wissenschaftlichen Universalbibliotheken), (2) Freihand-Ausleihbestände (z.B. in Öffentlichen Bibliotheken), (3) Magazin-Präsenzbestände (z.B. in manchen großen Spezialbibliotheken), (4) Magazin-Ausleihbestände (z.B. in wissenschaftlichen Universalbibliotheken).

3. Die Ordnung des Buchbestandes (Aufstellungsarten)

Die Aufstellung oder Anordnung der Bücher in einer Bibliothek kann auf verschiedene Weise geschehen. Man unterscheidet vor allem die drei folgenden *Aufstellungsarten*:

(1) die *systematische Aufstellung*, d.h. die Anordnung nach einem bestimmten System der Wissensgebiete, also wie im Systematischen Katalog;

(2) die *mechanische Aufstellung*, d.h. die Aufstellung der Bücher nach dem Zugang, in der zufälligen Reihenfolge, in der sie in die Bibliothek kommen, also ohne Rücksicht auf den Inhalt;

(3) die *Gruppenaufstellung*, d.h. die Ordnung der Bücher in verschiedene sachliche Gruppen, innerhalb derer sie mechanisch (evtl. auch alphabetisch) aufgestellt werden.

Neben diesen drei hauptsächlichen Aufstellungsarten gibt es die *alphabetische Aufstellung* nach Verfassern und Sachtiteln, d.h. entsprechend der Ordnung der Titelaufnahmen im AK. Auf den Gesamtbestand angewendet, findet sich die alphabetische Aufstellung jedoch nur vereinzelt in kleinen Institutsbibliotheken. Häufig werden allerdings bestimmte Teile (Gruppen) des Bestandes alphabetisch geordnet, so z.B. die Schöne Literatur in Öffentlichen Bibliotheken.

Theoretisch möglich wäre eine *chronologische* Aufstellung der Bücher nach Erscheinungsjahren. Da diese Aufstellungsart wenig Sinn hat, wird sie praktisch nirgends angewendet. Man ordnet allenfalls bei systematischer Aufstellung innerhalb der gleichen Systemgruppe chronologisch nach Erscheinungsjahren.

Für die Aufstellung der Bücher wird in der Regel auch ihre Größe, also das *Format* der Bücher, berücksichtigt. Das Format ergibt sich aus der Höhe des Buchrückens. Man unterscheidet meist drei Hauptformate:

Oktav (8°) bis 25 cm Buchhöhe,
Quart (4°) von 25 bis 35 cm Buchhöhe und
Folio (2°) über 35 cm Buchhöhe.

Gelegentlich rechnet man Bände mit mehr als 45 cm Buchhöhe zu einer eigenen Formatklasse mit der Bezeichnung *Groß-Folio* (gr. 2°). Ist bei einem Buch die Breite größer als die Höhe, spricht man von *Querformaten* (quer-8° usw.).

Um den verfügbaren Raum in den Regalen möglichst gut auszunützen, wird in großen Bibliotheken bei der mechanischen Aufstellung und bei der Gruppenaufstellung eine Unterteilung nach Formaten vorgenommen. In kleinen Bibliotheken und bei systematischer Aufstellung pflegt man die Bücher nicht nach Formaten zu trennen, sondern höchstens die übergroßen Formate (Folianten) gesondert aufzubewahren. An der Stelle, wo der Foliant eigentlich stehen würde, verweist dann ein Repräsentant oder ein „Vertreterklotz" auf den abweichenden Standort.

a) Die systematische Aufstellung

Bei der systematischen Aufstellung werden die Bücher nach einem *System der Wissenschaften* geordnet, das sich in eine Anzahl von *Hauptgruppen* gliedert, die ihrerseits wieder in kleinere sachliche *Untergruppen* eingeteilt sind. Der systematischen Aufstellung liegt also das gleiche Ordnungsprinzip wie dem Systematischen Katalog zu Grunde. Jedes neu einlaufende Buch kommt innerhalb des Systems an eine ganz bestimmte Stelle, die sich aus dem Inhalt des Buches ergibt und in der Signatur (Standortnummer) ausgedrückt wird. Die Reihenfolge der Bücher in den Regalen entspricht also der Abfolge der Sachgebiete, wie sie in der betreffenden Systematik oder Klassifikation (z.B. der ASB an Öffentlichen Bibliotheken) festgelegt ist.

Wenn mehrere Bücher zum gleichen Thema vorhanden sind, d.h. in derselben Systemstelle oder Systemgruppe zusammenkommen, werden sie meist alphabetisch nach Verfassern (innerhalb des gleichen Verfassers nach den Sachtiteln) geordnet. Möglich ist es auch, die Bücher innerhalb der gleichen Systemgruppe mechanisch nach dem Zugang oder chronologisch nach Erscheinungsjahren zu ordnen.

Die gebundenen Jahrgänge einer *Zeitschrift* (und am besten auch die Hefte des laufenden Jahrgangs) werden bei systematischer Aufstellung in der Regel zum jeweiligen Fachgebiet gestellt, d.h. die „Zeitschrift für englische Philologie" steht bei der Anglistik, die „Neue Juristische Wochenschrift" bei der Rechtswissenschaft. Ebenso wird häufig mit *Serien* verfahren. (Beispiel: die Bände der Serie „Abhandlungen zur Musikwissenschaft" werden geschlossen beim Fachgebiet Musik aufgestellt.) Man kann allerdings auch auf die geschlossene Aufstellung einer Serie verzichten und die Serie sozusagen „auflösen"; dann werden die einzelnen Bände der Serie je nach ihrem Inhalt an den genau entsprechenden Stellen innerhalb des Bestandes eingeordnet. Dies geschieht vor allem bei Serien mit weitgespannter Thematik, z.B. bei Verlegerserien wie „Kröners Taschenausgabe" oder „Sammlung Göschen".

Die systematische Aufstellung ist die für den Benutzer günstigste Aufstellungsart. Sie ist natürlich nur dann sinnvoll und wirksam, wenn die Leser freien Zugang zu den Büchern haben, also bei Freihandaufstellung.

Die *Vorteile* der systematischen Aufstellung liegen vor allem darin, dass die Literatur zu einem Thema an einer Stelle beisammensteht und dass man deshalb am Regal rasch einen Überblick über die Bücher zu einem bestimmten Sachgebiet gewinnen kann. Die systematische Aufstellung ist also, neben den Katalogen der Bibliothek, ein Mittel der Bestandserschließung.

Bei systematischer Aufstellung kann man meist auch ohne Hilfe von Katalogen (d.h. ohne Signatur!) ein bestimmtes Buch finden, da es ja gemäß seinem Inhalt an der entsprechenden Stelle innerhalb der systematischen Abfolge der Bücher stehen muss (allerdings nur dann, wenn es nicht gerade benutzt wird bzw. ausgeliehen ist). Findet man ein bestimmtes Buch gerade nicht im Regal vor, weil es ausgeliehen ist bzw. von einem anderen Leser benutzt wird, so kann man oft auf ein anderes Buch gleichen Themas bzw. auf eine andere Auflage ausweichen. Der Benutzer muss freilich, ähnlich wie beim SyK, eine gewisse Kenntnis der Systematik besitzen, um sich an den Regalen zurechtzufinden.

Die *Nachteile* der systematischen Aufstellung wirken sich vor allem an großen Bibliotheken mit umfangreichem Bücherbestand und starkem Neuzugang aus. Die systematische Aufstellung erfordert viel Stellraum, da man für die neu hinzukommenden Bücher in jedem Regal eine Platzreserve freilassen muss. Bei unvorhergesehen zahlreichen Einschüben ist es trotzdem immer wieder nötig, die Bücher in den Regalen weiterzurücken, wobei manchmal der Buchbestand vieler nachfolgender Regale mit hinausgeschoben werden muss. Änderungen in der Systematik, die durch die Weiterentwicklung der Wissenschaften nötig werden, ziehen entsprechende Umstellungen und Signaturänderungen am systematisch aufgestellten Bestand nach sich. Nachteilig ist schließlich noch, dass sich bei systematischer Aufstellung großer Bestände verhältnismäßig lange und komplizierte Signaturen ergeben.

Wegen dieser Nachteile ist die systematische Aufstellung an großen Bibliotheken die relativ schwierigste und teuerste Aufstellungsart. Trotzdem ordnen auch viele große Bibliotheken ihre Bestände (oder einen Hauptteil ihrer Bestände) systematisch und nehmen die damit verbundenen Nachteile in Kauf, weil sie die Vorteile für die Benutzer für ausschlaggebend halten. An kleineren und mittleren Bibliotheken fallen die Nachteile der systematischen Aufstellung nicht oder nur wenig ins Gewicht. Daher ist in solchen Bibliotheken (z.b. Öffentlichen Bibliotheken, Spezialbibliotheken, Handbibliotheken in Lesesälen) die systematische Aufstellung der Bücher, abgesehen von der Belletristik, auf jeden Fall die beste Aufstellungsart.

b) Die mechanische Aufstellung

Bei der mechanischen Aufstellung (oder Aufstellung nach dem Zugang) werden die Bücher *ohne Rücksicht auf den Inhalt* in der zufälligen Reihenfolge aufgestellt, in der sie in die Bibliothek kommen. Die Bücher werden dabei laufend durchnummeriert. Man spricht daher auch von *Aufstellung nach der laufenden Nummer* oder nach dem *Numerus currens*. Wenn die Nummerierung, also die Zahlenreihe der Signaturen, unbegrenzt weiterläuft, ergeben sich bald hohe und schwer lesbare Zahlen. Deshalb werden bei der Signaturgebung Jahresgruppen (nach dem Erwerbungsjahr) gebildet; die Jahreszahl wird, ausgeschrieben oder gekürzt, der laufenden Nummer vorangestellt. Innerhalb eines Jahresgruppe pflegt man nach den drei Hauptformaten zu unterteilen, sodass innerhalb einer Formatreihe einer Jahresgruppe die Zählung jeweils mit 1 beginnt.

Zeitschriften und Serien fasst man gewöhnlich in je einer besonderen Gruppe zusammen (meist mit der Bezeichnung Z bzw. S). Innerhalb jeder Gruppe ordnet man die verschiedenen Zeitschriften bzw. Serien mechanisch, jedoch so, dass die Jahrgänge derselben Zeitschrift und die Bände derselben Serie geschlossen zusammenstehen. Deshalb muss man bei jeder Zeitschrift bzw. Serie genügend Platz für die später folgenden Jahrgänge bzw. Bände freilassen. Meist erfolgt innerhalb der Gruppen Z bzw. S noch eine Unterteilung nach Formaten, sodass erst innerhalb einer Formatreihe der betreffenden Gruppe mechanisch geordnet wird.

Natürlich kann man (alle oder einzelne) Serien auch „auflösen", d.h. die einzelnen Bände der Serie werden nicht geschlossen aufgestellt, sondern mechanisch geordnet, in den Gesamtbestand eingereiht.

Die *Vorteile* der mechanischen Aufstellung sind vor allem beste Raumausnutzung (die Bücher können eng gestellt werden, nur bei Fortsetzungswerken muss man eine gewisse Raumreserve lassen), ferner die Vermeidung des Rückens und Umstellens der Bücher sowie einfache Signaturen. Die Neuzugänge von Monographien stehen am Ende der Numerus-currens-Reihe beisammen und können, da sie am intensivsten benutzt werden, in räumlicher Nähe zur Ausleihe untergebracht werden. Vom Standpunkt einer rationellen Bibliotheksverwaltung aus ist die mechanische Aufstellung am günstigsten. Sie kann jedoch nur bei Beständen in geschlossenen Magazinen durchgeführt werden, da es natürlich sinnlos ist, den Benutzern Bücher frei zugänglich zu machen, die ohne Rücksicht auf den Inhalt „wie Kraut und Rüben" durcheinander stehen, weil sie eben in der zufälligen Reihenfolge des Zugangs aufgestellt wurden.

Die *Nachteile* der mechanischen Aufstellung liegen also darin, dass eine Orientierung der Benutzer am Standort der Bücher nicht möglich ist und dass man ohne die Ermittlung der Signatur mithilfe der Kataloge kein Buch auffinden kann.

Für große Bibliotheken, die ihren Hauptbestand an Büchern in geschlossenen Magazinen aufbewahren, ist die mechanische Aufstellung am vorteilhaftesten. Sie wird deshalb in Deutschland vor allem in großen Bibliotheken mit geschlossenen Magazinen angewendet.

c) Die Gruppenaufstellung

Bei der Gruppenaufstellung kombiniert man die systematische und die mechanische Aufstellung, indem man die Bücher in eine Anzahl von *Fachgruppen* (also nach Wissensgebieten) ordnet und *innerhalb jeder Gruppe* nach dem Zugang, also *mechanisch* aufstellt. Damit erreicht man eine gewisse sachliche Gliederung der Buchbestände und vermeidet dennoch die Nachteile der systematischen Aufstellung.

Während bei der systematischen Aufstellung an jeder beliebigen Stelle Einschübe von Neuzugängen erfolgen können und man daher in jedem Regal entsprechend Platz freilassen muss, werden bei der Gruppenaufstellung die Neuzugänge nur am Ende jeder Gruppe angereiht. Nur hier muss man also entsprechend viel Stellraum freilassen, während man im übrigen innerhalb der Gruppe die Bücher eng stellen kann und nur bei Fortsetzungswerken (auch bei Zeitschriften und Serien, falls sie innerhalb der betreffenden Gruppen aufgestellt werden) eine gewisse Platzreserve vorsehen muss. Die Gruppenaufstellung ist also *Raum sparender* als die systematische

Aufstellung, jedoch nicht so Raum sparend wie die mechanische Aufstellung.

Während bei der mechanischen Aufstellung auf den Inhalt der Bücher überhaupt keine Rücksicht genommen wird, erzielt man mit der Gruppenaufstellung doch eine *gewisse sachliche Ordnung*: z.B. stehen alle Bücher über Chemie und alle Bücher über Geschichte in je einer Fachgruppe beisammen und ermöglichen so eine gewisse Orientierung am Standort, wenn auch die mechanische Aufstellung innerhalb der Gruppe, die auf den genaueren Inhalt der Bücher keine Rücksicht nimmt, den Überblick erschwert. Die Gruppenaufstellung ermöglicht es, einzelne Gruppen umzustellen, z.B. aus dem Hauptbestand auszugliedern und einer Sonderabteilung anzuschließen oder einer Speicherbibliothek zuzuweisen. Schließlich ergeben sich bei der Gruppenaufstellung ähnlich einfache Signaturen wie bei der mechanischen Aufstellung.

Die Eingliederung der Neuzugänge *innerhalb einer Gruppe* erfolgt manchmal nicht mechanisch, sondern *alphabetisch* nach Verfassern und Sachtiteln. (Man spricht dann von „geschlossener Gruppe" im Gegensatz zur „offenen Gruppe" bei mechanischer Anreihung der Neuzugänge.) Meistens handelt es sich dabei um Fachgruppen der Schönen Literatur. An kleinen Institutsbibliotheken findet man gelegentlich eine alphabetische Untergliederung in allen Gruppen. Der Vorteil liegt (wie bei der systematischen Aufstellung) darin, dass sich der Benutzer am Standort orientieren kann (z.B. welche Werke eines bestimmten Dichters vorhanden sind) und dass man ein bestimmtes Buch auch ohne Signatur auffinden kann. Allerdings ergeben sich bei der alphabetischen Ordnung innerhalb einer Gruppe dieselben Nachteile wie bei der systematischen Aufstellung: Man braucht viel Platz, weil auch hier Einschübe an jeder Stelle vorkommen können; trotzdem lässt sich von Zeit zu Zeit das Rücken größerer Buchbestände nicht vermeiden; es entstehen ziemlich komplizierte Signaturen. Wie bei der systematischen Aufstellung machen sich diese Nachteile vor allem an großen Bibliotheken mit starkem Neuzugang bemerkbar.

Die *Zahl der Fachgruppen*, die bei der Gruppenaufstellung gebildet werden, ist an den einzelnen Bibliotheken unterschiedlich. Manche Bibliotheken entscheiden sich für viele enge Gruppen (jede Gruppe enthält relativ wenig Bücher), andere für wenige weite Gruppen (jede Gruppe enthält relativ viele Bücher). Gruppenaufstellung mit vielen engen Gruppen nähert sich in Vor- und Nachteilen der systematischen Aufstellung; Gruppenaufstellung mit wenigen weiten Gruppen kommt der mechanischen Aufstellung nahe. Vom Standpunkt des Raumbedarfs aus sind wenige Gruppen vorzuziehen, da nur an wenigen Stellen Platz für Neuzugänge freizulassen ist. Eine Orientierung über die einzelne Gruppe am Standort ist dabei allerdings schwieriger als bei vielen engen Gruppen.

Innerhalb einer Gruppe werden die Bücher oft nach den drei *Hauptformaten* getrennt aufgestellt, sodass die Bücher innerhalb einer Formatreihe einer Fachgruppe durchnummeriert werden. *Zeitschriften* und *Serien* werden bei der Gruppenaufstellung entweder zu der Gruppe gestellt, zu der sie sachlich gehören (so in der Regel bei Freihandbeständen), oder sie werden, wie auch bei der mechanischen Aufstellung, in besonderen Gruppen (meist mit der Bezeichnung Z bzw. S) zusammengefasst, was bei Magazinbeständen vorteilhafter ist.

Die Gruppenaufstellung (mit mechanischer Aufstellung innerhalb jeder Gruppe) ist eine *Kompromisslösung*. Sie vereinigt die Vorteile und Nachteile der systematischen und der mechanischen Aufstellung, jeweils in abgeschwächter Form. Ohne allzu schwerwiegende Nachteile zu haben, bietet sie weder die großen Vorteile für die Benutzer wie die systematische Aufstellung noch die großen Vorteile für die Bibliothek wie die mechanische Aufstellung. Deshalb ist die Gruppenaufstellung zwar an manchen (meist älteren) Wissenschaftlichen Bibliotheken üblich, ist aber im ganzen weniger verbreitet als die beiden anderen Aufstellungsarten.

d) Die Aufstellungsarten in den verschiedenen Bibliothekstypen

Die Frage, wie in einer Bibliothek die Bücher am günstigsten aufzustellen und anzuordnen sind, muss individuell beantwortet werden, d.h. die Aufstellung muss sich nach der Größe und dem Typ der Bibliothek richten. An manchen Bibliotheken finden sich mehrere Aufstellungsarten für die verschiedenen Teile des Bestandes.

Wissenschaftliche Bibliotheken

An den wissenschaftlichen *Universalbibliotheken* in Deutschland herrschte früher die mechanische Aufstellung des Hauptbestandes in geschlossenen Magazinen vor. An *Staats- und Landesbibliotheken* sowie an manchen *älteren Universitätsbibliotheken* ist die mechanische Aufstellung vielfach heute noch üblich. Für große Bibliotheken ist dies die rationellste Aufstellungsart, wobei man allerdings auf die freie Zugänglichkeit der Hauptmasse des Bestandes verzichtet. Ältere Bestände sind oft systematisch oder in Sachgruppen im Magazin aufgestellt. Neben dem geschlossenen Magazinbestand gibt es Freihand-Präsenzbestände ausgewählter Literatur in zumeist einem großen allgemeinen Lesesaal, in einem Zeitschriftenlesesaal und, je nach Eigenart der Bibliothek, in Speziallesesälen für Handschriften, Inkunabeln, Musikalien und Karten, bei wenigen Großbibliotheken auch für orientalische und osteuropäische Literatur. Die Bücher dieser Handbibliotheken sind systematisch (vereinzelt auch alphabetisch) aufgestellt.

An vielen *Universitäts- und Hochschulbibliotheken* hat man, im Zusammenhang mit der freien Zugänglichkeit der Bestände in den Teilbibliotheken, die systematische Aufstellung eingeführt. Ihre Nachteile werden hingenommen, um den Benutzern ihre Vorteile zukommen zu lassen. Soweit die Universitätsbibliothek neben dem Freihandbestand in den Teilbibliotheken auch über einen Magazinbestand in der Zentralbibliothek verfügt, wird auch dieser systematisch geordnet und zwar nach der gleichen Systematik wie der Freihandbestand. Dies bietet die Möglichkeit, weniger gebrauchte Literatur aus dem Freihandbestand ins Magazin zu übernehmen und bei Bedarf wieder in den Freihandbestand zurückzustellen, ohne dass die Signaturen der Bücher (abgesehen vom Lokalkennzeichen) geändert werden müssen.

An wissenschaftlichen *Spezialbibliotheken* (deren Bestände meist den Benutzern frei zugänglich sind) ist die systematische Aufstellung die Regel, vor allem an kleineren Fachbibliotheken (z.B. den Institutsbibliotheken der alten Universitäten). Seltener findet man die Gruppenaufstellung, so an größeren Spezialbibliotheken, die die Nachteile der systematischen Aufstellung vermeiden wollen. Nur gelegentlich kommt die mechanische Aufstellung vor.

An allen Typen Wissenschaftlicher Bibliotheken werden *Sonderbestände* und *Sondermaterialien* eigens, also in gesonderten Gruppen, aufbewahrt. Dies gilt vor allem für Handschriften, Inkunabeln, seltene und kostbare Bücher (Rara und Zimelien), Musikalien und Karten, vielfach auch für Kleinschrifttum und Dissertationen sowie für audiovisuelle Materialien (Audio-CDs, Tonkassetten, Dias, Videokassetten und -platten), Mikroformen und Datenträger wie CD-ROMs.

Öffentliche Bibliotheken

An den Öffentlichen Bibliotheken in Deutschland wird der Buchbestand überwiegend in *Freihandaufstellung* dargeboten. Erst von einer bestimmten Bestandsgröße an wird es nötig, Bestände im Magazin zu halten. Der Freihandbestand Öffentlicher Bibliotheken muss selbstverständlich so aufgestellt werden, dass den Lesern die Orientierung an den Regalen leicht möglich ist. Deshalb wird die *Sachliteratur systematisch* geordnet. Als Klassifikationsschema findet vielfach die „Allgemeine Systematik für Bibliotheken" (ASB) Anwendung, in den östlichen Bundesländern die „Klassifikation für Allgemeinbibliotheken" (KAB). Die *Schöne Literatur* wird (gegebenenfalls innerhalb von Literaturgattungen und -formen) *alphabetisch* nach Verfassern und Sachtiteln aufgestellt, wobei Gesamtausgaben oft als gesonderte Gruppe behandelt werden. Auch Anthologien und Biographien werden oft in jeweils einer eigenen Gruppe vereinigt. Man ordnet dann die Anthologien nach dem Alphabet der Herausgebernamen oder der Sachtitel, die Biographien nach den Namen der biographierten Personen. Fast immer wird die *Kinder- und Jugendliteratur* als eigener Teil des Bestandes aufgestellt. Auch fremdsprachliche Literatur, Musikalien, Zeitschriften und Nachschlagewerke pflegt man als gesonderte Gruppe zu behandeln. Nachschlagewerke, Lexika, Adress- und Branchenverzeichnisse, Fahrpläne usw. werden oft als *Informationsbestand* in der Nähe der Leseplätze bzw. im Lesesaal aufgestellt und als Präsenzbestand geführt, d.h. nicht ausgeliehen.

Meist werden auch in Öffentlichen Bibliotheken *Sondermaterialien*, vor allem audiovisuelle Medien und CD-ROMs, in gesonderten Gruppen aufbewahrt. In vielen Bibliotheken gibt es als eigene Abteilung eine „Phonotek" mit Schallplatten und Tonkassetten sowie entsprechenden Abhöranlagen.

4. Signaturen

Um den Standort eines Buches innerhalb des Bestandes genau festzulegen, erhält jedes Buch eine *Signatur* oder *Standortnummer*. Die Signaturen sind in den Katalogen bei den einzelnen Titelaufnahmen verzeichnet und bilden somit das Bindeglied zwischen Katalog und Büchern. Je nach der Aufstellungsart ergeben sich unterschiedliche Arten von Signaturen.

a) Signaturen bei mechanischer Aufstellung

Bei der mechanischen Aufstellung nach dem Zugang ist die Form der Signatur naturgemäß recht einfach. Da man die einlaufenden Bücher nach Erwerbungsjahren und innerhalb einer Jahresgruppe nach den drei Hauptformaten zu unterteilen pflegt, wobei innerhalb der Formatreihe einer Jahresgruppe laufend durchgezählt wird, treten drei Signaturelemente auf: *Jahr, Format* und *laufende Nummer*. Man kann die Formate in Buchstaben ausdrücken (etwa A für 8°, B für 4°, C für 2°) und kommt dann zu Signaturen wie 1990 A 735 oder bei abgekürzter Jahreszahl 90 A 735. Man kann auch die übliche Formatangabe vor das Jahr setzen, z.B. 4° 1988/4183 oder 2° 88/974. Die Angabe von 8° wird, weil Oktav das häufigste Format ist, in manchen Bibliotheken weggelassen; statt 8° 91/5292 schreibt man nur 91/5292.

Innerhalb der Formatreihen eines jeden neuen Jahres beginnt die Zählung jeweils mit 1, also z.b.

82 A 1   82 A 2   82 A 3   usw.
oder
8° 82/1   8° 82/2   8° 82/3   usw.

Auf diese Weise wird auch an Bibliotheken mit starkem Zuwachs die Laufzahl nie zu lang und unübersichtlich. Bei *Zeitschriften* und geschlossen aufgestellten *Serien* kommt als zusätzliches Signaturelement eine Gruppenbezeichnung (meist Z bzw. S) hinzu. Die Signatur einer Zeitschrift lautet dann beispielsweise Z A 597 oder 4° Z 183. Wird innerhalb der Gruppe nach Erwerbungsjahren unterteilt, was nur an sehr großen Bibliotheken zweckmäßig ist, so ergeben sich Signaturen wie Z A 89/246 oder 4° Z 89/319.

Bei der mechanischen Aufstellung bezieht sich jede Signatur nur auf *ein* bestimmtes Buch, nicht auf mehrere Bücher gleichzeitig. Es handelt sich also um so genannte *Individualsignaturen.*

b) Signaturen bei Gruppenaufstellung

Bei der Gruppenaufstellung (mit *mechanischer* Anreihung der Neuzugänge innerhalb der Gruppe) besteht die Signatur aus der *Fachgruppenbezeichnung* und der *laufenden Nummer*, also z.b.

Math. 529   Math. 530   Math. 531   usw.
oder
G 1284   G 1285   G 1286   usw.

Wenn innerhalb einer Gruppe die Bücher nach dem *Format* getrennt aufgestellt und dann erst innerhalb einer Formatreihe einer Fachgruppe durchnummeriert werden, ergeben sich Signaturen wie Theol. A 973 oder 4° R 738. An großen Bibliotheken mit starkem Neuzugang werden manchmal die laufenden Nummern durch *Buchstabenexponenten* (hoch gestellte Buchstaben) aufgeteilt, um allzu hohe Laufzahlen zu vermeiden (z.B. Med. 3526^a, Med. 3526^b, Med. 3526^c usw.).

Auch bei der Gruppenaufstellung mit mechanischer Untergliederung ergeben sich stets *Individualsignaturen*, die jeweils nur für *ein* bestimmtes Buch gelten.

Die Gruppenaufstellung mit *alphabetischer* Einstellung der Neuzugänge innerhalb der Gruppe wird im übernächsten Abschnitt behandelt.

c) Signaturen bei systematischer Aufstellung

Bei der systematischen Aufstellung kommt jedes Buch an diejenige Stelle innerhalb des Bestandes, an der es gemäß seinem Inhalt im Rahmen der verwendeten Systematik eingereiht werden muss. Die Signatur muss folglich die Bezeichnung der Systemstelle oder Systemgruppe, also die *Notation*, enthalten. An Bibliotheken mit verhältnismäßig kleinem Bestand genügt es, *nur* die Notation als Signatur zu verwenden. Notation und Signatur sind dann also identisch. Dieses Verfahren ist an vielen Öffentlichen Bibliotheken gebräuchlich. Erfolgt zum Beispiel die Signaturgebung nach der „Allgemeinen Systematik für Bibliotheken" (ASB), so erhält etwa ein Buch über die Deutschsprachige Literatur des 19. Jahrhunderts die Signatur Pgr 1, ein Werk über Höhlenkunde die Signatur Uel 12 und eine Darstellung des Ersten Weltkriegs die Signatur Ekn 3.

Gruppensignaturen

Kommen *mehrere Bücher mit gleichem Inhalt* in die Bibliothek, die folglich alle die gleiche Signatur erhalten, so ordnet man sie untereinander meist nach dem *Alphabet der Verfassernamen.* (Andere Ordnungsmöglichkeiten: sachlich, mechanisch oder chronologisch; vgl. weiter unten). Die Ordnung nach Verfassern wird oft nicht ausdrücklich bei der Signatur gekennzeichnet. Beispielsweise erhalten dann drei Bücher von verschiedenen Verfassern über den Ersten Weltkrieg, nach der ASB klassifiziert, alle die Signatur Ekn 3 und werden untereinander sozusagen „stillschweigend" nach den Verfassernamen alphabetisch geordnet. Man spricht in diesem Fall von *Gruppensignatur*, weil die Signatur mit der Notation, also mit der Bezeichnung der Systemgruppe, identisch ist und weil sie nicht nur für ein Buch, sondern unter Umständen für eine ganze Gruppe von Büchern gilt.

Gerade darin liegt aber der Nachteil dieses Verfahrens: dass eben die gleiche Signatur für mehrere Bücher gelten kann, d.h. dass die Signatur sich nicht ausschließlich auf ein ganz bestimmtes Buch bezieht und dessen Standort eindeutig festlegt. An Bibliotheken mit kleinem Bestand fällt dieser Nachteil kaum ins Gewicht, da hier im allgemeinen nur wenige Bücher zum gleichen Thema vorhanden sind. Je größer der Bestand ist, desto ungünstiger sind Gruppensignaturen. Deshalb ist es in den meisten Öffentlichen Bibliotheken üblich, an die Signatur (= Notation) den *abgekürzten Verfassernamen* anzufügen, um wenigstens die alphabetische Ordnung mehrerer Bücher innerhalb der gleichen Systemgruppe in der Signatur deutlich zu machen. Ein Beispiel: Wenn drei Bücher über den Ersten Weltkrieg von den Verfassern Fischer, Müller und Zimmermann vorhanden sind, lauten die Signaturen:

Ekn 3	Ekn 3	Ekn 3
Fis	Mül	Zim

Individualsignaturen

An größeren Bibliotheken mit umfangreichem Bestand genügt auch diese Methode nicht mehr, denn es können ja mehrere Bücher vom gleichen Verfasser (oder von gleichnamigen Verfassern) über das gleiche Thema erscheinen, und dann haben wieder mehrere Bücher die gleiche Signatur. Deshalb muss an großen Bibliotheken eine *Individualsignatur* gegeben werden, d.h. die Notation muss durch einen Zusatz zu einer individuellen, nur für *ein* bestimmtes Buch gültigen Signatur erweitert werden. Die Individualsignatur setzt sich also bei systematischer Aufstellung aus zwei Teilen zusammen: aus der *Notation* und aus einem *weiteren Element*, das sich nur auf das betreffende Buch bezieht. Dieses weitere Signaturelement kann auf verschiedene Weise gewonnen werden:

(1) Wenn man, wie oben erläutert, *innerhalb einer Systemgruppe alphabetisch nach Verfassern* ordnet, so wird dem abgekürzten Verfassernamen eine Zahl angefügt, und zwar meistens nach der Methode der „springenden Nummern", d.h. man teilt den nebeneinander stehenden Büchern mit gleicher Notation und gleichem Verfassernamen Ziffern mit größerem Zahlenabstand zu, um für spätere Einschübe Nummern frei zu haben; zum Beispiel:

Ekn 3	Ekn 3	Ekn 3
Mül 10	Mül 20	Mül 30

(2) Für die *alphabetische Ordnung nach Verfassern innerhalb einer Systemgruppe* empfiehlt sich an großen Bibliotheken die *Cutter-Methode*. Hier werden die Verfassernamen, abgesehen vom Anfangsbuchstaben, durch Ziffern „verschlüsselt" und dann nach diesen Ziffern geordnet. (Näheres siehe weiter unten.)

(3) Statt innerhalb einer Systemgruppe alphabetisch nach Verfassern zu ordnen, kann man eine gewisse weitere *sachliche Ordnung* vornehmen, die an sich nicht in der Systematik vorgesehen ist. Auch bei diesem Verfahren werden springende Nummern verwendet, um an jeder beliebigen Stelle Einschübe zu ermöglichen. Es ergeben sich dann Signaturen wie:

Ekn 3	Ekn 3	Ekn 3
10	20	30

Soll zwischen den ersten beiden Büchern ein neues Werk eingereiht werden, so erhält es z.B. die Signatur Ekn 3/15 oder, wenn es thematisch dem ersten Buch näher steht, die Signatur Ekn 3/12. Reichen die Ziffern an einer bestimmten Stelle nicht mehr aus, kann man springende Buchstabenexponenten verwenden, zum Beispiel:

Ekn 3/15, Ekn 3/15^f, Ekn 3/15^m, Ekn 3/15^s, Ekn 3/16.

Wenn zu viele Einschübe in einem bestimmten Bereich erfolgen und die Signaturen zu kompliziert werden, lässt sich eine Neuverteilung der Springzahlen, d.h. das „Umsignieren" der betreffenden Gruppe, manchmal nicht vermeiden.

Dieses Verfahren empfiehlt sich vor allem bei Systematiken, die nicht sehr fein differenziert sind, sondern wo die letzte Systemgruppe verhältnismäßig umfassend ist.

(4) Innerhalb einer Systemgruppe kann *mechanisch* nach der Reihenfolge des Zugangs geordnet werden, also z.B.:

Ekn 3	Ekn 3	Ekn 3	
1	2	3	usw.

Diese Methode empfiehlt sich nur bei Anwendung eines fein gegliederten Systems oder bei verhältnismäßig kleinem Bestand, sodass innerhalb einer Systemgruppe nur eine relativ geringe Zahl von Büchern steht.

Eine mechanische Ordnung innerhalb einer Systemgruppe ergibt sich auch, wenn innerhalb der Gruppe nach den *Zugangsnummern* (Akzessionsnummern) des bei der Erwerbung geführten Zugangsverzeichnisses geordnet wird. Wenn die Notation W JUR 220 lautet und die Akzessionsnummer A 512, ergibt dies die Individualsignatur W JUR 220 A 512.

(5) Selten kommt es vor, dass innerhalb einer Systemgruppe *chronologisch* nach Erscheinungsjahren geordnet wird. Man muss dabei springende Nummern verwenden, um ein später einlaufendes Buch an der chronologisch richtigen Stelle einordnen zu können. Auch dieses Verfahren ist nur bei Anwendung eines fein gegliederten Systems bzw. bei relativ kleinem Bestand günstig.

d) Signaturen bei alphabetischer Aufstellung

Die alphabetische Aufstellung nach Verfassern und Sachtiteln wird fast immer nur auf bestimmte Teile des Bestandes angewendet, so z.B. bei der Schönen Literatur in Öffentlichen Bibliotheken oder in bestimmten Fachgruppen im Rahmen der Gruppenaufstellung. Wie bei der systematischen, so können auch bei der alphabetischen Aufstellung an jeder beliebigen Stelle Einschübe nötig sein, weil dem einzelnen Buch auf Grund seines Verfassers und Sachtitels ein ganz bestimmter Platz zwischen den anderen Büchern zugewiesen werden muss. Viele Öffentliche Bibliotheken geben bei ihrem Belletristik-Bestand nur die ersten drei Buchstaben des *Verfassernamens* als „Signatur" an, z.b. GRA für Grass, STI für Stifter usw., und ordnen die verschiedenen Werke des gleichen Verfassers „stillschweigend" nach dem Alphabet der Sachtitel. Schwierigkeiten entstehen, wenn mehrere Verfasser gleichen Namens oder mit gleichem Namensanfang auftreten, z.b. Thomas Mann und Heinrich Mann, Grimm und Grimmelshausen, Heiseler und Heißenbüttel. Hier können leicht Verstellungen der Bücher vorkommen. Um diese Schwierigkeiten zu vermeiden, werden in manchen Öffentlichen Bibliotheken und Bibliothekssystemen den einzelnen Verfassern mit gleichem Namensanfang bestimmte *Kennziffern* (nach Art der springenden Nummern) zugewiesen, z.b.

Boe 8	für Boeheim	Boe 20	für Böll
Boe 10	für Böhlau	Boe 30	für Bötticher
Boe 15	für Bökhoff	usw.	

Soll nun der Verfassername Börne eingefügt werden, würde er etwa die Kennziffer Boe 25 erhalten.

Wenn man *Individualsignaturen* vergeben, d.h. jedem einzelnen Werk eine eigene Signatur zuweisen will, muss man innerhalb eines Verfassers mit springenden Nummern arbeiten. So verfährt man meist an größeren Bibliotheken, wenn innerhalb der Gruppenaufstellung bestimmte Gruppen (z.b. Belletristik) in sich alphabetisch nach Verfassern und Sachtiteln geordnet werden.

e) Signaturgebung nach der Cutter-Methode

Ein besonderes Verfahren zur Signaturgebung bei einem *alphabetisch geordneten Bestand* hat der amerikanische Bibliothekar Charles A. *Cutter* entwickelt. Bei dieser Methode nimmt man den Anfangsbuchstaben des Verfassernamens und fügt an Stelle der folgenden Buchstaben des Namens zwei- oder dreistellige Ziffern hinzu, die man aus einer Ziffern-Tafel (Cutter-Sanborn-Tafeln) entnimmt. Diese Tafeln sind so angelegt, dass bestimmten Namen oder Namensanfängen Ziffernfolgen zugeteilt sind, wobei für die „dichten" Stellen im Alphabet, d.h. für die Buchstabenfolgen, die häufig als Namensanfänge auftreten, entsprechend mehr Ziffernfolgen zur Verfügung stehen als für die dünner besetzten Bereiche. Auf diese Weise wird erreicht, dass die Zahlen möglichst zweckmäßig über das Alphabet verteilt werden, ohne dass an bestimmten Stellen mit häufigen Namen lange Zahlenreihen nötig sind.

Dazu ein Beispiel: In den Cutter-Tafeln finden sich am Anfang des Buchstabens B folgende Buchstaben- und Ziffernreihen:

Ba   111
Bab   112
Babe   113
Babi   114
Babr   115

Demgemäß erhält ein Buch mit dem Verfassernamen Baar die Cutter-Nummer B 111, ein Buch mit dem Verfassernamen Babault die Cutter-Nummer B 112, ein Buch des Autors Baber die Nummer B 113, ein Buch eines Autors namens Babris die Nummer B 115. Wie man sieht, werden die Verfassernamen (abgesehen vom Anfangsbuchstaben) durch Ziffern „verschlüsselt" und lassen sich dann leichter nach diesen Ziffern ordnen.

Wird es nötig, einen Namen an einer Stelle einzusetzen, wo die verfügbaren Nummern schon durch benachbarte Namen besetzt sind, so fügt man eine weitere Ziffer nach Art eines Dezimalbruchs an. Soll etwa zwischen Babault B 112 und Baber B 113 ein Buch des Verfassers Babbit eingeschoben werden, so erhält es die Nummer B 1125 oder besser B 1122, weil Babbit im Alphabet dem Namen Babault näher liegt als dem Namen Baber.

Sind mehrere Werke eines Verfassers vorhanden, so ist eine weitere Individualisierung der Nummer notwendig. Man fügt in diesem Fall den Anfangsbuchstaben des Titels, notfalls auch mehrere Anfangsbuchstaben, hinzu und erhält Nummern wie

Goethe: Faust   G 599 f
Milton: Paradise lost M 662 p

f) Cutter-Methode bei systematischer Aufstellung

Die Signaturgebung nach der Cutter-Methode ist nicht nur möglich, wenn ein größerer Teil des Bestandes alphabetisch nach Verfassernamen geordnet wird, wie dies z.b. bei der Schönen Literatur an Öffentlichen Bibliotheken der Fall ist, sondern kann auch bei *systematischer Aufstellung* erfolgen, wenn man die Bücher *innerhalb einer Systemgruppe* alphabetisch nach Verfassern ordnen will. In diesem Fall wird an die Notation, die die betreffende Systemgruppe bezeichnet, die Cutter-Nummer angehängt; Notation und Cutter-Nummer zusammen bilden dann die Individualsignatur des Buches. Dieses Verfahren ist besonders günstig bei der Verwendung einfacher, wenig differenzierter Systematiken mit relativ vielen Büchern in einer Systemgruppe, findet sich aber auch an großen Wissenschaftlichen Bibliotheken mit feiner gegliederter Systematik.

Ein Beispiel: Ein Buch von A. Schultz über die Philosophie des deutschen Idealismus soll nach der ASB klassifiziert und nach der Cutter-Methode

„signiert" werden. Die ASB-Notation lautet Lbq 50, die Cutter-Nummer S 387; folglich heißt die Signatur Lbq 50 S 387.

Es gibt verschiedene Abwandlungen der Cutter-Methode. In manchen Öffentlichen Bibliotheken verwendet man die für die Hamburger Öffentlichen Bücherhallen ausgearbeiteten „Hamburger Signiertafeln".

g) Signaturen bei mehrbändigen Werken, verschiedenen Auflagen und Mehrfachexemplaren

Mehrbändige Werke werden geschlossen aufgestellt (alle Bände des Werks beisammen) und erhalten eine gemeinsame „Werksignatur", zu der dann noch die jeweilige Bandziffer hinzugefügt wird. Die Bandziffer wird an manchen Bibliotheken in Klammern, anderswo mit einem Strich oder einem Doppelpunkt angefügt, also z.B.

Bc 136 (1)   oder
Bc 136-1   oder
Bc 136: 1

Ebenso wird bei *Zeitschriften* und *Serien* (soweit letztere geschlossen aufgestellt werden sollen) verfahren. Lautet die Signatur einer Zeitschrift z.b. 4° Z 65/193, so ergibt sich für ihren 30. Jahrgang die Signatur 4° Z 65/193-30.

Verschiedene *Auflagen* und *Mehrfachexemplare* des gleichen Werks werden, jedenfalls bei systematischer Aufstellung, zusammengestellt. Man gibt ihnen eine gemeinsame Grundsignatur und verwendet Ziffern zur Unterscheidung der verschiedenen Auflagen und Mehrfachexemplare. Zum Beispiel kann die Signatur 89/5791-1 (3) + 2 bedeuten, dass der erste Band in 3. Auflage im 2. Exemplar vorliegt. Auflagen können auch durch Buchstaben gekennzeichnet werden. So würde z.b. die Signatur Fm 487 d + 2 das zweite Exemplar (+ 2) der vierten Auflage (d) von Fm 487 bedeuten.

Im Einzelfall können sich für die Bücher, besonders bei systematischer Aufstellung große Bestände, recht lange und komplizierte Signaturen ergeben. Wenn z.B. die Notation Zool HC 5721 lautet und die Cutter-Nummer S 384 m, wenn ferner das dritte Exemplar des ersten Bandes dieses Werks vorliegt, so ergibt sich die Signatur: Zool HC 5721 S 384 m – 1 + 3.

5. Aufbewahrung des Bestandes

a) Allgemeines

Die Aufbewahrung der Bücher in der Bibliothek muss so erfolgen, dass sie eine leichte Benutzung zulässt und den Büchern eine lange Lebensdauer sichert. Zu diesem Zweck werden sie in geeigneten, hellen, gut gelüfteten, beheizbaren *Räumen* aufgestellt, die so angeordnet sind, dass sie vom Bibliothekspersonal oder (je nach Art der Benutzung) von den Lesern leicht erreichbar sind. Die Bücher stehen aufrecht in *Regalen* aus Holz oder Stahl, die in geschlossenen Magazinen ziemlich eng gestellt sind (Achsabstand 130 cm), während sie bei offenen Freihandbeständen weiträumiger angeordnet werden, um den Lesern das mühelose Aussuchen der Bücher ohne Gedränge zu ermöglichen. Der Raumbedarf für die Regale ist also bei Freihandaufstellung wesentlich größer als bei der Raum sparenden Magazinaufstellung.

Die Regale sollen nicht höher als etwa 2 m bis 2,25 m sein und nicht zu tief nach unten mit Büchern besetzt werden, damit auch die Bücher im obersten und untersten Fach gut sichtbar und ohne Mühe erreichbar sind. Normalerweise enthält ein Regal sechs *Regalbretter* oder *Borde*, auch Legeböden genannt, die verstellbar sein müssen. Die Tiefe der Borde kann je nach der Größe der Bücher abgestuft sein (30-35 cm für Folioformate, 25 cm für Quartformate, 20 cm für Oktavformate). Für nicht vollständig besetzte Regalbretter braucht man *Buchstützen*. Die Regale müssen übersichtlich beschriftet oder beschildert sein.

Moderne Bücherregale sind auf eine Breite (bzw. Pfostenabstand) von 1 m genormt. Auf einem vollbesetzten Bücherbord von 1 m Länge können durchschnittlich 33 Bände untergebracht werden, in einem 1 m breiten Bücherregal mit 6 Brettern also rund 200 Bände. Diese Durchschnittszahlen gelten jedoch nur bei vollbesetzten Regalen, also bei mechanischer Aufstellung im Magazin. Sind die Bücher systematisch oder alphabetisch aufgestellt, muss Raum für Neueinstellungen frei bleiben, sodass hier der Platzbedarf um mindestens ein Drittel höher veranschlagt werden muss. Bei einer Häufung von starken Bänden wird entsprechend mehr, von schmalen Bänden entsprechend weniger Platz benötigt.

Wenn in großen Bibliotheken mit geschlossenen Magazinen Buchbestände, die seltener benutzt werden, Raum sparend untergebracht werden sollen, empfiehlt sich die Einrichtung eines *Kompaktmagazins*. Dabei laufen die Regale auf Rollen in einer Laufschiene und können von Hand oder durch einen Elektromotor bewegt werden. Die Regale lassen sich ganz zusammenschieben, sodass ein geschlossener „Regalblock" entsteht. Ein nach dem Kompaktsystem gebautes Magazin besteht folglich aus einer Reihe solcher Regalblöcke. Zum Holen und Einstellen der Bücher kann der Regalblock durch Verschieben der Einzelregale an jeder gewünschten Stelle geöffnet werden. Kompaktmagazine haben eine wesentlich größere Fassungskraft als normale Magazine, belasten aber infolge ihres Gewichts den Boden sehr stark und finden deshalb oft in Kellergeschossen Anwendung.

Die Ordnung der Bücher am Standort muss regelmäßig überprüft werden. Falsch eingeordnete Bücher sind an ihren richtigen Platz zu stellen. Von Zeit zu Zeit sollte eine *Revision* des Bestandes erfolgen. Dabei werden die Bücher im Regal mit dem Standortkatalog verglichen, wobei die gerade ausgeliehenen Bücher mit berücksichtigt werden müssen. Eine Gesamtrevision kann in großen Bibliotheken nur im Abstand von Jahrzehnten durchgeführt werden. Man begnügt sich deshalb mit Teilrevisionen, bei denen jeweils ein Teil des Bestandes revidiert wird.

b) Aufbewahrung von besonderen Bestandsgruppen

Gewisse Bestandsgruppen müssen in der Bibliothek auf besondere Weise aufbewahrt werden. Es handelt sich dabei nicht um Bücher, sondern um sonstige Bibliotheksmaterialien.

Kleinschrifttum (dünne Broschüren, Prospekte, Informationsblätter usw.) wird am besten in einer *Vertikalablage* aufbewahrt, d.h. in Behältern oder Vorrichtungen, in die man das Schrifttum senkrecht einordnen kann. Die einfachste Form ist die Verwendung von Kapseln (aus Pappe oder Kunststoff) oder von senkrecht stehenden Mappen, die das sachlich zusammengehörige Kleinschrifttum enthalten. In dieser Form lassen sich auch Abbildungen (Fotos) und Zeitungsausschnitte ordnen. Kleinschrifttum wird meist nicht inventarisiert und nicht (oder stark vereinfacht nur für die Sachkataloge) katalogisiert.

Landkarten und *Stadtpläne* werden nach geographisch-systematischen Gesichtspunkten in Planschränken abgelegt. Ebenfalls in Planschränken verwahrt man die in manchen Wissenschaftlichen Bibliotheken vorhandenen Sammlungen alter *Grafik*, also z.B. Kupferstiche, Holzschnitte und Lithographien.

Schallplatten, Audio-CDs, Diapositive, Filme, Videokassetten und -platten sowie *Mikroformen* und *Datenträger* müssen staub- und feuchtigkeitsgeschützt aufbewahrt werden. Für Schallplatten gibt es Plattenschränke und besondere Aufhängevorrichtungen, die Auswahl und Ausleihe erleichtern. Tonbänder, Dia-Serien und Filme werden in Kassetten bzw. Dosen aus

Kunststoff oder Blech verwahrt (Dia-Serien vielfach auch in Klarsicht-Mappen) und in geeigneten Schränken untergebracht. *Mikrofilme* als Rollfilme werden in Blech- oder Kunststoffdosen getan, die man in Spezialschränken mit flachen Schubladen aufbewahrt. *Mikrofiches* (Mikroplanfilme) sollten in durchsichtige Kunststoff- oder Papierhüllen gesteckt werden; man kann sie dann in Karteiform ordnen und in Schränken unterbringen.

c) Magazinverwaltung an großen Bibliotheken

An großen Bibliotheken mit geschlossenen Magazinen werden die Bücher von eigenem Magazinpersonal verwaltet. Die Aufgaben dieses *Magazindienstes* sind insbesondere (a) das Einstellen der Neuzugänge, (b) das Aussuchen der bestellten Bücher und ihre Weiterleitung an Ausleihstelle, Lesesäle oder Fernleihstelle, (c) das Wiedereinstellen der von der Benutzung zurückgekehrten Bücher, (d) Aufrechterhaltung der Ordnung im Magazin. Manche Bibliotheken haben eine *Magazinzentrale*, welche die Bestellscheine und die zurückkehrenden Bücher sammelt und an die verschiedenen Magazinabschnitte verteilt.

Holen und Einstellen der Bücher geschieht stets anhand der Signaturen. Größte Sorgfalt ist vor allem beim Einstellen der Bücher nötig, da durch Verstellungen die Bücher unauffindbar und damit der Benutzung entzogen werden.

An den meisten Bibliotheken und Magazinbeständen gilt der Grundsatz, dass für jedes Buch, das zum Zweck der Benutzung von seinem Standort im Magazin entfernt wird, ein so genannter *Vertreter* oder *Stellvertreter (Repräsentant)* eingestellt werden muss. Ein solcher Vertreter besteht aus einem besonders geschnittenen Stück Pappe, an dem eine Tasche angebracht ist, in welche entweder ein eigens beschrifteter Zettel oder ein Abschnitt (Kupon) des Leihscheins gesteckt wird. Zettel oder Kupon enthalten meist die genaue Signatur, das Datum der Bestellung oder der Entnahme des Buches und den Namen oder die Nummer des Benutzers, vielfach auch die genaue Angabe, an welche Stelle das Buch gegangen ist: Ausleihe, Fernleihe oder Lesesaal. Für Bücher, die für lange Zeit an anderer Stelle der Bibliothek aufgestellt sind (z.B. Bücher der Handbibliotheken), werden so genannte *Dauervertreterpappen* im Magazin eingestellt.

Auf diese Weise ist jedes Buch im Magazin nachweisbar. Der Magazinbeamte kann bei jeder Bestellung (a) entweder das Buch zur Verfügung stellen oder (b) angeben, dass es verliehen oder an anderer Stelle der Bibliothek aufgestellt ist oder (c) angeben, dass das Buch ohne Nachweis nicht am Standort, also noch im Geschäftsgang oder verstellt ist. In den Fällen (b) und (c) schreibt der Magazinbeamte einen entsprechenden Vermerk auf den Bestellschein. Wenn ein Buch ohne Nachweis nicht am Standort ist, wird der Fall durch einen Suchdienst (Recherchedienst) nach Möglichkeit geklärt.

d) *Ausweichmagazine und Speicherbibliotheken*

Der starke Bücherzuwachs der letzten Jahrzehnte hat in vielen Bibliotheken zu großen Raumproblemen geführt. In vielen Wissenschaftlichen Bibliotheken ist kaum noch Platz vorhanden, um neuerworbene Bücher unterzubringen. Zahlreiche Bibliotheken haben Teile ihres Bestandes außerhalb der Bibliotheksgebäude in *Ausweichmagazinen* gelagert, was einen täglichen Bücherautodienst nötig macht und zu Verzögerungen bei der Benutzung führt. Wollte jede Bibliothek den erforderlichen Raum durch neue Magazinbauten schaffen, müssten riesige Summen dafür aufgewendet werden. Man strebt daher im wesentlichen zwei Lösungen an:

– regionale *Gemeinschaftsdepots*, in denen die selten benutze Literatur einer Mehrzahl von Bibliotheken Raum sparend (in Kompaktmagazinen) aufbewahrt wird, aber weiterhin voll benutzbar bleibt,
– regionale oder überregionale *Speicherbibliotheken*, an die bestimmte Kategorien selten benutzter Literatur von den Bibliotheken abgegeben werden (z.B. ältere Dissertationen und Lehrbücher, alte Jahrgänge naturwissenschaftlich-technischer Zeitschriften), wobei die Speicherbibliothek jeweils nur ein Exemplar für die künftige Benutzung behält (archiviert) und Doppelexemplare aussondert, d.h. makuliert.

6. Bestandserhaltung

Bücher sollen möglichst lange leben. Die *Sorge für den guten Erhaltungszustand der Bücher* gehört deshalb zu den wichtigsten bibliothekarischen Aufgaben. Alte und wertvolle Bücher, darüber hinaus alle Publikationen, die auf Dauer erhalten werden sollen, bedürfen der besonderen Pflege. Sie müssen möglichst lange unbeschädigt bewahrt (konserviert) und gegebenenfalls wiederhergestellt (restauriert) werden.

Wichtig für die Lebensdauer von Buchbeständen sind ein stabiler Einband, eine angemessene Aufbewahrung und ein schonender Umgang mit dem Buch.

a) Einbände von Bibliotheksbüchern

Nur ein Teil aller Neuerscheinungen wird vom Buchhandel bereits in *gebundenem* Zustand geliefert. Diese *Verlagseinbände* (in der Regel Ganzgewebebände) sind zwar meist nicht so haltbar wie die speziell für Bibliothekszwecke gebundenen Bücher, sie werden aber gewöhnlich ohne Umbinden in den Bestand eingereiht und erst nach erfolgter Abnutzung neu gebunden. Verlagseinbände, die viel benutzt werden (Freihandbestände) oder die einen schmutzempfindlichen Überzug (z.b. raues Leinen) haben, pflegt man in eine durchsichtige (meist selbstklebende) Kunststoff-Folie einzuschlagen. Der lose Schutzumschlag von Verlagseinbänden wird bei Freihandbeständen (vor allem in Öffentlichen Bibliotheken) meist beim Buch belassen und in den Folienumschlag einbezogen, bei Magazinbeständen wird er meist entfernt.

Viele Neuerscheinungen werden *ungebunden*, d.h. in *broschiertem* Zustand geliefert. Es sind dies vor allem Zeitschriften, Reihen, Lieferungswerke, wissenschaftliche Spezialliteratur, Schriften mit geringem Umfang. Sie müssen vor der Benutzung noch gebunden werden. Bei weniger wichtigem, d.h. seltener benutztem Kleinschrifttum wird man *auf das Binden verzichten* (Aufbewahrung in Ziehmappen, in Kapseln oder in einer Vertikalablage), ebenso bei rasch veraltender Literatur und bei Taschenbüchern, deren Neuanschaffung billiger kommt als das Binden, in diesen beiden Fällen aber nur unter der Voraussetzung, dass die betreffenden Bücher nicht für dauernd aufbewahrt werden sollen.

Bevor ein Buch für Bibliothekszwecke gebunden wird, muss die *Einbandart* festgelegt werden. Welche Einbandart gewählt wird, richtet sich nach der Größe und dem Wert des Buches, nach der voraussichtlichen Häufigkeit der Benutzung und nach der Dauer der Aufbewahrung. Freihandbestände in *Öffentlichen Bibliotheken* enthalten vorwiegend aktuelle Gebrauchsliteratur, die intensiv benutzt wird, jedoch nicht für alle Zeiten aufbewahrt werden soll. Solche Freihandbestände sollen auch fürs Auge ein lebendiges und attraktives Bild bieten, was bei Magazinbeständen und bei wissenschaftlicher Literatur weniger wichtig ist. Diesen Erfordernissen entspricht z.B. die von der ekz in Reutlingen angebotene Sonderbindung für Bücher, die voraussichtlich stark beansprucht werden.

Bei Buchbeständen, die dauernd aufbewahrt werden, müssen an Bindetechnik und Bindematerial ebenfalls hohe Anforderungen gestellt werden. Für die Gestaltung der Einbände an *Wissenschaftlichen Bibliotheken* wurden deshalb eigene Bestimmungen ausgearbeitet. Die von großen Bibliotheken am häufigsten gewählten Einbandarten sind der *Halbgewebeband* (Halbleinenband) und der *Ganzgewebeband* (Ganzleinenband). Für vielbenutzte und großformatige Werke (z.B. Handbücher, Lexika, Bibliographien) verwendet man oft Halblederbände. Der Verfassername und/oder der Titel (bei mehrbändigen Werken, Zeitschriften und Serien auch Band- oder Jahrgangszählung) werden auf den Buchrücken aufgeprägt (Rückenaufdruck). Schmale und weniger intensiv benutzte Bücher werden als Steifbroschuren oder Pappbände gebunden. In der Regel ist Fadenheftung auf Band vorgeschrieben; die preisgünstige Klebebindung ist nur unter bestimmten Voraussetzungen zulässig.

b) Das Buchklima

Bei der Aufbewahrung der Bücher in Bibliotheken muss darauf geachtet werden, dass die Bücher nicht durch ungünstige klimatische Bedingungen Schaden leiden. Dies gilt besonders für Buchbestände, die auf Dauer in der Bibliothek aufbewahrt werden, also vor allem für die Bestände Wissenschaftlicher Bibliotheken. Wichtig sind dabei besonders Temperatur und Luftfeuchtigkeit.

Temperatur

Mehr als 20 Grad Wärme sind für gewisse Einbandmaterialien schädlich. Besonders Leder und Pergament leiden dabei durch zu starke Austrocknung. Auch der saure Papierzerfall wird durch hohe Temperaturen beschleunigt. Für geschlossene Magazine am meisten zu empfehlen sind Temperaturen *zwischen 15 und 18 Grad*. Tiefere Temperaturen in ungeheizten Magazinen schaden den Büchern nicht, wenn sie nicht zugleich mit höherer Luftfeuchtigkeit verbunden sind. Nachteilig ist aber das schnelle Verbringen von unterkühlten Büchern in stark geheizte Benützerräume. Direkte Sonnenbestrahlung von Büchern ist unbedingt zu vermeiden.

Luftfeuchtigkeit

Wesentlich ist nicht die absolute Luftfeuchtigkeit (= Menge Wasserdampf, die in 1 cbm Luft enthalten ist), sondern die *relative Luftfeuchtigkeit*, d.h. die Luftfeuchtigkeit in Beziehung zur Temperatur. Je wärmer die Luft ist, desto mehr Feuchtigkeit kann sie aufnehmen. Wenn bei gleich bleibendem (absolutem) Feuchtigkeitsgehalt die Temperatur steigt, sinkt die relative Luftfeuchtigkeit; wenn die Temperatur sinkt, steigt die relative Luftfeuchtigkeit. Bei 100 Prozent relativer Luftfeuchtigkeit ist die so genannte Sättigungsfeuchtigkeit erreicht, d.h. die Höchstmenge an Feuchtigkeit, die bei einer bestimmten Temperatur in der Luft enthalten sein kann, ohne zu kondensieren.

Die relative Luftfeuchtigkeit wird gemessen mit dem Hygrometer oder mit dem Hygrographen, der die Luftfeuchtigkeit nicht nur misst, sondern auch aufzeichnet. Vielfach werden in Bibliotheksräumen Thermohygrographen verwendet, also kombinierte Temperatur- und Feuchtigkeitsmessgeräte, die auf einer Papierrolle den Verlauf von Temperatur und Feuchtigkeit innerhalb eines bestimmten Zeitraums aufzeichnen.

Die relative Luftfeuchtigkeit soll in Bibliotheksräumen, besonders in Magazinen, *zwischen 40 und 50 Prozent* betragen. Hat die Luft weniger als 40% Feuchtigkeit, so wird das Papier zu trocken und spröde und reißt bei Benutzung leicht ein; alle Materialien, besonders Leder, Pergament und Klebstoffe, trocknen zu stark aus. Schlimmer noch ist eine zu große Feuchtigkeit. Schimmel- und Bakterienbefall verursachen hässliche Flecken und können, wenn die Feuchtigkeit besonders groß ist, ein Buch im Lauf der Zeit vollständig zerstören.

Geheizte Büchermagazine sind im Winter meist zu trocken, ungeheizte oft zu feucht. Eine Regulierung ist durch Heizung (bei zu hoher Luftfeuchtigkeit) oder Lüftung möglich, letztere jedoch nur bei günstigen Außenverhältnissen. Ein zu Feuchtigkeit neigender Raum muss bei kaltem, trockenem Wetter gelüftet werden. Durch Lüften bei warmem Wetter wird die Luftfeuchtigkeit im Inneren größer, da die warme Außenluft mehr Feuchtigkeit enthält als die kühlere Luft im Gebäude. Bei zu trockener Innenluft muss also an feucht-warmen Tagen gelüftet werden.

Den in den letzten Jahrzehnten stärker gewordenen Einwirkungen von Schadstoffen durch die *Luftverschmutzung* kann durch Maßnahmen der Bibliotheken kaum vorgebeugt werden (evtl. Schadstoff-Filteranlagen).

c) Maßnahmen zur Buchpflege

Der Umgang mit dem Buch muss behutsam erfolgen und der Beschaffenheit von Buchblock und Einband Rechnung tragen. Bücher dürfen nicht als Schreibunterlage missbraucht werden; ungeeignete Gegenstände oder andere Bücher dürfen nicht als Bucheinmerker dienen. Großformatige Bände (besonders Querformate) sind langsam zu schließen, damit keine Quetschfalten im Papier entstehen. Bücher dürfen nicht auf Fenstersimsen (Sonnenbestrahlung!), nicht in der Nähe der Heizung und nicht auf dem Boden abgelegt werden (Gefahr der Schimmelbildung).

Im *Regal* dürfen die Bücher nicht zu eng gepresst, aber auch nicht zu locker aufgestellt sein. Bei zu weiträumiger Aufstellung stehen die Bücher oft schief im Regal, wodurch auf die Dauer die Einbände Schaden leiden (deshalb Buchstützen verwenden). Bei großen Formaten müssen entsprechend tiefe Regalbretter verwendet werden. Bücher mit extrem großen Formaten sollten am besten liegend aufbewahrt werden. Kleinstformate legt man in Papp-Kassetten von normaler Buchgröße und stellt diese dann ins Regal.

Der *Staubentwicklung* in Magazinen und Bücherräumen kann durch richtige Wahl des Fußbodenbelags (Linoleum oder Kunststoff) entgegengewirkt werden. Eine regelmäßige Reinigung von Büchern und Regalen mit Staubsaugern ist unerlässlich. Stark verstaubte Bücher werden mit einem Tuch feucht bzw. trocken gereinigt.

Kleinere *Schäden am Buchblock* (eingerissene Blätter) lassen sich oft ohne große Mühe beheben. Bei größeren Schäden wäre die aufzuwendende Arbeit meist so erheblich, dass es sich empfiehlt, das Buch entweder neu zu binden oder durch ein neues Exemplar zu ersetzen. Es hängt vom Wert des einzelnen Buches ab, ob eine Neuanschaffung wirtschaftlicher ist als eine lange Buchpflege bzw. ein völliger Neueinband.

Sind Bücher von Schädlingen (Insekten, Holzwürmer) befallen, muss durch eine Spezialfirma eine Desinfizierung vorgenommen werden.

d) Papierkonservierung

Katastrophal wirken sich die Folgen der Säurebildung in Papier aus, das industriell aus Holzschliff mit bestimmten chemischen Zusätzen hergestellt wurde. Bücher aus säurehaltigem Papier haben oft nur eine Lebensdauer von 50 bis 100 Jahren. Etwa ein Drittel der Buchbestände in den deutschen Wissenschaftlichen Bibliotheken ist bereits jetzt durch *Papierzerfall infolge Säurefraß* so stark geschädigt, dass eine Benutzung nur noch eingeschränkt oder gar nicht mehr möglich ist. Insgesamt sind rund 80 Prozent der in großen Wissenschaftlichen Bibliotheken vorhandenen Bücher in den nächsten Jahrzehnten von der Vernichtung bedroht.

Große Bibliotheken mit Archivfunktion haben in den vergangenen Jahren mit Maßnahmen begonnen, um gefährdete Bücher zu retten oder wenigstens ihren Inhalt zu bewahren. Zur *Sanierung geschädigter Originale* kommen folgende *Erhaltungsmaßnahmen* in Frage:

(1) *Einzelbehandlung* besonders wertvoller Werke z.B. durch Neutralisieren des Säuregehalts von Einzelblättern oder Ergänzen fehlender Blattteile durch Anfasern (Ansetzen von Blatträndern).

(2) *Massenentsäuerungsverfahren*, die durch alkalische Substanzen den Säuregehalt des Papiers neutralisieren und durch die eingebrachte alkalische Reserve den künftigen Verfall stark verlangsamen; d.h. die Lebensdauer des Papiers wird verlängert, bereits eingetretene Schäden können

Abb. 26: Homepage des Zentrums für Bucherhaltung in Leipzig

aber nicht rückgängig gemacht werden (daher nur bei Büchern anwendbar, deren Papier zwar vergilbt, aber noch nicht brüchig ist). In Deutschland gibt es derzeit vor allem zwei marktgängige Verfahren, die die Behandlung größerer Mengen ganzer (d.h. unzerlegter) Bücher ermöglichen:

– Behandlung vorgetrockneter Bücher in einer flüssigen Lösung mit Magnesium-Titanethylat als Wirkstoff und Hexamethyldisiloxan als Lösungsmittel (Firma Battelle in Eschborn bei Frankfurt a.M. und Zentrum für Bucherhaltung in Leipzig),

– Behandlung der Bücher mit Magnesiumoxid, das als extrem feines Pulver mit Warmluft in die aufgefächerten Bücher eingeblasen wird (Firma Libertec in Nürnberg); bei beiden Verfahren verursachen die verwendeten Chemikalien allenfalls geringfügige Veränderungen an den behandelten Büchern.

(3) *Papierspaltverfahren* (manuell oder maschinell), d.h. Einbringen eines stabilisierenden dünnen Kernpapiers zwischen Vorder- und Rückseite eines schwer geschädigten Papierblattes (maschinell am Zentrum für Bucherhaltung in Leipzig), ein aufwändiges und teures Verfahren.

Zur *Sicherung des Inhalts* stark geschädigter Bücher (sofern Erhaltung der Originale nicht möglich) werden *Ersatzformen* hergestellt, indem die Information auf andere Trägermaterialien übertragen wird, und zwar durch

- *Kopieren*, d.h. Herstellung einer Papierkopie auf alterungsbeständigem Papier,

- *Mikroverfilmung* als Schutzverfilmung, d.h. Herstellen von *Mikroformen* (Mikrofilme oder Mikrofiches), die wegen ihrer langen Lebensdauer (mindestens 500 Jahre) sehr gut archivierbar und zudem beliebig duplizierbar sind,

- *Digitalisierung* mittels Scannen von Originalen oder Mikroformen; die als Bilddateien erzeugten Images können online bereitgestellt oder auf CD-ROM gespeichert werden, oder sie werden mit OCR-Verfahren in digitale Textinformationen umgewandelt und als solche verfügbar gemacht.

Ein geeignetes Buchklima in den Magazinen kann die Gefahren des Papierzerfalls vermindern. Bei kühler, trockener und dunkler Lagerung laufen die Alterungsvorgänge im Papier nur sehr langsam ab.

e) Buchrestaurierung

Beschädigte alte, wertvolle und seltene Bücher, vor allem mittelalterliche Handschriften, Inkunabeln und Drucke der frühen Neuzeit, gehören in die Hand des *Buchrestaurators*. In den letzten Jahrzehnten sind vor allem an großen Bibliotheken mit reichen Altbeständen *Institute für Buch- und Handschriftenrestaurierung* eingerichtet worden, in denen Experten mit Spezialmethoden die Schäden an Einband und Buchblock erhaltenswerter Bücher beheben.

f) Langzeitarchivierung von elektronischen Publikationen

„Bestandserhaltung" ist bei elektronischen Publikationen ein besonders schwieriges Problem, denn digitale Informationen sind flüchtig und rasch vergänglich. Das liegt zunächst daran, dass elektronische Speichermedien nur eine kurze Haltbarkeit haben. Magnetische Speicher (Disketten, Festplatten, Magnetbänder) können schon nach wenigen Jahren Daten verlieren, nach etwa 20 Jahren sind sie definitiv unbrauchbar. Sie müssen also immer wieder umkopiert werden, wenn man die Daten erhalten will. Die Lebensdauer von optoelektronischen Speichermedien (CD-ROMs) ist etwas höher, sie wird auf 30 bis 50 Jahre geschätzt.

Erschwerend kommt hinzu, dass die zur Nutzung von elektronischen Dokumenten notwendige Technik (Computer, Betriebssystem, Anwendungs-
programme) relativ rasch veraltet, sodass ältere Datenbestände mit neuer
Hard- und Software nicht mehr darstellbar sind. Will man digitale Informationen langfristig bewahren, so muss man entweder die alten Geräte und
Programme konservieren und betriebsbereit halten, um die dazu passenden
Daten weiterhin benutzen zu können, oder man muss die alten Datenbestände über Konvertierungsprogramme immer wieder auf die jeweils neuen
Hard- und Softwaresysteme überspielen. Mittelfristig ändert sich auch die
Struktur der Zeichencodierung und des Datenformats, die für die Rückge-
winnung der verschlüsselten Informationen maßgeblich sind. Erhaltens-
werte Daten müssen daher von Zeit zu Zeit in die jeweils neuen Daten-
strukturen überführt werden.

Nur wenige Bibliotheken werden diesen Aufwand leisten können. Im wesentlichen sind dies die Pflichtexemplarbibliotheken, vor allem Die Deutsche Bibliothek, die sich zur „Digitalen Depotbibliothek" inländischer E-
Publikationen entwickeln wird, wahrscheinlich auch die regionalen
Pflichtexemplarbibliotheken für archivierungswürdige digitale Publikationen der Region. Die Langzeitsicherung ausgewählter elektronischer Publikationen des Auslandes wird Aufgabe der Sammelschwerpunktbibliothe-
ken des Systems der überregionalen Literaturversorgung sein.

IV. Bestandsvermittlung (Benutzungsdienste)

Bestandsaufbau (Erwerbung), Bestandserschließung (Katalogisierung) sowie Bestandsaufbewahrung und -erhaltung sind die Voraussetzungen für die *Vermittlung des Bestandes* an die Benutzer. In der *Benutzung* erfüllt sich der Zweck der Bibliothek, nämlich der Literatur- und Informationsversorgung ihrer Leser zu dienen. Es ist daher ein Hauptanliegen jeder Bibliothek, für eine rasche und bequeme Vermittlung ihrer Bestände sowie der Bestände anderer Bibliotheken zu sorgen.

1. Zulassung und Einführung des Benutzers

a) Zulassung zur Bibliotheksbenutzung

Die Zulassung zur Benutzung einer Bibliothek kann von bestimmten Bedingungen abhängig und, je nach dem Zweck und den Aufgaben der Bibliothek, eingeschränkt sein.

Die kommunalen *Öffentlichen Bibliotheken* stehen allen Einwohnern der Stadt oder Gemeinde offen und lassen meist auch alle Interessenten zu, die ihren Wohnsitz nicht am Ort haben.

Die *Wissenschaftlichen Bibliotheken* dienen wissenschaftlichen Zwecken sowie beruflicher Arbeit und Fortbildung; wer Literatur lediglich zur Unterhaltung sucht, wird hier also abgewiesen. Bei den *Universitäts- und Hochschulbibliotheken* steht der Bedarf von Lehre, Studium und Forschung im Vordergrund. Außer den Hochschulangehörigen (Professoren und Studenten) werden auch andere Interessenten zugelassen, wenn sie Literatur zu wissenschaftlichen Zwecken brauchen.

Die meisten *Spezialbibliotheken* stehen vor allem den Angehörigen der Institution (Forschungsinstitut, Firma, Behörde usw.) zur Verfügung, der sie angeschlossen sind; eine Zulassung anderer Personen ist hier auf Ausnahmefälle beschränkt.

Benutzungsordnung

Die Bedingungen, unter denen die Bestände einer Bibliothek benutzt werden können, bilden den Inhalt der *Benutzungsordnung*, die vom Träger der Bibliothek erlassen wird. In ihr wird geregelt, wer zur Benutzung berechtigt ist, in welchen Formen sich die Benutzung abspielt und welche Rechte und Pflichten die Benutzer haben. Bei der Zulassung verpflichtet sich der Leser, die Benutzungsordnung einzuhalten.

Die Benutzungsordnung enthält oft auch die Regelung der Öffnungszeiten und der Gebühren. Die *Öffnungszeiten* der Bibliothek sollten möglichst ausgedehnt und auf den jeweiligen Benutzerkreis abgestimmt sein. Sie müssen so gelegt werden, dass auch berufstätige Leser die Bibliothek benutzen können. *Gebühren* für die normalen Dienstleistungen bei der Benutzung werden an den meisten Bibliotheken nicht verlangt. Dagegen gibt es bestimmte *kostenpflichtige Sonderleistungen*, z.b. die elektronische Bestellung und Lieferung von Zeitschriftenaufsätzen aus externen Beständen. Außerdem werden bei Überschreitung der Leihfrist entsprechende Mahngebühren erhoben.

Anmeldung des Benutzers

Um zugelassen zu werden, muss sich der Benutzer persönlich unter Vorlage des Personalausweises (bei Studenten: des Studienausweises) *anmelden*. Bei Kindern und Jugendlichen kann die Bücherei die schriftliche Erlaubnis der Eltern oder Erziehungsberechtigten verlangen. Der Benutzer erhält einen *Benutzerausweis* (Leserausweis, Leserkarte), den er an manchen Bibliotheken mit einer Unterschriftsprobe zu versehen hat. An den meisten Bibliotheken erhält der Benutzer eine *Benutzernummer* (Lesernummer) zugeteilt, die auch auf dem Benutzerausweis enthalten ist. Der Benutzerausweis wird regelmäßig (z.B. am Semester- oder Jahresbeginn) überprüft und die Gültigkeit verlängert. Die Benutzerdaten (Name, Adresse, Beruf, Geburtsdatum) und die Lesernummer werden von der Bibliothek registriert und meist elektronisch gespeichert.

b) Einführung in die Bibliotheksbenutzung

Der mit der Bibliothek noch nicht oder nur wenig vertraute Benutzer muss die Möglichkeit haben, in die Methoden der Bibliotheksbenutzung eingeführt und über Einrichtungen und Hilfsmittel der Bibliothek informiert zu werden. Dies kann auf unterschiedliche Weise geschehen.

Mündliche Hinweise des Bibliothekspersonals können eine erste Hilfe geben (eine umfassende Einführung eines einzelnen Benutzers wird wohl nur in Ausnahmefällen in kleinen Bibliotheken möglich sein). *Führungen für Gruppen* werden in vielen Bibliotheken regelmäßig veranstaltet, vor allem für Schulklassen und für Studenten zu Beginn ihres Studiums. Kurzgefaßte *Faltblätter*, evtl. eine ganze Serie davon, und *Texte auf Wandtafeln* können z.B. Informationen über Art und Benutzung der Kataloge oder die Durchführung einer Ausleihe vermitteln. An vielen Bibliotheken gibt es einen gedruckten *Bibliotheksführer*, der die wichtigsten Angaben über die Bibliothek, ihre Abteilungen, Bestände, Kataloge und Dienstleistungen enthält. In steigendem Maß werden bei der Einführung in die Bibliotheksbenutzung technische Medien eingesetzt, indem Informationen über die Bibliothek z.b. durch einen *Videofilm*, ein interaktives *PC-Lernprogramm* oder ein Informationsangebot im *lokalen Netz* bzw. im *WWW* vermittelt werden.

Methoden einer systematischen und intensiven Unterweisung in der Bibliotheksbenutzung werden als *Benutzerschulung* bezeichnet. Sie wird vor allem in Universitätsbibliotheken für Studenten durchgeführt, meist in eigenen Lehrveranstaltungen (Vorlesungen, Übungen, Unterricht in Kleingruppen). Es geht dabei um die Vermittlung eingehender Kenntnisse über die Suchmöglichkeiten in Katalogen und Bibliographien. Da heute Online-Benutzerkataloge (OPACs) sowie externe Katalog- und Literaturdatenbanken in Online- oder CD-ROM-Version von den Benutzern selbstständig abgefragt werden, ist eine Einführung der Benutzer in die Möglichkeiten und Methoden der Online-Informationsrecherche erforderlich. Es gehört zu den Aufgaben der Bibliothek, den Benutzern *Informationskompetenz* zu vermitteln.

Benutzerschulung wird oft für Studenten einer bestimmten Fachrichtung durchgeführt, damit man die Möglichkeiten der Literatur- und Informationssuche an fachlichen Beispielen erläutern kann.

2. Auskunfts- und Informationstätigkeit

a) Auskunftsdienst

Die Benutzung der Bibliothek wird dem Leser erleichtert durch Auskunftserteilung und Informationsvermittlung. Von der Einführung des Lesers in die Bibliotheksbenutzung war bereits die Rede. Der Benutzer muss aber auch in jedem Einzelfall, wenn er sich mit einer Frage an das Bibliothekspersonal wendet, *Auskünfte, Informationen und Beratung* erhalten.

Die Wünsche und Fragen, die von den Lesern an die Bibliothek herangetragen werden, sind außerordentlich vielfältig und in der Regel auch nach dem jeweiligen Benutzerkreis der Bibliothek unterschiedlich. Es gibt Fragen nach empfehlenswerter Unterhaltungsliteratur, nach Sachbüchern über ein bestimmtes Thema, nach bestimmten Sachverhalten (Sachinformationen, Fakteninformationen), nach neuer wissenschaftlicher Forschungsliteratur über ein enges Spezialgebiet, nach den Einrichtungen und Dienstleistungen der Bibliothek, nach dem Vorhandensein eines seltenen Werkes.

276

Der auskunftgebende Bibliothekar muss sich auf die jeweilige Frage und den Fragenden einstellen und im Rahmen seiner Möglichkeiten und Hilfsmittel Antwort geben. Kann die Frage nicht beantwortet werden, so muss man den Fragenden zumindest an diejenige Stelle verweisen, die ihm weiterhelfen kann.

Oft kann der Benutzer sein Anliegen nur unklar formulieren. In diesem Fall ist es Aufgabe des Bibliothekars, im *Gespräch mit dem Fragesteller* das Problem zu präzisieren, d.h. durch Rückfragen den Wunsch des Benutzers zu klären (*Auskunftsinterview* oder *Beratungsinterview*). Häufig lautet die Frage eines Lesers viel umfassender oder scheint in eine andere Richtung zu weisen, als es der Benutzer wirklich gemeint hat. Ein Leser, der nach einem allgemeinen Nachschlagewerk fragt, hat oft größeren Nutzen von einem Spezialwerk, dessen Existenz ihm nicht bekannt ist. Wichtig beim Auskunftsinterview sind das Einfühlungsvermögen des Bibliothekars und eine geschickte Fragetechnik.

Auskünfte werden mündlich, telefonisch oder schriftlich (auch als E-Mail) erteilt. An manchen Bibliotheken gibt es eine zentrale *Auskunftsstelle* oder *Auskunftsabteilung*, die manchmal als „Informationszentrum" mit allen nötigen Hilfsmitteln und Arbeitsinstrumenten eingerichtet ist. An anderen Bibliotheken ist die Auskunftstätigkeit auf verschiedene Stellen in der Bibliothek (z.B. Kataloge, Lesesäle, Ausleihstelle, Fachabteilungen) verteilt.

b) Literaturinformation

Die meisten Auskunftswünsche der Benutzer zielen auf *Literaturinformation*, d.h. die Leser verlangen Informationen über einzelne Titel oder über Literatur zu bestimmten Sachgebieten oder Themen. Mittel und Methoden der Literaturinformation werden im letzten Kapitel dieses Buches ausführlicher behandelt. Im folgenden sollen nur einige wichtige Aspekte der bibliothekarischen Literaturinformation genannt werden, vor allem soweit sie mit der mündlichen Auskunftserteilung zusammenhängen.

Konventionelle Katalog- und Bibliographieinformation

Schon immer bildeten *bibliographische Auskünfte*, d.h. Informationen über den Bestand der Bibliothek (bzw. die Bestände anderer Bibliotheken) und bestandsunabhängige Literaturinformationen den Kern bibliothekarischer Auskunftserteilung. Konventionelle Arbeitsinstrumente bei der bibliographischen Auskunft sind vor allem die Kataloge der eigenen Bibliothek und veröffentlichte Kataloge anderer Bibliotheken, Allgemein- und Fachbibliographien sowie sonstige Nachschlagewerke mit Literaturangaben. Solche

Literaturinformationsmittel in Form von Druck- oder Mikroficheausgaben werden in einem eigenen *bibliographischen Apparat* bei der zentralen Auskunftstelle (oder mehreren dezentralen Auskunftsstellen) zusammengefasst.

Dcm Auskunftsuchenden werden die einschlägigen Informationsmittel genannt, erläutert und zur Verfügung gestellt, d.h. soweit möglich wird der Benutzer zur selbstständigen Ermittlungsarbeit anhand der verfügbaren Hilfsmittel angehalten. Es gilt also der Grundsatz, dem Fragesteller so weit zu helfen, dass er sich selbst weiterhelfen kann (Hilfe zur Selbsthilfe).

In besonders gelagerten Fällen gehört es jedoch zu den Aufgaben des Bibliothekars, für Benutzer Literaturrecherchen vorzunehmen und Literaturzusammenstellungen anzufertigen. Vor allem in Spezialbibliotheken ist ein derartiger Service üblich.

*Literaturinformation durch Recherchen in Katalog-
und Literaturdatenbanken*

Die Speicherung von maschinenlesbaren Titeldaten in Katalog- oder Literaturdatenbanken hat die Möglichkeiten der Literaturinformation hinsichtlich Umfang und Aktualität sehr verbessert. Über seinen PC mit Netzanschluss hat der Auskunftsbibliothekar online Zugang zu weltweiten bibliographischen Informationen. Durch den Zugriff auf den Online-Katalog der eigenen Bibliothek, auf regionale und überregionale Verbundkataloge und auf bibliographische Informationsressourcen im lokalen Netz (CD-ROM-Datenbanken) und im Internet lassen sich zahlreiche Probleme bei der Titel- und Literatursuche rasch klären.

Umfängliche *Online-Literaturrecherchen* nehmen entweder die (entsprechend geschulten) Benutzer selbst vor oder sie werden, wenn gewünscht, von Bibliothekaren (Fachreferenten) durchgeführt, vor allem für spezielle Fragestellungen, die Ermittlungen in externen fachlichen Literaturdatenbanken mit teilweise komplizierter Abfrage- und Suchmethodik nötig machen. An manchen Bibliotheken gibt es *Informationsvermittlungsstellen* (IVS), wo entsprechend spezialisierte Bibliothekare als „Searcher" im Auftrag der Benutzer kostenpflichtige Online-Literaturrecherchen durchführen. Die Zahl solcher „vermittelter" Recherchen ist allerdings stark zurückgegangen, seit viele Benutzer die Fachdatenbanken in den benutzerfreundlichen Versionen auf CD-ROMs oder im WWW, die mit einfacherer Suchmethodik benutzbar sind, selbst abfragen.

Auskunft am Buchbestand

Die Auskunft am Bestand vollzieht sich dort, wo Buchbestände der Bibliothek in Freihandaufstellung dem Benutzer zugänglich sind. Dies ist in Öffentlichen Bibliotheken der Fall, aber auch in den Teilbibliotheken der integrierten Bibliothekssysteme an Universitäten, in den Lesesälen mit Handbibliotheken und in den meisten Spezialbibliotheken. Die hier von den Lesern gewünschten Auskünfte beziehen sich häufig auf die Anordnung der Bestandsgruppen, auf die der Anordnung zugrunde liegende Systematik, auf den Standort von Literatur zu einem bestimmten Thema oder auf das Vorhandensein eines bestimmten Werkes.

Beratung

Besonders schwierig ist der *Beratungsdienst*, der dann geleistet werden muss, wenn der Benutzer darum nachsucht. Als Beratung bezeichnet man es, wenn der Bibliothekar dem Leser geeignete Literatur *empfiehlt*. In Öffentlichen Bibliotheken muss der beratende Bibliothekar nicht nur über eine gute Literaturkenntnis verfügen, sondern sich auch auf den Benutzer und seine geistigen Voraussetzungen und Bedürfnisse einstellen (ähnlich wie der Buchhändler bei der Beratung eines Kunden). Wenn in Wissenschaftlichen Bibliotheken Benutzer (z.B. Studenten) um Empfehlungen für Studien- und Fachliteratur ersuchen, ist es Aufgabe des zuständigen Fachreferenten, den Fragesteller entsprechend zu beraten.

Bestandsinformation durch spezielle Bestandsverzeichnisse

Zur Auskunftstätigkeit der Bibliotheken sind im weiteren Sinn auch die Bemühungen zu rechnen, durch veröffentlichte Bestandsverzeichnisse alle Interessenten über die Bestände der Bibliothek zu informieren. Dies geschieht durch die Erarbeitung von Bücherlisten, Auswahlverzeichnissen und Teilkatalogen. Am häufigsten werden *Auswahlverzeichnisse* aus dem Gesamtbestand oder *thematische Sonderverzeichnisse* über einzelne Sachgebiete zusammengestellt. *Neuerwerbungslisten* unterrichten über die jüngsten Anschaffungen der Bibliothek. Diese Verzeichnisse werden in der Regel gedruckt oder kopiert, in der Bibliothek ausgelegt, an Interessenten verschickt oder auch als Verlagspublikation veröffentlicht. Heute werden sie oft auch auf den WWW-Seiten der Bibliothek online verfügbar gemacht.

c) Fakteninformation

Einen Sonderfall der Auskunftserteilung bildet die Fakteninformation, also die Erteilung von Auskünften nicht über Literatur, sondern über die in Büchern oder anderen Medien enthaltenen *Fakten* und *Sachverhalte* selbst. Die direkte Ermittlung und Vermittlung solcher Sachinformationen ist im allgemeinen nicht Aufgabe der Bibliothekare. Normalerweise stellt die Bibliothek lediglich die Quellen bereit, denen der Benutzer die gewünschten Einzelfakten selbst entnehmen kann. Bei Benutzerfragen wie „Wann war die Konferenz von Jalta?" oder „Wie groß ist die Druckfestigkeit von Gusseisen?" oder „Wie lautet die Adresse des Max-Planck-Instituts für Biochemie?" wird der Bibliothekar den Fragesteller auf die verfügbaren Hilfsmittel verweisen, also auf *Lexika* und *Nachschlagewerke* allgemeiner und spezieller Art, auf Handbücher, Adressbücher, Firmenkataloge, Tabellenwerke, Statistiken, Normensammlungen und sonstiges Informationsmaterial, ohne jedoch selbst nach den Fakten zu suchen. Allerdings ist es dem versierten Auskunftsbibliothekar oft möglich, vor allem über das *Internet* ein Informationsproblem schneller zu lösen als dies ein unkundiger Fragesteller kann. In solchen Fällen sollte die Informationsrecherche durch den Bibliothekar erfolgen.

Im allgemeinen besteht die Aufgabe der bibliothekarischen Auskunftserteilung also darin, die Mittel und Wege zur Sachinformation aufzuzeigen, nicht aber die Fakteninformationen selbst zu ermitteln. Dies gilt im Prinzip auch für die Nutzung von fachlichen *Faktendatenbanken*, z.B. für Technik und Wirtschaft, in denen Fakten und Zahlen durch Online-Recherchen ermittelt und abgerufen werden können; sie werden meist von den „Endnutzern" (Wissenschaftlern oder Praktikern) selbst durchgeführt. Doch werden (kostenpflichtige) Faktenrecherchen bei entsprechender Nachfrage auch von Bibliothekaren in den IVS vorgenommen. In Spezialbibliotheken gehört es ohnehin zu den normalen Dienstleistungen, benötigte Fakten und Zahlen für ihre spezialisierte Benutzerschaft in den vorhandenen Beständen oder in externen Datenbanken zu ermitteln.

3. Benutzung in der Bibliothek

Die Benutzung des Buchbestandes in den Räumen der Bibliothek kommt in allen Bibliothekstypen vor. In Präsenzbibliotheken ist sie die alleinige oder zumindest die vorherrschende Benutzungsart. In Deutschland gilt dies vor allem für die Spezialbibliotheken. An den übrigen Wissenschaftlichen Bibliotheken und noch mehr an den Öffentlichen Bibliotheken spielt die

Benutzung innerhalb der Bibliothek, verglichen mit der Ausleihe, eine geringere Rolle.

a) *Lesesäle*

Kleine Bibliotheken haben oft nur wenige *Leseplätze*, die meist zu „Leseecken" oder „Lesezonen" innerhalb des Bibliotheksraumes zusammengefasst werden. Bei den Leseplätzen wird der Präsenzbestand an Nachschlagewerken, Lexika usw. aufgestellt. Größere Bibliotheken mit geschlossenen Magazinen haben meist einen *Leseraum* oder *Lesesaal*, in dem eine Handbibliothek mit grundlegenden und wichtigen Werken frei zugänglich und präsent aufgestellt ist. Diese Handbibliothek enthält vor allem allgemeine und spezielle Nachschlagewerke (Allgemein- und Fachenzyklopädien), Wörterbücher, Quellenwerke (z.B. Gesamtausgaben literarischer Texte, Gesetzessammlungen), wichtige Hand- und Lehrbücher aller Fächer sowie wichtige Serienwerke und Fachzeitschriften. Bibliographien werden an manchen Bibliotheken im Lesesaal (oder verteilt in Fachlesesälen), an anderen bei den Katalogen aufgestellt.

Mehrere *Fachlesesäle* mit jeweils umfangreichen Freihandbibliotheken gibt es an Wissenschaftlichen Bibliotheken und an großen Öffentlichen Bibliotheken. Vor allem findet sich ein System mehrerer Fachlesesäle an Universitätsbibliotheken mit dezentralen fachlichen Teilbibliotheken. In den hier sehr großen Freihand-Präsenzbeständen befindet sich die aktuelle Studien- und Forschungsliteratur einschließlich der wichtigsten Zeitschriften. Meist existiert neben den Fachlesesälen noch ein eigener Allgemeiner Lesesaal der Zentralbibliothek mit der fächerübergreifenden Literatur (z.B. Allgemeinenenzyklopädien, Akademieserien usw.).

Auch Bücher aus den in Lesesälen präsent aufgestellten Beständen können in bestimmten Ausnahmefällen ausgeliehen werden. Besonders an manchen Universitätsbibliotheken sind für die Präsenzbestände der Teilbibliotheken bestimmte *Sonderformen der Ausleihe* geschaffen worden (Ausleihe über Nacht und über das Wochenende, kurzfristige Ausleihe zum Kopieren, befristete Entnahme für Angehörige des Lehrpersonals).

An großen Bibliotheken gibt es anschließend an einen Lesesaal oft kleine *Arbeitszimmer* (Arbeitskabinen, engl. „carrels"), die für eine festgelegte Frist, z.B. ein Semester, bestimmten Benutzern (Doktoranden, Examenskandidaten) zur Verfügung gestellt werden. Gelegentlich sind solche Arbeitsplätze auch in Magazinzonen eingerichtet, sodass der an einem solchen Arbeitsplatz zugelassene Benutzer freien Zugang zum Bestand des betreffenden Magazinbereichs hat.

Im Lesesaal bzw. in den Lesesälen können nicht nur die dort als Freihand-Präsenzbestand aufgestellten Bücher benutzt werden, sondern auf Wunsch auch alle Bücher aus den geschlossenen *Magazinen*, von denen ohnehin manche *nur* in der Bibliothek gelesen werden dürfen, nämlich alte (d.h. meist: mehr als 100 Jahre alte), wertvolle, unersetzliche sowie großformatige Werke.

Wichtig ist die Bereitstellung einer genügenden Zahl von *PC-Arbeitsplätzen* zur Benutzung von CD-ROMs (einzeln oder über das CD-ROM-Netz der Bibliothek) und für den Zugriff auf lokal gespeicherte bzw. extern zugängliche Online-Publikationen, auch auf die Informationsangebote im Internet.

Den bibliothekarischen Mitarbeitern, die in einem Lesesaal tätig sind, obliegt sowohl die Sorge für die Sicherheit und Ordnung der Lesesaalbestände als auch die Betreuung und Beratung der Benutzer. Die *Ausgabe und Rücknahme* der aus dem Magazin in den Lesesaal bestellten Werke vollzieht sich entweder bei der Lesesaalaufsicht im Saal selbst oder an einer eigenen Ausgabestelle vor dem Lesesaal. Am Eingang zum Lesesaal wird die *Lesesaalkontrolle* untergebracht. An dieser Kontrolle werden die Benutzerausweise geprüft; Büchermappen und Aktentaschen müssen in der Regel vorher abgegeben werden. Gegen Diebstahl von Medien aus Präsenzbeständen gibt es Sicherungssysteme, z.B. Magnetstreifen in den Büchern, die über eine Sicherungsschranke Alarm auslösen.

Je nach der Größe und dem Typ der Bibliothek kann es bestimmte *Spezial-lesesäle* geben. Dazu gehört der an allen traditionellen Wissenschaftlichen Bibliotheken vorhandene *Zeitschriftenlesesaal*, in dem die Zeitschriftenhefte des laufenden Jahrgangs zur Benutzung ausliegen. Daneben gibt es an Wissenschaftlichen Bibliotheken oft Lesesäle für bestimmte Bestandsgruppen, z.B. für Handschriften, Inkunabeln, Karten oder Bildmaterialien. Für *Mikroformen* und *audiovisuelle Materialien* müssen eigene Benutzungseinrichtungen vorgesehen werden. Es sind dies vor allem Lesegeräte und Lese-Kopiergeräte (Reader-Printer) für Mikrofilme und Mikrofiches sowie Abhöranlagen für Audio-CDs und Tonkassetten und Abspielanlagen für Videofilme. Auch die PC-Arbeitsplätze für die Benutzung von CD-ROMs und den Zugriff auf Online-Publikationen werden manchmal in einem eigenen Lesesaal eingerichtet, sofern man nicht die PCs auf den Allgemeinen Lesesaal, gegebenenfalls auf die Fachlesesäle verteilt.

b) Kopier- und Fotodienst

Die Möglichkeit, *Kopien* aus Büchern anzufertigen, ist heute in den meisten Bibliotheken gegeben. Vor allem an Wissenschaftlichen Bibliotheken besteht ein außerordentlich großes Bedürfnis der Leser, aus Bibliotheksbüchern schnell und bequem Texte oder Abbildungen zu kopieren, um sie so für die eigene Arbeit verfügbar zu haben. Diesem großen Bedarf an Kopien kann dank moderner *Kopierverfahren* entsprochen werden. In den meisten Bibliotheken stehen Kopierautomaten (Münz- oder Kartenkopiergeräte) zur Selbstbedienung für die Benutzer bereit. In Wissenschaftlichen Bibliotheken ist ein eigener Kopierdienst erforderlich, um die über Fernleihe bestellten Aufsätze aus Fachzeitschriften zu kopieren. In vom Leihverkehr stark beanspruchten Bibliotheken haben diese Kopierarbeiten einen erheblichen Umfang.

Für das schonende Kopieren von voluminösen Bänden gibt es spezielle Kopiergeräte, die das Kopieren ohne zu starke Beanspruchung des Bandes ermöglichen. Bücher, deren Beschaffenheit und Erhaltungszustand eine Schädigung durch Kopieren befürchten lassen, dürfen nicht kopiert werden. Dazu gehören mehr als 100 Jahre alte Bücher, Bücher aus brüchigem Papier, in übergroßen Formaten oder mit Klebebindung bei schmalem Bundsteg.

Zur Erledigung aller eigentlichen Fotoarbeiten gibt es an großen Bibliotheken eine *Fotostelle*, d.h. ein Fotolabor, in dem für die Benutzer auf Bestellung Hochglanzfotos, Farbfotos oder Mikrofilme von Abbildungen oder Texten aus den Beständen der Bibliothek hergestellt werden.

4. Bestellverfahren bei Magazinbeständen

Freihandbestände sind dem Benutzer ohne weiteres zugänglich. Der Leser kann sich das gewünschte Buch selbst aus dem Regal nehmen, gleichgültig ob er es dann in der Bibliothek liest oder nach Hause entleiht. Will der Benutzer jedoch ein Buch aus dem *Magazinbestand* im Lesesaal einsehen oder nach Hause ausleihen, so muss er es *bestellen*, damit es aus dem Magazin herbeigeschafft und für ihn im Lesesaal oder in der Ausleihe bereitgestellt wird. Die Bestellung erfolgte früher konventionell mit Bestellschein und wird heute meist elektronisch über das DV-System der Bibliothek vorgenommen.

a) Konventionelles Bestellverfahren mit Bestellscheinen

Bei konventioneller Bestellung wird ein vorgedruckter *Bestellschein* verwendet, auf dem der Benutzer die erforderlichen Angaben über das gewünschte Buch sowie Angaben zu seiner Person (Name, Beruf bzw. Studienfach, Adresse, Benutzernummer) vermerkt. Mit seiner *Unterschrift* erkennt der Leser die Benutzungsbestimmungen an. Das *Zitat des Buchtitels* sollte alle wichtigen bibliographischen Angaben über das Buch enthalten, nämlich Familienname und Vorname des Autors, Sachtitel, Auflagebezeichnung, Erscheinungsort und Erscheinungsjahr. Bei Bänden einer Serie kommt der Serientitel und die Serien-Bandnummer hinzu, ebenso bei Teilen mehrbändiger Werke der Gesamttitel des Werks und die Bandnummer. Bei Titeln von bibliographisch unselbstständigen Texten (z.B. Aufsätzen in Zeitschriften oder Sammelwerken) muss der Titel des Werks, in dem sie enthalten sind, hinzugefügt werden, gegebenenfalls auch die Band- und Jahrgangsbezeichnung und möglichst die Seitenangabe. An den vorgesehenen Stellen wird die *Signatur* des gewünschten Buches oder Bandes vermerkt.

Der *dreiteilige Bestellschein* umfasst drei durch Perforierung voneinander getrennte Abschnitte: (a) den *Stammabschnitt* mit den Angaben über das gewünschte Buch und den Besteller, (b) den seitlichen Abschnitt, *Kupon* genannt, und (c) den *Löschabschnitt* oder Löschstreifen, der über oder neben dem Stammabschnitt angebracht ist. Kupon und Löschabschnitt enthalten die Signatur des Buches.

Bei der Ausleihe eines Buches dienen Stammabschnitt und Löschabschnitt zusammen als *Leihschein*, d.h. als Ausgabe- und Empfangsbestätigung für das entliehene Buch, und werden in der *Benutzerkartei*, die meist alphabetisch nach den Namen der Benutzer geordnet ist, aufbewahrt. Der abgetrennte Kupon wird in das nach Signaturen geordnete *Kuponregister* eingelegt. Das Kuponregister erlaubt anhand der Signaturen die Feststellung der zugehörigen Benutzer und Leihfristen. Bei der Rückgabe des Buches wird der Löschabschnitt vom Stammabschnitt abgetrennt. Der Stammabschnitt wird dem Benutzer als *Quittung* für die Rückgabe des Buches ausgehändigt. Anhand der Signatur auf dem Löschstreifen wird der Kupon aus dem Kuponregister gezogen („gelöscht"), Löschstreifen und Kupon werden vernichtet.

Eine Bestellschein-Variante ist der *zweiteilige Bestellschein* (Stammabschnitt und Kupon, ohne Löschabschnitt). Dabei werden entweder die Kupons anhand der zurückgegebenen Bücher selbst aus dem Kuponregister gezogen, oder aber es gibt überhaupt kein Kuponregister, d.h. der Ku-

pon wird im Magazin abgetrennt und als Repräsentant am Standort eingestellt, wo er beim Zurückstellen des Buches entfernt wird.

Im *Magazin* nimmt der Magazinbeamte anhand der Signatur auf dem Bestellschein das betreffende Buch aus dem Regal. In der entstandenen Lücke
wird ein *Repräsentant* hinterlassen, der den Kupon des Bestellscheins oder
einen eigens beschrifteten Zettel enthält. Auf dem Kupon bzw. Zettel befinden sich meist folgende Angaben: Signatur, Datum (der Bestellung oder
der Entnahme des Buches), Name oder Nummer des Benutzers sowie Angabe der Stelle, an die das Buch gegeben wird, z.B. Ortsleihe, Allgemeiner
Lesesaal, Sonderlesesaal.

Ist das bestellte Buch *nicht* an seinem Standort, so schreibt der Magazin-
mitarbeiter anhand des vorgefundenen Repräsentanten einen Vermerk über
den Verbleib des Buches auf den Bestellschein.

Aus dem Magazin gelangt das bestellte Buch mit dem Bestellschein in den
gewünschten Lesesaal oder in die Ortsleihstelle.

Das früher in den meisten größeren Bibliotheken gebräuchliche Verfahren
mit Bestellscheinen ist heute weitgehend durch elektronische Bestellverfahren abgelöst worden.

b) Automatisiertes Bestellverfahren

Ein automatisiertes Bestell- und Ausleihverfahren setzt voraus, dass die
wichtigsten Titeldaten des Buches, die Signatur und gegebenenfalls eine
für Ausleihzwecke vergebene Buchnummer in einer *Buchdatei* des Ausleihsystems gespeichert sind. Die Benutzerdaten werden mit der Benutzernummer in der *Benutzerdatei* erfasst, in der die Ausleihkonten verwaltet
werden.

Im wesentlichen laufen bei einem elektronischen *Online-Bestellverfahren*
für Magazinbestände folgende Vorgänge ab (Unterschiede sind je nach ein-
gesetztem System möglich):

Hat ein Benutzer durch eine OPAC-Recherche das gewünschte Buch im
Bestand der Bibliothek ermittelt und ist bei der Anzeige der Titeldaten als
Ausleihstatus „entleihbar" angegeben (und nicht „ausgeliehen" oder „bestellt"), so kann der Benutzer durch Anklicken des Feldes „Ausleihe" die
Titeldaten in die Bestellfunktion des Ausleihsystems übernehmen. Dort erscheinen neben den Titelangaben auch die möglichen Abholorte (Ortsleihe, Lesesaal, Sonderlesesäle), aus denen der Leser den gewünschten
auswählt. Der Benutzer gibt seine Benutzernummer ein und schickt die Bestellung ab. Das System verknüpft Buchdaten und Benutzerdaten, bestätigt

die ordnungsgemäße Bestellung (Ausleihstatus „bestellt") und signalisiert, ab welchem Datum das bestellte Werk zur Abholung bereitliegt.

Die Bestelldaten, d.h. Buch- und Benutzerdaten, werden gemäß der Signatur an den zuständigen Magazinabschnitt überstellt und dort auf einem *Bestellbeleg* (Bestellschein, -zettel) ausgedruckt. Der Bestellbeleg enthält Signatur, Buchnummer (Mediennummer) und Kurztitel des Buches, Name und Nummer des Benutzers. Der Bestellschein kann als Leihfristzettel angelegt sein und enthält dann die (in der Regel nach fünf Tagen anlaufende, automatisch errechnete) Leihfrist. Ein Magazinangestellter entnimmt das Buch am Standort, hinterlässt gegebenenfalls einen Repräsentanten und leitet das Buch mit dem Bestellzettel an die Ortsleihstelle oder den sonst gewünschten Ausgabeort weiter.

Ein Buch, dessen Signatur bekannt ist, kann auch ohne vorherige Recherche im OPAC bestellt werden, indem das Ausleihmenü direkt angewählt und die Funktion „Buchbestellung" aufgerufen wird. Auf dem Bestellbildschirm müssen Signatur, Benutzernummer und Abholort eingegeben werden. Bei der Eingabe der Signatur ist auf die richtige Schreibweise der manchmal komplizierten Standortnummern zu achten. Es folgt die Bestätigung der Bestellung durch das System und der Hinweis auf das Abholdatum.

```
*********************53000026701 *Hacker*91.38798*******************

         M A G A Z I N  -  B E S T E L L U N G

Vom: 14.06.2000  Terminal: wopacint   Zweigst: 00    17:47:12 Uhr
Name Zweigstelle   : Zentrale
Benutzernummer     : 53000026701                 MDr: 02
Name               : Hacker, Rupert

Folgendes Medium wird benötigt:
-----------------------------------------------------------------

Verfasser    : Gall, Lothar
Titel        : Bismarck
Mediennummer : 36600492770014
Signatur     : 91.38798
Ausgabeort   : 00 Ausleihe nach Hause

Leihfristende : 21.07.2000
Unter Vorbehalt verlängert bis : 23.08.2000
2 automatische Verlängerungen offen
*****************************************************************

 53000026701         36600492770014      Ausleihe nach Hause

 91.38798
 > 53 0267 <          Hacker, Rupert
```

Abb. 27: Bestellbeleg (Bayerische Staatsbibliothek)

Kann ein Benutzer ein gewünschtes Buch im OPAC oder in anderen Katalogen nicht ermitteln, so füllt er einen Rechercheschein mit den nötigen Buch- und Benutzerdaten aus und reicht ihn ein. Der *Recherchedienst* (Signierdienst) der Bibliothek bemüht sich dann, die Signatur zu ermitteln, gegebenenfalls indem er die Titeldaten bibliographisch überprüft und evtl. korrigiert.

c) Absignieren und Bereitstellen

Bücher, die für die *Ortsleihe* bestellt wurden, werden in der Ausleihstelle vor der Bereitstellung nach bestimmten Kriterien überprüft. Diese Kontrolle wird vielfach als *Absignieren* bezeichnet. Dabei wird festgestellt, ob das vorliegende Buch mit der Bestellung übereinstimmt, ob es ausgeliehen werden kann oder auf Grund seines Wertes nur in der Bibliothek benützbar ist und ob der Erhaltungszustand des Buches Einschränkungen der Benutzung nötig macht (z.B. Benutzung in einem Sonderlesesaal).

Nach dem Absignieren werden die Bücher mit den Leihfristzetteln in der Ausgabestelle der Ortsleihe für den Benutzer *bereitgestellt*. Dies geschieht normalerweise in Regalen in der Nähe der Ausgabestelle alphabetisch nach den Namen der Benutzer oder numerisch nach den Benutzernummern. Meist ist Selbstabholung durch den Benutzer üblich.

Wurden Bücher in einen *Lesesaal* bestellt, werden sie dort bereitgestellt. Vor der Benutzung holt der Leser das Buch (bei Selbstabholung) oder erhält es an der Lesesaalausleihstelle ausgehändigt. Hier wird das Buch bei Erstbenutzung konventionell oder automatisch verbucht und bei endgültiger Rückgabe entsprechend rückverbucht.

Die Dauer der Bereitstellung der Bücher in der Ortsleihe bzw. den Lesesälen schwankt zwischen drei und zehn Tagen. Werden die Bücher in dieser Zeit nicht abgeholt, werden sie ins Magazin zurückgegeben.

d) Vorausbestellung und Sofortausleihe

An vielen großen Bibliotheken mit geschlossenen Magazinbeständen ist die *Vorausbestellung* der Bücher (sowohl für die Ausleihe am Ort wie für die Benutzung in der Bibliothek) das übliche Verfahren. Dabei dauert es mindestens einen halben oder einen ganzen Tag, bis das bestellte Buch zur Benutzung bereitliegt. Andere Bibliotheken mit geschlossenen Magazinen bieten die *Sofortausleihe* an. Dabei holt der zuständige Magazinarbeiter sofort nach Eintreffen der Bestellung das Buch vom Standort und schickt es über eine Transportanlage an die Ausleihstelle oder in den Lesesaal, wo es dem Benutzer ausgehändigt wird. Der ganze Vorgang soll nicht länger als höchstens 15-20 Minuten dauern.

Die Sofortausleihe ist zwar ideal für den Benutzer, erfordert aber schnelle Transporteinrichtungen und vor allem genügend Personal. Manche Bibliotheken beschränken die Sofortausleihe deshalb auf bestimmte Stunden, z.B. von 10-12 Uhr, und/oder auf einen Teil ihres Magazinbestandes (aktuelle Literatur) und/oder auf diejenigen Bücher, die im Lesesaal benutzt werden.

5. Ausleihe am Ort

Die *Ortsleihe* oder *Ausleihe am Ort* ist an den Öffentlichen Bibliotheken die wichtigste Benutzungsform. Auch an vielen Wissenschaftlichen Bibliotheken in Deutschland herrscht sie vor, tritt jedoch an Universitätsbibliotheken mit großen Freihandbeständen gegenüber der Präsenzbenutzung zurück. An den meisten Spezialbibliotheken bildet die Ausleihe die Ausnahme, die Benutzung in der Bibliothek die Regel.

Rechtlich ist die Ausleihe in deutschen Bibliotheken unterschiedlich zu bewerten, je nachdem ob auf Grund der Rechtsstellung der Bibliothek und der Regelungen in ihrer Benutzungsordnung ein *privatrechtliches* oder ein *öffentlich-rechtliches Verhältnis* zwischen Bibliothek und Leser begründet wird. Bei Öffentlichen Bibliotheken liegt in der Regel ein privatrechtlicher Leihvertrag nach dem Bürgerlichen Gesetzbuch vor, bei den Wissenschaftlichen Hochschul-, Staats- und Landesbibliotheken ein öffentlich-rechtliches Benutzungsverhältnis.

Zu beachten ist, dass es sich bei der Ausleihe an Öffentlichen Bibliotheken fast ausschließlich um *Freihandbestände* handelt, zu denen der Leser einen unmittelbaren Zutritt hat, während an den Wissenschaftlichen Bibliotheken vorwiegend *Magazinbestände* ausgeliehen werden, die der Benutzer zuerst bestellen muss. Einen Sonderfall bilden die *Lehrbuchsammlungen* an den Universitätsbibliotheken; sie enthalten vielverlangte Lehrbücher in Mehrfachexemplaren, systematisch geordnet und frei zugänglich aufgestellt, die in einem vereinfachten Verfahren sofort ausgeliehen werden können.

Bei der Ausleihe muss sich der Benutzer mit der Benutzerkarte (Leserkarte) ausweisen. Der Benutzer erhält die Bücher zum ordnungsgemäßen Gebrauch für die Dauer der Leihfrist. Die *Leihfrist* beträgt in der Regel vier Wochen, bei Zeitschriftenbänden zwei Wochen. Aus dienstlichen oder anderen zwingenden Gründen kann ein verliehenes Buch vorzeitig zurückgefordert werden. Andererseits kann die Leihfrist auf Antrag des Entleihers *verlängert* werden, wenn das Buch nicht von einem anderen Benutzer verlangt wird. Die Leihfristverlängerung ist widerruflich. Sie wird hinfällig, sobald sich ein anderer Benutzer für das Buch vormerken lässt.

Die Zahl der von einem Benutzer gleichzeitig entliehenen Bände darf eine bestimmte Höchstgrenze nicht übersteigen.

Benutzer, die entliehene Bücher nicht innerhalb der Leihfrist zurückbringen, werden von der Bibliothek durch ein entsprechendes Schreiben gemahnt, wenn nötig mehrmals. Das *Mahnverfahren* sollte in jedem Fall einheitlich und zügig durchgeführt werden. Meist wird für jede Mahnung eine Gebühr erhoben. Die erste Mahnung erfolgt möglichst sofort nach Ablauf der Leihfrist. Das zweite Mahnschreiben sollte einige Tage (etwa 1 Woche) nach dem ersten verschickt werden. Bleibt auch dies erfolglos, ergeht (als eingeschriebener Brief oder mit Postzustellungsnachweis) eine dritte (und letzte) Mahnung unter Hinweis auf das anschließende Vollstreckungsverfahren. Werden alle Mahnungen nicht beachtet, beantragt die Bibliothek bei der zuständigen staatlichen oder kommunalen Behörde ein *Einziehungsverfahren* (Vollstreckungsverfahren) gegen den Benutzer, in dessen Verlauf das Buch bzw. sein Gegenwert (und die angefallenen Gebühren) von der zuständigen staatlichen oder kommunalen Vollstreckungsbehörde zwangsweise eingetrieben werden.

6. Verfahren der Ausleihverbuchung

a) Allgemeines

Die Bibliothek muss dafür sorgen, dass die ausgeliehenen Bücher überhaupt und fristgerecht zurückgegeben und schnell wieder verfügbar gemacht werden. Es muss folglich ein Nachweis über die ausgeliehenen Bücher und ihre Leihfrist geführt werden, der es ermöglicht, säumige Leser zu *mahnen* und gegebenenfalls für ein nicht zurückgegebenes Buch haftbar zu machen. Außerdem muss es dem Benutzer ermöglicht werden, ein bestimmtes Buch, das gerade ausgeliehen ist, zum Ausleihen *vorzubestellen*. Um diese Aufgabe zu erfüllen, wurden verschiedene Verfahren zur *Ausleihverbuchung* entwickelt, von denen die verbreitetsten nachstehend kurz erläutert werden sollen.

Bei der Durchführung und Überwachung der Ausleihe geht es immer um die Beantwortung der folgenden drei Fragen:

(1) Welche Bücher hat ein *bestimmter Benutzer* entliehen?
(2) Welcher Benutzer hat *ein bestimmtes Buch* entliehen?
(3) Welche Bücher sind an *einem bestimmten Datum* zur Rückgabe fällig?

Bei diesen drei Fragen geht man aus (1) vom Benutzer, (2) vom Buch, (3) vom Rückgabedatum. Um die Fragen bei konventioneller Ausleihverbuchung *sofort* beantworten zu können, sind drei Karteien erforderlich:

(1) *Benutzerkartei* (Leihregister): Unter dem Namen oder der Nummer des *Lesers* werden die Bücher nachgewiesen, die er zur Zeit entliehen hat.

(2) *Kuponkartei* (Kuponregister oder Signaturregister): Unter der auf dem Leihschein-Kupon befindlichen *Signatur* des Buches wird nachgewiesen, welcher Benutzer es zur Zeit entliehen hat.

(3) *Fristkartei* (Fristregister): Unter dem *Rückgabedatum* werden die an diesem Tag zur Rückgabe fälligen Bücher nachgewiesen.

Das Führen dieser drei Karteien bringt einen erheblichen Arbeitsaufwand mit sich. Die *sofortige* Beantwortung *aller* genannten Fragen wird auch nicht für nötig gehalten. Deshalb kann man bei konventioneller Ausleihverbuchung auf eine oder auch zwei dieser Karteien verzichten.

Bei automatisierter Ausleihe werden für jeden Ausleihvorgang die Daten zu *Benutzer, Buch* und *Leihfrist* miteinander verknüpft und im Ausleihsystem gespeichert. Die drei oben genannten Fragen können in einem Online-System jederzeit sofort beantwortet werden.

b) Konventionelles Ausleihverfahren mit Leihscheinen

An großen Bibliotheken mit geschlossenen Magazinen war früher das konventionelle *Ausleihverfahren mit dreiteiligen oder zweiteiligen Bestellscheinen (Leihscheinen)* üblich. Das dabei angewandte Bestellverfahren wurde bereits erläutert.

Ausgabe des Buches

Der Ausleihvorgang spielt sich folgendermaßen ab: Der Benutzer erscheint am Ausgabeschalter und legt seinen Benutzerausweis vor. Der Schalterbedienstete holt das unter dem Namen oder der Nummer des Benutzers bereitliegende *Buch* samt dem eingelegten *Bestellschein*, vergleicht noch einmal die Signaturen im Buch und auf dem Bestellschein und überprüft die Vollständigkeit von Adresse und Unterschrift. Auf dem Löschabschnitt und auf dem Kupon wird der Datumsstempel (Ausgabe- oder Fristdatum) angebracht. Dem Buch wird ein Fristzettel beigelegt, auf dem für den Benutzer das Ende der Leihfrist deutlich angegeben ist.

Mit der Ausgabe des Buches an den Benutzer wird der Bestellschein zum *Leihschein*. Der Leihschein dient als Ausgabe- und Empfangsbestätigung für das ausgegebene Buch, für das nun der Benutzer haftbar ist. Soweit die

Bibliothek den Kupon des Leihscheins nicht als Repräsentant am Magazin belässt, wird nach der Ausgabe des Buches der Kupon vom Leihschein abgetrennt. Der Haupt- oder Quittungsabschnitt des Leihscheins (also Stammabschnitt plus Löschabschnitt) wird in die *Benutzerkartei* unter dem Namen des Benutzers oder unter seiner Benutzernummer eingeordnet, der Kupon wird in die nach Signaturen geordnete *Kuponkartei* (Kuponregister) eingelegt. Man kann somit (1) vom *Benutzer* ausgehend in der Benutzerkartei feststellen, welche Bücher der betreffende Benutzer entliehen hat, (2) von der *Signatur* ausgehend im Kuponregister feststellen, von welchem Benutzer das betreffende Buch entliehen wurde. Existiert keine Kuponkartei, so kann man die letztere Feststellung nur am Standort des Buches im Magazin treffen.

Rückgabe des Buches

Bei der *Rückgabe des Buches* wird aus der Benutzerkartei der Leihschein entnommen und dem Benutzer als Rückgabequittung ausgehändigt; vorher wird, soweit vorgesehen, der Löschabschnitt abgetrennt und zurückbehalten. Anhand des Löschstreifens oder, wo ein Löschstreifen nicht vorgesehen ist, anhand der Bücher selbst wird der Kupon aus dem Kuponregister gezogen („gelöscht"). An Bibliotheken, an denen kein Kuponregister besteht und dafür der Kupon als Repräsentant am Magazin verblieben ist, wird der Kupon beim Einstellen des Buches am Standort gelöscht. Löschstreifen und Kupon werden vernichtet.

c) Konventionelles Ausleihverfahren mit Buchkarten

Das früher in Öffentlichen Bibliotheken bei der Ausleihe übliche *Buchkartenverfahren* wird heute noch in kleineren Büchereien angewendet. Ein Leihschein ist hier überflüssig. In jedem Buch (in einer am hinteren oder vorderen Innendeckel befestigten Buchtasche) befindet sich eine *Buchkarte*, auf der die Signatur sowie Verfasser und Titel des Buches vermerkt sind, gelegentlich auch eine kurze Charakterisierung des Buches (Annotation). Der größte Teil der Buchkarte ist frei für die Eintragung der Benutzernummern, evtl. auch der Fristdaten.

Nach dem sog. „vereinfachten Buchkartenverfahren" spielt sich die Ausleihregistrierung folgendermaßen ab:

Ausgabe des Buches

Der Benutzer wählt aus dem Freihandbestand ein *Buch*, das er entleihen will, und trägt seine Benutzernummer auf der *Buchkarte* dieses Buches ein.

Er geht zur Ausleihstelle und legt dort Buch mit Buchkarte und seinen Benutzerausweis vor. Der Bibliotheksangestellte entnimmt die Buchkarte dem Buch und prüft durch Vergleich mit dem Ausweis, ob die Benutzernummer auf der Buchkarte richtig eingetragen ist. Das Rückgabedatum wird auf ein am Vorsatzblatt des Buches angeklebtes *Fristblatt* gestempelt, oder man legt eine eigene *Fristkarte* oder *Datumskarte*, die bereits mit dem Rückgabedatum vorgestempelt ist, in das Buch ein. An manchen Büchereien wird das Rückgabedatum außerdem neben die Benutzernummer auf der Buchkarte eingetragen. Das Buch wird nun dem Entleiher ausgehändigt, die Buchkarte wird in eine Kartei eingeordnet, die nach Rückgabedaten (und innerhalb eines Rückgabedatums nach Signaturen) geordnet ist. Man bezeichnet diese Fristkartei als *Absenzapparat*, also als Nachweis der „absenten" (abwesenden) Bücher.

Rückgabe des Buches

Bei der *Rückgabe des Buches* durch den Benutzer wird anhand des Fristblattes oder der Fristkarte die Einhaltung der Leihfrist überprüft; bei Fristüberschreitung wird, soweit vorgesehen, eine Versäumnisgebühr erhoben. Die Buchkarte wird (anhand des auf Fristblatt oder Fristkarte aufgestempelten Rückgabedatums und anhand der Signatur auf dem Buch) aus dem Absenzapparat gezogen und wieder in die im Buch befindliche Buchtasche gesteckt. Das Buch wird zunächst beiseite gelegt, später zusammen mit den anderen zurückgegebenen Büchern nach der Signatur vorgeordnet und dann am Standort eingestellt.

d) Automatisierte Ausleihverbuchung

In den Ausleihstellen der Bibliotheken fallen täglich in großen Mengen routinemäßige Arbeiten an (Verbuchung einer Ausleihe, Löschen der Verbuchung, Mahnen, Vormerken), die mit einem Datenverarbeitungssystem automatisiert werden können. Auch hier kann entweder ein Offline-Verfahren oder, wie heute allgemein üblich, ein Online-Verfahren eingesetzt werden. Während beim Offline-Verfahren die Ausleihdaten auf maschinenlesbaren Datenträgern zwischengespeichert und erst später verarbeitet werden, werden sie beim Online-Betrieb direkt in den Computer eingegeben und sofort verarbeitet.

Eine *Online-Ausleihverbuchung* spielt sich in den Grundzügen etwa folgendermaßen ab:

Jeder Benutzer besitzt einen Leserausweis, der die *Benutzernummer* in maschinell lesbarer Form enthält, entweder in Strichcodierung, d.h. verschlüsselt in Form von verschiedenen starken Strichen, oder als maschinenlesbare Ziffernfolge in Klarschrift. In jedem Buch ist ein Etikett eingeklebt, auf dem die *Signatur des Buches* bzw. die (für Ausleihzwecke vergebene) *Buchnummer* oder *Mediennummer* in maschinenlesbarer Form (Strichcodierung oder Ziffernfolge) festgehalten ist.

Ausgabe des Buches

Das aus dem (ausleihbaren) Freihandbestand ausgewählte Buch bzw. das aus dem Magazin bestellte und in der Ortsleihe bereitgestellte Buch wird vom Leser (bei Selbstabholung) oder einem Bibliotheksmitarbeiter zur *Ausleihstelle* gebracht. Die Verbuchung erfolgt meist mit einer *Lesepistole* (einer Art Handscanner), womit man Strichcodes bzw. Ziffernfolgen optisch einlesen und digitalisieren kann. Der Bibliotheksangestellte erfasst mit der Lesepistole die Benutzernummer vom Ausweis und die Buchnummer bzw. Signatur vom Buchetikett. Die erfassten Daten werden online in das Ausleihsystem übernommen und verknüpft. Das Ausleihsystem meldet sofort, wenn der Leser bereits zu viele Bücher entliehen hat oder wegen ausstehender Mahngebühren gesperrt ist. Kann die Ausleihe vollzogen werden, wird die Speicherung der Ausleihdaten bestätigt; der Status des Buches lautet nun „entliehen". Damit ist die Ausleihe verbucht, das Buch wird dem Leser ausgehändigt. Beigefügt wird bei Büchern aus dem Magazin der dort ausgedruckte Bestellbeleg, sofern er als Leihfristzettel ausgestaltet ist, oder es wird bei der Ausleihe ein Leihfristzettel ausgedruckt und dem Buch beigelegt.

Die Ausleihdaten können nicht nur mit der Lesepistole erfasst, sondern auch mit der Tastatur am Ausgabeterminal eingegeben werden.

Anhand der gespeicherten Ausleihdaten überwacht das Ausleihsystem automatisch die *Leihfristen* und druckt termingerecht die *Mahnungen* für die nicht fristgemäß zurückgegebenen Bücher aus. Der Benutzer kann jederzeit durch Eingabe seiner Benutzernummer am Bildschirm eine *Benutzerkontoabfrage* vornehmen und sich seine derzeitigen Entleihungen, Bestellungen und Vormerkungen anzeigen lassen. Durch Eingabe der Signatur eines gewünschten Buches kann eine *Buchanfrage* durchgeführt und der Ausleihstatus (entleihbar, bestellt, entliehen, vorgemerkt) eines Buches ermittelt werden.

Rückgabe des Buches

Bei der Rückgabe des Buches sollte möglichst, wenn auch nur flüchtig, sein Erhaltungszustand überprüft werden, um in gravierenden Fällen den

Benutzer zur Schadenersatzleistung heranzuziehen. Die Buchnummer (bzw. die Signatur) wird eingelesen und damit *die Ausleihe gelöscht*. Eine Rückgabequittung für den Benutzer kann ausgedruckt werden.

In manchen Bibliotheken ist eine *Selbstverbuchung* möglich, wobei der Benutzer das Einlesen und Verknüpfen von Buch- und Benutzernummer und das Löschen der Ausleihe selbst vornimmt.

Verlängerung und Vormerkung

Verlängerungen und Vormerkungen können von den Benutzern selbst am Bildschirm ausgeführt werden. Eine *Verlängerung der Leihfrist* ist meist nur innerhalb eines bestimmten Zeitraums (z.b. sieben Tage) vor Ablauf der Leihfrist möglich. Der Benutzer ruft mit seiner Benutzernummer die Kontoanzeige auf, erhält einen Überblick über die von ihm veranlassten Ausleihen und gibt die Verlängerung für das betreffende Buch ein. Meist ist neben der Einzelverlängerung eines Buches auch die Gesamtkontoverlängerung möglich; die Fristverlängerung gilt dann für alle Bücher, deren Leihfrist im genannten Zeitraum endet.

Soll eine *Vormerkung* auf ein Buch ausgeführt werden, das im OPAC als entliehen angezeigt wird, kann durch Markieren des Buches, Aufruf der Vormerkfunktion und Eingabe der Benutzernummer die Vormerkung getätigt werden. Gibt der erste Entleiher das Buch zurück, wird bei Löschung

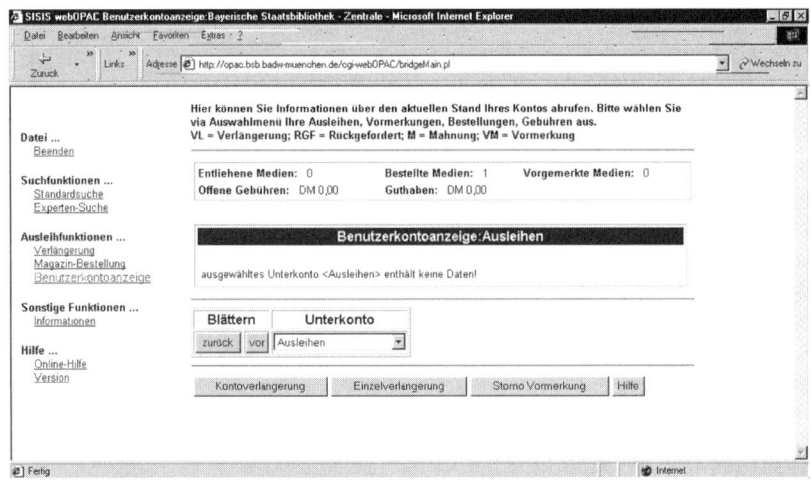

Abb. 28: Benutzerkontoanzeige im Ausleihsystem der Bayerischen Staatsbibliothek

der Verbuchung die Vormerkung angezeigt. Die Benachrichtigung an den Vorbesteller kann sofort ausgedruckt und verschickt werden.

Da die OPACs der größeren Bibliotheken über das WWW zugänglich sind, können die Benutzer Bestellung, Kontoabfrage, Verlängerung und Vormerkung gegebenenfalls auch vom PC an ihrem Arbeitsplatz oder vom häuslichen PC aus vornehmen.

7. Auswärtiger Leihverkehr (Fernleihe)

Wenn ein Benutzer Bücher braucht, die an der von ihm besuchten Bibliothek nicht vorhanden sind, so muss es möglich sein, diese Bücher von einer anderen Bibliothek zu beschaffen. Diese Art der Literaturvermittlung von Bibliothek zu Bibliothek wird als *Leihverkehr* bezeichnet. Dabei unterscheidet man zwischen dem Internen Leihverkehr innerhalb eines Bibliothekssystems und dem Auswärtigen Leihverkehr.

Der *Interne Leihverkehr* innerhalb eines (groß-)städtischen Bibliothekssystems ermöglicht es dem Benutzer einer Zweigbibliothek (Stadtteilbibliothek), ein hier nicht vorhandenes Buch aus dem Bestand einer anderen, dem System angeschlossenen Bibliothek (meist der Zentralbibliothek) zu erhalten. Im Gesamtkatalog des Bibliothekssystems wird ermittelt, ob und wo ein vom Leser gewünschtes Buch (oder Literatur zu einem bestimmten Thema) im Bibliothekssystem vorhanden ist. Kann das Buch aus einer zum System gehörenden Bibliothek beschafft werden, so wird es angefordert oder vorbestellt und im regelmäßigen Autoverkehr an die betreffende Zweigbibliothek gebracht.

Beim *Auswärtigen Leihverkehr* handelt es sich um die Verleihung von Literatur zwischen zwei Bibliotheken an verschiedenen Orten. Man spricht hier von *Fernleihe* (im Gegensatz zur Ortsleihe) und unterscheidet, von einer bestimmten Bibliothek aus gesehen, zwischen der *aktiven Fernleihe* (Verleihung nach auswärts) und der *passiven Fernleihe* (Entleihung von auswärts). Man verwendet auch die Bezeichnungen „gebender" bzw. „nehmender Leihverkehr".

Der *Deutsche Leihverkehr* ist eine kooperative Einrichtung von Bibliotheken zur Vermittlung von am Ort nicht vorhandener Literatur. Er gliedert sich in den Regionalen und den Überregionalen Leihverkehr.

a) Regionaler Leihverkehr

Der Regionale Leihverkehr dient der allgemeinen Literaturversorgung in den Leihverkehrsregionen. Er spielt sich zwischen den Bibliotheken einer

Leihverkehrsregion ab und soll den allgemeinen (nicht spezialisierten) Literaturbedarf in der Region schnell und rationell befriedigen.

Einen organisierten Regionalen Leihverkehr gibt es nur in einigen deutschen Leihverkehrsregionen, z.b. in Bayern und Nordrhein-Westfalen. Nach der Farbe der Leihscheine wird er oft als „gelber Leihverkehr" bezeichnet. Er wird durch Vorschriften der Bundesländer geregelt.

Eine Fernleihbestellung im Regionalen Leihverkehr kann auf Wunsch des Benutzers in den Überregionalen Leihverkehr übergeleitet werden, wenn sie dessen Zweck entspricht und die formalen Vorschriften beachtet werden.

b) Überregionaler Leihverkehr

Der Überregionale Leihverkehr zwischen Bibliotheken der Bundesrepublik Deutschland wird geregelt durch die *Ordnung des Leihverkehrs in der Bundesrepublik Deutschland – Leihverkehrsordnung (LVO)*, die in der geltenden Fassung 1993 von der Kultusministerkonferenz verabschiedet und danach von den Bundesländern in Kraft gesetzt wurde. Auf der Leihverkehrsordnung von 1993 beruhen die folgenden Ausführungen.

Der Überregionale Leihverkehr dient der Förderung von Forschung und Lehre. Darüber hinaus vermittelt er wissenschaftliche Literatur für Ausbildung, Fort- und Weiterbildung sowie Berufsarbeit.

Für die Teilnahme am Überregionalen Leihverkehr ist eine offizielle *Zulassung* der einzelnen Bibliothek nötig, die vom Wissenschafts- oder Kultusministerium des betreffenden Landes durch Aufnahme der Bibliothek in die amtliche Leihverkehrsliste erteilt wird. Die Namen der zum Leihverkehr zugelassenen Bibliotheken werden in den zuständigen Amtsblättern und in bibliothekarischen Fachzeitschriften veröffentlicht.

Zum Überregionalen Leihverkehr können allgemein zugängliche Wissenschaftliche und Öffentliche Bibliotheken zugelassen werden, wenn sie von Fachpersonal geleitet werden, über einen angemessenen bibliographischen Apparat verfügen und Bestände besitzen, die für den Leihverkehr von Bedeutung sind. An jedem Ort nimmt in der Regel nur *eine* Bibliothek am Überregionalen Leihverkehr teil.

Unmittelbar am Überregionalen Leihverkehr nehmen Bibliotheken teil, die die oben genannten Anforderungen erfüllen und über hinreichende regionale und überregionale Nachweisinstrumente für Direktbestellungen verfügen. Alle anderen Bibliotheken nehmen am Überregionalen Leihverkehr *mittelbar*, d.h. *über eine Leitbibliothek* teil. Alle Fernleihbestellungen der betreffenden Bibliotheken werden zunächst an die zuständige Leitbibliothek geschickt. Die Leitbibliotheken haben die Aufgabe, Bestellungen der ihnen zugeordneten Bibliotheken, soweit sie sie nicht selbst erledigen können, so zu bearbeiten, dass sie den Anforderungen des Leihverkehrs entsprechen. Als Leitbibliotheken werden vom zuständigen Landesministerium nur entsprechend leistungsfähige Bibliotheken bestimmt.

Leihverkehrsregionen und Leihverkehrszentralen

Zur Durchführung des Überregionalen Leihverkehrs ist die Bundesrepublik Deutschland in *Leihverkehrsregionen* eingeteilt. Für die Koordinierung des Leihverkehrs in den Regionen sind *Leihverkehrszentralen* zuständig. Als Leihverkehrszentralen fungieren gemäß LVO 1993 die *Regionalen Zentralkataloge* oder die Einrichtungen, die in den regionalen Verbundsystemen mit der Leihverkehrssteuerung beauftragt sind.

In Deutschland gibt es derzeit folgende *Regionale Zentralkataloge* und *Leihverkehrsregionen:*

(1) *Zentralkatalog Baden-Württemberg* in Stuttgart für Baden-Württemberg, das Saarland und den südlichen Teil des Regierungsbezirks Rheinhessen-Pfalz des Landes Rheinland-Pfalz,

(2) *Bayerischer Zentralkatalog* in München für Bayern,

(3) *Berliner Gesamtkatalog* für Berlin und Brandenburg,

(4) *Hessischer Zentralkatalog* in Frankfurt für Hessen und den nördlichen Teil des Regierungsbezirks Rheinhessen-Pfalz des Landes Rheinland-Pfalz,

(5) *Niedersächsischer Zentralkatalog* in Göttingen für Niedersachsen,

(6) *Norddeutscher Zentralkatalog* in Hamburg für Hamburg, Bremen und Schleswig-Holstein sowie Mecklenburg-Vorpommern,

(7) *Zentralkatalog Nordrhein-Westfalen* in Köln für Nordrhein-Westfalen und die Regierungsbezirke Koblenz und Trier des Landes Rheinland-Pfalz,

(8) *Zentralkatalog Sachsen-Anhalt* in Halle für Sachsen-Anhalt,

(9) *Sächsischer Zentralkatalog* in Dresden für Sachsen,

(10) *Thüringer Zentralkatalog* in Jena für Thüringen.

Historisch betrachtet, waren die *Regionalen Zentralkataloge* seit den 1960er-Jahren als zentrale Nachweisinstrumente für den Buchbestand der jeweiligen Region und als Einrichtungen zur Lenkung des Auswärtigen Leihverkehrs errichtet worden. Sie wurden auf Grund der Titelmeldungen der Wissenschaftlichen Bibliotheken der Region in Form von Kartenkatalogen aufgebaut. Als Aufgaben wurden ihnen die Ermittlung von Besitznachweisen in der Region, die Weiterleitung der Fernleihbestellungen und gegebenenfalls die Festlegung des Leitweges zugewiesen. Nach den ursprünglichen Regelungen in der alten Bundesrepublik übermittelte die „bestellende" Bibliothek, also die Bibliothek, die die Fernleihbestellung ihres Benutzers weitergibt, jeden Fernleihbestellschein an den Zentralkatalog ihrer Region (evtl. über eine Leitbibliothek). Dort wurde die Bestellung am ZK überprüft und, wenn ein Besitznachweis vorlag, an die betreffende Bibliothek weitergeleitet, die das Buch unmittelbar an die bestellende Bibliothek übersandte. War das bestellte Buch nicht im ZK nachgewiesen, bestimmte der Zentralkatalog die Reihenfolge der anderen Zentralkataloge, die der Bestellschein durchlaufen sollte (Festlegung des Leitwegs). Wenn gegebenenfalls alle Zentralkataloge durchlaufen waren, ging der Bestellschein an die bestellende Bibliothek zurück.

Entwicklungen im Bibliothekswesen in den letzten Jahrzehnten haben erhebliche Änderungen dieser ursprünglichen Konzeption erforderlich gemacht. Die zahlreich publizierten Einzel- oder Gesamtverzeichnisse mit Bestandsnachweisen erlaubten es, Bestellungen ohne die Zwischenstation eines Zentralkatalogs direkt an die besitzende Bibliothek zu richten. Dazu trugen auch die Mikroficheausgaben der Zentralkataloge bei, die praktisch jeder Bibliothek die Ermittlung des Buchbesitzes in der Leihverkehrsregion ermöglichten. Schließlich hat die Einrichtung von Offline-, später Online-Katalogdatenbanken den Bestandsnachweis vor allem neuerer Literatur bei Einzelbibliotheken, regionalen Verbünden und überregionalen Verbunddatenbanken erheblich erleichtert. All dies hat dazu geführt, dass bei den meisten Fernleihbestellungen der früher unerlässliche Weg über einen Zentralkatalog entbehrlich geworden ist. Direktbestellungen bei der besitzenden Bibliothek, früher nur in Ausnahmefällen möglich, sind heute die Regel.

Die Bedeutung der Regionalen Zentralkataloge, die meist seit etwa 1990 keine neuen konventionellen Titelnachweise aufgenommen haben, ist aus diesen Gründen stark zurückgegangen. Sie fungieren nur noch zum Teil als eigenständige Leihverkehrszentralen, zum Teil sind sie in die Regionalen Verbundzentralen bzw. Servicezentren eingegliedert worden, die die Steuerung des überregionalen Leihverkehrs übernehmen. Die Zentralkataloge werden aber für die Bearbeitung schwieriger Bestellungen, besonders auf ältere und seltene, noch nicht maschinenlesbar nachgewiesene Literatur, noch einige Zeit unentbehrlich sein, jedenfalls solange, bis ihre konventionellen, in Karten- bzw. Mikroform vorliegenden Titelnachweise durch Katalogkonversion digitalisiert und in die regionalen Online-Verbundkataloge eingespeist sind, was in einigen Fällen bereits verwirklicht wurde.

Regionalprinzip

Bibliotheken und Leihverkehrszentralen sind gemäß LVO verpflichtet, für die Erledigung der Bestellungen zuerst alle Möglichkeiten der eigenen Leihverkehrsregion auszuschöpfen (Regionalprinzip). Gibt es Bestandsnachweise in der eigenen Region, dürfen Bestellscheine nur dann in andere Regionen weitergeleitet werden, wenn in der eigenen Region eine angemessene Erledigung nicht möglich ist. Das Regionalprinzip gilt für alle Bestellungen, sowohl bei Lenkung über die Leihverkehrszentralen als auch bei Direktbestellungen.

Gemäß LVO 1993 sind die Möglichkeiten von Direktbestellungen, unter Beachtung des Regionalprinzips, bevorzugt zu nutzen. Soweit möglich, sind Direktbestellungen auf Grund von Bestandsnachweisen vorzunehmen. Bei Direktbestellungen legt die bestellende Bibliothek (bzw. ihre Leitbibliothek) den Leitweg fest, d.h. sie bestimmt den (weiteren) Weg, den die Bestellung nehmen soll.

Direktbestellungen auf Grund von Bestandsnachweisen

Direkt bei besitzenden Bibliotheken wird Literatur bestellt, wenn sie nachgewiesen ist in

– Verbunddatenbanken bzw. Gesamtverzeichnissen oder Verzeichnissen einzelner Bibliotheken der *eigenen* Leihverkehrsregion,
– überregionalen Verbunddatenbanken bzw. Gesamtverzeichnissen (z.b. KVK, DBI-VK, ZDB),
– Verzeichnissen überregionaler Schwerpunktbibliotheken,
– Verbunddatenbanken bzw. Gesamtverzeichnissen oder Verzeichnissen einzelner Bibliotheken *anderer* Leihverkehrsregionen.

Bei mehreren Besitznachweisen soll in der Regel folgender Leitweg gelten: (a) Bibliotheken der eigenen Leihverkehrsregion, (b) überregionale Schwerpunktbibliothek, (c) Bibliotheken anderer Regionen.

Direktbestellungen ohne Bestandsnachweise

Die LVO sieht Direktbestellungen auch dann vor, wenn keine Besitznachweise ermittelt werden können. Diese Regelung gilt für deutsche Zeitschriften ab 1945, ausländische Zeitschriften, Zeitungen, Literaturgruppen, die in den Zentralkatalogen nicht erfasst sind (Orientalia, nicht im Buchhandel erschienene Dissertationen, Karten, Musikalien, Audiovisuelle Medien), Veröffentlichungen außerhalb des Buchhandels und seltene oder sehr spezielle Werke. Diese Direktbestellungen sind meist an die fachlich zuständige überregionale Schwerpunktbibliothek zu richten, gegebenenfalls an die regionale Pflichtexemplarbibliothek oder, wenn die Bestellung hier erfolglos ist, an Die Deutsche Bibliothek.

Bestellungen über Leihverkehrszentralen

Über die eigene Leihverkehrszentrale sind gemäß LVO Bestellungen zu leiten, wenn es keine dezentral benutzbaren Gesamtverzeichnisse der eigenen Region gibt und in den überregionalen Verbunddatenbanken keine Besitznachweise für die eigene Region ermittelt worden sind. Die Leihverkehrszentrale ermittelt die Fundorte in der eigenen Region und legt die Reihenfolge der anzugehenden Bibliotheken fest. Ist in der eigenen Region kein Fundort nachzuweisen, so leitet die Leihverkehrszentrale die Bestellungen entweder an die von der bestellenden Bibliothek ermittelten Fundorte außerhalb der Region weiter oder legt den weiteren Leitweg fest. Dieser Leitweg sieht in der Regel nur einen verkürzten Umlauf vor (überregionale Schwerpunktbibliothek und eine bzw. zwei Leihverkehrszentralen). Ist im verkürzten Umlauf kein Fundort nachzuweisen, kann die Bestellung an die regionale Pflichtexemplarbibliothek oder an Die Deutsche Bibliothek weitergeleitet werden.

Nicht oder beschränkt verleihbare Literatur

Nicht alle Bücher werden im Überregionalen Leihverkehr versandt. Bestimmte Arten von Literatur sind davon ausgenommen, damit der wissenschaftliche Zweck gewahrt bleibt und die verleihende Bibliothek nicht über Gebühr beansprucht wird. Nicht zulässig sind Bestellungen von Werken, die bei der bestellenden oder einer anderen Bibliothek am Ort oder im Bibliothekssystem einer bestellenden Hochschulbibliothek vorhanden und nur im Augenblick der Bestellung nicht verfügbar sind. Ausgeschlossen vom Leihverkehr sind auch Werke, die im Buchhandel zu einem geringen Preis erhältlich sind (z.B. Taschenbücher).

Außerdem liegt es im Ermessen der ausleihenden Bibliothek, bestimmte Gruppen von Werken vom Versand nach auswärts auszunehmen, z.B. Werke von besonderem Wert, großformatige und schutzbedürftige Werke, auch Werke in schlechtem Erhaltungszustand, Lesesaal- und Handbibliotheksliteratur sowie am Ort besonders viel benutztes Schrifttum wie die Bestände der Lehrbuchsammlungen. Für den Leihverkehr mit Handschriften und anderem wertvollen Bibliotheksbesitz gelten Sonderbestimmungen. Ferner gibt es eigene Richtlinien für den Musikalien-Leihverkehr.

Zeitschriftenaufsätze geringeren Umfangs, Zeitungsartikel, Werke geringeren Umfangs und kleine Teile eines Werkes werden grundsätzlich nicht im Original verschickt, sondern nur als *Kopien* geliefert (soweit nicht urheberrechtliche Vorschriften entgegenstehen). Der Vorteil dieser Regelung liegt darin, dass die Originalwerke, vor allem die viel beanspruchten Zeitschriftenbände, immer in der Bibliothek greifbar bleiben. Außerdem sparen die Bibliotheken die Versandkosten für die Bände.

Die Kopien sind *nicht rückgabepflichtig*, d.h. sie verbleiben beim Benutzer. Gemäß LVO sollen bis zu 20 Kopien ohne Berechnung der Kosten geliefert werden, also 20 Seiten oder, bei einer Doppelseite pro Kopie, 40 Seiten. Manche Bibliotheken verfahren jedoch großzügiger und fertigen bei Bedarf auch mehr kostenlose Kopien an.

Wird ein *Aufsatz größeren Umfangs* bestellt, so sollte die besitzende Bibliothek prüfen, ob sie nicht doch den ganzen Band kurzfristig versenden kann. Ist dies nicht möglich, kommt die Anfertigung einer Kopie des Aufsatzes gegen Berechnung der Kosten in Frage. In diesem Fall werden dem Benutzer alle Kopien voll in Rechnung gestellt. Dazu muss er aber vorher – d.h. schon bei Abgabe der Bestellung – sein Einverständnis erklärt haben (Vermerk auf dem Bestellschein).

Durchführung einer Bestellung im Überregionalen Leihverkehr

Die konventionelle Durchführung einer Fernleihbestellung und -lieferung im (nach der Farbe der Bestellscheine so genannten) „roten Leihverkehr" spielt sich im wesentlichen folgendermaßen ab:

Der Leihverkehr wird an den größeren Bibliotheken von einer besonderen Dienststelle, der *Fernleihstelle*, bearbeitet. Ist ein von einem Benutzer gewünschtes Buch an der örtlichen Bibliothek nicht vorhanden, so kann er in der Fernleihstelle das Buch im Überregionalen Leihverkehr bestellen. Der Benutzer überträgt die Titelangaben des Buches auf einen von der Leihverkehrsordnung vorgeschriebenen *roten Bestellschein*. Die Bestellscheine sind maschinenschriftlich und in allen Teilen vollständig auszufüllen. Die *bestellende Bibliothek* (bzw. die Leitbibliothek) kontrolliert und ergänzt nötigenfalls die Angaben auf dem Bestellschein. Sofern noch nicht geschehen, werden die Titel bibliographisch überprüft; die bibliographische Fundstelle ist zu vermerken. Soweit Signaturen ermittelt werden konnten, sind diese auf dem Bestellschein zu notieren. Nach Feststellung der eventuell vorhandenen Standortnachweise wird entschieden, ob Direktbestel-

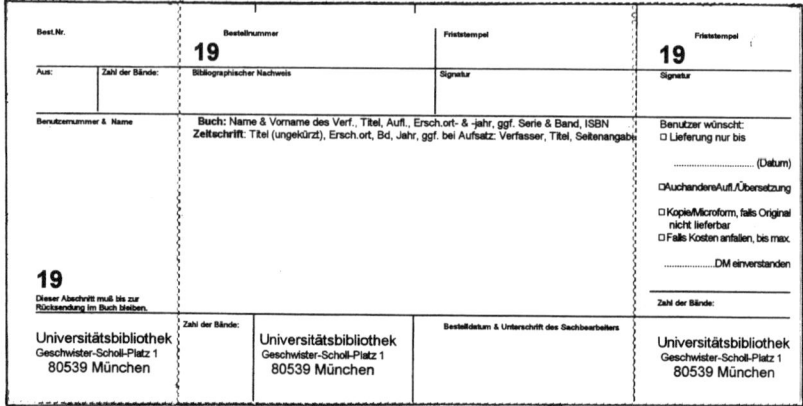

Best.Nr.		Bestellnummer	Friststempel	Friststempel
		19		**19**
Aus:	Zahl der Bände:	Bibliographischer Nachweis	Signatur	Signatur

Benutzernummer & Name	Buch: Name & Vorname des Verf., Titel, Aufl., Ersch.ort- & -jahr, ggf. Serie & Band, ISBN	Benutzer wünscht:
	Zeitschrift: Titel (ungekürzt), Ersch.ort, Bd, Jahr, ggf. bei Aufsatz: Verfasser, Titel, Seitenangabe	□ Lieferung nur bis

.... (Datum)

□ Auch andere Aufl./Übersetzung

□ Kopie/Microform, falls Original nicht lieferbar
□ Falls Kosten anfallen, bis max.

.............................DM einverstanden

19

Dieser Abschnitt muß bis zur Rücksendung im Buch bleiben.

Zahl der Bände:

	Zahl der Bände:		Bestelldatum & Unterschrift des Sachbearbeiters	
Universitätsbibliothek Geschwister-Scholl-Platz 1 80539 München		Universitätsbibliothek Geschwister-Scholl-Platz 1 80539 München		Universitätsbibliothek Geschwister-Scholl-Platz 1 80539 München

Abb. 29: Bestellschein für den Überregionalen Leihverkehr

lung oder der Weg über die Leihverkehrszentrale (den Zentralkatalog) in Frage kommt.

Jeder *auslaufende Bestellschein* muss den Namen des verantwortlichen Sachbearbeiters (bzw. eine entsprechende automatische Kennzeichnung) tragen. Auf den Bestellscheinen ist anzukreuzen bzw. anzugeben, (a) wenn nur eine bestimmte Ausgabe oder Auflage eines Werkes gewünscht wird, (b) der Zeitpunkt, nach dem die Erledigung zwecklos ist, (c) bis zu welcher Höhe außergewöhnliche Kosten ohne vorherige Rückfrage übernommen werden, (d) wenn in Ausnahmefällen der Gesamtumlauf durch alle Leihverkehrszentralen gewünscht wird. Der Bestellschein wird mit einer Bestellnummer und dem Ausgangsdatum versehen. Der Versand der roten Bestellscheine erfolgt in der Regel per Post oder mit dem Bücherauto.

Wenn bei Direktbestellung oder nach Bearbeitung im Zentralkatalog der rote Bestellschein in der besitzenden Bibliothek eintrifft, wird *das bestellte Buch* (evtl. nach Ermittlung der Signatur) von seinem Standort geholt und in die Fernleihstelle gebracht. Hier muss es „absigniert" werden, d.h. es wird geprüft, ob das zu versendende Werk auch wirklich dasjenige ist, das der Besteller entleihen will (bei der Fernleihe ist das Absignieren besonders wichtig, weil Verwechslungen sich unangenehmer auswirken als bei der Ortsleihe).

Auf dem (links angebrachten) Kontrollabschnitt des roten Bestellscheins ist die Bestellnummer und der Name des Benutzers angegeben. Die *verleihende Bibliothek* trennt diesen Kontrollabschnitt ab und schickt ihn mit dem Buch an die bestellende Bibliothek. Hauptabschnitt und rechter Ku-

302

pon des roten Bestellscheins dienen der verleihenden Bibliothek als Belege für das verliehene Buch. Ein Begleitformular, in dem die Zahl der Bände und die Bestellnummern der Bücher angegeben sind, wird der Sendung beigefügt. Die Pack- und Versandarbeiten erledigt eine der Fernleihstelle angeschlossene Expedition (Packstelle). Der Versand der Bücher im Leihverkehr erfolgt per Post oder durch einen regionalen Bücherautodienst.

Die *empfangende Bibliothek* benachrichtigt den Benutzer vom Eintreffen des gewünschten Buches und händigt das Buch dem Benutzer aus, sofern die verleihende Bibliothek nicht bestimmt hat, dass es nur im Lesesaal zur Verfügung gestellt werden kann. Es gelten normalerweise die in der Ortsleihe üblichen Leihfristen (vier Wochen für Monographien, zwei Wochen für Zeitschriften).

Nachdem der Benutzer das Buch in der Fernleihstelle der empfangenden Bibliothek zurückgegeben hat, schickt diese das Buch mit dem Kontrollabschnitt an die *verleihende Bibliothek* zurück. Nach Erhalt des Buches vernichtet die verleihende Bibliothek Hauptabschnitt und Kupon des roten Bestellscheins; eine Rücksendung des als Entleihbeleg dienenden Hauptabschnitts ist nicht üblich.

Die im Leihverkehr anfallenden Kosten werden von der Bibliothek getragen, bei der sie entstehen. Der Benutzer bezahlt lediglich eine Gebühr, die zwischen 0,50 und 3,– DM pro Fernleihvorgang beträgt, wodurch verhindert werden soll, dass der Auswärtige Leihverkehr missbräuchlich genutzt wird. Telegramme, Eilsendungen, Wertversicherungen und ähnliche vom Benutzer selbst beantragte oder mit seiner Zustimmung durchgeführte Sonderleistungen werden ihm in Rechnung gestellt.

Im konventionellen Überregionalen Leihverkehr können trotz aller Bemühungen längere Erledigungsfristen vorkommen. Im Durchschnitt ist mit zwei bis drei Wochen zu rechnen, in Einzelfällen kann die Erledigung einer Fernleihbestellung Monate dauern. Ursache ist der oft langwierige Umlauf zwischen den verschiedenen Stationen des Leihverkehrs sowie der Personalmangel in den Bibliotheken, der die Bearbeitung der Bestellungen verzögert. Um die Laufzeiten zu verkürzen, ist in den meisten Leihverkehrsregionen ein *Bücherautodienst* zwischen den größeren Bibliotheken eingerichtet worden. Eine Neufassung der LVO wird diskutiert.

Beschleunigung der Fernleihe durch Online-Bestellung
und Schnelllieferung

Zur Beschleunigung der Fernleihvorgänge ist zwischen vielen Bibliotheken eine *Online-Bestellübermittlung* ermöglicht worden. Die bestellende

Bibliothek gibt die Fernleihbestellung (in der Regel nach einer Online-Recherche in der regionalen Verbunddatenbank) über Netz in das Ausleihsystem der Bibliothek ein, die das gewünschte Buch verfügbar hat. Über das Ausleihsystem gesteuert, gelangt die elektronische Bestellung sofort an den Standort im Magazin und wird dort als Bestellschein ausgedruckt; das Buch wird ausgehoben und umgehend an die bestellende Bibliothek geliefert. Die *Lieferung* erfolgt bei Monographien (Büchern) konventionell per Post oder Bücherauto. Auch nicht rückgabepflichtige Dokumente, d.h. Aufsätze, können konventionell als Papierkopie geliefert werden, häufiger ist jedoch die schnelle Übermittlung als Telekopie (Telefax), wobei der Aufsatz im Faxscanner gescant und als Fax verschickt wird, oder die Übermittlung als Datei im File-Transfer (FTP) über das Internet. Auch Fernleihbestellungen per Fax und E-Mail sind heute üblich.

c) Internationaler Leihverkehr

Wenn eine Fernleihbestellung innerhalb Deutschlands nicht erledigt werden kann, weil das gewünschte Buch im Inland nicht nachgewiesen ist, kann versucht werden (wenn der Benutzer dies wünscht), das Buch auf dem Weg des *Internationalen Leihverkehrs* aus dem Ausland zu beschaffen. Der Internationale Leihverkehr vollzieht sich nach den Bestimmungen, die der Internationale Verband der Bibliotheksvereine (IFLA) erlassen hat. Es wird ein genormter Bestellschein verwendet, auf dem die üblichen Angaben in mehreren Sprachen aufgedruckt sind. Bis zur Erledigung internationaler Fernleih-Bestellungen müssen erfahrungsgemäß längere Wartezeiten in Kauf genommen werden.

8. Dokumentlieferung außerhalb der Fernleihe

Der herkömmliche Auswärtige Leihverkehr, der sich zwischen bestellender und besitzender Bibliothek abspielt, gegebenenfalls unter Einschaltung von Leitbibliothek und Leihverkehrszentrale, wird dem stark angewachsenen Literaturbedarf und den im digitalen Zeitalter gestiegenen Erwartungen an Schnelligkeit und Bequemlichkeit der Literaturbeschaffung vielfach nicht mehr gerecht. Die modernen Informations- und Kommunikationstechnologien machen es möglich, die *Bestellung und Lieferung von Dokumenten auf elektronischem Weg* vorzunehmen und zwar *direkt* zwischen dem bestellenden Benutzer (Einzelperson oder Institution) und der liefernden Bibliothek. Die zu diesem Zweck eingerichteten *Dokumentbestell- und -lieferdienste* auf lokaler, regionaler, überregionaler oder internationaler Ebene arbeiten außerhalb der Fernleihstrukturen und sind *kostenpflichtig,* d.h. der Benutzer bezahlt je nach gewünschter und erbrachter Leistung ge-staffelte *Gebühren*. Im Vordergrund steht dabei die direkte Bestellung und Lieferung von nicht rückgabepflichtigen Dokumenten (Zeitschriftenauf-sätze).

Anbieter von Dokumentbestell- und -lieferdiensten sind nichtkommerzi-elle, d.h. öffentliche Einrichtungen wie große Bibliotheken oder Biblio-theksverbünde sowie kommerzielle Unternehmen wie z.b. große Zeit-schriftenverlage und -agenturen oder Fachinformationseinrichtungen (Hosts). Der Benutzer kann zwischen den verschiedenen Systemen je nach deren Leistungsfähigkeit und seinen Bedürfnissen auswählen.

Der *Zugang zum Nachweis- und Bestellsystem* erfolgt, vom vernetzten PC am Arbeitsplatz des Benutzers aus, meist über das Internet (WWW) oder das Wissenschaftsnetz (WiN). Der Benutzer kann sich online registrieren lassen und meldet sich dann mit Benutzernummer und Passwort an, oder benutzt nur die Recherchefunktion als Gastteilnehmer.

Die wesentlichen Schritte bei der Nutzung eines elektronischen Bestell- und Liefersystems sind folgende:

(1) *Online-Recherche* durch den Benutzer als Titel- oder Literaturrecher-che in den vom Bestellsystem angebotenen Datenbanken (überregionale und regionale Verbunddatenbanken, fächerübergreifende Aufsatzdaten-banken, bibliographische Fachdatenbanken, OPACs einzelner Bibliothe-ken). Ermittlung des Standorts des gewünschten Dokuments.

(2) *Online-Bestellung* des Benutzers über ein Bildschirm-Bestellformular bei einer an das System angeschlossenen Lieferbibliothek, die das Doku-ment besitzt. Es sind meist auch Bestellungen „auf Verdacht", d.h. ohne Standortnachweis möglich. Anstatt Online-Bestellung kann meist auch eine Bestellung per Fax, E-Mail, Post (Bestellschein) und telefonisch erfol-gen.

(3) *Dokumentlieferung* von der besitzenden Bibliothek direkt an den Be-steller. Rückgabepflichtige Dokumente (Bücher) werden dem Besteller per Post zugesandt, nicht rückgabepflichtige (Aufsätze) werden je nach Wunsch des Bestellers online als Fax oder Datei (über E-Mail oder File-Transfer) oder als Papierkopie oder -ausdruck per Post geliefert. Bei Nicht-lieferung erhält der Besteller eine Rückmeldung, eine Weitergabe der Be-stellung an Dritte erfolgt nicht.

Gebühren fallen nur bei positiv erledigten Dokumentbestellungen an und richten sich nach der gewählten *Lieferart* (Fax, Datei, Papierausdruck per Post) sowie danach, ob es sich um eine *Normal-* oder eine *Eilbestellung* handelt, ferner nach der *Benutzerkategorie*, da vor allem nichtkommerzi-elle Anbieter zwischen „privilegierten" Benutzern (z.b. Hochschulangehörige, Forschungsinstitute) und nichtprivilegierten Benutzern (z.b. Gewerbeunternehmen) unterscheiden. Die Preise liegen zur Zeit etwa zwischen fünf DM (Aufsatz bis 20 Seiten als E-Mail) und 40 DM (Eilbestellung mit Postlieferung an gewerbliche Nutzer). Der Versand von Büchern, soweit vorgesehen, kostet ca. 10-35 DM. Die Recherche ist in der Regel gebührenfrei (nicht bei Fachdatenbanken). Die *Abrechnung* kann unterschiedlich erfolgen, z.b. mit Einzel- oder Sammelrechnung, Bankeinzug, Guthabenkonto, Kreditkarte.

Die *Lieferzeit* für die bestellten Dokumente liegt meist zwischen zwei bis acht Tagen bei Normalbestellungen und wenigen Stunden bei Eilbestellungen mit Fax- oder Dateilieferung.

Elektronische Bestell- und Lieferdienste werden von *Einzelpersonen* (Wissenschaftlern, Professoren, Ingenieuren, Rechtsanwälten, Ärzten) und von *Spezialbibliotheken* und *Informationsstellen* in Forschungsinstituten, Firmen, Wirtschaftsbetrieben und Behörden in Anspruch genommen.

Beispiele für elektronische Dokumentbestell- und -lieferdienste bzw. ihre Anbieter sind

– JASON (Journal Articles Sent On demaNd), ein Dienst, der sich vor allem auf die Bestände Wissenschaftlicher Bibliotheken in Nordrhein-Westfalen und Rheinland-Pfalz stützt,
– GBVdirekt, ein vom Gemeinsamen Bibliotheksverbund (GBV) betriebener Dokumentschnelllieferdienst,
– UNCOVER, ein kommerzieller amerikanischer Dokumentlieferdienst,
– die Bestell- und Liefersysteme der Zentralen Fachbibliotheken (z.b. TIBQUICK der Technischen Informationsbibliothek Hannover) und der an dem Projekt SSG-Schnellbestell- und -lieferservice (SSG-S) teilnehmenden Sondersammelgebietsbibliotheken.

Subito – der kooperative Dokumentlieferdienst der deutschen Bibliotheken

Mit dem Ziel einer wesentlichen Verbesserung der Literaturversorgung in Deutschland wurde 1994 das *Subito*-Projekt als „Bund-Länder-Initiative zur Beschleunigung der Literatur- und Informationsdienste" ins Leben gerufen und 1997 als elektronischer Dokumentlieferdienst gestartet. Das zunächst vom früheren Deutschen Bibliotheksinstitut (DBI) betreute Projekt wurde bei Auflösung des DBI 1999 von einem als *Subito-Arbeitsgemeinschaft* bezeichneten Konsortium von Bibliotheken unter Federführung der TIB Hannover übernommen. Die Subito-Geschäftsstelle in Berlin wird von der Subito-AG weitergeführt.

Mit dem Subito-Dienst (subito = eilig, sofort) sollen für die Bestellung und Lieferung von Zeitschriftenaufsätzen, Büchern und (später) elektronischen Publikationen vor allem die folgenden Einzelziele verwirklicht werden:

- elektronische Bestellung und Lieferung der Dokumente vom bzw. zum Arbeitsplatz des Benutzers über das WWW,
- Zugriff unter einer einheitlichen Benutzeroberfläche,
- schnelle Lieferung des Dokuments innerhalb von drei Werktagen plus Versandzeit,
- zu bundesweit einheitlichen, mäßigen Preisen.

Bei den *Lieferzeiten* von Subito gilt im Normaldienst eine Bearbeitungszeit von drei Werktagen (72 Stunden), im Eildienst von nur einem Werktag (24 Stunden). Die Subito-Lieferbibliotheken verpflichten sich, diese Bearbeitungszeiten einzuhalten. Kann eine Bestellung nicht ausgeführt werden, gibt die Lieferbibliothek dem Besteller innerhalb der vorgeschriebenen Bearbeitungszeit eine Rückmeldung.

Hinsichtlich der *Gebühren* (Entgelte) wird bei den Bestellern zwischen zwei Nutzergruppen unterschieden:

- zur *Nutzergruppe 1* gehören Privatpersonen, Schüler, Auszubildende, Studierende, Mitglieder und Angehörige der Hochschulen, Mitarbeiter der überwiegend aus öffentlichen Mitteln finanzierten Forschungseinrichtungen, Mitglieder juristischer Personen des öffentlichen Rechts,
- zur *Nutzergruppe 2* zählen Selbstständige, Mitarbeiter von Firmen, d.h. alle „kommerziellen" Benutzer, und Benutzer aus dem Ausland.

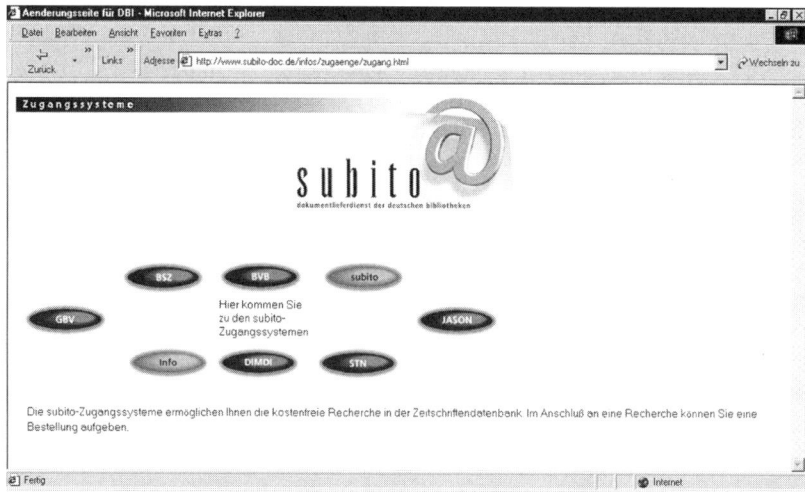

Abb. 30: Subito-Startseite

Die *Gebühren* sind für den Normaldienst der Nutzergruppe 1 bundesweit einheitlich festgelegt und gelten für alle Lieferbibliotheken. Sie reichen zur Zeit von 5 DM für Aufsätze bis 20 Seiten (E-Mail, FTP, Selbstabholung) über 8 DM für Kopie oder Ausdruck mit Postversand und 10 DM für Fax bis zu 13 DM für die Postzustellung von Büchern. Für den Eildienst bei der Nutzergruppe 1 sowie für Normal- und Eildienst bei der Nutzergruppe 2 werden die Entgelte von den Lieferanten festgelegt. Die Rechnungslegung erfolgt bei der Lieferbibliothek (Einzel- oder Sammelrechnungen). Die Zahlung kann per Banküberweisung, künftig auch per Bankeinzug oder Abbuchung per Kreditkarte vorgenommen werden.

Für Recherche und Bestellung über Subito wählt der Benutzer ein *Zugangssystem* aus, entweder den direkten Subito-Zugang oder einen der angeschlossenen Verbünde oder Dokumentlieferdienste. Die Recherche kann in einer Datenbank der Zugangssysteme erfolgen oder in der von allen Zugangssystemen aus erreichbaren Zeitschriftendatenbank (ZDB). Für die Bestellung muss sich der Benutzer beim jeweiligen System registrieren. Hat man die Zeitschrift ermittelt, die den gewünschten Aufsatz enthält, wählt man einen Subito-Lieferanten aus, gibt die Bestellung ein und wählt Lieferart und Zahlungsweise.

Zur Abwicklung der Bestellbearbeitungs- und Liefervorgänge verwenden die meisten Subito-Lieferbibliotheken das *DOD-System* (Document Order-Retrieve and Delivery), ein Softwarepaket für Bestellempfang, Dokumentversendung und Rechnungstellung. Die Bestellungen laufen elektronisch in der Lieferbibliothek ein, werden in der DOD-Station als Bestellsätze gespeichert und über einen Drucker als Bestellscheine ausgegeben. Der Band mit dem bestellten Dokument wird vom Standort geholt und der Aufsatz gescannt. Die Lieferungen in elektronischer Form (E-Mail, Fax, FTP) werden vom DOD-System automatisch zum PC des Bestellers verschickt. Bei Dokumenten, die auf Papier geliefert werden sollen, wird der Text mit einem Laserdrucker ausgedruckt und per Post versandt.

Die neue Organisationsform der Subito-AG seit 1999 soll die Entwicklung des Dienstes zu stärkerer, auch internationaler Wettbewerbsfähigkeit unterstützen. Die Subito-AG plant unter dem Namen *subito.com* das Angebot eines zentral gesteuerten, qualitätsorientierten Dokumentbestell- und -lieferdienstes, der vor allem für Großunternehmen der Industrie, des Finanzsektors und der Wissenschaft (Großforschungseinrichtungen) gedacht ist. Dieser Service soll neue Nutzerkreise ansprechen und dazu führen, dass sich der zunächst noch subventionierte Dienst in absehbarer Zeit finanziell selbst trägt. Das Grundprinzip eines kostengünstigen Zugangs für den zur Nutzergruppe 1 gehörenden Personenkreis soll auch weiterhin erhalten bleiben.

Die elektronischen Dokumentlieferdienste bilden vor allem für die Literaturversorgung mit Zeitschriftenaufsätzen eine wirkungsvolle, den gestiegenen Ansprüchen vieler Benutzer entgegenkommende Ergänzung zur traditionellen Fernleihe. Sie können jedoch den Überregionalen Leihverkehr, der wegen der niedrigen Fernleihgebühr vor allem für den Buchversand, aber auch für die Aufsatzkopienlieferung von einer sehr großen Zahl von Lesern beansprucht wird, zumindest vorerst nicht ersetzen. Fernleihe und Dokumentlieferung werden wohl noch längere Zeit nebeneinander existieren: einerseits der kostengünstige, wenn auch schwerfällige und oft langwierige Überregionale Leihverkehr für den noch nicht vernetzten, sparsamen und geduldigen Benutzer, andererseits die teurere, aber schnellere (bei Eilbestellungen sehr schnelle) elektronische Dokumentlieferung für anspruchsvolle, zahlungswillige Benutzer und Institutionen, die auf rasche Bedienung angewiesen sind.

9. Vermittlung des Zugangs zu Netzpublikationen

Neben die bibliothekarischen Aufgaben des Auswählens, Erwerbens, Erschließens und Vermittelns von gedruckter Literatur treten in zunehmendem Maß die Aufgaben des Auswählens, evtl. Erwerbens, Erschließens und Zugänglichmachens von Online-Publikationen. Es geht hier um den Aufbau von *Virtuellen* oder *Digitalen Bibliotheken*, also von digitalen Recherche-, Nachweis- und Zugangssystemen, mittels derer ausgewählte, fachlich überprüfte, verteilt im Netz gespeicherte Online-Dokumente als Volltexte erschlossen und zugänglich gemacht werden.

Einfachere Systeme dieser Art können lediglich aus strukturierten Link-Sammlungen ausgewählter WWW-Ressourcen bestehen, die auf die Bedürfnisse der Benutzer einer Bibliothek zugeschnitten sind. Anspruchsvollere Systeme erschließen qualitativ ausgewählte, geordnete, kommentierte und fortlaufend überprüfte, allgemein zugängliche Online-Dokumente entweder zu *einem* Fachgebiet (als „Virtuelle Fachbibliothek") oder zu allen Wissenschaftsfächern (als „Virtuelle Allgemeinbibliothek"), um Wissenschaftlern und Studenten einen qualifizierten Bestand von Netzdokumenten anzubieten. Beispiele sind die „Virtuelle Fachbibliothek Psychologie" (ULB Saarbrücken) und die „Düsseldorfer Virtuelle Bibliothek".

Umfassende und komplexe Virtuelle Bibliotheken betreiben die Ermittlung, Bewertung, Auswahl, evtl. Erwerbung, gegebenenfalls auch Herstellung (durch Digitalisierung gedruckter Texte) und Bereitstellung (auf eigenen oder fremden Servern) von wissenschaftlich relevanten Online-Publikationen, die durch ein Nachweissystem sachlich und formal erschlossen und über ein Zugangssystem verfügbar gemacht werden. Dabei werden auch urheberrechtlich geschützte und deshalb kostenpflichtige Publikationen einbezogen, die von den Produzenten (Verlagen) über Lizenzvereinbarungen mit Bibliotheken oder Bibliothekskonsortien für den Zugriff der berechtigten Nutzer bereitgestellt werden.

Ein Beispiel einer solchen Virtuellen Bibliothek ist die unter der Projektleitung der UB Bielefeld entwickelte *Digitale Bibliothek Nordrhein-Westfalen*. Ziel des Projekts ist es, in einer kooperativ aufgebauten Virtuellen Bibliothek elektronische Texte (auch Multimediaprodukte) vor allem für Hochschulangehörige des Landes bereitzustellen. Die Digitale Bibliothek NRW ermöglicht dem Benutzer die Recherche in OPACs von Bibliotheken und Bibliotheksverbünden sowie in Aufsatz- und Fachdatenbanken, vermittelt den Zugriff auf digitale Volltexte von Büchern und Zeitschriften und macht Dokumentlieferdienste wie JASON und Subito verfügbar. Diese Angebote können über ein zentrales Zugangssystem von den Studien- und Arbeitsplätzen in den Hochschulen sowie (für berechtigte Nutzer) auch vom häuslichen Arbeitsplatz aus über das WWW genutzt werden. Das System schließt auch kostenpflichtige Dienstleistungen externer Informationsanbieter mit ein. Wichtige Komponenten der Digitalen Bibliothek Nordrhein-Westfalen sind (a) das *zentrale Zugangssystem*, über das Recherche, Nachweis und Zugriff auf die elektronischen Volltexte unter einer einheitlichen Benutzeroberfläche erfolgen, (b) das *Zugangskontrollsystem*, das durch Identifizierung der berechtigten Benutzer regelt, wer Zugriff auf das Informationsangebot hat, (c) das *Abrechnungssystem*, das Rechnungstellung und Zahlungskontrolle für kostenpflichtige Dienste durchführt und den Einzug der Gebühren und die Abrechnung mit den Diensteanbietern abwickelt.

Eine Virtuelle Zeitschriftenbibliothek ist die *Elektronische Zeitschriftenbibliothek* der UB Regensburg. Ihr Ziel ist die möglichst umfassende Sammlung, Erschließung und Präsentation der Volltexte von E-Zeitschriften mit wissenschaftlich relevantem Inhalt, unabhängig von der Verfügbarkeit. Die Zeitschriftentitel werden in einer Datenbank und in nach Fächern geordneten Link-Sammlungen über das WWW zur Verfügung gestellt. Die Zugänglichkeit der Volltexte wird durch ein System verschieden farbiger Punkte angezeigt (frei zugänglich, für berechtigte Benutzer zugänglich, nicht zugänglich). Besucher der Elektronischen Zeitschriftenbibliothek sehen mit einem Mausklick, welche Journale im jeweiligen Fachgebiet für sie verfügbar sind und können sich über den Titel einer Zeitschrift die gewünschten Aufsätze auf den Bildschirm holen.

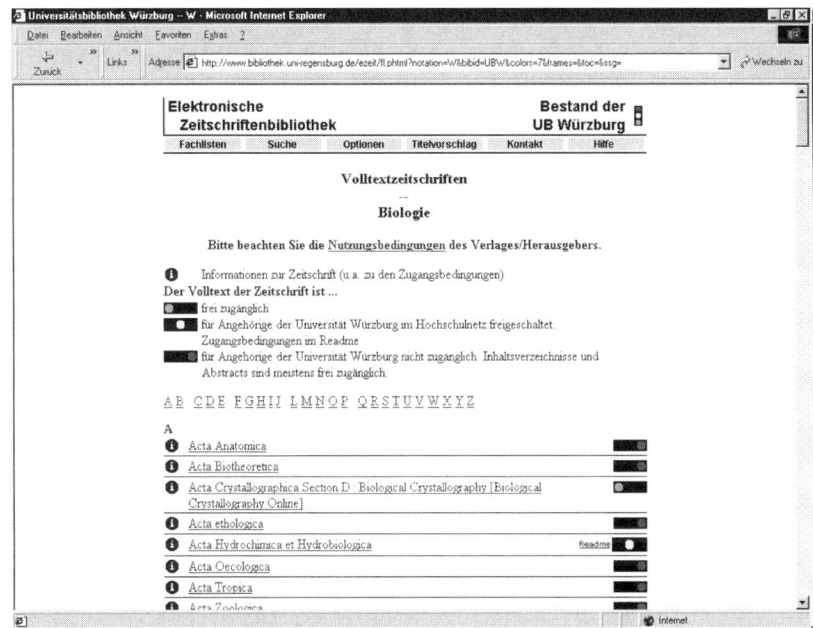

Abb. 31: Elektronische Zeitschriftenbibliothek der UB Regensburg

10. Umgang mit Benutzern

Das richtige Verhalten des Bibliothekspersonals beim Umgang mit den Benutzern ist für das Image und die Leistung der Bibliothek von großer Bedeutung. Als Dienstleistungsbetrieb hat die Bibliothek der Literatur- und Informationsversorgung der Leser zu dienen. Dementsprechend sollten sich alle Mitarbeiter der Bibliothek bewusst sein, dass es auf einen möglichst guten Service ankommt und dass ihre Aufgabe darin besteht, dem Leser bei seinen Informations- und Literaturwünschen soweit wie möglich zu helfen. Den Benutzern – also den Kunden der Bibliothek – gelten letzten Endes alle in der Bibliothek geleisteten Arbeiten und Bemühungen.

Der Kontakt zwischen Benutzern und Bibliothekaren kommt vor allem an den Ausleihstellen (Ortsleihe, Fernleihe, Lesesaalausleihe) sowie bei der Auskunftserteilung und Beratung zustande. Die mit der Ausleihe und der Auskunft beschäftigten Bibliothekare müssen folglich in besonderem Maße jene Eigenschaften entwickeln, die für einen professionellen Umgang mit den Benutzern nötig sind. *Freundlichkeit* und *Hilfsbereitschaft* stehen dabei an erster Stelle. Bibliothekare sollten aufgeschlossene, kontaktfähige Menschen sein, denen es Freude macht, den Benutzern bei der Ermittlung und Vermittlung von Literatur und Informationen zu helfen, und die dabei auch eine gehörige Portion *Geduld* aufbringen.

Der Bibliothekar muss ferner die Fähigkeit besitzen, *sich auf den Benutzer einzustellen*. Ein neuer Leser kennt sich naturgemäß in der Bibliothek noch nicht aus. Der innere Betrieb einer großen Bibliothek bleibt für die meisten Benutzer zeitlebens verwirrend und undurchschaubar. Bibliothekarische Begriffe wie Signatur, Schlagwortkatalog oder Fernleihe sind zumindest dem Neuling unbekannt, speziellere Fachausdrücke (z.B. Notation, Titelaufnahme, retrospektive Bibliographie) kann man selbst bei einem erfahrenen Leser nicht voraussetzen. Der Bibliothekar hat die Aufgabe, dem Benutzer die *bibliothekarischen Einrichtungen und Begriffe*, soweit sie für das Anliegen des Benutzers wichtig sind, in verständlicher Weise und ohne Überheblichkeit zu *erklären*. Einfühlungsvermögen, Takt und ein gewisses didaktisches Geschick sind dabei erforderlich.

Ebenso wird es oft nötig sein, dem Leser bei gegebenem Anlass den *Sinn von Benutzungsvorschriften zu erklären*, besonders wenn sie sich einschränkend oder nachteilig für den Benutzer auswirken (z.B. die Begrenzung der Leihfrist oder die Erhebung von Mahngebühren). Mancher Leser fasst eine solche Vorschrift als Schikane auf, weil er ihre Berechtigung nicht einsieht. Hier sollte der Bibliothekar versuchen, beim Leser Verständnis für solche Maßnahmen zu erwecken.

Das Bestreben des Bibliothekars, dem Benutzer bei seinen Informations- oder Literaturproblemen soweit wie möglich zu helfen, sollte nicht dazu führen, dass unzumutbare Forderungen eines einzelnen Benutzers erfüllt werden. Übertriebene Hilfeleistung für *einen* Leser beeinträchtigt meist den Service für die anderen Benutzer. Hier gilt der Grundsatz des „gleichen Rechts für alle". Bittet z.B. ein Student um eine Literaturzusammenstellung zum Thema seiner Seminararbeit, so wird ihm der Auskunftsbibliothekar zwar alle Informationsmittel nennen und verfügbar machen, die Anfertigung der Literaturliste selbst wird er jedoch ablehnen, da die Zusammenstellung von Literatur für eine Seminar- oder Examensarbeit Sache des Studenten ist. Freilich sind die Anliegen der Benutzer quantitativ und qualitativ unterschiedlich, sodass auch die vom Bibliothekar aufgewendete Zeit und Mühe unterschiedlich sein kann. Außerdem gibt es gelegentlich Sonderwünsche, die aus bestimmten Gründen berechtigt erscheinen und die der Bibliothekar dann im Rahmen des Möglichen erfüllen sollte.

Fehler und *Pannen* – gleichgültig ob ein Benutzer oder ein Bibliothekar sie verursacht hat – soll man nicht „moralisch" nehmen. Vorwurfsvolle Mienen und hocherhobene Zeigefinger erzeugen nur Ärger. Hat ein Benutzer gegen die Bestimmungen verstoßen (z.B. indem er in einem Buch Anstreichungen gemacht oder es beschädigt hat), so soll der Bibliothekar dies in sachlichem Ton beanstanden und gegebenenfalls die notwendigen Maßnahmen ergreifen (Schadenersatzleistung durch den Benutzer). Ist dem Bibliothekar ein Fehler oder Versäumnis unterlaufen, so sollte er dies ohne Verlegenheit zugeben, sich gegebenenfalls entschuldigen und den Fehler berichtigen bzw. das Versäumte nachholen.

In solchen und anderen Situationen zeigt sich, dass der Bibliothekar beim Umgang mit den Benutzern ein großes Maß an *Ausgeglichenheit* und *Gelassenheit* benötigt. Auch wenn einmal ein Benutzer berechtigter- oder unberechtigterweise „hochgeht", sollte der Bibliothekar die Ruhe bewahren und das Gespräch in bestimmter, aber sachlicher Tonart fortsetzen. Der Benutzer hat ein Recht auf Beschwerde. Man muss Klagen und Kritik vonseiten der Leser ernst nehmen und auf ihre Berechtigung prüfen. Kommt der Bibliothekar in einem Konfliktfall selbst nicht weiter, so ist gegebenenfalls der Vorgesetzte (Abteilungsleiter, Bibliotheksdirektor) einzuschalten.

Das richtige Verhalten des Bibliothekspersonals zu den Benutzern hat zur Voraussetzung, dass der Bibliothekar sich und seinen Beruf richtig einschätzt. Indem er an der Literatur- und Informationsversorgung der Bevölkerung mitwirkt, erfüllt der Bibliothekar eine wichtige kulturelle und gesellschaftliche Aufgabe. Deshalb sollte sich der Bibliothekar als *Partner des Benutzers* fühlen und mit den Lesern im Geiste einer freundschaftlichen Zusammenarbeit verkehren.

V. Mittel und Methoden der Informationsgewinnung

1. Das Informationsproblem

Eine der wichtigsten Tatsachen unserer Gegenwart ist die *schnelle Zunahme der wissenschaftlichen Erkenntnisse*. Seit mehr als 100 Jahren vollzieht sich eine gewaltige *Expansion der Wissenschaften* und damit auch ein *ungeheures Anwachsen der wissenschaftlichen Publikationen*. Die Zahl der auf der ganzen Welt neu erscheinenden wissenschaftlichen Werke, Aufsätze, Berichte und Artikel wird heute auf mehrere Millionen im Jahr geschätzt. Man spricht daher zu Recht von einer „Informationslawine", „Informationsflut" oder „Publikationsflut", die sich in Zukunft mit Sicherheit noch weiter vergrößern wird. Allerdings ist der *quantitative Zuwachs* an veröffentlichen Informationen nicht gleichzusetzen mit einem entsprechenden Zuwachs an *Qualität* oder *Wert* der gewonnenen Erkenntnisse. Aber gerade dadurch, dass es auch viele wertlose Publikationen gibt, verschärft sich das Problem, wie die wirklich wichtigen Informationen gezielt *gefunden und ausgewählt* werden können.

Gleichzeitig sind im 20. Jahrhundert neben den selbstständig erscheinenden wissenschaftlichen Werken (Monographien) andere Publikationsformen stärker in den Vordergrund getreten. Die meisten wissenschaftlichen Erkenntnisse werden heute in Form von *Aufsätzen in Fachzeitschriften* veröffentlicht. An Bedeutung gewinnen außerdem, neben Büchern und Zeitschriften, sonstige Veröffentlichungen, die oft nicht in der üblichen Form einer Verlagspublikation vorliegen und deren Erfassung und Beschaffung daher schwierig ist: Kongressschriften, Forschungsberichte (Reports), Firmenschriften, Patentschriften, Prospekte, Veröffentlichungen in Mikroform usw. Für die Wissenschaft sind solche (auch als *„Graue Literatur"* bezeichneten) Publikationen außerordentlich wichtig, da sie Informationsquellen von großem Neuigkeitswert sind.

Auch die *Zahl der in Wissenschaft und Forschung tätigen Menschen* hat gewaltig zugenommen und nimmt weiterhin zu. Außerdem weitet sich der Kreis der an wissenschaftlicher Arbeit teilnehmenden Länder mehr und mehr aus. Wissenschaftler und Praktiker auf der ganzen Welt benötigen für ihre Arbeit die Ergebnisse der anderen in ihrem Fachgebiet wirkenden Forscher und Anwender, um auf diesen Ergebnissen aufbauen zu können und Doppelarbeit zu vermeiden. Dabei ist vor allem im Bereich der naturwissenschaftlich-technisch-medizinischen Forschung und der industriellen Entwicklung und Fertigung der *schnelle* Zugriff auf die *neuesten* Forschungs- und Praxisinformationen von großer Bedeutung. Entsprechendes gilt im wirtschaftlichen Bereich für die neuesten Wirtschafts- und Statistik-daten. Gerade da, wo „Information" in nutzbare Anwendungen und damit in Gewinn umgesetzt werden kann, ist der Bedarf an aktuellen Informatio-nen besonders groß. Für den einzelnen Wissenschaftler oder Praktiker be-steht das Problem darin, aus der Flut der neuen, weltweit erscheinenden Veröffentlichungen genau diejenigen Informationen herauszufinden, die er für die Lösung einer bestimmten Frage gerade benötigt.

Die Entwicklung der modernen Informations- und Kommunikationstech-nik hat das Informationsproblem noch weiter verschärft. Neben die auf Pa-pier gedruckten Veröffentlichungen sind die *elektronischen Publikationen* getreten, die in Datennetzen global verfügbar gemacht und jederzeit und an jedem Ort per Mausklick abgerufen werden können. Das Internet und sein multimedialer Dienst WWW machen über Hypertextverknüpfungen jedem Interessierten eine unüberschaubare Masse von Informationsangeboten zu-gänglich. Auch im Internet liegt das Hauptproblem im Auffinden der rele-vanten und wichtigen Sachverhalte im Ozean der nicht relevanten und wertlosen Informationen.

2. Fachinformation (Information und Dokumentation, IuD)

Wissenschaftsexpansion und Informationsflut haben schon vor vielen Jahr-zehnten dazu geführt, dass intensive Bemühungen unternommen wurden, Wissenschaftlern und Praktikern die Suche nach den für ihre Arbeit wich-tigen Forschungsergebnissen zu erleichtern. Man hat diese Bemühungen zunächst unter der Bezeichnung *Dokumentation*, später unter *Information und Dokumentation (IuD)* zusammengefasst. Darunter versteht man das Sammeln, Erfassen, Erschließen und Speichern von Dokumenten aller Art sowie das Nachweisen und Vermitteln der in den Dokumenten enthaltenen Informationen. Innerhalb des Tätigkeitsfeldes IuD sind also zwei Aspekte zu unterscheiden:

– das Sammeln, Erfassen, Erschließen, Ordnen und Speichern von Doku-menten (Aspekt der *Dokumentation*, des *Dokumentierens*),

– das Aufsuchen, Ermitteln, Nachweisen, Zur-Kenntnis-Bringen und Ver-mitteln der in den Dokumenten enthaltenen Informationen (Aspekt der *Information*, des *Informierens*).

Die Speicherung von Information wird mit einem englischen Ausdruck als „Information Storage", das Wiederauffinden der gespeicherten Informatio-nen als „Retrieval" oder „Information Retrieval" bezeichnet.

Seit einiger Zeit hat sich neben der Bezeichnung Information und Dokumentation der Begriff *Fachinformation* eingebürgert. Mit „Fachinformation" ist das Wissen gemeint, das für die Bewältigung fachlicher Aufgaben im Beruf, in Wissenschaft und Forschung, Wirtschaft und Staat benötigt wird. Zum Fachinformationswesen rechnet man vor allem die Einrichtungen des Informations- und Dokumentationswesens (IuD-Wesens), außerdem Fachverlage und Fachbuchhandlungen, die Fachinformationen veröffentlichen und verbreiten, sowie Bibliotheken, die den Zugang zur Fachliteratur sichern. Neuerdings wird auch der Begriff *Wissenschaftliche und technische Information* verwendet und als Gesamtheit aller Informationsquellen definiert, die Wissenschaftlern zur Verfügung stehen.

Die Tätigkeit von Fachinformationseinrichtungen erstreckt sich in erheblichem Umfang auf *Literaturdokumentation und -information*, wie sie in gleicher oder ähnlicher Weise auch in vielen Bibliotheken (vor allem in Spezialbibliotheken) durchgeführt wird. Jedoch werden im Bereich von Information und Dokumentation nicht nur literarische Dokumente erfasst und erschlossen (Bücher, Periodika, Zeitschriftenaufsätze, Zeitungsartikel, Firmen- und Patentschriften, Graue Literatur), sondern vielfach auch nichtveröffentlichte schriftliche und grafische Dokumente (Aktenstücke, Krankenblätter, Bauzeichnungen, Fotos) sowie sonstige Materialien und Objekte (audiovisuelle Medien, Museumsexponate). In großem Umfang werden *Fakten* und *Zahlen* aus den Bereichen Wirtschaft, Recht, Verwaltung und vor allem aus Naturwissenschaften, Medizin und Technik gespeichert und vermittelt (Statistikdaten, Rechtsnormen, Eigenschaften chemischer Stoffe, technische Messwerte, medizinische Befunddaten, Arzneimitteldaten). Es geht im Fachinformationswesen also nicht nur um Literaturdokumentation und -information, sondern in großem Umfang um *Faktendokumentation* und *Fakteninformation*.

Die Speicherung der in IuD-Einrichtungen erfassten Informationen wurde früher in unterschiedlichen *konventionellen Formen* vorgenommen (z.B. in Karteien, mit Lochkartenverfahren, in gedruckten Fachbibliographien); heute erfolgt sie durchwegs in *elektronischer Form* auf *Datenträgern* und in *Online-Datenbanken*, aus denen nach Bedarf auch gedruckte Formen hergestellt werden können. Große, überregional oder weltweit bedeutende Datensammlungen werden über weltweite Datennetze zur Abfrage angeboten. Diese Online-Datenbanken lassen sich in drei Gruppen einteilen:

– *Literaturdatenbanken* (Literaturhinweisbanken, Bibliographische Datenbanken, Literaturinformationsbanken), die Literaturnachweise oder bibliographische Daten, also Literaturzitate (meist unselbstständiger Literatur) enthalten,

- *Faktendatenbanken* (Faktenbanken), in denen Fakten, d.h. Sachverhalte, Tatbestände, Befunde, Statistikdaten, Firmeninformationen, Zahlenwerte u.ä. gespeichert sind und die damit dem Wissenschaftler oder Praktiker die gesuchten Endinformationen liefern,
- *Volltextdatenbanken*, die komplette Literaturtexte enthalten, z.B. Zeitschriftenaufsätze, Nachrichten, Zeitungsartikel, Gerichtsentscheidungen, Patente und Reports.

Als Sondergruppe (oder als Untergruppe der Faktendatenbanken) können die (nichtbibliographischen) *Hinweis-* oder *Referenzdatenbanken* betrachtet werden, die Hinweise auf Firmenadressen, Firmenprodukte, Forschungsprojekte, Kongresse, Veranstaltungen u.a. enthalten.

Einrichtungen des Fachinformationswesens

Fachinformationseinrichtungen gibt es als unselbstständige Informationsstellen in Forschungsinstituten, Wirtschaftsunternehmen, Firmen und Behörden sowie als selbstständige fachliche Informationseinrichtungen. Einrichtungen, die Informationen für die Öffentlichkeit bereitstellen, werden zum Teil von privaten Trägern betrieben, zum Teil vom Staat unterhalten oder unterstützt.

Seit Fachinformationen in großen Online-Datenbanken auf leistungsstarken EDV-Anlagen gespeichert und angeboten werden, kann man im Prinzip drei Arten von Fachinformationseinrichtungen unterscheiden:

- *Datenbasishersteller*, die Fachinformationen elektronisch erfassen und erschließen und so maschinenlesbare *Datensammlungen (Datenbasen)* herstellen,
- *Datenbankbetreiber und -anbieter*, so genannte *Hosts* (engl. host = Wirt), die in Rechenzentren gegen Gebühr online abfragbare, aus Datenbasen gespeiste *Datenbanken* bereitstellen,
- *Online-Informationsvermittlungsstellen* (IVS), die Online-Recherchen in externen Datenbanken durchführen und daraus für ihre Kunden (Endnutzer) per Datenfernübertragung die gewünschten Informationen vermitteln. Solche Online-IVS gibt es z.B. in Forschungsinstituten, Universitäten, Bibliotheken, Wirtschaftsunternehmen, Firmen, Technologietransfer- und Fachinformationszentren.

Es gibt IuD-Einrichtungen, die alle drei Aspekte vereinen, d.h. die als Datenbasishersteller, Datenbankbetreiber (Host) und Online-Informationsvermittler tätig sind.

Seit Ende der 70er-Jahre sind in der Bundesrepublik Deutschland für die Bereiche der Natur-, Sozial- und Angewandten Wissenschaften *Fachinfor-*

mationszentren (FIZ) aufgebaut worden, die für organisatorische und zentrale Aufgaben der Fachinformation auf ihren Fachgebieten zuständig sind und sich als Datenbankhersteller und -betreiber und als Informationsvermittler betätigen. Nachstehend werden einige Beispiele wichtiger Fachinformationszentren bzw. -systeme genannt:

– Deutsches Institut für medizinische Dokumentation und Information (DIMDI), Köln;
– Zentralstelle für Agrardokumentation und -information (ZADI), Bonn, mit Fachinformationssystem Ernährung, Land- und Forstwirtschaft (FIS-ELF);
– FIZ Chemie, Berlin;
– FIZ Karlsruhe (Naturwissenschaften, Technik, Mathematik);
– Informationszentrum Rohstoffgewinnung, Geowissenschaften, Wasserwirtschaft (GEOFIZ), Hannover;
– Fraunhofer-Informationszentrum Raum und Bau, Stuttgart;
– FIZ Technik, Frankfurt a.M.;
– Juristisches Informationssystem (Juris), Saarbrücken;
– Informationszentrum Sozialwissenschaften, Bonn;
– Zentralstelle für Psychologische Information und Dokumentation (ZPID), Trier;
– Fachinformationssystem Bildung, Frankfurt a.M./Eschborn.

Beispiele von in Deutschland vielbeanspruchten *Hosts* sind DIMDI, STN International/FIZ Karlsruhe, Juris, FIZ Technik, DIALOG und Genios-Wirtschaftsdatenbanken. Auch Bibliotheken und Bibliotheksverbünde sind heute als Hosts tätig, die frei zugängliche Katalog- und Literaturdatenbanken verwalten. Hier ist auch der Host DBI-LINK des früheren Deutschen Bibliotheksinstituts zu nennen.

Für die Förderung des Fachinformationswesens in Deutschland ist zuständig das *Bundesministerium für Bildung und Forschung (BMBF)*. IuD-Stellen und -Einrichtungen sind zusammengeschlossen in der *Deutschen Gesellschaft für Informationswissenschaft und -praxis* (DGI). Sie gibt die Fachzeitschrift „nfd.Information-Wissenschaft und Praxis" heraus und ist Mitglied der internationalen Vereinigung „*Fédération Internationale de Documentation*" (FID).

3. Literaturinformation

Zu den Hauptaufgaben der Bibliotheken gehört die *Literaturinformation*, d.h. die Vermittlung von bibliographischen Informationen, also von Informationen über Literatur. Kein Bibliotheksbenutzer kann auf Literaturinformation verzichten. Will ein Leser Literatur benutzen, ohne die für seine Zwecke geeignete Literatur bereits zu kennen, so benötigt er zunächst Informationen darüber, welche Publikationen es gibt, die seinem Lesebedarf entsprechen. Ist sich ein Benutzer bereits darüber im klaren, welche Veröffentlichungen er lesen will, so benötigt er Informationen darüber, ob die gewünschte Literatur in seiner Bibliothek vorhanden ist oder gegebenenfalls aus anderen Bibliotheken oder sonstigen Quellen beschafft werden kann.

Bibliothekarische Literaturinformation vermittelt also *Literaturnachweise* und *Bestandsnachweise*, sie zielt auf die Feststellung der überhaupt existierenden bzw. der in der Bibliothek oder anderswo verfügbaren Literatur. Die Voraussetzung für Literaturinformation ist *Literaturerschließung* ohne Rücksicht auf den Standort der Literatur bzw. *Bestandserschließung* der in Bibliotheken vorhandenen Literaturbestände.

Literaturinformationen werden in Bibliotheken auf unterschiedliche Art und Weise vermittelt: durch den Bestand selbst, seine Anordnung und Präsentation, durch die Bereitstellung von konventionellen und elektronischen Bestands- und Literaturverzeichnissen, also von Katalogen und Bibliographien, durch mündliche und schriftliche Auskunftserteilung über Literatur, Literaturbestände und Literaturinformationsmittel, durch Vermittlung von Literatur- und Bestandsinformationen aus Online-Datenbanken und sonstigen Netzressourcen.

Literaturinformation spielt sich nicht nur in Bibliotheken ab, sondern auch in *Buchhandlungen*, in denen Informationen über die im Buchhandel erhältliche Literatur vermittelt werden, und in *Einrichtungen der Fachinformation* (Information und Dokumentation), die fachliche Informationen, darunter auch fachliche Literaturinformationen, erfassen, erschließen und vermitteln.

a) Literaturinformation in Fachinformationseinrichtungen und Bibliotheken

Für die in *Fachinformationseinrichtungen* betriebene Literaturerschließung und Literaturinformation sind folgende Merkmale charakteristisch:

- Sie ist immer *fachbezogen*, d.h. sie wird für *eine* Wissenschaft oder *ein* Spezialgebiet (oder eine Gruppe von verwandten Fachgebieten) vorgenommen.
- Sie ist *bestandsunabhängig*, d.h. sie erfasst möglichst alle zu einem Fachgebiet gehörigen neuerschienenen Literaturdokumente, ohne Rücksicht darauf, wo das einzelne Dokument vorhanden ist.

– Sie erfasst in erster Linie *unselbstständig erschienene* Literatur, d.h. z.b. Aufsätze in Fachzeitschriften oder Beiträge in Sammelwerken, deren *Inhalt* sie möglichst gründlich *erschließt.*

Im Gegensatz dazu ist die in *Bibliotheken* betriebene Literaturerschließung in der Regel auf *den eigenen Bestand* bzw. den *Bestand mehrerer Bibliotheken* beschränkt. Literaturerschließung in *Universalbibliotheken* bezieht sich auf alle in der Bibliothek gesammelten Fächer und Wissenschaften, ist also nicht fachlich spezialisiert und erfasst meist nur *selbstständig erschienene Werke* (eventuell mit Ausnahme von bestimmter Spezial- oder Regionalliteratur, bei der auch unselbstständige Werke erschlossen werden). Jedoch wird fachbezogene, auch die unselbstständige Literatur erfassende Literaturerschließung in *Spezialbibliotheken* betrieben oder von IuD-Stellen, die mit Spezialbibliotheken verbunden sind, durchgeführt.

Auch wenn Bibliotheken keine bestandsunabhängige, die unselbstständige Literatur einbeziehende Literaturerschließung vornehmen, werden die Ergebnisse dieser von anderen Stellen vorgenommenen Literaturerschließung, d.h. allgemeine und fachliche *Literaturverzeichnisse, Bibliographien und Literaturdatenbanken,* in den Bibliotheken als Informationsmittel für Leser und Bibliothekare verfügbar gemacht, benutzt und für Auskunftszwecke verwertet.

Auch wenn Literatur*erschließung* in Bibliotheken also überwiegend *Bestands*erschließung ist, so geht die in Bibliotheken betriebene Literatur*information* stets über den eigenen Bestand hinaus und bezieht die überhaupt existierende und anderswo befindliche Literatur mit ein.

Bibliothekarische Literaturinformation ist ein Teilbereich der Fachinformation, insoweit es sich um *fachliche* Literaturinformation handelt, wie sie vor allem in wissenschaftlichen Spezial- und Universalbibliotheken geleistet wird. Literaturinformation in Bibliotheken geht aber auch über den Bereich der Fachinformation hinaus, insofern es sich um die Vermittlung eher allgemeiner, nicht fachwissenschaftlicher Literaturinformationen an eine allgemein interessierte Leserschaft handelt. Diese *allgemeine, nicht fachlich spezialisierte Literaturinformation* ist vor allem eine Aufgabe der Öffentlichen Bibliotheken, zum Teil auch von Wissenschaftlichen Bibliotheken (z.B. von wissenschaftlichen Stadt- und Regionalbibliotheken).

b) Titelsuche und Literatursuche

Bibliographische Ermittlungen gehören zum Alltagsgeschäft des Bibliothekars. Bei der bibliothekarischen Suche nach Literaturinformationen lassen sich hauptsächlich zwei Suchgattungen unterscheiden: Titelsuche und Literatursuche.

Titelsuche

Unter Titelsuche versteht man die bibliographische Ermittlung *eines bestimmten Titels*, d.h. einer *Literaturangabe*, zum Zweck der Überprüfung eines vorliegenden, vollständigen oder unvollständigen Titelzitats und gegebenenfalls seiner Berichtigung bzw. Ergänzung. Neben „Titelsuche" sind auch die Bezeichnungen Titelüberprüfung, Titelverifikation, Zitatverifizierung, überprüfende und ergänzende Titelsuche gebräuchlich. Man spricht auch kurz vom „Bibliographieren" eines Titels.

Eine solche Titelüberprüfung ist in Bibliotheken häufig erforderlich bei Benutzerbestellungen für die Orts- und Fernleihe, da in vielen Fällen die vorliegenden bibliographischen Angaben (z.B. Autor, Sachtitel, Erscheinungsjahr) fehlerhaft oder unvollständig sind und deshalb berichtigt bzw. ergänzt werden müssen. Ähnliche Feststellungen sind oft auch bei der Titelaufnahme eines Buches notwendig (sog. *Datensuche* zur Ermittlung von im vorliegenden Buch fehlenden Angaben).

Titelüberprüfungen von *Monographien* werden vorgenommen entweder in (gedruckten oder) elektronischen Allgemeinbibliographien oder Katalogen, vor allem in Nationalbibliographien, Katalogen großer Bibliotheken oder Verbundkatalogen. Titel von *Zeitschriftenaufsätzen* überprüft man in Fachbibliographien oder fachbibliographischen Aufsatzdatenbanken.

Literatursuche

Bei der Literatursuche oder Literaturrecherche, auch thematische Suche oder sachliche Literaturrecherche genannt, geht es um die Ermittlung von Literatur zu einem bestimmten *Thema* oder einem *Sachgebiet*. Der Ausgangspunkt ist also das Bedürfnis des Benutzers, z.B. eines Wissenschaftlers, Studenten oder Praktikers, sich über ein Thema oder eine Sache zu informieren und zu diesem Zweck einschlägige Literatur zu ermitteln. Da hierbei in der Regel die Literatur der letzten Jahre oder eines weiter zurückreichenden Zeitraums erfasst werden soll, spricht man von einer *retrospektiven* (rückwärts gerichteten) Literaturrecherche.

Je nach den Umständen werden Literaturrecherchen von den *Bibliotheksbenutzern* selbst (bei Bedarf nach Einweisung und mit Hilfeleistung durch einen Bibliothekar) oder von *Bibliothekaren* vorgenommen, letzteres z.B. bei „vermittelten" Online-Literaturrecherchen in bibliographischen Fachdatenbanken.

Um die Art und den Umfang einer Literaturrecherche abschätzen zu können, sollten vor Beginn der Suche vor allem die folgenden Fragen geklärt
werden:

- Wird einführende und grundlegende, gegebenenfalls populärwissen-
  schaftliche Literatur (Sachbuchliteratur) zum Thema gewünscht oder
  aber streng wissenschaftliche Spezialliteratur?
- Genügen einige einschlägige Titel, weil nur eine erste Orientierung über
  das Sachgebiet gewünscht wird, oder soll die Literatur zum Thema umfassend nachgewiesen werden?
- Soll sich die Literatursuche auf den Bestand der Bibliothek beschränken
  oder die überhaupt existierende Literatur zum Thema nachweisen?
- Wird nur aktuelle Literatur gewünscht (wenn ja, aus welchem Zeitraum), oder soll auch ältere Literatur erfasst werden?
- Soll nur deutschsprachige Literatur ermittelt werden oder auch fremdsprachige? Wenn ja, in welchen Sprachen?
- Genügen Monographien oder werden auch Zeitschriftenaufsätze, eventuell auch Dissertationen, Reports, Firmenschriften und ähnliche
  „graue" Literatur gewünscht?

Je nach Beantwortung dieser Fragen ergibt sich entweder

(1) eine *Literaturrecherche für den Einstieg in ein Thema oder Sachgebiet*,
d.h. die Suche nach einer Auswahl von grundlegenden und einführenden
Büchern oder Aufsätzen zu einem Thema, oder

(2) eine *spezialisierte fachliche Literaturrecherche* zum Zweck der Ermittlung fachwissenschaftlicher Literatur zu einer speziellen, eventuell
komplexen Fragestellung.

c) *Literaturrecherche für den Einstieg in ein Thema*

Viele Anfragen von Benutzern, besonders häufig in Öffentlichen, aber
auch in Wissenschaftlichen Bibliotheken, bezwecken nicht den umfassenden Nachweis von fachwissenschaftlicher Spezialliteratur. Vielmehr sollen
oft nur einige wesentliche, grundlegende oder einführende neuere Bücher
oder Aufsätze nachgewiesen werden, um einen ersten Einstieg in ein Sachgebiet oder einen Überblick über ein Thema zu ermöglichen.

Solche Literaturrecherchen sind beispielsweise erforderlich, wenn ein rei-
selustiger Bibliotheksbenutzer Literatur über die Geschichte Indiens oder
Chinas sucht, ein historisch interessierter Jurist Bücher über die Französische Revolution ermitteln will, ein Gymnasiast nach Werken über Ge-
dichtinterpretationen für seine Facharbeit fahndet oder ein Journalist für ei-

nen Zeitungsartikel neuere Zeitschriftenaufsätze über das Ozonloch heranziehen möchte.

Eine solche begrenzte „Einstiegs-Literaturrecherche" wird oft schon durch Überprüfung des systematisch aufgestellten *Buchbestandes* oder durch eine Schlagwortsuche im *OPAC* der Bibliothek oder des regionalen Bibliotheksverbundes zu Ergebnissen führen. Weitere Möglichkeiten für die Ermittlung von Monographien bieten die elektronischen Verzeichnisse Der Deutschen Bibliothek und des Verzeichnisses lieferbarer Bücher (VLB) in CD-ROM- oder Online-Version. Werden auch Zeitschriftenaufsätze gewünscht, so sind allgemeine Aufsatzdatenbanken wie der „Zeitschriftendienst" (ZD) oder die „Internationale Bibliographie der Zeitschriftenliteratur" (IBZ) heranzuziehen.

Einfachere thematische Literaturrecherchen in OPACs oder CD-ROMs können in der Regel von den Benutzern selbst vorgenommen werden, wenn diese durch Bibliothekare eine Einführung in die grundlegende Methodik der Online-Literatursuche erhalten haben.

d) Spezialisierte fachliche Literaturrecherche

Literaturrecherchen in Wissenschaftlichen Bibliotheken haben meist das Ziel, fachwissenschaftliche Literatur zu einem speziellen, oft komplexen Thema für die Zwecke von Forschung oder Praxis zu ermitteln. Dabei wird häufig Vollständigkeit, oft beschränkt auf einen bestimmten Zeitraum, angestrebt. In aller Regel bezieht man die unselbstständig erschienene Literatur, also Aufsätze in Zeitschriften und Sammelwerken, in die Suche mit ein.

Spezialisierte, umfassende fachliche Literaturrecherchen sind z.B. erforderlich, wenn ein Geschichtsprofessor Literatur über das Reformationszeitalter zur Ausarbeitung einer Vorlesung zusammenstellt, wenn ein Rechtsanwalt die neuesten Gerichtsentscheidungen über ein Spezialproblem des Steuerrechts benötigt, wenn ein in der Pharmaforschung tätiger Mediziner Fachaufsätze der letzten Jahre über die Auswirkungen eines Medikaments auf die Magenfunktion sucht oder wenn ein Physiker, der Laboruntersuchungen über radioaktive Substanzen durchführt, Berichte über ähnliche, anderswo vielleicht schon abgeschlossene Experimente ermitteln will.

Vor einer umfassenden, womöglich Vollständigkeit anstrebenden spezialisierten Literaturrecherche sollte zunächst in *Bibliographien der Bibliographien* geprüft werden, ob nicht bereits eine einschlägige Spezialbibliographie vorliegt. Ist dies nicht der Fall, müssen gedruckte *Fachbibliographien* oder elektronische Fachdatenbanken des übergeordneten Fachgebiets befragt werden. Sie enthalten in der Regel sowohl selbstständig wie unselbstständig erschienene Publikationen. Der Nachteil von gedruckten Fachbibliographien liegt oft darin, dass sie als *retrospektive* Bibliographien vielfach veraltet sind und als *laufende* Bibliographien oft mehr oder minder „nachhinken", d.h. mit mehr oder minder großer Verzögerung nach der Veröffentlichung der verzeichneten Bücher oder Aufsätze erscheinen. Erfolgversprechender sind *Online-Recherchen in fachbibliographischen Literaturdatenbanken.* Besonders in den Bereichen Naturwissenschaften, Technik und Medizin, aber auch in den Sozial- und Geisteswissenschaften wurde die Literatur der letzten Jahrzehnte in fachlich spezialisierten, meist kommerziell betriebenen Online-Datenbanken gespeichert und vielfach auch auf CD-ROMs verfügbar gemacht. Immer dann, wenn aktuelle, unselbstständig erschienene Publikationen über ein spezielles, komplexes Thema gesucht werden, sind Literaturrecherchen in Fachdatenbanken allen anderen Suchformen überlegen. Online- und CD-ROM-Literaturdatenbanken sind im Dialogbetrieb abfragbar und ermöglichen eine differenzierte Suche durch die Kombination verschiedener Suchbegriffe sowie die Modifizierung, d.h. Erweiterung oder Einschränkung, der Suchfrage im Verlauf der Recherche. Bibliographische Online-Datenbanken werden laufend aktualisiert und sind daher aktueller als CD-ROM-Versionen, die in periodischen Abständen in aktualisierter Neuausgabe erscheinen.

Fachliche Literaturrecherchen in gedruckten Fachbibliographien sowie in fachlichen CD-ROM-Literaturdatenbanken werden in der Regel durch die *Benutzer* selbst vorgenommen, gegebenenfalls nach Anleitung durch den Bibliothekar. CD-ROM-Datenbanken bieten (ebenso wie OPACs) eine komfortable Benutzeroberfläche, d.h. eine Bedienungssoftware mit Menüsteuerung, die nur wenige grundlegende Vorkenntnisse für das Recherchieren voraussetzt. Recherchen in Online-Fachdatenbanken erfordern jedoch eingehendere Kenntnisse in Datenbanken-Retrieval- oder Abfrage-Sprachen, wie GRIPS oder MESSENGER, da die Suchfragen in Form von Befehlen eingegeben werden müssen. Ferner sind Kenntnisse in der jeweiligen datenbankspezifischen Suchmethodik nötig. Aus diesem Grund werden in Wissenschaftlichen und großen Öffentlichen Bibliotheken im Auftrag von Benutzern, die nicht über diese Kenntnisse verfügen, Online-Recherchen in Fachdatenbanken durch entsprechend spezialisierte Bibliothekare durchgeführt („vermittelte" Datenbankrecherchen), manchmal in eigenen Informationsvermittlungsstellen (IVS). Inzwischen sind aber viele Fachdatenbanken auch über das WWW zugänglich und verfügen dann meist über eine leicht verständliche, menügesteuerte Web-Suchoberfläche.

Dabei können jedoch nicht immer alle Suchfunktionen der ursprünglichen Online-Version ausgenutzt werden.

Recherchen in fachbibliographischen Datenbanken, die von kommerziellen Hosts betrieben werden, sind in der Regel kostenpflichtig. Es gibt jedoch auch zahlreiche frei zugängliche Fachdatenbanken.

Die wichtigen Online-Fachdatenbanken sind heute praktisch alle über das WWW erreichbar. Die früher üblichen Zugänge über Datex-P oder Telnet werden nur noch wenig benutzt. Der Zugriff vom WWW aus auf die Datenbanken erfolgt über WWW-Zugänge („Gateways") mit Standardschnittstellen des Kommunikationsprotokolls Z39.50.

4. Bestandsbezogene Literaturinformationsmittel (Bibliothekskataloge)

Die von Bibliotheken geleistete Literaturerschließung bezieht sich in der Regel auf den eigenen Literaturbestand und ist folglich *Bestandserschließung*. Dabei entstehen *Kataloge* allgemeiner und fachlicher Art, die wichtige Mittel bibliothekarischer Literaturinformation darstellen. Sie können in konventionellen Formen als Karten-, Band-, Mikrokataloge, gedruckte Buchkataloge oder vervielfältigte Bestandsverzeichnisse vorkommen, werden heute aber überwiegend als *Katalogdatenbanken* maschinenlesbarer Titeldaten geführt, aus denen sich Druckausgaben, Ausgaben auf Datenträgern (z.B. CD-ROM) oder auf Mikroformen herstellen lassen. Im ganzen ergeben die bestandsbezogenen Erschließungsaktivitäten der Bibliotheken ein gewaltiges Reservoir von umfassenden und differenzierten Bestandsinformationen. Im folgenden werden nur die wichtigsten Arten und Typen von Katalogen und Bestandsverzeichnissen erwähnt.

a) Allgemeine Kataloge und Katalogdatenbanken

Allgemeine, d.h. fächerübergreifende, nicht fachspezifische Bestandsinformation bezieht sich vor allem auf die Bestände von Öffentlichen Bibliotheken und Wissenschaftlichen Universalbibliotheken. Durch bibliothekarische Bestandserschließung entstehen hier universelle Kataloge von Büchern und Zeitschriften, die sich in Kataloge *einer* Bibliothek und solche *mehrerer* Bibliotheken einteilen lassen.

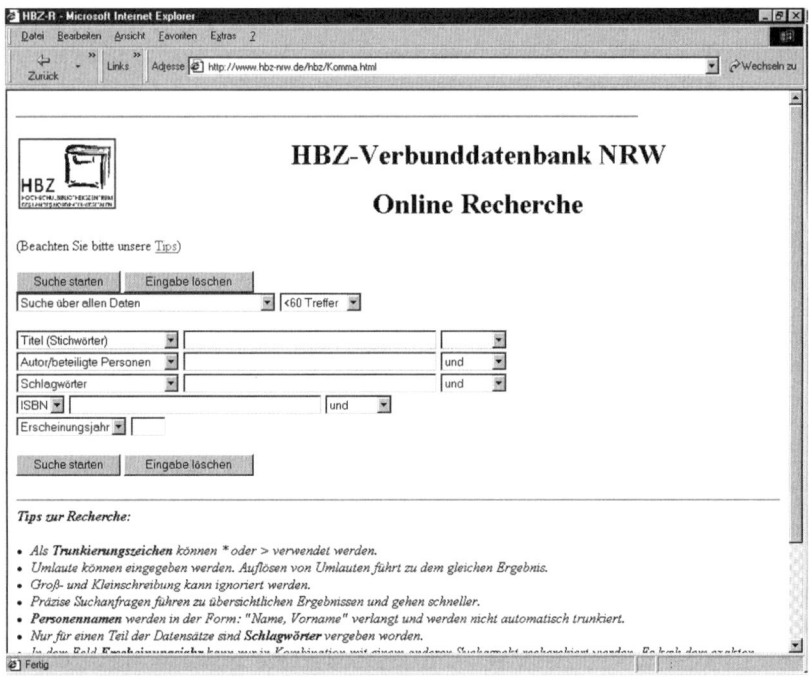

Abb. 32: WWW-Verbund-OPAC des Hochschulbibliothekszentrums des Landes Nordrhein-Westfalen

Kataloge von Universalbibliotheken

Bibliothekskataloge dienen zunächst dem Nachweis des Literaturbestandes in der besitzenden Bibliothek und erfüllen damit eine wichtige Funktion für ihre Leser und Bibliothekare. Wenn Bibliothekskataloge *veröffentlicht* werden, sind sie als bibliographische Hilfsmittel und als Standortnachweise über die Einzelbibliothek hinaus von Nutzen. Kataloge von Universalbibliotheken enthalten naturgemäß nur selbstständig erschienene Literatur.

Die „klassische" Veröffentlichungsform von Bibliothekskatalogen als *gedruckte Kataloge in Buchform* ist heute nur noch historisch von Interesse. Imponierende Beispiele sind die vielbändigen Kataloge der großen Nationalbibliotheken, z.B. der als reprografische Zusammenfassung herausgebene Katalog der British Library in London bis 1975 („The British Library General Catalogue of Printed Books to 1975", BLC, 360 Bände, mit den Supplementen über 600 Bände) oder der Verfasserkatalog der Bibliothèque Nationale in Paris („Catalogue Général des Livres Imprimés de la Bibliothèque Nationale: Auteurs", 231 Bände, mit den Supplementen rund 300 Bände). Auch die späteren *Mikroficheausgaben* sind inzwischen überholt.

Heute sind die Kataloge der großen Nationalbibliotheken als *WWW-OPACs* im Internet verfügbar. Die wichtigsten sind der „Library of Congress Online Catalog" (LCOC), der BL OPAC der British Library und der BN-OPALE PLUS der Bibliothèque Nationale de France.

Die Deutsche Bibliothek hat den in der Deutschen Nationalbibliographie seit 1945 verzeichneten Bestand in der Katalogdatenbank ILTIS, dem Integrierten Literatur-, Tonträger- und Musikalien-Informations-System der DDB, zugänglich gemacht. Den Gesamtbestand der Deutschen Bibliothek Frankfurt a.M. enthält der WebOPC als WWW-Online-Benutzerkatalog.

Im übrigen sind heute die Katalogdatenbanken praktisch aller größeren Bibliotheken, vor allem von Staats- und Universitätsbibliotheken, als OPACs im WWW zugänglich.

Gesamtkataloge, Zentralkataloge, Verbundkataloge

Kataloge mehrerer Bibliotheken heißen *Gesamtkataloge* (so bei nationalen und universitären Gesamtkatalogen), *Zentralkataloge* (so bei städtischen und regionalen Zentralkatalogen) oder *Verbundkataloge*, wenn sie durch arbeitsteilige, kooperative Katalogisierung entstanden sind.

Das bekannteste Beispiel der Druckausgabe eines nationalen Gesamtkatalogs ist der von der Library of Congress in Washington herausgegebene „National Union Catalog: Pre-1956 Imprints" (NUC pre '56), der die Bestände aller wichtigen Bibliotheken der USA und Kanadas bis einschließlich 1955 enthält (754 Bände). Seine Nachfolge hat der „WorldCat" angetreten, der „Online Union Catalog" des Online Computer Library Center (OCLC) in den USA, der mit über 45 Millionen Datensätzen die größte bibliographische Verbunddatenbank der Welt darstellt.

In Deutschland sind die ursprünglich nur als Zettelkataloge existierenden *Regionalen Zentralkataloge* schon vor längerer Zeit als *Mikrofichekataloge* veröffentlicht worden. Sie behalten ihren Wert nur für den Nachweis älterer, noch nicht maschinenlesbar erfassten Literatur. Sie sollen nach und nach durch Katalogretrokonversion digitalisiert werden.

Die *Regionalen Verbundkataloge* der deutschen Bibliotheksverbundsysteme sind seit mehreren Jahren als WWW-OPACs online zugänglich und werden für Recherchen stark in Anspruch genommen, ebenso die beiden *Überregionalen Verbundkataloge*, die Zeitschriftendatenbank (ZDB) und

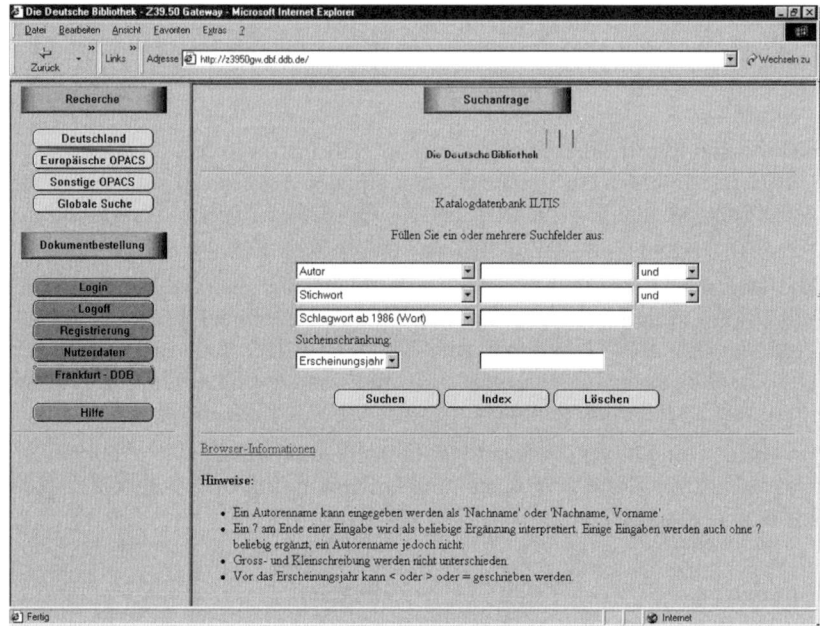

Abb. 33: Die Deutsche Bibliothek – Katalogdatenbank ILTIS

der Verbundkatalog des früheren Deutschen Bibliotheksinstituts (VK) als DBI-OPAC.

Die Hauptbedeutung von Gesamt-, Zentral- und Verbundkatalogen für die Literaturinformation liegt im Standortnachweis der enthaltenen Literaturbestände. Sie sind deshalb wichtige Instrumente bei der Lenkung von Buchbestellungen im Leihverkehr und für Dokumentlieferung. Außerdem haben die größten von ihnen durch ihren gewaltigen Umfang den Rang großer nationaler bzw. internationaler Auswahlbibliographien.

Metakataloge

Metakataloge sind übergreifende Suchsysteme oder Metasuchdienste, die gleichzeitig auf mehrere oder viele Online-Kataloge von großen Bibliotheken oder Bibliotheksverbünden zugreifen, indem mit einer einzigen Suchfrage eine Mehrzahl von Katalogen angesprochen und die Ergebnisse in einem einheitlichen Format ausgegeben werden. Problematisch ist, dass die Rechercheoberfläche von Metakatalogen die unterschiedlichen (heteroge-

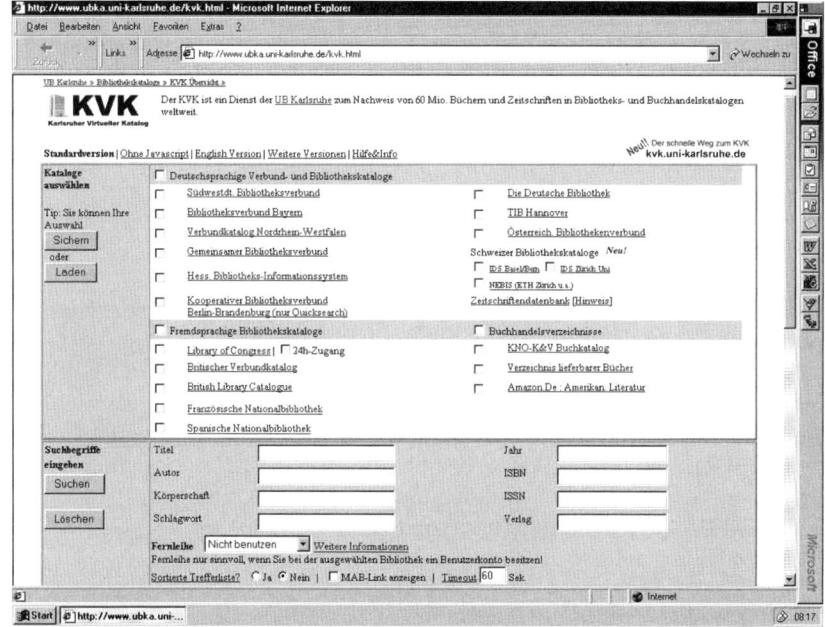

Abb. 34: Karlsruher Virtueller Katalog

nen) Erschließungsstrukturen und Suchfunktionen der angesprochenen Katalogdatenbanken auf den kleinsten gemeinsamen Nenner bringt und damit die Trefferquote reduziert (im Vergleich zu einer direkten Suche können die Ergebnismengen um 5 bis 70 Prozent niedriger sein).

Der *Karlsruher Virtuelle Katalog (KVK)* ist eine Metasuchmaschine, mit der die deutschen und einige ausländische Verbundkataloge, Kataloge einzelner großer Bibliotheken sowie Buchhandelsverzeichnisse abfragbar sind. Die Kommunikation mit den Datenbanken erfolgt über das WWW und Schnittstellen mit dem Kommunikationsprotokoll Z39.50. Der KVK erfreut sich seit seiner Einführung 1996 großer Beliebtheit bei bibliographischen Recherchen.

Umfassende Zugangssysteme zu Katalog- und Literaturdatenbanken mit der Möglichkeit von simultanen Recherchen stellen die *WWW-Gateways* dar. Das *Z39.50-Gateway* Der Deutschen Bibliothek bietet einen über das WWW erreichbaren Zugang zu einer Vielzahl von verschiedenen deutschen und ausländischen Bibliotheks- und Verbundkatalogen. Mit einer „globalen Recherche" können Suchfragen gleichzeitig an mehrere Daten-

329

banken gerichtet werden. Das Gateway wurde im Rahmen des DBV-OSI-Projekts (Deutscher Bibliothekenverbund – Open Systems Interconnection) errichtet, das den Aufbau eines integrierten (vernetzten) Verbundes von Bibliothekskatalogsystemen, Fachinformationsdatenbanken und Dokumentliefersystemen auf der Basis des Protokolls Z39.50 zum Ziel hatte. Weitere WWW-Gateways sind im Entstehen, z.b. das „Gateway Bayern".

b) Fachliche Kataloge und Katalogdatenbanken

Fachliche oder fachspezifische Bestandserschließung und Bestandsinformation wird vor allem in Spezialbibliotheken geleistet, daneben auch in Universalbibliotheken mit besonderen Sammelschwerpunkten (z.b. Sondersammelgebieten der DFG). Durch eine teilweise auch die unselbstständige Literatur erfassende Bestandserschließung werden *Fachkataloge* oder *fachliche Bestandsverzeichnisse* erstellt, die als retrospektive oder laufende Verzeichnisse veröffentlicht werden und bei großem Umfang des zugrunde liegenden Bestandes die Funktion von Fachbibliographien erfüllen.

Kataloge von Spezialbibliotheken

Ebenso wie Kataloge von Allgemeinbibliotheken sind auch Kataloge von Spezialbibliotheken früher in Buchform oder als Mikroficheausgaben veröffentlicht worden. Heute liegen sie durchwegs als Online-Katalogdatenbanken im WWW vor. Beispiele sind ECONIS, der Online-Katalog der Bibliothek des Instituts für Weltwirtschaft an der Universität Kiel (Deutsche Zentralbibliothek für Wirtschaftswissenschaften), oder KUBIKAT, der Online-Katalog der Kunstbibliotheken in München, Florenz und Rom.

Neuerwerbungslisten

Zu den traditionellen Informationsaktivitäten von Bibliotheken gehört die Herstellung und Herausgabe von laufend erscheinenden *Neuerwerbungslisten*, die eine rasche Information der Benutzer über den aktuellen Neuzugang an (selbstständig erschienener) Literatur bezwecken.

Allgemeine (nicht fachbezogene) Verzeichnisse von Neuerwerbungen sind nur für die kleinere Bibliotheken sinnvoll, also z.B. für Öffentliche Gemeinde-, Stadt- und Schulbibliotheken. *Fachliche* Neuerwerbungslisten von großen Spezial- oder Sammelschwerpunktsbibliotheken ermöglichen Wissenschaftlern und Fachleuten eine aktuelle und umfassende Information über Neuerscheinungen ihres Fachgebietes. Sie werden heute in der

Regel auch im Online-Informationsangebot der Bibliothek über das WWW verfügbar gemacht.

5. Bestandsunabhängige Literaturinformationsmittel (Bibliographien)

Eine umfassende Information über Literatur muss sich auf alle veröffentlichten Literaturtexte erstrecken, unabhängig von ihrem Vorhandensein in einer Bibliothek. Ergebnisse einer *bestandsunabhängigen* Literaturerschließung, d.h. ohne direkten Bezug auf einen Bibliotheksbestand, sind *Bibliographien* und *Literaturverzeichnisse* allgemeiner und fachlicher Art. Sie dienen (neben Bibliothekskatalogen und Bestandsverzeichnissen) als wichtigste Mittel bibliothekarischer Literaturinformation.

Bibliographien werden von Universal- und Spezialbibliotheken erarbeitet und veröffentlicht, aber auch von Forschungsinstituten, Fachbehörden, Verlagen, Einrichtungen der Information und Dokumentation (IuD) sowie von einzelnen Wissenschaftlern oder Fachleuten. Neben die konventionellen Bibliographien in gedruckter Form sind heute in großem Umfang *Literaturdatenbanken* getreten, die online abfragbar sind, aus denen aber auch Druckausgaben und Ausgaben auf Datenträgern (CD-ROM) hergestellt werden können. Die differenzierten Bedürfnisse von Lesern und Benutzern haben eine große Zahl und Vielfalt von allgemeinen und fachlichen Literaturverzeichnissen und Literaturdatenbanken hervorgebracht, von denen im folgenden nur die wichtigsten Arten und Typen erwähnt werden können.

a) Allgemeine Bibliographien und Literaturdatenbanken

Nationalbibliographien

Wohl die am häufigsten benutzten Bibliographien sind die laufend erscheinenden Nationalbibliographien, in denen die Neuerscheinungen eines ganzen Landes (oder in einer bestimmten Sprache) verzeichnet werden. Viele Länder besitzen ein System von aufeinander abgestimmten nationalbibliographischen Verzeichnissen, die für unterschiedliche Suchzwecke gedacht sind (*Literaturkontrolle*, d.h. Beobachtung der Neuerscheinungen für Buchauswahl und Erwerbung; *Titelsuche*, d.h. bibliographische Ermittlung eines bestimmten Titels; *Literatursuche* zu einem bestimmten Thema oder Sachgebiet).

In einem *bibliographischen System* werden die bibliographischen Daten der angezeigten Publikationen in mehreren Berichtsstufen verzeichnet. Die

Kurzstufen erscheinen meist als Wöchentliche Verzeichnisse; als Zusammenfassungen sind Monats-, Vierteljahres-, Halbjahres-, Jahres- und Mehrjahresverzeichnisse (oder entsprechende Register) möglich.

Deutsche Nationalbibliographie (DNB)

Die in Deutschland erschienenen Publikationen und die im Ausland erschienenen deutschsprachigen Veröffentlichungen wurden bis 1990 in der Deutschen Bibliographie (Frankfurt a.M.) und in der Deutschen Nationalbibliographie (Leipzig) angezeigt. Seit 1.1.1991 werden sie in der „Deutschen Nationalbibliographie" (DNB) verzeichnet, Bearbeiter und Herausgeber ist Die Deutsche Bibliothek (Deutsche Bücherei Leipzig, Deutsche Bibliothek Frankfurt a.M., Deutsches Musikarchiv Berlin).

Die DNB gliedert sich in die folgenden Reihen und Stufen:

Reihe A	Monographien und Periodika des Verlagsbuchhandels – Wöchentliches Verzeichnis
Reihe B	Monographien und Periodika außerhalb des Verlagsbuchhandels – Wöchentliches Verzeichnis
	Monographien und Periodika des Verlagsbuchhandels und außerhalb des Verlagsbuchhandels – Wochenregister zu Reihe A und Reihe B
	Monographien und Periodika des Verlagsbuchhandels und außerhalb des Verlagsbuchhandels – Monatsregister zu Reihe A und Reihe B
Reihe C	Karten – Vierteljährliches Verzeichnis
Reihe D	Monographien und Periodika – Halbjahresverzeichnis
Reihe E	Monographien und Periodika – Fünfjahresverzeichnis (Deutsches Bücherverzeichnis)
Reihe G	Fremdsprachige Germanica und Übersetzungen deutschsprachiger Werke – Vierteljährliches Verzeichnis
Reihe H	Hochschulschriften – Monatliches Verzeichnis
Reihe M	Musikalien und Musikschriften – Monatliches Verzeichnis
Reihe N	Vorankündigungen Monographien und Periodika (CIP) – Wöchentliches Verzeichnis
Reihe T	Musiktonträger – Monatliches Verzeichnis

Den Inhalt der einzelnen Reihen der DNB zeigt die folgende Übersicht:

Reihe:	A	B	C	D	E	G	H	M	N	T
Bücher	×	×		×	×	×		×	×	
Hochschulschriften insgesamt					×	×	×	×		
Hochschulschriften verlegte Ausg.	×	×		×	×	×	×	×	×	
Zeitschriften	×	×		×	×	×		×	×	
Karten			×	×	×	×				
Musikalien								×		
Musikschriften	×	×		×	×	×	×	×	×	
Musiktonträger										×
Nicht-Buch-Materialien (Mikroformen, Diaserien, Arbeitstransparente, Videos, Sprechtonträger)	×	×	×	×	×	×	×	×	×	
Elektronische Publikationen	×	×		×	×	×			×	

Aus den gleichen maschinenlesbar erfassten Daten, die in den gedruckten Verzeichnissen der DNB enthalten sind, werden auch die übrigen zentralen Dienste Der Deutschen Bibliothek hergestellt, also Titelkartendienste, Magnetbanddienste, Diskettendienst, CD-ROM-Ausgaben und die Online-Datenbanken ILTIS und Bibliodata.

Deutsche Nationalbibliographie auf CD-ROM

Die Titeldaten der DNB stehen zur Zeit in sieben verschiedenen CD-ROM-Ausgaben zur Verfügung:

– DNB-CD 1998 ff. (enthält die Reihen A, B, C, G, H und N; sechsmal jährlich erscheint eine kumulierende Neuausgabe),
– DNB-CD 1993-1997 (Reihen wie oben),
– DNB-CD 1986-1992 (Reihen wie oben),
– DNB-CD retro 1 (Veröffentlichungen 1945-1971),
– DNB-CD retro 2 (Veröffentlichungen 1972-1985),
– Diss-CD (Hochschulschriften 1945-1997),
– DNB-Musik (enthält die Reihen M und T ab 1976 sowie Musikliteratur ab 1982; drei Aktualisierungen jährlich).

Die Retrieval-Software und damit die Suchmethodik entspricht der anderer international verbreiteter CD-ROM-Literaturdatenbanken, wie z.B. den

CD-ROM-Versionen von Books-in-Print, VLB, British National Bibliography und Bibliographie Nationale Française. Die DNB-CDs können bei der Rationalisierung der Erwerbung sowie bei der laufenden und retrospektiven Katalogisierung eine wichtige Hilfe sein.

ILTIS-Datenbank Der Deutschen Bibliothek

Noch aktueller und komfortabler zu benutzen als die DNB-CD-ROMs ist ILTIS, das über WWW online zugängliche Integrierte Literatur-, Tonträger- und Musikalien-Informations-System Der Deutschen Bibliothek. Hier findet man sämtliche Titel der DNB seit 1945. Täglich kommen über 1000 neue Titel hinzu, darunter auch die Vorankündigungen des CIP-Dienstes. Die Datenbank wird laufend aktualisiert; alle Daten stehen nach der Eingabe sofort für Recherchezwecke zur Verfügung.

Retrospektive Nationalbibliographien

Retrospektive Nationalbibliographien enthalten die (selbstständig erschienene) Literatur eines Landes oder Sprachgebietes für einen größeren Zeitraum, z.B. für ein Jahrhundert oder mehrere Jahrzehnte.

Die deutschen Druckwerke von 1501 bis 1600 sind aufgeführt im *Verzeichnis der im deutschen Sprachbereich erschienenen Drucke des 16. Jahrhunderts* (VD 16). Ein entsprechendes Verzeichnis für die Drucke des 17. Jahrhunderts (VD 17) wird seit 1994 als Datenbank aufgebaut.

Die deutschsprachige Literatur zwischen 1700 und 1965 ist in zwei Gesamtverzeichnissen nachgewiesen, die als Zusammenfassungen einer Vielzahl von gedruckten Bibliographien entstanden sind, indem die fotografisch reproduzierten Titeleintragungen in ein durchgehendes Alphabet gebracht wurden. Es handelt sich um die folgenden, als „GV alt" und „GV neu" bezeichneten Gesamtverzeichnisse, die für die Literaturinformation in Bibliotheken eine große Bedeutung gewonnen haben:

– *Gesamtverzeichnis des deutschsprachigen Schrifttums (GV) 1700-1910* (160 Bände und Nachtragsband, 1979-1987 erschienen),

– *Gesamtverzeichnis des deutschsprachigen Schrifttums (GV) 1911-1965* (150 Bände, 1976-1981 erschienen).

Die beiden Gesamtverzeichnisse sind auch als Mikrofiche-Ausgaben erhältlich.

Verzeichnisse lieferbarer Bücher

Verzeichnisse lieferbarer Bücher sind buchhändlerische, meist jährlich erscheinende Bibliographien, in denen alle im Inland (oder in mehreren Ländern in einer Sprache) erschienenen Bücher aufgeführt sind, die derzeit im Buchhandel, d.h. bei den Verlagen, *lieferbar* sind.

Die in Deutschland, Österreich und der Schweiz lieferbaren deutschsprachigen Bücher sind im *„Verzeichnis lieferbarer Bücher (VLB)"* nachgewiesen. Es erscheint jährlich (mit einem Ergänzungsband) und umfasst ein Autorenalphabet, ein Schlagwortverzeichnis und ein ISBN-Register. Das VLB ist auch als *CD-ROM-Ausgabe* („VLB aktuell") erhältlich, die aktualisiert wird, und ist in einer Online-Version zugänglich.

Beispiele für Verzeichnisse lieferbarer Bücher aus dem Ausland sind „Books in Print" und „International Books in Print" (in Druck- und CD-ROM-Ausgaben).

Zeitschriftenbibliographien

Für ältere Zeitschriften gibt es retrospektive Verzeichnisse (z.B. Kirchner: Bibliographie der Zeitschriften des deutschen Sprachgebietes bis 1900). Laufende Bibliographien von Zeitschriftentiteln, die in einem bestimmten Land erscheinen, sind meistens Teil der Nationalbibliographie. Deutschsprachige Zeitschriften aus Deutschland, Österreich und der Schweiz enthält der jährlich erscheinende „Zeitschriften-Banger" (genannt nach einem Kölner Verlag). Es gibt auch internationale Zeitschriftenbibliographien, die eine Auswahl der weltweit erscheinenden Periodika bringen, z.B. „Ulrich's International Periodicals Directory" (jährlich, abgekürzt „Ulrich"). Sie ist auch als CD-ROM-Ausgabe „Ulrich's Plus" mit vierteljährlicher Aktualisierung erhältlich und im WWW online verfügbar.

Zeitschrifteninhaltsbibliographien

Allgemeine, d.h. nicht fachlich spezialisierte Bibliographien des Zeitschrifteninhalts sind nur als Auswahlbibliographien möglich.

Als internationale fächerübergreifende Zeitschrifteninhaltsbibliographie erscheint in Deutschland halbjährlich die „Internationale Bibliographie der Zeitschriftenliteratur aus allen Gebieten des Wissens" (IBZ), nach dem Begründer meist als *„Dietrich"* zitiert. Sie ist auch als CD-ROM- und Online-Version zugänglich.

Beispiele für internationale allgemeine Aufsatzdatenbanken sind JADE (Journal Articles DatabasE), Bestandteil der Digitalen Bibliothek NRW, und die Datenbank des Dokumentlieferdienstes UnCover; beide enthalten Inhaltsübersichten und Aufsätze aus Zeitschriften mit Schwerpunkt bei den Naturwissenschaften. Zu nennen sind auch die Zeitschriftenaufsatzdatenbanken von kommerziellen Anbietern wie großen Zeitschriftenverlagen oder Zeitschriftenagenturen, z.b. *SpringerLink* (Springer-Verlag), *Ideal* (Academic Press) und *SwetScan* (Swets & Zeitlinger), die eine kostenlose Recherche zulassen.

Vor allem für Öffentliche Bibliotheken bestimmt, aber auch in Wissenschaftlichen Bibliotheken vielbenutzt ist bzw. war der online zugängliche *Zeitschriftendienst* (ZD), als Ergebnis einer kooperativen Zeitschrifteninhaltserschließung von ca. 250 deutschsprachigen Zeitschriften herausgegeben vom DBI in Berlin (online und auf CD-ROM). Seine Fortführung nach 1999 ist ungewiss.

Regionalbibliographien

Regionalbibliographien erfassen Literatur über eine bestimmte *Region*, in Deutschland in der Regel über ein Bundesland, einen Bezirk, eine historische Landschaft oder eine Stadt. In der Regel wird die unselbstständig erschienene und die „graue" Literatur einbezogen. Es gibt abgeschlossene und laufende (meist jährlich erscheinende) Regionalbibliographien. Während früher oft die Betonung auf landesgeschichtlichen Publikationen lag, sind die meisten Regionalbibliographien heute *umfassende landeskundliche Bibliographien*, die alle Fachgebiete unter dem regionalen Aspekt vereinen.

Regionalbibliographien werden meist auf Grund der regionalen Pflichtablieferungen von Landesbibliotheken oder anderen Regionalbibliotheken (manchmal in Zusammenarbeit mit regionalen Geschichtsvereinen oder landesgeschichtlichen Kommissionen) erarbeitet und herausgegeben. Die deutschen Regionalbibliographien werden heute überwiegend als Online-Literaturdatenbanken geführt. Beispiele sind die Niedersächsische Bibliographie, die Saarländische Bibliographie, die Hessische Bibliographie, die Landesbibliographie Baden-Württemberg und die Bayerische Bibliographie.

Personalbibliographien

Auf Personen spezialisierte Bibliographien heißen Personalbibliographien. Verzeichnisse, die Werke einer Person enthalten, nennt man *subjektive* Personalbibliographien, solche mit Werken über eine Person *objektive* Personalbibliographien. Beide Formen können auch verbunden werden. Literatur von und über Personen ist meist auch in *biographischen Sammelwerken* verzeichnet, z.B. in der „Neuen Deutschen Biographie" (NDB) oder in „Kürschners Deutschem Gelehrtenkalender" bzw. „Literaturkalender". Im „Deutschen Biographischen Archiv" sind Artikel aus über 900 biographischen Lexika auf fast 4000 Mikrofiches zusammengefasst. Mit den entsprechend angelegten Biographischen Archiven aller Länder und Völker bildet es das „Biographische Weltarchiv" des Saur-Verlags auf rund 30 000 Mikrofiches, das durch ein Gesamtregister in Online- und CD-ROM-Version erschlossen wird.

Nur erwähnt werden sollen die folgenden Gattungen von Allgemeinbibliographien: Bibliographien von Hochschulschriften, Bibliographien von amtlichen Druckschriften, Bibliographien von Kongressschriften, Bibliographien von Forschungsberichten (Reports), Bibliographien von Rezensionen und Bibliographien der Bibliographien.

b) Fachliche Bibliographien und Literaturdatenbanken

Die Ermittlung und Vermittlung von Informationen über *Fachliteratur* steht im Mittelpunkt der Informationsaktivitäten an Wissenschaftlichen Spezial- und Universalbibliotheken, in eingeschränktem Maß auch an Öffentlichen Bibliotheken. Dabei kommt es den Fachliteratur suchenden Studenten, Professoren, Wissenschaftlern, Fachleuten und Praktikern darauf an, die überhaupt existierende Literatur zu ihrem Fach, zu einem Sachgebiet, einem Thema oder einem Spezialproblem zu ermitteln, zunächst ohne Rücksicht auf das Vorhandensein dieser Literatur in einer Bibliothek. Als Mittel dieser fachlichen Literaturinformation ist eine Fülle von *Fachbibliographien* und *fachlichen Literaturdatenbanken* entstanden, von denen im folgenden nur einige wichtige Beispiele angeführt werden können.

Neben den eigentlichen fachlichen Bibliographien können auch *fachbezogene, nicht primär bibliographische Nachschlagewerke* von großem Nutzen für die Literaturinformation sein, da auch sie eine Auswahl wichtiger Literatur enthalten. Gemeint sind hier vor allem Fachlexika, Fachenzyklopädien, Handbücher eines Fachgebiets, Sachwörterbücher und fachliche biographische Lexika.

Fachbibliographische Einführungen

Fachbibliographische Einführungen sind Wegweiser zur Literatur eines Wissenschaftsfaches oder einer Teildisziplin. Sie sind vor allem für Studenten von großem Nutzen, aber auch für Wissenschaftler und Bibliothekare, die sich einen Überblick über die Literatur eines ihnen fremden Fachgebietes verschaffen wollen.

Fachbibliographische Einführungen verzeichnen meist (1) wichtige Bibliographien des Fachgebiets, (2) wichtige fachliche Nachschlagewerke wie Handbücher, Fachlexika, Fachbiographien, Fachadressbücher, (3) Standardwerke des Fachs und seiner Teilgebiete, z.B. Quellenwerke, Textausgaben, wichtige Darstellungen und Zeitschriften.

Fortschrittsberichte

Fortschrittsberichte oder Übersichtsberichte geben einen zusammenfassenden Überblick über die Forschungsergebnisse in einem Fach oder Spezialgebiet anhand der wichtigen Publikationen der letzten Zeit. In einem fortlaufenden Text wird von Fachleuten über den Inhalt der ausgewerteten Literatur berichtet und daraus der aktuelle Forschungsstand erfasst. Die Titelangaben werden meist als Fußnoten oder im Anhang aufgeführt. Fortschrittsberichte erscheinen jährlich oder in Abständen von einigen Jahren, teils unselbstständig in Fachzeitschriften, teils als eigene Publikationen mit Titeln wie „Fortschritte auf dem Gebiet ...", „Advances in ..." oder „Progress in ...".

Fachbibliographien

Fachbibliographien verzeichnen nur Publikationen eines bestimmten Fachgebiets, etwa eines Wissenschaftsfaches oder eines Teilgebiets davon. Bibliographien für eng begrenzte oder auch interdisziplinäre Sachgebiete oder Themen nennt man *thematische Bibliographien* oder *Spezialbibliographien*.

Fachbibliographien sind oft *Titelbibliographien*, die nur die Titelaufnahmen der angezeigten Fachliteratur enthalten, allenfalls mit einer kurzen, den Inhalt charakterisierenden Erläuterung (Annotation).

In der Regel wird auch die *unselbstständige* Fachliteratur berücksichtigt sowie nach Möglichkeit die *internationale*, auf der ganzen Welt erschienene Fachliteratur (in Auswahl) einbezogen. Nach der Erscheinungsweise unterscheidet man bei gedruckten Fachbibliographien

– *Abgeschlossene (retrospektive) Fachbibliographien*, die die Literatur des Faches (meist in Auswahl) für einen größeren zurückliegenden Zeitraum enthalten,
– *Laufende (periodische) Fachbibliographien*, die in regelmäßigen Zeitabständen alle wichtigen neuerschienenen Publikationen eines Fachge-

bietes anzeigen und damit für Wissenschaft, Forschung und Praxis die größte Bedeutung haben.

Beispiele für *retrospektive* Fachbibliographien sind der „Dahlmann-Waitz: Bibliographie der Quellen und der Literatur zur deutschen Geschichte" und das von W. Totok bearbeitete (bibliographische) „Handbuch der Geschichte der Philosophie".

Beispiele für *laufende* Fachbibliographien sind etwa die „Karlsruher Juristische Bibliographie" (KJB), die „Bibliographie der Wirtschaftswissenschaften (bearbeitet von der Zentralbibliothek der Wirtschaftswissenschaften, Kiel), die von der SB Berlin bearbeitete „Bibliographia Cartographica", der „Index Medicus" (zusammengestellt von der National Library of Medicine der USA) und die „Bibliographie der deutschen Sprach- und Literaturwissenschaft" (StuUB Frankfurt a.M.).

Fachliche Online-Literaturdatenbanken

Eine überragende Bedeutung für die fachliche Literaturinformation, vor allem für den gezielten Nachweis von spezialisierten, weltweit erschienenen, aktuellen Zeitschriftenaufsätzen über Themen aus Naturwissenschaften, Medizin und Technik, haben die fachspezifischen *Online-Literaturdatenbanken* gewonnen, die vor allem seit den 70er-Jahren aus elektronisch gespeicherten Titeldaten aufgebaut und meist von Fachinformationseinrichtungen verfügbar gemacht wurden. Sie ermöglichen die gezielte Abfrage von aktuellen Literaturhinweisen zu einem bestimmten, speziellen fachlichen Thema. Zu unterscheiden sind dabei laufende (periodische) Dienste und retrospektive (rückwärts gerichtete) Recherchen.

Eine laufende Auswahl der jeweils neuesten Literaturnachweise nach dem „Interessenprofil" des Benutzers erfolgt bei der *„Selective Dissemination of Information"* (SDI), der selektiven Informations-Verbreitung. Ein solcher „Profildienst" wird nach den individuellen Wünschen des Benutzers erstellt. Gemäß seinem speziellen Interessengebiet werden Suchfragen formuliert; die darauf bezüglichen neuesten Literaturnachweise werden in regelmäßigen Abständen in der Datenbank ermittelt und dem Benutzer meist per E-Mail zugesandt.

Durch eine *retrospektive Recherche* erhält man sämtliche in der Fachdatenbank vorhandenen Literaturnachweise zu einer bestimmten Fragestellung, gegebenenfalls beschränkt auf einen bestimmten Zeitraum.

In Online-Datenbanken sind vielfach neben bibliographischen Daten auch *Referate* oder *Abstracts* gespeichert, d.h. kurze Inhaltsangaben des betreffenden Aufsatzes. Die Lektüre von Referaten ermöglicht es dem Interessenten, einen Überblick über den Inhalt der neuesten wissenschaftlichen Publikationen seines Faches oder Spezialgebietes zu gewinnen. Der Leser kann dann entscheiden, welche der angezeigten Veröffentlichungen er sich im Originaltext besorgen und studieren will, weil sie für seine Arbeit besonders wichtig sind.

Es gibt ausgesprochene Abstracts-Dienste in Druck- oder Online-Form. Das umfangreichste Abstracts-Unternehmen stellen die in den USA bearbeiteten „Chemical Abstracts" (CA) dar.

Current-Contents-Dienste oder Table of Contents-Dienste geben die *Inhaltsverzeichnisse von Fachzeitschriften* eines bestimmten Wissenschaftsfaches wieder. Sie werden heute überwiegend in Online-Datenbanken angeboten und bieten dem Benutzer kompakte und sehr aktuelle Informationen über die neuesten Zeitschriftenaufsätze in seinem Fachgebiet.

Der größte Herausgeber von Diensten mit Zeitschrifteninhaltsangaben ist das Institute for Scientific Information (ISI, eine Firma in Philadelphia/ USA) mit den verschiedenen Reihen der „Current Contents" (überwiegend für Naturwissenschaften).

```
1.00/000001 DIMDI: -MEDLINE /COPYRIGHT NLM
ND: 85170659
AU: Eberle G
TI: Zur Prophylaxe der Zahnkaries durch Zuckersubstitute.
    (Prophylaxis of dental caries using sugar substitutes)
SO: Zentralbl Bakteriol Mikrobiol Hyg [B], 179 (6) 477-95 /1984 Dec/
    IMD-8507
LA: German
CY: DEUTSCHLAND, WEST
CS: Wissenschaftliches Institut der Ortskrankenkassen Bonn.
CT: ZAHNKARIES/*Verhuetung & Bekaempfung  FLUORIERUNG/*  MUNDPFLEGE/*
    ZUCKERALKOHOLE/*  SUESSTOFFE/*  ERWACHSEN  KARIOGENE SUBSTANZEN
    KIND, VORSCHUL-  VERGLEICHSSTUDIE  CYCLAMATE
    ASPARTAM
TE: Aspartame 22839-47-0 ; Saccharin 81-07-2
AB: Among the three measures, which are capable of producing a preventive
    effect against caries only when applied combined, i.e. adequate
    fluoride supply, proper mouth hygiene and healthy nutrition, the latter
    is dealt with in greater detail. The use of sugar substitutes is
    discussed under the aspects of caries prevention, substitute ...
```

Abb. 35: Literaturnachweis aus der medizinischen Literaturdatenbank Medline

Weitere Beispiele großer fachlicher Online-Literaturdatenbanken sind: PHYS (Physikalische Berichte/Physics Briefs), BIOSIS (Biological Abstracts), SCI-Search (Science Citation Index), COMPENDEX (Computerized Engineering Index), PsycINFO (Psychological Abstracts), MLA International Bibliography (für moderne Sprachen und Literaturen).

Zahlreiche fachliche Online-Literaturdatenbanken werden auch in regelmäßig aktualisierten CD-ROM-Ausgaben veröffentlicht.

6. Informationssuche im Internet

Das Internet hat im letzten Jahrzehnt des 20. Jahrhunderts das Informationswesen revolutioniert. Als weltweites Netzverbundsystem, das eine Vielzahl von Einzelnetzwerken mit vielen Millionen Servern und Hunderten Millionen PCs verbindet, hat es sich in kurzer Zeit zu einem universalen Informations- und Kommunikationsmedium entwickelt. Die charakteristischen Merkmale des Internet sind vor allem

– die Anwendung des Client-Server-Prinzips, d.h. die Trennung der Datenangebote auf den Netzservern (Hostrechnern) von der Darstellung und Verarbeitung der Daten auf den angeschlossenen Benutzer-PCs als Clients,
– der Einsatz des Übertragungsprotokolls TCP/IP (Transmission Control Protocol/Internet Protocol), das die Datenübertragung zwischen Rechnern mit unterschiedlicher Hard- und Software ermöglicht,
– die Datenfernübertragung durch verteilte Paketvermittlung, bei der das Internet als *logisches* Netz, gebildet durch die das Protokoll TCP/IP anwendenden Rechner, für die Beförderung der Datenpakete unterschiedliche *physikalische* Datennetze als Transportmittel benutzt,
– die unkomplizierte Präsentation und bequeme Nutzung der Informationsangebote im multimedialen Dienst des Internet, dem World Wide Web, das mittels seiner Hypertext-Struktur und seiner benutzerfreundlichen Oberfläche das sekundenschnelle, weltweite „Navigieren" in den WWW-Seiten ermöglicht.

Analog zu anderen Internet-Diensten verwendet das WWW ein eigenes Übertragungsprotokoll (HyperText Transfer Protocol, HTTP), das auf dem Internet-Protokoll TCP/IP aufsetzt und die Übertragung von Hypertext-Seiten regelt. *Hypertext* ist eine Darstellungsform von Textinformationen, die es dem Anwender möglich macht, durch das Aktivieren vorher festgelegter Querverweise (Verknüpfungen, Hyperlinks, Links) von einer Textstelle zu einer anderen, von einem Dokument zu einem anderen und von einem WWW-Server zu einem anderen zu springen, ohne daß Dateinamen oder Rechneradressen eingegeben werden müssen. Die Links bilden die eigentliche Informationsstruktur im WWW. Die Hypertext-Technik erlaubt auch die Darstellung und Verknüpfung von Bildern, Bewegtbildern und Tönen oder eine Kombination von diesen. In diesen Fällen spricht man von Hypermedia.

Für die Kommunikation im WWW wird als Navigationssoftware ein *Web-Browser* benötigt (to browse = blättern, stöbern). Der Browser, ein Client-Programm, steuert die gesuchten Dokumente auf dem betreffenden Web-Server an, holt sie auf den Bildschirm und stellt sie mittels einer grafischen Benutzeroberfläche dar. Grafische Benutzeroberflächen bieten auf dem Bildschirm grafische Darstellungsformen (z.B. „Fenster", Symbole, sensitive Schaltflächen), über die per Mausklick Programme und Dateien aufgerufen oder sonstige Aktionen ausgelöst werden können.

Die Struktur eines WWW-Dokuments wird durch die Auszeichnungssprache *HTML* (HyperText Markup Language) festgelegt. Mit HTML bzw. künftig XML (Extensible Markup Language) wird die logische Gliederung und das Layout des Dokuments definiert, indem im Text des WWW-Dokuments Markierungen *(Tags)* gesetzt werden, um z.B. Überschriften, Absätze, Tabellen, Hervorhebungen, Schriftarten und auch Links zu kennzeichnen. Der WWW-Browser im Gerät des Benutzers, der das WWW-Dokument vom Web-Server abruft, wandelt dann die Markierungen auf dem Bildschirm entsprechend um. Die Variante XML soll zusätzlich Auszeichnungen ermöglichen, die die inhaltliche Struktur eines Textes kennzeichnen (vergleichbar den Feldern eines Datenbankformats).

Die Informationsangebote im World Wide Web werden auf WWW-Servern bereitgehalten, die meist von den Anbietern – Organisationen, Institutionen und Firmen aller Art – selbst betrieben werden. Kleinere Institutionen und Privatleute können sich von einem Internet-Provider auf dessen Server ein eigenes Angebot im WWW einrichten lassen. Die *Homepage* (Eröffnungs- oder Startseite) dient der Selbstdarstellung des Anbieters und führt als „Titelseite" über Links zu den einzelnen Bestandteilen seiner *Website* (engl. site = Stelle, Lage, Platz) oder auf die Websites anderer Anbieter. Der Nutzer kann (a) durch Navigieren mithilfe von Links, (b) durch Eingabe von Suchbegriffen bei Suchdiensten, (c) gezielt durch Eingabe einer WWW-Adresse (URL = Uniform Resource Locator, etwa: Einheitliche Ressourcen-Ortsangabe) die weltweiten Angebote mit allgemeinen oder wissenschaftlichen Informationen aufsuchen.

Nirgendwo trifft die Redensart von der Nadel im Heuhaufen mehr zu als im Internet. Um aus den zur Zeit schätzungsweise zwei Milliarden WWW-Seiten die gerade benötigte Information herauszufinden, sind entsprechende Suchwerkzeuge erforderlich. Im folgenden soll nicht die *Literatur-suche* in Bibliotheks-OPACs und Online-Fachdatenbanken, bei der das WWW als Zugangsweg benutzt werden kann, besprochen werden, sondern die für die bibliothekarische Auskunfts- und Informationstätigkeit wichtige *Faktensuche* in den Hypertext-Dokumenten des World Wide Web.

Suchdienste im Internet

Die Suchdienste, mit deren Hilfe Informationen im Internet gefunden werden können, lassen sich einteilen in

- *Suchmaschinen* und *Metasuchdienste*, die mit automatischen Verfahren arbeiten,
- *strukturierte Verzeichnisse*, auch „Kataloge" oder „Browsingdienste" genannt, die intellektuell erstellt werden und die durch den systematischen Aufbau ihrer Übersichten und Listen, in denen man blättern (browsen) kann, an Systematische Kataloge in Bibliotheken erinnern.

a) Suchmaschinen

Suchmaschinen sind Suchdienste, die mit automatischen Suchprogrammen (Robots, Agenten) das Internet durchforsten, die in den erfaßten Dokumenten enthaltenen Wörter entnehmen, diese in einer Index-Datenbank ablegen und mithilfe eines Retrievalprogramms über *Stichwortsuche* abfragbar machen. Gemäß den eingegebenen Suchbegriffen werden Trefferlisten der Internet-Dokumente erstellt und angezeigt, in denen diese Suchbegriffe vorkommen. Über Links in den Trefferlisten können die gefundenen Dokumente aufgerufen werden.

Globale Suchmaschinen ermöglichen die weltweite Suche nach Internet-Dokumenten, z.B. *Altavista, Lycos, Excite, Fast Search, Google*. Manche von ihnen bieten Suchoberflächen in verschiedenen Sprachen an und/oder die Möglichkeit, Dokumente in bestimmten Sprachen oder aus einem bestimmten Land zu suchen. Daneben gibt es Suchmaschinen, die nur Dokumente in einer bestimmten Sprache erfassen (z.B. deutschsprachige Dokumente: *Fireball*).

Beim „Einsammeln" von Web-Seiten gehen die Suchprogramme von bereits indexierten Dokumenten und den von Anbietern gemeldeten URLs aus und verfolgen die im Dokument vorgefundenen Links bis zu einer bestimmten Ebene weiter. Die Suchmaschinen erfassen jedoch jeweils nur einen Teil des Internet, d.h. etwa ein Fünftel bis ein Drittel.

Die Suchmaschinen indexieren aus den von den Robots aufgespürten Dokumenten heute in der Regel alle Wörter. Bei der späteren Suche werden dann meist bestimmte Stoppwörter ausgeschlossen.

Recherche-Funktionen von Suchmaschinen

Die von OPACs, CD-ROM- und Online-Datenbanken bekannten Suchstrategien bei der Stichwortsuche können, wenn auch oft in verkürzter Form, auch bei Recherchen mit Suchmaschinen eingesetzt werden. In den Hilfe-Seiten der Suchmaschinen sind die jeweiligen Suchmöglichkeiten beschrieben. Im folgenden werden die wichtigsten Recherche-Funktionen am Beispiel der Suchmaschine *Altavista* genannt; sie gelten ähnlich auch für andere Suchmaschinen.

Wie bei den meisten Suchmaschinen gibt es bei Altavista einen einfachen und einen erweiterten Suchmodus. Wird bei der Einfachen Suche (Simple Search) mit *einem* Stichwort gesucht, führt dies häufig zu riesigen Treffermengen, wobei die angezeigten Dokumente das gesuchte Thema oft nur am Rande berühren. Die Eingabe von nur einem Stichwort ist deshalb nur bei sehr spezifischen Begriffen sinnvoll. Effektiver, weil präziser ist die Suche mit zwei oder mehr Begriffen. Werden die Suchbegriffe mit einem vorangestellten + gekennzeichnet, z.B. *+hamburg +staatsoper +spielplan*, so zeigen Altavista und andere Suchmaschinen nur solche Web-Dokumente an, die alle Begriffe enthalten. Werden die Suchbegriffe ohne + in das Suchfeld eingegeben, so werden zusätzlich solche Dokumente angezeigt, die nur einen der Begriffe enthalten. Nicht gewünschte Begriffe kann man durch – ausschließen, z.B. *+mittenwald +hotel -pension*.

Für eine Phrasensuche wird die als *ein* Begriff gesuchte Wortfolge in Anführungszeichen gesetzt, z.B. „*rotes kreuz*" oder „*world bank*" oder „*helmut kohl*". Rechtstrunkierung ist mit * möglich, es werden jedoch höchstens fünf Zeichen trunkiert. Großbuchstaben können bei Altavista zur präzisen Suche eingesetzt werden: mit *bund* findet man bund, Bund und BUND, mit der Eingabe von *Bund* greift man nur auf Bund, mit der Eingabe von *BUND* nur auf BUND zu.

Die Erweiterte Suche (Advanced Search) erlaubt bei Altavista die Verwendung der Boole'schen Operatoren (AND, OR, AND NOT) zur logischen Verknüpfung von Stichwörtern, ferner die Eingabe des Abstandsoperators NEAR, wenn die Suchbegriffe in einem geringen Abstand voneinander stehen sollen (bis zu zehn Wörtern entfernt). Außerdem ist bei der Erweiterten Suche eine zeitliche Eingrenzung der gesuchten Dokumente auf einen bestimmten Zeitraum möglich.

Sowohl bei einfacher wie bei erweiterter Suche kann bei Altavista die Recherche auf bestimmte Datenfelder eingegrenzt werden. So wird z.B. durch die Eingabe eines Suchbegriffs zusammen mit der Feldbezeichnung *anchor*, *title* oder *URL* die Suche auf den Text von Hyperlinks, auf den Dokumenttitel oder auf die URL beschränkt.

Ergebnisanzeige und „Ranking"

Nach durchgeführter Suche wird auf dem Bildschirm die Trefferzahl gemeldet, die gefundenen Dokumente werden angezeigt und können über Links aufgerufen werden. Meist werden außer dem Titel eine Kurzbeschreibung oder der Textanfang der Dokumente mitgeliefert und das Datum der Veröffentlichung bzw. der letzten Änderung angegeben.

Die Retrievalprogramme von Suchmaschinen nehmen bei der Einfachen Suche meist ein automatisches „Relevance Ranking" vor, d.h. eine Beurteilung und Anordnung der Dokumente nach ihrer *Relevanz* (Wichtigkeit). Berücksichtigt werden dabei u.a. die Häufigkeit der Suchbegriffe im Dokument und die Position der Suchbegriffe in den verschiedenen Bestandteilen des Dokuments (in der URL, in Metadaten, in der Überschrift, im ersten Absatz). Die Anzeige der Dokumente auf dem Bildschirm erfolgt dann in der Reihenfolge, die durch das Ranking ermittelt wurde.

Die automatische Relevanzbewertung bei der Einfachen Suche mit Stichwörtern kann durchaus zum Ziel führen (d.h. man findet das Gesuchte unter den ersten 10-20 Treffern), oft sind die Ergebnisse wegen des schematischen Rankings aber unbefriedigend. In der Erweiterten Suche findet meist (so bei Altavista) kein automatisches Ranking statt. Der Benutzer kann hier aber wichtige Suchbegriffe als Kriterien für ein Ranking selbst eingeben.

Metasuchdienste

Metasuchdienste sind übergeordnete Suchdienste, die eine Suchanfrage entweder (1) in mehreren anderen Suchmaschinen abarbeiten lassen (Metasuchmaschinen, z.B. *MetaGer* der Universität Hannover) oder (2) durch Übersichten und Eingabefelder den Weg zu verschiedenen Suchdiensten weisen (Metasuchhilfen, z.B. *Metasearch*).

b) Strukturierte Verzeichnisse

Strukturierte (thematische) Verzeichnisse oder „Kataloge" enthalten intellektuell erstellte Sammlungen von Links zu ausgewählten Netzdokumenten. Sie können auf alle Wissensgebiete ausgerichtet sein oder sich auf eine Region, eine Sprache oder ein Fachgebiet beschränken. Die meisten Verzeichnisse bieten eine mehr oder weniger feingegliederte Systematik nach Sachgruppen als Ausgangspunkt für eine Recherche an. Die Sachgruppen verzweigen sich hierarchisch in Untergruppen, die gegebenenfalls weiter untergegliedert sind, und führen zu thematischen oder alphabetischen Listen, in denen man blättern und sich über die eingebauten Links die erfaßten Dokumente anzeigen lassen kann. Angezeigt werden Titel und URL des Dokuments, meist mit einer kurzen Inhaltsangabe. Oft sind die Verzeichnisse mit einer Möglichkeit zur Stichwortsuche in der jeweiligen Datenbank kombiniert.

Allgemeine systematische Verzeichnisse

Hier handelt es sich meist um kommerzielle Dienste, die sich an ein breites Publikum wenden. Die Links der erfaßten Web-Dokumente, die von den Anbietern gemeldet oder von Mitarbeitern bzw. von Suchrobotern ausgewählt wurden, werden in eine Hierarchie von Sachgruppen (Kategorien) eingeordnet und in einer Datenbank verfügbar gemacht. Da eine solche intellektuelle Erschließung zeit- und kostenintensiv ist, kann sie immer nur für kleine Mengen von Web-Dokumenten geleistet werden.

Als Beispiel für ein allgemeines Verzeichnis sei der Internetkatalog *Yahoo* genannt. Das Eingangsmenü von *Yahoo Deutschland* zeigt 14 Hauptsachgebiete an, z.B. „Gesellschaft und Kultur", „Handel und Wirtschaft", „Naturwissenschaft und Technik", „Staat und Politik", „Städte und Länder". Die Hauptgruppen führen über Links zu zahlreichen Untergruppen und zu alphabetischen oder systematischen Listen, aus denen die Anzeige der Dokumente (mit Titel und Kurzbeschreibung) aufgerufen werden kann. So lässt sich z.B. die Homepage der Fachschaft Architektur der Technischen Universität München über folgende Gruppen, Untergruppen und Listen auffinden: Bildung und Ausbildung / Hochschulen / Universitäten (alphabetisch nach Orten) / München: Technische Universität / Studentische Organisationen / Fachschaften / Fachschaft Architektur. Der Vorteil dieser Methode: das Verzeichnis liefert neben der Adresse relevanter Dokumente auch den Sachzusammenhang, in dem das Dokument steht.

Das Blättern im Verzeichnis kann durch eine Stichwortsuche mit einer Suchmaschine unterstützt werden, die wahlweise eine bestimmte Kategorie oder das Gesamtverzeichnis durchsucht.

Weitere allgemeine (deutschsprachige) Verzeichnisse sind z.B. *Web.de*, *Dino* und *Allesklar*.

Qualitätskontrollierte Verzeichnisse

Für die gezielte Suche nach wissenschaftlich relevanten Dokumenten gibt es spezielle Verzeichnisse, die als qualitätskontrollierte Verzeichnisse, Besprechungsdienste und Virtuelle Bibliotheken bezeichnet werden. Sie wenden sich an Wissenschaftler, Studenten und sonstige fachspezifisch interessierte Nutzer. Sie werden meist von Experten in Universitäten oder Bibliotheken erstellt, die die in Frage kommenden Dokumente einer kritischen Bewertung unterziehen und sie nach fachlichen Gesichtspunkten in systematische Kategorien einordnen. Die Volltexte der erfaßten Dokumente werden über Links zugänglich gemacht. In qualitätskontrollierten Verzeichnissen werden also Dokumente erschlossen, die von wissenschaftlicher Bedeutung sind und ihrerseits wieder relevante Links enthalten. Die Dokumentdaten werden nach Möglichkeit ergänzt durch Inhaltsangaben (Abstracts), evtl. kurze Kommentare, teilweise durch Metadaten zur genaueren Erschließung der Dokumente.

In *allgemeinen qualitätskontrollierten Verzeichnissen* oder „Globalen Virtuellen Bibliotheken" sind Internetquellen zu allen Fachgebieten vertreten, manchmal mit Schwerpunkten. Beispiele sind die *WWW Virtual Library*, ein weltweit kooperativ erstelltes Verzeichnis, oder die *Düsseldorfer Virtuelle Bibliothek*, die von Fachreferenten der UuLB Düsseldorf bearbeitet wird.

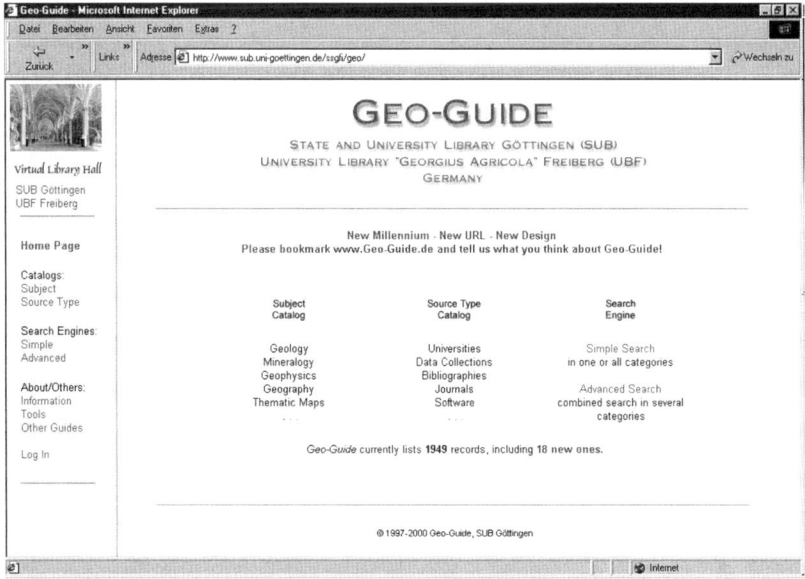

Abb. 36: WWW-Fachinformationsführer der SUB Göttingen

Fachspezifische Verzeichnisse, auch als „Virtuelle Fachbibliotheken" oder „Fachportale" bezeichnet, ermöglichen den Zugang zu WWW-Dokumenten bestimmter Fachgebiete, die durch Sachgruppeneinteilung, Klassifikationssysteme und/oder Schlagwörter sachlich erschlossen sind. Der Aufbau solcher Fachverzeichnisse wird von Bibliotheken, Universitätsinstituten, Fachgesellschaften, Fachinformationseinrichtungen und Fachverlagen, oft in Gemeinschaftsarbeit, vorgenommen. Wichtig ist die von der Deutschen Forschungsgemeinschaft geförderte Errichtung von *Virtuellen Fachbibliotheken* durch die Schwerpunktbibliotheken des Systems der überregionalen Literaturversorgung (SSG- und Zentrale Fachbibliotheken). Dabei wird jeweils angestrebt, in Zusammenarbeit mit anderen Facheinrichtungen ein Nachweis- und Vermittlungssystem zu schaffen, das auf wissenschaftlicher Auswahl, Bewertung und Erschließung von Fachinformationen beruht und dem Benutzer einen möglichst problemlosen Zugriff auf die Netzressourcen des Fachs ermöglicht. Beispiele sind die von der SUB Göttingen aufgebauten Fachinformationsführer (Subject Guides) für Geowissenschaften, Mathematik und Geschichte sowie den Angloamerikanischen Kulturkreis.

c) Suchmaschinen und Verzeichnisse im Vergleich

Die Recherche mittels *Suchmaschinen* empfiehlt sich bei konkreten, möglichst engen (spezifischen) Fragestellungen, die sich auf aktuelle Sachverhalte beziehen und mit einer Stichwortsuche beantwortet werden können. Die meisten Suchmaschinen bieten auch komplexe Recherchemöglichkeiten, in denen sich der Nutzer allerdings auskennen muß. Suchmaschinenergebnisse enthalten oft „tote" Links zu bereits gelöschten Seiten. Andererseits sind die neuesten Dokumente oft noch nicht indexiert, da die Suchprogramme die Fülle der neuen Angebote nicht schnell genug bewältigen. Bei präziser Sucheingabe kann jedoch in vielen Fällen durch eine Suchmaschine die gewünschte Information in kürzester Zeit aus einem riesigen Dokumentenbestand herausgefunden werden.

Die Suche in *strukturierten Verzeichnissen* bietet sich als Einstieg in die Informationsbeschaffung zu einem weiter gefaßten Thema an. Sie ist empfehlenswert, wenn die Suchfrage zunächst nur ungenau formuliert werden kann und deshalb eine orientierende Suche mit einem schrittweisen Vorgehen vom Allgemeinen zum Speziellen nötig ist. In strukturierten Verzeichnissen sind die erfaßten Dokumente, weil mehr oder minder kritisch ausgewählt, in der Regel von guter Qualität. Die in Virtuellen Bibliotheken nachgewiesenen Ressourcen entsprechen wissenschaftlichen Anforderungen und sollten im Idealfall – d.h. wenn die Virtuelle Bibliothek gut gepflegt wird – stets auf dem aktuellen Wissensstand sein.

d) Bibliothekarisch relevante Internetressourcen

Internetdokumente, die bibliotheksfachliche Inhalte haben bzw. für die bibliothekarische Arbeit von Bedeutung sind, sowie über das WWW zugängliche OPACs und Literaturdatenbanken lassen sich über die Linksammlungen auf den Webseiten der großen Bibliotheken und der Bibliotheksverbünde ermitteln. Besonders umfängliche und qualitätvolle Sammlungen sind in einigen bibliotheksfachlichen Verzeichnissen enthalten, z.B. im „Clearinghouse für bibliothekarische Internetquellen" des früheren Deutschen Bibliotheksinstituts und in den Websites „Deutsche Bibliotheken Online" und „Bibliographischer Werkzeugkasten" des Hochschulbibliothekszentrums Nordrhein-Westfalen. Die URLs für diese und viele andere bibliotheksbezogene WWW-Ressourcen können den im Literaturverzeichnis genannten Büchern von Luta/Tiedemann, Hehl und Zimmer entnommen werden.

Hingewiesen sei auf die oft sehr nützlichen E-Mail-Diskussionslisten (Mailinglisten) zu bibliothekarischen Fachfragen, vor allem auf *InetBib* zum Thema „Internet und Bibliotheken", aber auch zu sonstigen Bibliotheksfragen, und auf *RABE* für Probleme bei „Recherche und Auskunft in Bibliothekarischen Einrichtungen".

Weiterführende Literatur

Bibliothekswesen

Plassmann, Engelbert, u. Jürgen Seefeldt: Das Bibliothekswesen der Bundesrepublik Deutschland. Ein Handbuch. 3., völlig neubearb. Aufl. des durch Gisela von Busse u. Horst Ernestus begründeten Werkes. Wiesbaden: Harrassowitz, 1999.

Bibliotheken '93. Strukturen, Aufgaben, Positionen. Hrsg.: Bundesvereinigung Deutscher Bibliotheksverbände. Berlin, Göttingen: BDB, 1994.

Bibliothekstaschenbuch. Ein Wegweiser durch die Strukturen des Bibliothekswesens in Deutschland. Bad Honnef: Bock und Herchen. (Erscheint jährlich.)

Ewert, Gisela, u. Walther Umstätter: Lehrbuch der Bibliotheksverwaltung. Auf der Grundlage des Werkes von Wilhelm Krabbe u. Wilhelm Martin Luther völlig neu bearb. Stuttgart: Hiersemann, 1997.

Röttcher, Günter, Klaus-Peter Böttger u. Ursula Ankerstein: Basiskenntnis Bibliothek. Fachkunde für Assistentinnen u. Assistenten an Bibliotheken. Die theoret. u. prakt. Grundlagen eines Bibliothekarberufes. 3., überarb. u. aktualis. Aufl. Bad Honnef: Bock und Herchen, 1995.

Arbeitsvorgänge in wissenschaftlichen Bibliotheken. Beiträge zur Praxis der Beschreibung u. Bewertung von bibliothekar. Arbeitsplätzen nach dem Bundesangestelltentarif (BAT). Hrsg. von Eberhard Sauppe. 2., unveränd. Aufl. Berlin: Dt. Bibliotheksinstitut, 1991. (dbi-materialien. 102)

Arbeitsvorgänge in Öffentlichen Bibliotheken. Beschreibung u. Bewertung nach dem Bundesangestelltentarifvertrag (BAT). Von Renate Gundel u.a. Berlin: Dt. Bibliotheksinstitut, 1999. (dbi-materialien. 190)

Arbeitshilfen für Spezialbibliotheken. Bd. 8. St. Clair, Guy: One-Person Libraries. Aufgaben u. Management. Handlungshilfe für den Betrieb von OPLs. Berlin: Dt. Bibliotheksinstitut, 1998. (dbi-materialien. 169)

Höckmair, Brigitte: OPL-Management. Arbeitsablauf einer One-Person Library. Mit Arbeitshilfen u. Formularen. Wiesbaden 1997.

Berufsbild 2000. Bibliotheken u. Bibliothekare im Wandel. Erarbeitet von der Arbeitsgruppe Gemeinsames Berufsbild der Bundesvereinigung Deutscher Bibliotheksverbände. Berlin: BDB, 1998.

Gaus, Wilhelm: Berufe im Archiv-, Bibliotheks-, Informations- und Dokumentationswesen. Ein Wegweiser zur Ausbildung. 4., überarb. Aufl. Berlin u.a.: Springer, 1998.

Jahrbuch der deutschen Bibliotheken. Hrsg. vom Verein Deutscher Bibliothekare. Wiesbaden: Harrassowitz. (Erscheint alle zwei Jahre.)

Jahrbuch der Öffentlichen Bibliotheken. Hrsg. vom Bundesverband Information Bibliothek. Bad Honnef: Bock und Herchen. (Erscheint alle zwei Jahre.)

Handbuch der Bibliotheken. Deutschland, Österreich, Schweiz. 6. Ausg. München: Saur, 2000.

Bibliotheksbestand

Umlauf, Konrad: Moderne Buchkunde. Wiesbaden: Harrassowitz, 1996.

Rehm, Margarete: Lexikon Buch – Bibliothek – Neue Medien. München: Saur, 1991.

Hiller, Helmut: Wörterbuch des Buches. 5., vollst. neu bearb. Aufl. Frankfurt a.m.: Klostermann, 1991.

Lexikon des gesamten Buchwesens (LGB 2). Hrsg. v. Severin Corsten u.a. 2., völlig neu bearb. u. erw. Aufl. Bd. 1 (1983/87) ff. Stuttgart: Hiersemann, 1987 ff.

Blana, Hubert: Die Herstellung. Ein Handbuch für die Gestaltung, Technik und Kalkulation von Buch, Zeitschrift und Zeitung. 4., überarb. u. erw. Aufl. München: Saur, 1998.

Buch und Buchhandel in Zahlen. Hrsg. vom Börsenverein des Deutschen Buchhandels. Frankfurt a.m. (Erscheint jährlich.)

Bestandsaufbau (Erwerbung)

Wiesner, Margot: Erwerbung und Buchhandel. Glossar. Berlin: Dt. Bibliotheksinstitut, 1999.

Dorfmüller, Kurt: Bestandsaufbau an wissenschaftlichen Bibliotheken. Frankfurt a.m.: Klostermann, 1989.

Umlauf, Konrad: Bestandsaufbau an Öffentlichen Bibliotheken. Frankfurt a.m.: Klostermann, 1997.

Griebel, Rolf, Andreas Werner u. Sigrid Hornei: Bestandsaufbau und Erwerbungspolitik in universitären Bibliothekssystemen. Versuch einer Standortbestimmung. Berlin: Dt. Bibliotheksinstitut, 1994. (dbi-materialien. 134)

Arbeitshilfen für Spezialbibliotheken. Bd. 1. Erwerbung. Hrsg. von Robert Funk. Berlin: Dt. Bibliotheksinstitut, 1983. (dbi-materialien. 25)

Bestandserschließung (Katalogisierung)

Haller, Klaus: Katalogkunde. Eine Einführung in die Formal- und Sacherschließung. 3., erw. Aufl. München: Saur, 1998.

Haller, Klaus, u. Hans Popst: Katalogisierung nach den RAK-WB. Eine
Einführung in die Regeln für die alphabetische Katalogisierung in wissenschaftl. Bibliotheken. 5., überarb. Aufl. München: Saur, 1996.

Sollfrank, Hannelore: Katalogisierung für Öffentliche Bibliotheken. 2.,
neubearb. u. erw. Aufl. Berlin u.a.: Springer, 1987.

Allischewski, Helmut: Retrieval nach Preußischen Instruktionen. Wiesbaden: Reichert, 1982.

Langridge, Derek W.: Inhaltsanalyse. Grundlagen und Methoden. Übers.
von Ute Reimer-Böhner. München: Saur, 1994.

Fugmann, Robert: Inhaltserschließung durch Indexieren. Prinzipien und
Praxis. Frankfurt a.M.: Dt. Gesellschaft für Dokumentation, 1999.

Lorenz, Bernd: Klassifikatorische Sacherschließung. Eine Einführung.
Wiesbaden: Harrassowitz, 1998.

Lorenz, Bernd: Systematische Aufstellung in deutschen wissenschaftlichen Bibliotheken. 3. Aufl. Wiesbaden: Harrassowitz, 1995.

Nohr, Holger: Systematische Erschließung in deutschen Öffentlichen Bibliotheken. Wiesbaden: Harrassowitz, 1996.

Bestandsaufbewahrung, Bestandserhaltung

Arbeitshilfen für Spezialbibliotheken. Bd. 6. Einband und Buchpflege, Signaturen und Beschilderung. Berlin: Dt. Bibliotheksinstitut, 1990. (dbi-
materialien. 94)

Bestandserhaltung. Herausforderung u. Chancen. Hrsg. von Hartmut We-
ber. Stuttgart: Kohlhammer, 1997.

Mann, Maria: Bestandserhaltung in wissenschaftlichen Bibliotheken. Verfahren u. Maßnahmen zur Rettung der vom Papierzerfall bedrohten Bibliotheksbestände. Eine Studie der Bayer. Staatsbibliothek im Auftrag
der DFG. Berlin: Dt. Bibliotheksinstitut, 1994. (dbi-materialien. 135)

Wettlauf mit der Zeit. Bestandserhaltung in wissenschaftl. Bibliotheken.
Hrsg. von der Staatsbibliothek zu Berlin. Wiesbaden: Reichert, 1998.

Bestandsvermittlung (Benutzungsdienste)

Arbeitshilfen für Spezialbibliotheken. Bd. 2. Literaturversorgung (Benutzung). Berlin: Dt. Bibliotheksinstitut, 1984. (dbi-materialien. 38)

Sträter, Hans: Beratungsinterviews. Praxis der Auskunft u. Beratung in Bibliotheken u. Informationsstellen. Bad Honnef: Bock und Herchen, 1991.

Lewe, Brunhilde: Informationsdienst in Öffentlichen Bibliotheken. Grundlagen für Planung u. Praxis. Köln: Greven, 1999.

Die Ordnung des Leihverkehrs in der Bundesrepublik Deutschland. Text der Leihverkehrsordnung von 1993, Kommentar u. Arbeitsmaterialien. Berlin: Dt. Bibliotheksinstitut, 1993.

Fachinformation (Information und Dokumentation)

Grundlagen der praktischen Information und Dokumentation. Ein Handbuch zur Einführung in die fachliche Informationsarbeit. Begr. von Klaus Laisiepen, Ernst Lutterbeck u. Karl-Heinrich Meyer-Uhlenried. Hrsg. von Marianne Buder u.a. 4., völlig neu gefasste Ausg. Bd. 1. 2. München: Saur, 1997.

Gaus, Wilhelm: Dokumentations- und Ordnungslehre. Theorie u. Praxis d. Information Retrieval. 3., aktualis. Aufl. Berlin u.a.: Springer, 2000.

Henzler, Rolf G.: Information und Dokumentation. Sammeln, Speichern u. Wiedergewinnen von Fachinformationen in Datenbanken. Berlin u.a.: Springer, 1992.

Information als Rohstoff für Innovation. Programm der Bundesregierung 1996 – 2000. Hrsg.: Bundesministerium für Bildung, Wissenschaft, Forschung u. Technologie. Bonn: BMBF, 1996.

Literaturinformationsmittel

Handbuch der bibliographischen Nachschlagewerke. Totok-Weitzel. Hrsg. von Hans-Jürgen u. Dagmar Kernchen. 6., völlig neu bearb. Aufl. Frankfurt a.M.: Klostermann, 1984-1985.
Bd. 1. Allgemeinbibliographien und allgemeine Nachschlagewerke. 1984.
Bd. 2. Fachbibliographien und fachbezogene Nachschlagewerke. 1985.

Allischewski, Helmut: Bibliographienkunde. Ein Lehrbuch mit Beschreibungen von mehr als 300 Druckschriftenverzeichnissen u. allgemeinen Nachschlagewerken. 2., neubearb. u. erw. Aufl. Wiesbaden: Reichert, 1986.

Bartsch, Eberhard: Die Bibliographie. Einführung in Benutzung, Herstellung, Geschichte. 2., durchges. Aufl. München: Saur, 1989.

354

Internet für Bibliothekare

Luta, Marius, u. Paul Tiedemann: Internet für Bibliothekare. Eine praxisorientierte Einführung. Darmstadt: Primus-Verl., 2000.

Internet. Hrsg. von der Redaktion Buch und Bibliothek. (BuB special.) Bad Honnef: Bock und Herchen, 1997.

Babiak, Ulrich: Effektive Suche im Internet. Suchstrategien, Methoden, Quellen. 3., aktualis. u. erw. Aufl. Köln u.a.: O'Reilly, 1999.

Hehl, Hans: Die elektronische Bibliothek. Literatursuche u. Literaturbeschaffung im Internet. München: Saur, 1999.

Zimmer, Dieter E.: Die Bibliothek der Zukunft. Text u. Schrift in den Zeiten des Internet. Hamburg: Hoffmann und Campe, 2000.

Bibliographien zum Bibliothekswesen

Dokumentationsdienst Bibliothekswesen (DOBI). Informationsdienst zum Bibliothekswesen der Bundesrepublik Deutschland. Jg. 1 (1982/83) ff. Berlin: Dt. Bibliotheksinstitut, 1984 ff.

Bibliographie der Buch- und Bibliotheksgeschichte (BBB). Bearb. v. Horst Meyer. Bd. 1 (1980/81) ff. Bad Iburg: Bibliogr. Verl. Meyer, 1982 ff.

Wolfenbütteler Bibliographie zur Geschichte des Buchwesens im deutschen Sprachgebiet 1840-1980 (WBB). Bearb. von Erdmann Weyrauch. Bd. 1-13. München: Saur, 1990-2000.

Bibliothekarische Fachzeitschriften

Zeitschrift für Bibliothekswesen und Bibliographie (ZfBB). Organ des wissenschaftlichen Bibliothekswesens. Jahrg. 1. 1954 ff. Frankfurt a.M.: Klostermann. (Erscheint zweimonatlich.)

Buch und Bibliothek (BuB). Medien, Kommunikation, Kultur. Jahrg. 1. 1948 ff. Bad Honnef: Bock und Herchen. (Monatlich.)

Bibliotheksdienst. Kurzinformationen zur bibliothekarischen Arbeit. Jahrg. 1. 1967 ff. Berlin: Dt. Bibliotheksinstitut. (Monatlich.)

Bibliothek. Forschung und Praxis. Jahrg. 1. 1977 ff. München: Saur. (Erscheint dreimal jährlich.)

ABI-Technik. Zeitschrift für Automation, Bau u. Technik im Archiv-, Bibliotheks- und Informationswesen. Jahrg. 1. 1981 ff. München: Neuer Merkur. (Viermal jährlich.)

B.I.T. online. Zeitschrift für Bibliothek, Information und Technologie. Jg. 1. 1998 ff. Wiesbaden: Dinges und Frick (Viermal jährl.)

nfd. Information – Wissenschaft und Praxis. Hrsg. von der Dt. Gesellschaft
f. Informationswissenschaft u. Informationspraxis. Jg. 1. 1950 ff. Frankfurt a.M.: DGI. (Achtmal jährlich.)

ProLibris. Mitteilungsblatt. Hrsg. vom Verband d. Bibliotheken d. Landes
Nordrhein-Westfalen. Jg. 1. 1996 ff. Bottrop: Pomp. (Viermal jährlich.)

Bibliotheksforum Bayern (BFB). Jahrgang 1. 1973 ff. München: Saur.
(Dreimal jährlich.)

Register